Jacques Derrida

LA VIE LA MORT

Édition établie par Pascale-Anne Brault et Peggy Kamuf

雅克·德里达研讨班
论生死

巴黎高师（1975—1976）

［法］帕斯卡－安娜·布勒　佩吉·卡姆夫 编
黄 旺 译

商務印書館
创于1897 The Commercial Press

Jacques Derrida
LA VIE LA MORT
Séminaire (1975-1976)
Édition établie par Pascale-Anne Brault et Peggy Kamuf

OTOBIOGRAPHIES.
L'ENSEIGNEMENT DE NIETZSCHE ET LA POLITIQUE DU NOM PROPRE

本书根据法国色伊出版社2019年版译出

译者前言：生死“之间”的逻辑

眼下呈现给读者的德里达1975—1976年研讨班以“生死”为主题，这个主题是当年法国教师会考指定的题目，德里达本人担任当时的会考辅导老师。这个主题一方面处于法国生命哲学的传统，因而德里达的整个讨论应该放在当时法国活力论（vitalisme）的思想氛围当中理解，[①]另一方面，整个“生死”主题也贯穿了德里达本人思想的始终。“生死”这两个词在德里达思想中有着长长的、复杂的换喻链条，这使得它们成为我们理解德里达思想运动的关键线索。在一篇纪念伽达默尔的文章中，德里达曾表示羡慕伽达默尔无限肯定生命和抗拒死亡的活力，因为他承认自己做不到这一点。但与其说他不能，毋宁说他不愿[②]：他有意选

① 这不仅是指研讨班中对雅可布、康吉莱姆等人思想的直接讨论。读者还可以将德里达这里的思想与例如德勒兹的思想进行参照。例如，德里达本研讨班处理的很多问题与德勒兹在《意义的逻辑》和《差异与重复》中讨论的问题十分相近，两人的立场也很相似，可以形成有趣的对照。这里仅举一例说明：德里达对无机状态和有机状态的双重质疑，与德勒兹的游牧思想或“无器官的身体”等概念就存在相通之处，因为后者就建立在对纯粹有机组织和纯粹无机组织同时保持距离的基础之上。

② 在本研讨班第五讲的标题中，德里达将这种纯粹肯定生命的活生生描述为l'increvable，这个词的意思包括“永不疲倦、不会死亡”等，而这恰恰是德里达在该讲中提出要警惕和质疑的对象。

择将死亡的元素纳入生命，主动地将生活首先理解为“死后余存”，而这意味着，要让死亡教导生命，以便活得更正义和富有责任。毕竟，如果说存在解构，那么除了死（无机性）对生（有机性）的解构、正义/责任对自由/幸福的解构，还能是什么解构呢？

熟悉德里达思想的人能感觉到他著作中死气森森、鬼气森森、阴森恐怖的气息。在伽达默尔去世后德里达才与他展开的对话中，不同于伽达默尔对“活生生的对话”的推崇，德里达拒绝活生生的、面对面的对话，而倾向于将对话理解为“生与死的对话”，在他看来，“对话和友谊乃是某种‘死后’才存在的东西”，[①]“对德里达来说，一切显得是，只有在活生生的对话及它的可能性本身中断后，真正的对话才得以开始”。[②]在与死者伽达默尔对话的文本《公羊》中，德里达说：“我不知道我是否有权利不自以为是地谈论伽达默尔与我之间的对话。但如果可以的话，我将重复：这个对话从一开始就是内在和阴森恐怖（或无家可归，unheimlich）的。”[③]一切活生生的对话已经是生与死的对话，这个命题道出了本研讨班中最关键的思想：在那活生生的逻辑中，死亡的元素早已潜入并始终发挥作用，因而那里有着一种生死转换、交替、延异着展开的活动。

---

① 格朗丹：《伽达默尔传》，黄旺、胡成恩译，上海社科院出版社2020年版，第443页。

② 同上书，第444页。

③ J. Derrida, *Béliers: Le dialogue ininterrompu: entre deux infinis, le poème*, Paris: Galilée, 2003, p.19.

活生生的、面对面对话总是生死之间的对话，这让我们联想到列维纳斯关于一切解释都是“缺席审判”的观点。在活生生的对话中，假如我向另一个人提出质疑，或向他描述一件往事，对方可以起身为自己辩解，可以纠正或补充说，“我记得事情不是这样的……”但假如是生者与死者的对话，如德里达在海德堡大学演讲中向公众描述他与伽达默尔的交往，此时伽达默尔无法起身抗辩说，“我的理解不是这样……”表面上看是如此。但进一步说，那在场的活生生的我们又能如何抗辩呢？我们只能使用语言（活生生的话语、语音），而语言一旦说出，立刻就成为死的东西，成为一种任由对方解释的东西。当然，我们也可以进一步抗辩“我说的不是这个意思……”但不幸的是，进一步的抗辩也必须再次借助语言（死的东西、死的记忆），并且重新陷入之前的困境。因为归根结底，这里不存在两个活的灵魂的直接相通，对话只能借助死的东西进行，因而死亡一开始就无可挽回地嵌入了生命深处。活生生的话语和不会说话的文字在这里不存在根本的区别，它们实质上都是书写（死的记忆 [hypomnēsis]）。[①] 于是，用列维纳斯的话来说，在解释者面前，一切都是有待解释的“现象”：“人们在某人的作品中猜测其意图，但是对他进行缺席审判。存在者没有前来援助它自己（就像柏拉图就书写所说的那样），对话者没有出席到他自己的启示之中。人们进入了他的内部，但是是在他缺席的情况下。他就像一个留下石斧和图画却没

① J. Derrida, *Dissemination*, trans. Barbara Johnson, London: The Athlone Press, 1981, p.109.

有留下言辞的史前人那样被理解。”[①]

死嵌入生意味着什么？意味着并不存在生与死的截然分明的分界线，意味着存在生与死的交互替补和生死之间的延异。延异必然是死亡所带来的延异，死亡（它不在场）要解构的是在场的活生生，是有机整体的总体化。但这里的关键既不是生，也不是死，而是生死“之间”。“之间”的关系不是一种辩证的逻辑关系，也即既不是“生即是死”，也不是生与死的对立或对置，因为辩证的对立或并置最终走向的是辩证法的合题（总体性），这也正是标题“La vie la mort”特意去掉了“et”（和）的用意所在。位于生死之间的，是一种德里达在本研讨班中称为reproduction的运动，这个词可以同时译为“繁殖”“再生产”“复制”，它们分别属于生物学（有机生命）、社会有机体（机器或机构）、信息科学或文字学（文本）这三个德里达在此处重点讨论的领域，在这些地方reproduction的共同特性都在于，生的力量以死为前提并且占有死，也即重新激活死，而死也总是事先潜入生，拆解生并且构成生的最终目的，借助两者的相互借用和相互运动，物种的散播（或意义的撒播，两者本质上是一回事）成为可能。

生死“之间”的逻辑比理性的逻辑更古老，理性的真理只是它的效应。相对于基于逻各斯的本体论，德里达也将生死之间的逻辑称为“幽灵学”。幽灵、鬼魂就是位于生死之间的东西：它已经死了，但它又没有“往生”（没有完成哀悼，不肯安息），阳

① 列维纳斯：《总体与无限——论外在性》，朱刚译，北京大学出版社2016年版，第166页。

间和阴间都没有它的立身之地，它以不存在的方式存在，是在世间游荡徘徊的孤魂野鬼。在《马克思的幽灵》的开场白中，德里达说：“生活，按照定义，并非人所能学会的东西。不能向自己学，也不能向生活学，或者说不能由生活本身来教会生活。因此，只有向另一个人且是通过死亡来学。无论如何，只能向在生命边界的另一个人学。不论是在外部的边界还是在内部的边界，这都是一种在生与死之间的异常教学法。……学会生活，如果此事有待于去做，也只能在生与死之间进行。既不是仅在生中，也不是仅在死中。那在两者之间发生的事，并且是在某人所乐意的所有“两者”之间，如生与死之间，发生的事，只有和某个鬼魂一起才能维护自身，只能和某个鬼魂交谈且只能谈论某个鬼魂。”①

人不能向他人学会生活，因为他人的经验不适用于自己的特殊情境，人也不能向自己和向生活本身学会生活，因为我们还不会生活。这就是学会生活的不可能性（在研讨班的最后一讲中，德里达称之为“双重约束”）。因此学会生活意味着只能依靠一种“借尸还魂”的游戏来实现这“不可能的可能性”：重新去占有死亡的经验，但不是直接照搬，不是以同一的方式重复它，而是以差异的方式重复它，也即在新的处境中，通过生命的欲力（Trieb）重新激活它。在这里，死亡已经从生命有机整体中被排除出去，它不是被生命或逻各斯聚集（legein）起来，而是已经

① 德里达：《马克思的幽灵》，何一译，中国人民大学出版社2008年版，第1—2页。

成为僵死的无机物；但它又徘徊不去，纠缠着生命，活着的人以一直承载（tragen）死亡的方式活着，简而言之，它转化为生死之间的幽灵。同时又正是这个幽灵使未来的生成成为可能，因而它也总是以延迟到来的方式到来。

我们不想在这里进一步讨论幽灵学的问题，在眼下的这个研讨班中，幽灵还没有作为关键词被提出来。在这里德里达重点考量的是生死之间的相互纠缠关系，它作为隐线贯穿了全书三个环节的讨论轨迹。这三个环节分别是生物学的环节（主要是第四至第六讲）、尼采和海德格尔的尼采阐释的环节（主要是第七至第十讲）和弗洛伊德的环节（第十一至第十四讲）。第一讲的破题和第二、第三讲对尼采传记学的讨论则构成了全书的导引部分。这些环节表面看起来是不相干的，只有深入德里达的思想才能理解其内在的联系。

* * *

让我们先从生命、生物学和生物主义开始。第一讲的标题“programme”是一个与reproduction一样有着丰富意义的词，该词的词根gramm的意思是书写、文字，前缀pro-指事先、预先。德里达对该词的使用包含了三类主要含义：大纲、纲要；规划、计划；程序。它们都指向了一个共同的结构要素，因而透露了生命的本质方面：一种预先的规定性，也即从一开始就对一切做全盘的安排，预先构想了一个封闭的有机整体，在这里没有任何无关或异质的要素，没有令人意外的东西，一切都按照某种起源－目的论的方式被构建。就像死亡是无机的一样，生命是有机的，有机主义意味着有一个类似于文本主旨的东西笼罩和统摄所有部分或材料，预先规定着它们，使它们仅仅从与该主旨的关联中获得自身的规定性。这种有机主义的隐喻立刻将我们引向了逻各斯中心主义，因为逻各斯的原初意义就是聚集并构成一个有机整体。因此，无论是大纲、规划还是程序，无论是在生命系统还是机构系统中，都暗含着一种支配性的建制，一种对死亡或无机（作为他者或异质性）的压抑和排除。

但是，德里达在代表着活生生的programme那里，恰恰要揭示嵌入其中的gramm（书写）的运作，这个书写（信息、讯息、符码）无论作为语音书写还是非语音书写，都意味着死亡的要素，他后来在很多地方称之为“死的记忆”，以对立于逻各斯或形而上学的活的记忆、好的记忆。而正是这个死的要素构成了生命，因而表面上占据主体或创作者地位的生命个体（如人、机构、国家）本质上只是程序的复制/选择的结果或效应。例如在生物学中，个体的人是遗传程序（核酸文本）的转写的效应，不从后者出发加以解释，前者就会成为一种单纯的幻象，如在主体性哲学或人本主义哲学当中那样。具有自主性的个体其实是人们建构出来的。说生物体是遗传程序的再生产、重写的结果，和说意义、真理是书写的再生产、重写的结果，本质上是一回事。因为个体生命是幻象，所以德里达赞同雅可布的做法，用le vivant代替la vie。人们很容易因为个体与他人在空间上的分离，而忘记他们之间的不可分割。人与人的关系，本质上与主干上蘖生的枝叶之间的关系是相同的：人是他的共同体、他的文化的产物，人是在出生一段时间之后，才缓慢地形成个体意识并且将自己建构为一个自我，个体需要经过艰难的努力，才能从生命整体的河流中抬起自己的头，并且终其一生都只能将这种自觉性和独立性维持在很低的水平。我们身体或意识的某个部分属于生命有机体整体，这与我们的个体属于一个国家、社会的有机体整体，在本质上有着相似之处。在本研讨班中，德里达将生物体的细胞之间的关联与国家内的个体之间的关联对应起来，从而既借助政治学去理解生物学，也借助生物学去理解政治学。但我们不是由此走向政治上的专制主义（例如与尼采或海德格尔纠缠不清的生物主义），而恰恰是要将那种总体的支配视作危险的幻象。

与活生生相对的死亡元素，不只是那一说出就死去的书写、已死之物残留下来的踪迹，也包括所有外在、他者性、经验或偶然性要素。例如，在海德格尔看来，尼采意味着西方形而上学的终结，尼采这个名字就意味着对那唯一思想的命名，在这个意义上，尼采意味着一个思想的整体，这个思想又与整个西方思想联结成一个活生生的有机整体，它们是本质（essentielle）之物，而作为专名的尼采、传记学意义上的尼采，乃是经验偶然之物，是应该抛在一边的东西。所以，海德格尔嘲笑尼采文集的编辑者，因为他们的编辑方法等于把诸如尼采的便条“我忘记了我的伞”这样“毫无意义”的材料也放到文集当中。[①]于是，海德格尔将思想的统一性与专名、传记生平这样的经验之物分离开，将前者放在生这一边，将后者放在死这一边，并且将后者排除出理论视野。例如当海德格尔谈到亚里士多德的生平时曾说：“关于哲学

① Martin Heidegger, *Interpretation of Nietzsche's Second Untimely Meditation*, trans., Ullrich Haase and Mark Sinclair, Bloomington: Indiana University Press, 2016, p. 31.

家个人，我们想要知道的仅限于他在某个时候出生，他劳作，然后他死去。”[①]对此，德里达评论道：“我用一个简要的、粗略的、简化的表述（但我希望表明它是正确的）来表示海德格尔在这个主题上的主张：有一个尼采思想的统一性（尽管它不是传统意义上的体系的统一性），这个统一性源自它的独特性（隐蔽的和预先规定的论点：每个伟大的思想家都只有一个思想，一个独一无二的思想）。这个独特性并不被弗里德里希·尼采的名字或诸名字，不被他的（正常的或疯狂的）生命构成或威胁、汇聚或实现；这个奇特的统一性，这个统一性-唯一性（unité-unicité），缘于西方形而上学的统一性，在那里西方形而上学达到顶点。其结果是，传记、自传、专名的场景或力量、诸专名、签名、诸签名等等，将重新占据它们在形而上学历史上一贯拥有的非根本的地位或位置……”[②]

德里达试图表明的是，将经验偶然之物排除出理论视野的做法蕴含着一种预先规定性的暴力，一种逻各斯中心主义、生物主义，并且在政治上为纳粹准备好了基础。而当尼采歌颂天才，当他强调活生生的生命遗忘力而反对过量的死的历史知识，强调母语的训练而反对语言知识时，这种生物主义、有机主义也为纳粹准备好了基础。“在一个规定的、限定的时期里，唯一真正号称（自称）尼采主义的政治乃是纳粹政治，这一事实必定是意味深

① Martin Heidegger, *Grundbegriffe der aristotelischen Philosophie*, Gesamtausgabe [GA], t. 18, 5.

② J. Derrida, *La vie la mort: Séminaire (1975-1976)*, édit. Pascale-Anne Brault et Peggy Kamuf, Paris: Seuil, 2019, p. 203.

长的，且应该受到这样的追问。”[①]与之相反，德里达认为，无机的死物是有机的生命的前提条件，死总是先于生并且预先潜入了生。例如，在思想和作者之间，德里达优先强调作者的传记学的意义，认为这种经验事物更丰富也更基础，是先验思想的不可穷尽的源泉。尼采不仅是那个思考权力意志的人，也是那个独一无二的、具有无限多面向的复杂个体，尼采应该是“诸尼采”，或者说争执着的“讼案”（cause）。将“尼采”还原为那个思考为“那个思考权力意志的思想家”，就是使专名变成了摹状词，变成了有意义的通名，也即变成了一种活生生的、透明的有机物。哲学思想的解读，应该无止境地向那作为自身性、专名、独一无二个体的哲学家还原，而非带着巨大的耳朵，仅仅从中读出某种普遍的思想。因此，并不存在专名与通名、偶然与必然、材料与意义、经验与先验（概而言之，死与生）的必然界限，而是两者相互纠缠。德里达说：“今天，一个哲学家的传记不再能够作为经验的偶然（accident）被考量，也即将他的名字和签名放在提供给单纯内在哲学阅读的系统之外，借此人们可以在你们知道的装饰性和传统的风格下书写哲学家的生活；也不再能够〈作为〉心理–传记被考量，这个心理–传记根据（心理学家［即使它带有精神分析的意味］、历史学家、社会学家等的）经验的机制来说明系统的起源。……无论是（结构或非结构的）哲学体系的内在主义解读，还是哲学的（外部）经验–遗传学的解读，都绝不能

① J. Derrida, *La vie la mort: Séminaire(1975-1976)*, édit. Pascale-Anne Brault et Peggy Kamuf, Paris: Seuil, 2019, p. 71 .

如此探问这一在作品和生命、体系和体系之主体之间的动态边界，这个动态边界既不是纯粹主动的，也不是纯粹被动的，既不是外部的，也不是内部的……”[①]

由此，德里达区分了两条道路，一条道路指向那代表着死亡的异质性、独一无二的经验之物，并且将它们理解为复数和不可穷尽之物，这是德里达有意选择的道路，另一条道路则是海德格尔的道路或者说传统哲学的道路，它指向本质性的思想，指向单数的、伟大的风格而非复数的风格，因而将专名、传记、心理学等视作“众多的非本质的偏离”，视作应该被超越的经验主义。“一条是以新的努力去探究这一专名的疑难，这要冒着看到这个名字在面具或假象中分裂或消散的危险，或者让这个名字仅仅在思想者的“生命”之外被构成，将（历史的、政治的等等）世界乃至永恒轮回的未来引向它。这条道路尤其会导致生命-或自传问题的复杂化，而不会以任何方式排除它，也不会排除所有今天定位为‘精神分析’的问题。当我们一起阅读《瞧，这个人》的某些片段时，我至少是试图去指明这条道路。”[②]

而且，在将目光转向传记和生平时，德里达也再次在有关生命的传记（biographie）中发现了死亡的潜入，因而把传记理解为生命-书写（bio-graphie），以及进一步阐释为自我-死亡-书写（auto-thanato-graphie）和异质-书写（étéro-graphie）或异常-传

① J. Derrida, *La vie la mort: Séminaire (1975-1976)*, édit. Pascale-Anne Brault et Peggy Kamuf, Paris: Seuil, 2019, p. 48. 着重号为引者所加。

② 同上书，第208页。

记（allo-biographie）。因为，正如德里达阐释策兰的诗句“世界已经离去，我承载你”（Die Welt ist fort, ich muß dich tragen）时所说的，每个活着的人都携载着死者而活。在本研讨班中，德里达通过尼采的生平进一步说明了这一点。尼采说：“我是两者，是死亡和活生生，是死去的父亲和活着的母亲，我是一个替身。”[①] 在这里，尼采是死去的父亲，因为他的父亲活在他身上，他的生命是父亲生命的延续，是对父亲遗产的承接和重写；尼采同时是他弟弟的替补，他的弟弟先于他而死，他有责任替他弟弟活着，当他活着时总要想着死去的弟弟；他也是他活着的母亲，他母亲是生命力的象征，活过了他们所有人，先于并且后于尼采而活着。在这里，死者是生者的可能性条件，构成了生者；而生者对死者负有债务，代替死者而活，并通过为死者而活，活得“更正义”。同样，当我们不仅将死理解为狭义的死者，而且也理解为他人、作为他者的动物、作为礼物的事件等时，这其中同样存在着类似的生死逻辑。

* * *

在有关雅可布《活生生的逻辑》的讨论中，这种生死相互纠缠和转渡的关系得到更深入的揭示。生物学研究对生命的理解经历了四重序列的结构模式（始于17世纪的序列，是基于表观特征的结构模式；始于18世纪末期的序列，是基于构成器官、功能和细胞基础的组织；始于20世纪初的序列，对应于染色体和基因的

① J. Derrida, *La vie la mort: Séminaire (1975-1976)*, édit. Pascale-Anne Brault et Peggy Kamuf, Paris: Seuil, 2019, p. 97 .

发现；20世纪中叶的现代遗传学的序列，对应于铭写遗传信息的核酸分子）。在最深入的现代遗传学模式中，生命被理解为文本，文本成为该序列的主导模型。这里，不存在文本之外的元文本。“文本不是生物学家和有生命者之关系的一个第三项，它是有生命者的结构本身，是生物学家（作为生命）、作为生命之产物的科学以及有生命者本身的共有结构。”[①]遗传文本的运作在这里按照复制、转录的方式进行，生命本质上就是文本的自我复制、自我再生产活动。这种现代遗传学的理解首先就构成对个体形而上学的解构，因为“生物学已经证明了在生命这个词后面，并没有隐藏着形而上学的实体”。[②]而且，“心灵（Psyché）的意向被代替为讯息的转译。活生生的存在者很好地代表了计划的执行，但其中不含有任何理智。它趋向于一个目标，但没有任何选择的意志。这个目标在于为下一代准备一个同一的程序。这就是自我复制。”[③]

但当雅可布将生命的本质理解为自我复制时，德里达令人信服地指出，这种理解依然再次重复了以黑格尔为代表的对生命的形而上学理解：当生命的本质是源于内在的自我生产-再生产能力时，生命被理解为一种整合的能力。而与雅可布不同，德里达将遗传文本的复制-选择理解为替补的书写（la graphique du supplément），这里复制和选择之间构成生（有机）和死（无机）

① J. Derrida, *La vie la mort: Séminaire (1975-1976)*, édit. Pascale-Anne Brault et Peggy Kamuf, Paris: Seuil, 2019, p. 114 .

② Fr. Jacob, *La logique du vivant*，转引自，同上书，第117页。

③ Fr. Jacob, *La logique du vivant*，转引自，同上书，第119页。

的对抗，复制所复制的文本是死的痕迹，而选择代表着生对死的占有和重新激活，这里不可避免地产生撒播或偏离，并且向偶然保持开放。“没有无选择的复制，也没有无复制的选择，这并不意味着这两种‘力量’相安无事地合作，恰恰相反。它们的关系只能是伴随着妥协结果的紧张、矛盾的关系。突变的偏离只有在它限于和服从于复制、复制性的某些条件的情况下，才能够自我复制（不是仅有的，因而不是转瞬即逝的）。”[①]其中有代表性的就是性征和死亡的突然出现，它们作为生命的替补，重写了生命的本质，或者说，使生命的本质变成了非本质。在这里，德里达这样追问：“这个世界之中的、问题什么（及其整个伴随物）之中的突然出现，是否与雅可布所说的性征和死亡的‘发明’具有某种本质的关联，这一相关联的发明在雅可布那里反复召唤着“替补”的词语，但替补的逻辑或书写却没有自为地（假设它可以自为的话）被追问或‘生产’过？”[②]如何在生物学遗传文本的复制-选择和相似性模型中，将生命的活生生的逻辑揭示为生死之间延异的逻辑，构成本研讨班的雅可布解读的重心，对此，我们不再展开论述。

如果说在生物学中，德里达致力于揭示其中隐含的形而上学预设，并从书写、死亡、偶然、外在性入手，将物种的散播阐明为意义的撒播，那么在哲学中，更为普遍的任务就是揭示其中可能隐含的生物主义、生命-逻辑学（bio-logie）倾向。传

---

① J. Derrida, *La vie la mort: Séminaire (1975-1976)*, édit. Pascale-Anne Brault et Peggy Kamuf, Paris: Seuil, 2019, p.123.

② 同上书，第144页。

统哲学的一个共同特点在于，它们都遵循生命的逻辑，而贬低死亡或将其排斥出哲学的领地。本研讨班中德里达重点关注的是尼采和海德格尔的生物主义问题。首先，德里达用尼采来反对海德格尔，指出尼采具有复杂性，尼采哲学既具有生物主义的特征，也具有反生物主义的面向，而海德格尔的尼采阐释误解了尼采，把尼采哲学片面地理解为一种“人化”的哲学，这种哲学把生物学的区域规定变成了规定整个存在者领域的帝国主义法则。而在德里达的描述中，尼采思想也具有反总体性、无机主义的倾向。其次，德里达反过来指出，海德格尔自己以一种总体性的图式去理解尼采，并且因此在自己的思想中重复了生与死、经验与先验、本质与非本质的形而上学式的分离。例如，海德格尔将包括生物学在内的所有科学视作存在者的科学、经验的科学，认为只有哲学才思考存在者的存在界定，因而就再次将本质与非本质（经验之物）、生与死割裂开来，将前者视作高贵的而将后者视为低贱的。在这种学科的劳动分工中，哲学或形而上学成为那个制定分工而自身不从事劳动的支配者：“这个法典预设了区域和任务的分配、领地和工作的划分、区域之间的可靠界限，以及进行质疑或构建之权力的秩序和等级。它预设了当生物学家从事生物学时，他在从事生物学，当社会学家从事社会学时，他是社会学的社会学家；而哲学家作为最高法庭，他认识领地的总体性和诸对象的特殊性。但是如果——正如我们现在看到的——‘生物学家’不只是一个生物学家，如果他在所谓的生物学家的工作中必须从事历史、语言学、语义学、化学、物理学、制度科学乃至文学的工作呢？如果数学家是唯一能够谈论数学的基础或非基础、数学的认识论或历史的人呢？如果存在者不再是一种普遍形式呢？该普遍形式在专业领域中流通，从而一统百科和分派任务，禁止人们打破劳动分工的原则和在那里看守着的哲学秩序，哲学家在那里主持劳动分工，他实际上是唯一逃避劳动分工的人，而他同时服务于所有与这个劳动分工相关的事情。”①

生死之间的相互纠缠和相互交替，在生物学和教育学中体现为复制（代表死）与选择（代表生）之间的相互关联。没有选择不是借助于复制，也没有复制不是选择性的复制。如果复制不是基于选择的复制，那么重复就将是机械的同一性重复。一方面，复制总是在政治或权力的领域中活动，从属于生命意志。例如，一个共同体对过去的记忆不是以所谓客观的历史学为基础，而是首先作为政治行动，处于权力的监督之下。另一方面，选择总是基于复制，任何生产都是再生产。不应该如胡塞尔或海德格尔现象学那样谈论绝对的开端和原初，真正的开端或起源在德里达看来是不可能的，因为任何开端或起源总已经太晚，总是要基于在先的书写或痕迹。②因此，并不存在原本与复本之间的绝对区别，不同的模型之间总是相互参照，并且按照一种类比或相似的逻辑在运动，借以完成“过渡”或“运输”。一个模型被用于再生产，作为再生产的基础，但它本身又是之前再生产的一个结果。德里

① J. Derrida, *La vie la mort: Séminaire (1975-1976)*, édit. Pascale-Anne Brault et Peggy Kamuf, Paris: Seuil, 2019, p. 268-269.

② 关于这个问题，参阅雅克·德里达：《论精神：海德格尔与问题》，朱刚译，上海译文出版社2008年版，第148—149页。

达称之为“模型的循环”，这种循环的运动到处可以看到。例如，在概念和隐喻的关系中，不存在本义的概念和对本义加以迁移的隐喻之间的绝对区分，概念本身已经是隐喻的产物、隐喻的固化。假定存在本义的概念，就像假定存在文本之外的对象或“元文本”一样，是不可思议的。文本之外无物存在。类似地，在真理与修辞学之间，也不存在内在真理和作为真理外在装饰的修辞学之间的彼此分离，而是双方总是纠缠在一起，其界限是动态的，并且相互转换。“隐喻并不是像蜜蜂或公共汽车一样，将选择-复制从一个地方转运到另一个地方，隐喻是复制/选择的一个效果，它本身服从于复制/选择的遗传-制度的法则。”[1]

生死关系也是内外之间的关系，正如对于一个有机体来说，内在于系统，就意味着是活生生的，而在这个系统之外的，则是死的、无机的事物。例如，讲授的内容一般被认为是内在的、本质性的，而讲授的方式和教师的位置则是外在的。德里达质疑这一流俗看法，提醒我们注意在尼采那里，后者具有特殊的意义。当我们谈到内在有机系统时，它总是意味着一种同化、总体化的作用，德里达喜欢在这里使用吞食（Einverleibung）的隐喻，它意味着克服异质性和建立起同质性。也正是在这个意义上，他把例如伽达默尔这样的哲学家称为饕餮之徒。无论生死或内外，两者之间的逻辑都是根据相似或类比（analogie）的形象逻辑展开，而不是根据“是”或“存在”的逻辑展开。换句话说，乃是根据

① J. Derrida, *La vie la mort: Séminaire (1975-1976)*, édit. Pascale-Anne Brault et Peggy Kamuf, Paris: Seuil, 2019, p. 87.

模型循环的逻辑，而不是根据原本－复本的逻辑展开。“模型开始以这种方式循环——我说的正是循环——也即人们不再知道谁是谁的模型：人们为其寻找和找到模型的东西，反过来成为这个模型或其他事物的模型。”①

在传统哲学的术语中，生死关系典型地体现为先验与经验的关系，借助肯定经验的地位和模糊两者的界限，德里达在后期也谈到了所谓的“准先验论”。从生存论的角度看，我们所经历的每一个经验事件，都会成为一个在将来被重演的先验程序。我们的基因遗传程序是对物种诞生以来所发生之事的第亿万次的重复，它铭记和重演了那些古老的记忆。对于一切生命体来说，只发生一次的事情没有意义，它等于没有发生。在这一点上，生命、游戏和节日非常相像。节日纪念的是一次性事件，但这个事件此后被不断重复，并且在重复中被更新。而节日只是被重复的生命事件中的一个极端的例子，如果人经历了一次意外，那么这个意外的打击将在他生命中留下烙印，改变他看待事物的方式和行为的模式，从此，它会在将来的行动中被不断重复。经验作为一次性事件，会沉淀下来，成为先验的，也即作为使将来的经验成为可能的条件。它们的关系，可类比于琴谱和演奏的关系。琴谱如果不被演奏，就像麦子没有落在泥土里，就只是琴谱，当琴谱被演奏、被诠释，协奏曲才有了生命，才得以存在。但演奏作为对琴谱的重复，又是选择性的重复，并且由

① J. Derrida, *La vie la mort: Séminaire (1975-1976)*, édit. Pascale-Anne Brault et Peggy Kamuf, Paris: Seuil, 2019, p. 162.

此它重写了琴谱。同样，我们也可以把一切真理视作不断被重写、重演的程序，因为一切真理也是在历史中不断重演和更新自身的，一切真理都是对过去的真理的重写。没有永恒不变的真理，没有一劳永逸的真理。一个被写下的古老真理，就像一个被发明出来的程序，它在不断被重复的过程中被检验、被改造，乃至被抛弃。真理就是这样一个不断被重写的过程，准先验的过程。

* * *

最后，所有关于生死和生死之间的问题，本质上也是力的经济学和能量学问题，这促使了研讨班的第三环节转向弗洛伊德和精神分析学。在这里，生和死从生命欲力和死亡欲力的关系出发得到解释，它们分别被视作受约束的能量模式和自由能量模式，从这个阐释出发，德里达提出了有关生死之“双重约束”的普遍性问题。

整个第三环节以逐章讨论弗洛伊德的《超越快乐原则》为主线索。在生物学和生物主义的环节之后，精神分析的环节从动力学、能量学的角度重复了之前有关生死关系的讨论，生命及其所有的作为现在被视为生命欲力，即一种维持和保存一个有机统一体的驱力，而死亡欲力则是一种返回无机、无生命状态的驱力。据此，生命和死亡被理解为两种能量组织模式，一种是能量的约束或者说连接（Bindun, liaison）模式，它维持其能量的投资，从而为快乐工作；另一种则是能量的自由流动模式，这里缺乏一种约束能量、将能量组织起来朝某个确定方向贯注的倾向，能量趋向于卸载并且趋近于零。“爱欲欲力的目标在于不断建立更大的统一体，并极力维护它们——简而言之，是约束。相反，破坏欲力的目标是取消约束，故而带来毁灭。就破坏欲力来说，我们可以设想它的最终目标是使生机勃勃变成无机状态。由于这个原因，我们也可以称它为死亡欲力。”[①]因此，生命欲力被理解为受约束能量，即能量的有机、有组织形式，死亡欲力则是自由能量模式，它倾向于打破有组织状态。在前一种模式中，欲力遵循着快乐原则，在后一种模式中，它超越了快乐原则，毋宁说遵循着涅槃原则。

现在，按照德里达对弗洛伊德的解读，整个死亡欲力和生命欲力之间的关系也并非界限分明的对立关系，死亡欲力既不等同于生命欲力，也不位于它的对立面，而是内在于生命欲力，被铭刻在生命欲力的运作之中。或者也可以说，生命欲力本身是朝向死亡欲力的一个“绕道”，它服务于死亡欲力，正如现实原则服务于快乐原则，是快乐原则的绕道。一方面，在生命欲力的追求快乐、避免不快的倾向中，无论它是不顾一切地追求快乐的满足，还是单纯遵循现实原则而背弃快乐原则，都将走向死亡这个最终目标。另一方面，“*Umweg*不仅致力于快乐或保存（服务于PP的PR）的延异或延迟，也致力于死亡或返回无机状态的绕道。……重新引向死亡的绕道步伐。”[②]生命欲力本身是走向死亡终点的一个过程，死亡是生命自身的内在法则，而不是一

① 弗洛伊德：《精神分析新论》，车文博主编，九州出版社2014年版，第286页。译名有改动。

② J. Derrida, *La vie la mort: Séminaire (1975-1976)*, édit. Pascale-Anne Brault et Peggy Kamuf, Paris: Seuil, 2019, p. 333.

个意外。生命欲力服务于死亡欲力这个主人。“生命的这些守护者……以原初的方式（ursprünglich）是死亡的随从（Trabanten des Todes）”[①]这一点也体现在对快乐原则的解释中，因为快乐是能量紧张的平息，使兴奋维持在较低的水平，而这种平息的最终实现就是无机状态，就是死亡。“快乐是一种服务于这种返回无生命功能的倾向。”[②]按照德里达的解释（见第十四讲图表），生命意味着一种约束或连结的“功能”，而死亡意味着解除约束、解开连结的“功能”，快乐原则（以及服务于它的现实原则）则是从约束走向自由的一种“倾向”。

这种对生命和死亡的理解，拒绝将生和死、有机和无机视作截然的区分，而是视作两种风格的组织模式。例如，在原发过程和继发过程、无意识和意识（前意识）的区分中，虽然它们本身都属于生命的内在组成部分，但相较而言，前一项更偏向于自由能量模式，因而更偏向于死亡，后一项则更偏向于受约束能量模式，因而更偏向于生命。“原发过程对应于一个自由的、不受束缚的、非紧张的负载，继发过程对应于一个约束、一个能量的锁链”。[③]意识哲学和主体性哲学之所以属于“在场形而上学”，是因为它在根本上遵从的是“活生生的逻辑”，也即意识的受约束能量模式，在这里一切都是有序和有组织的，它使那异质的、不受约束的不在场者处于被压抑和被排除状态。而对意识哲学的解

① J. Derrida, *La vie la mort: Séminaire (1975-1976)*, édit. Pascale-Anne Brault et Peggy Kamuf, Paris: Seuil, 2019, p. 335.

② 同上书，第354页。

③ 同上书，第330页。

构就意味着在这种活生生之中看到死亡（被压抑者）的原始运作，进而把意识看作无意识绕道实现自身的过程。因此可以说，德里达认为死的书写比活的话语更原始，这与精神分析学把死的无意识看作比活的意识更原始有殊途同归之处。德里达所划分的活生生的记忆和作为书写的死的记忆之间的区别，也可以根据受约束和自由的不同程度加以区分。

总之，绝对的生与绝对的死，可以看作一条连续线段上的两个端点，每种实际状态都处于线段的某个位置，它作为生还是死取决于它与什么相比较。原发过程相对于继发过程是死亡，但相对于无机物则更活生生。因此，快乐原则和现实原则之间的关系，与死亡欲力的涅槃原则和生命欲力的快乐原则（连同服务于它的现实原则）之间的关系具有相同的性质，因为它们的关系本质上都是生死之间的关系。后一项是对前一项的绕道的实现，前一项在后一项上面施加某种统治或支配法则，使之呈现为有机、有组织的形态，因此德里达也能够谈到所谓的"生物－政治细胞"：有机细胞组织的统一体具有力比多能量的约束、捆缚形态。同时，后一项对前一项施加约束也意味着后一项是对前一项的替代，例如意识是对无意识的整合，它将无约束的记忆痕迹（从能量学的方面说，自由流动的兴奋）组织起来，使之呈现为目的论模式（用能量学的术语说，朝一个特定方向贯注），从而替代处于解锁状态的无意识。"约束立刻就是替代"，[①] 而替代在这里无非是生对死的替代。用德里达在《〈几何学

① J. Derrida, *La vie la mort: Séminaire (1975-1976)*, édit. Pascale-Anne Brault et Peggy Kamuf, Paris: Seuil, 2019, p. 351.

起源〉引论》中的现象学术语来说，这是生对死的“重新占有”和“重新激活”，于是，这种激活总是差异性的重复，是一个延异的过程。生是对死的替代，而死也是生的替补，生死之间的逻辑，也就是替补的逻辑。

在生命欲力中，快乐原则占据支配地位，这意味着存在某种“中心主义”或政治上的集权模式，有某个起支配作用、组织作用的东西，它使所有部分服从于它，根据它而组织起来。“快乐原则的支配（Herrschaft）是一个权能、一个力量、一个帝国、一个统治。”[①]而在死亡欲力中，则有一种无机的拆解的力量在起作用（“非-掌控”），它致力于打破这个封闭结构，使不同部分彼此之间保持为异质状态。德里达既不是要回到传统的有机主义或生物主义，也不是要单纯地走向它的对立面，也即一味鼓吹毁灭的、反建制的无政府主义，而是首先质疑这两者之间的简单对立和僵化界限，进而揭示两者之间所展开相互作用的延异效应，解构的要义不是站在死的一面反对生，而是体现在这种生死“之间”的运动中。

在生与死的不同组织形态之间，存在一种德里达称之为“双重约束”的现象，这种双重约束将我们带向某种普遍的困境，或者说“绝境”（aporia），而解构哲学不竭的动力源泉就来自这种双重约束的绝境，德里达也称之为“不可能的可能性”。何谓“双重约束”？一方面，在生这一边，它必须通过约束才能够实

① J. Derrida, *La vie la mort: Séminaire (1975-1976)*, édit. Pascale-Anne Brault et Peggy Kamuf, Paris: Seuil, 2019, p. 350.

现自身，才能够让自身成为可能，或者说才能够获得快乐。为了获得快乐，它必须限制快乐；为了激发欲望，它必须限制欲望。德里达称这种受约束形态为窄构（strictural）。“它通过限制快乐而使快乐成为可能，通过限制和阻碍快乐的可能性而使之成为可能。我称之为窄构的绷紧运动为了再生产而限制，为了使之有力而虚弱，等等。”[①]在日常生活中我们也经常能看到这种现象，例如，禁忌常常起到增强欲望的功能，遮盖、捆绑的功能之一就是挑逗。但另一方面，在死这一边，它是以不约束的方式约束，因为死本身意味着不可能性，意味着对快乐原则的超越，意味着兴奋的卸载和紧张的平息，而这恰恰是通过不约束来达到的。我们也可以说，生是“不可能的可能性”，而死是“可能的不可能性”。这种双重约束同时也具有形而上学的意义。我们可以把死理解为自行遮蔽的匿名存在，因为这里还没有某种主体或意识的支配、统摄之力施加于它之上，它是“实在界”，是不可言说的沉默，是不可见者（绝对他者），尽管正是它使言说和看见成为可能。生则是“聚集”和言说，它以遮蔽（让背景虚化）的方式让我们看见，因此，言说和看见又是以约束、扭曲、遮蔽为代价，它使无限丰富的匿名存在变成了现成的存在者（贫乏而透明的意义），它以现成的确定性剥夺了存在的无限丰富的可能性。双重约束就是鲁迅所说的“当我沉默着的时候，我觉得充实；我将开口，同时感到空虚”，或维特根斯坦揭示的“凡是能够说的，

① J. Derrida, *La vie la mort: Séminaire (1975-1976)*, édit. Pascale-Anne Brault et Peggy Kamuf, Paris: Seuil, 2019, p. 356.

都能够说清楚；凡是不能说的，必须保持沉默”。它当然也是德里达所说的礼物或宽恕的双重约束：如果礼物呈现为礼物，就取消了礼物；礼物只有在不作为礼物呈现时才是可能的。以及，如果宽恕是宽恕那可以宽恕者，宽恕就变成了理解和交换，这就取消了宽恕；只有宽恕那不可宽恕者，宽恕才是可能的。礼物和宽恕是不可能的可能性，或者说可能的不可能性。生死之间的逻辑，正是这种“不可能的逻辑”。

当我们面对礼物、异质性和他者时，我们始终面临这种双重的困境，解构哲学的优越之处就在于对这种困境保持敏感。如果我们要理解和言说他者，就对他者施加了暴力，就会试图同化对方，将对方纳入一个有机系统（总体性），并且使他者仅仅在这个有机系统中得到揭示；但如果我们让他者保持为他者，如果我们不以暴力的方式占有和支配它，他者就不可言说，就成为单纯的“面容”，对此我们只能要求以伦理的尊重和责任去对待它，这意味着我们不仅要放弃哲学，甚至要放弃语言——这意味着列维纳斯将伦理学作为第一哲学的努力成为悖谬。在批评列维纳斯的文章《暴力与形而上学》中，德里达就谈到了这一双重约束，在德里达看来，列维纳斯的他者哲学处于双重困境，却没有识别出这一双重困境，因而在单纯偏向死亡这一端时，陷入了自相矛盾的尴尬地位：如果要拒斥活生生的存在论（总体性哲学），就只能落入死亡的伦理学，但列维纳斯没有意识到，一种完全拒斥存在论的伦理学同样是不可能之物。固然，活生生的、有机主义的存在论要以约束为条件，“因而有一种理性的独白和光的孤独。现象学和存在论不能在其存在和意义中尊重他者，因而它们是暴力的哲学。借此，整个哲学传统在意义和深度上都与同一者的压迫和极权主义联系在一起。”[①]但另一方面，他者的伦理学也要以存在论为前提和基础，否则将不可言说。“在非暴力的最高紧迫性中（它谴责借助于存在和概念要素的过渡），列维纳斯的思想不仅建议一种没有法律的伦理，如我们稍后将要说到的，而且提议一种没有言辞的语言。”[②]因为“述谓乃是第一暴力”，言说就是将无机的他者变成有机的意义，将专名变成富有意义的通名。列维纳斯的伦理学如果不借助存在论的理解就不可能被言说和撰写。“非暴力的语言最终将是纯粹祈祷的语言，纯粹膜拜的语言，为了呼唤远方的他者而仅仅大声说出专名。”[③]

于是，我们可以回到开头德里达对“学会生活”的困境的讨论。“学会生活”之所以是不可能的，是因为生命无法摆脱这种双重约束。生命的双重约束就是：如果人要活着，他就必须准备不再活着，也即随时准备去死；而如果他不愿去死，不愿去冒生命之险，他就已经选择了死，也即以死（循规蹈矩、行尸走肉）的方式活着。生命要以死亡为滋养，才能避免自我封闭和自我重复，但生命又要避免完全走向死亡，从而否定生命本身。生命的要义就是在生活中向死亡去学，保持生死之间的动态边界，展开生死之间的对话和相互转换的运动。珍爱生命的真正意义就在于敢于拿生命去冒险。在这里，我们实际上会发现，伽达默尔与德里达之间的距离并不遥远，因为在伽达默尔的解释学经验中，学

① Jacques Derrida, *L'Écriture et la Différence*, Paris: Seuil, 1967, p. 136.
② 同上书，第219页。
③ 同上书，第218页。

会生活，或者说解释学经验的增长，唯有通过否定、冒险和受苦才可能实现，也即要去经历“事件”（Ereignis），直面并克服不可预料的偶然性，而这无非是说要在生活中，并且向死亡去学会生活。

* * *

以上，是译者对本研讨班的主要思想的一种解读视角，需要说明的是，任何翻译和解读都避免不了曲解的危险，甚至要以“曲解”的暴力为前提。这里同样存在着德里达所说的“双重约束”：要翻译和解读一个文本，就需要将一种或几种主旨式的思想“大纲”投射到文本上，以重新整合文本，否则文本就是死的，就对我们保持为封闭和不透明。但这种译解同时也意味着对文本施加了某种暴力，并且损害了它原本的丰富性和异质性。在译解德里达的文本时，这种困难和风险格外大，因为它在风格上是极为无机主义的，充满了异质性以及各种隐喻和换喻的转换，它们抗拒着理解，至少是抗拒那种总体式的理解，该理解试图将思想仅仅把握为某种可以一言以蔽之的东西。因此，译解的不可能性不是禁止我们去译解，而是要求我们在译解的时候保持谦卑，并且总是在生死之间，在活生生的理解者和死的文本之间不断往返，把待译解的文本当作一个不可穷尽的源泉。

因此，译者在这里所做的解读，仅仅是力图为读者进入文本提供一个便利的、片面的、漫画式的指示地图，以帮助读者自己去阅读丰富多义的文本本身。阅读德里达的文本是困难的，这种困难与德里达的哲学立场有关，因为解构哲学首先是一种对理解、对透明和单义性保持警惕的哲学。但这也恰恰构成了德里达文本的迷人之处，它难以咀嚼，所以它也常常值得反复咀嚼，并且可以让我们从不同角度出发，收获不同的东西。

最后，要特别感谢本书的责任编辑傅楚楚老师，她对全部书稿做了非常耐心细致的审校，提升了译文的准确性和可读性，纠正了其中不少讹误。德里达中期语言风格诡谲晦涩，对翻译构成了很大挑战，译者能力有限，敬请方家批评指正。

目　录

编者按 11

"论生死"研讨班是雅克·德里达于1975年秋至1976年5月或6月在乌尔姆街的巴黎高师开设的课程，当时他任哲学讲师。[①] 虽然打印稿中每一讲均未标明日期，但某些时间标识——"圣诞节前"（第三讲），"在复活节后要上的几讲中"（第十讲）——透露出这个研讨班（共十四讲）比德里达在巴黎高师开设的大部分年度课程的持续时间都要长。

为了弄清楚这一研讨班的语境，有必要知道在上一学年，即1974年的4月，德里达经历了第一波骚乱，这在后来促成了哲学教育研究小组（GREPH）的成立——雅克·德里达是小组的主要发起人，该组织后来导向了1979年6月哲学大会的召开。因而，在他开设"论生死"研讨班的几个月前，也即1975年1月，[②]哲学教育研究小组正式成立。或许正是在这

---

① 雅克·德里达研讨班讲稿《理论与实践——巴黎高师（1975—1976）》（*Théorie et pratique. Cours de l'ENS-Ulm 1975-1976*，Alexander García Düttmann [éd.], Paris, Galilée, coll. «La philosophie en effet», 2017）的版本以1975—1976学年为课程日期，但实际上该课程是1976—1977年进行的。我们感谢阿兰·施里夫特（Alan Schrift）为我们指出这个错误。（本书脚注如无特别说明，均为编者所加。——出版者）

② 关于哲学教育研究小组的组建以及雅克·德里达在其中扮演的角色，见"哲学教育研究小组成立草案"，载：Jacques Derrida, *Du droit à la philosophie*, Paris, Galilée, coll. «La philosophie en effet», 1990, p. 146-153。

个时候，德里达开始了第二系列的十讲，在其课程和研讨班的
12 目录中，这部分的标题是“GREPH”（法国理论家的意识形态概念）。①在这个系列第一讲的已发表片段中，德里达将之描述为“一种反-研讨班”，②这个表述可能会让人觉得“论生死”作为为教师会考做准备的研讨班，给出了必须解决的问题的范例。

从某个方面来说，这并不是完全错误的，因为作为巴黎高师的辅导老师（caïman）③，雅克·德里达并没有完全的自由去决定教学的论题或主题。相反，他必须“遵循大纲”，也即当年的哲学会考大纲。这种面向考试的哲学教育规划是哲学教育研究小组分析和批判的一个主要对象。1976年的考试公布的论题是“生与死”，德里达只是稍加改动地保留了这个标题，删去了连词“与”，他在第一讲中对这个改动作了详尽的说明。

但另一方面，宽泛而言，在哲学教育研究小组的精神中，这个研讨班同样呈现出“反-研讨班”的特点。实际上，雅克·德里达这个意图很明确，他在“论生死”第一讲开头部分写道：

> 这些年来，在每一年的每一次研讨班开课之初，你们中的有些人知道，我都会说明我在这一工作中感到的不适，说

---

① 关于这个目录，参见：“德里达研讨班翻译计划”，网址：<http://derridaseminars.org/seminars.html>。

② J. Derrida, «Où commence et comment finit un corps enseignant», 收录于：*Du droit à la philosophie*, *op. cit.*, p. 11。该文最初发表于：*Politiques de la philosophie*, Dominique Grisoni (dir.), Paris, Grasset, 1976, p. 60-89。

③ 在巴黎高师的行话中，caïman指预备教师（agrégé préparateur）。

明会考大纲和我所选择的策略，这是我与会考机构的又一次斗争，在别的地方以及就在这里，在既定条件下与之谈判。我不会重复我已经讲过的话，不会无限地复现相同的模式。在分析会考大纲的标题时，我更愿意将其作为这一研讨班的主题去解构它，而不是与之一致。①

因此，“在别的地方以及就在这里”，问题都在于反对或毋宁说解构哲学教育中依然太过程序化（programmé）和程序式（programmatique）的东西。尽管这个细节是后来手写添加的，但当德里达给开篇这一讲标以“大纲”（或程序，Programmes）这一复数形式的标题时，他显然也是这么思考的。 13

正如他从教学生涯开始时就一直在做的那样，雅克·德里达为“论生死”研讨班撰写了完整的文本，以便之后在听众面前宣读和评论。②当然，这种每周的写作通常是与许多其他出版项目或公开报告的计划同时进行的。但有时，甚至相当多的时候，德里达的学术活动的许多方面是重叠的，可以说，他在后来的出版物或会议报告中重复了为研讨班预先撰写的文本。在这方面，“论生死”研讨班是一个范例，它为德里达的两部主要著作中发表的文本和几次会议上宣读的文本提供了最初的梗概。

因此，第二讲未作重要修改，直接被《耳朵传记：尼采的教育和专名的政治》重新采用——该文本在1976年美国翻译大会上

① 参见下文，“第一讲”，第25页。（参见页码均为原书页码，即中译本边码。注释次序依原文排列。——出版者）

② 据我们所知，这次研讨会没有任何存档记录。

首次宣读，在1979年的法语会议上再次宣读。[1]至于第八讲以及第九讲的部分内容，德里达曾在1981年巴黎歌德学院的研讨会上再次宣读（当时汉斯-格奥尔格·伽达默尔在场），随后该文以德
14 文和英文发表。[2]然而，最重要的无疑是在《明信片：从苏格拉底到弗洛伊德及以外》（1980年）[3]中得到再次呈现的本研讨班的后四讲。在该书第二部分"思辨——论'弗洛伊德'"中，德里达基本遵循了上述各讲中已经标画的轨迹，但并非没有以多种方式阐发和复杂化。[4]在《明信片》有关此章节的介绍性注释中，德

---

① 参见：Jacques Derrida, *Otobiographies. L'enseignement de Nietzsche et la politique du nom propre*, Paris, Galilée, coll. «Débats», 1984, p. 33-118 (rééd., 2008)。这篇文章曾以《他者的耳朵：耳朵传记，转移、翻译，与雅克·德里达的文本和争论》为题发表（*L'oreille de l'autre, otobiographies. Transferts, traductions. Textes et débats avec Jacques Derrida*, Claude Lévesque et Christie V. McDonald (dir.), Montréal, VLB éditeur, 1982, p. 11-56）。

② 参见：Jacques Derrida, «Guter Wille zur Macht II. Die Unterschriften interpretieren (Nietzsche/Heidegger)», trad. all. Friedrich Kittler），收录于：*Text und Inter pretation*, Philippe Forget (éd.), Munich, W. Fink, 1984, p. 62-77；以及：Jacques Derrida, «Interpreting Signatures (Nietzsche/Heidegger: Two Questions)», trad. angl. Diane Michelfelder et Richard E. Palmer, *Philosophy and Literature*, vol. 10, n° 2, octobre 1986, p. 246-262；另收录于：*Dialogue and Deconstruction: The Gadamer-Derrida Encounter*, Diane Michelfelder et Richard E. Palmer (dir.), Albany, New York, SUNY, 1989, p. 58-74。该书没有法文版。

③ Jacques Derrida, *La Carte postale. De Socrate à Freud et au-delà*, Paris, Aubier-Flammarion, 1980, p. 275-437 (rééd. Paris, coll. «La philosophie en effet», Flammarion, 2002).

④ 这四讲基本上在"思辨——论'弗洛伊德'"的四章中被重新采用：第一章"通告"（第十一讲）；第二章"弗洛伊德的遗产"（第十二讲）；第三章"瘫痪"（第十三讲）；第四章"第七章：附记"（第十四讲）。此外，第十二讲还在《弗洛伊德研究》中以《弗洛伊德的遗产》为题发表（*Études freudiennes*，n°s 13-14, 1978, p. 87-125）。

里达明确指出了它的源头，并且回顾了研讨班各讲野心勃勃的思路，它们在宏富的外观下，实际上交织着“三个圆环”：

> 试图界定这一论述的边界性文本是弗洛伊德的《超越快乐原则》。事实上，这些论述是从一个研讨班当中提炼而来的，该研讨班遵循了三个圆环的轨迹。它每次都基于对尼采文本的说明，以首先投身生物学、遗传学、生命科学认识论或生命科学史的“现代”问题域（雅可布、康吉莱姆等的解读）。第二个圆环：回到尼采，接着用海德格尔的尼采解读来说明尼采。再然后，在这里，是第三个和最后一个圆环。[1]

对于今天这个研讨班的读者来说，对最初形态的、为口头报告而撰写的文本与已发表版本加以比较是很有价值的。我们系统地做了这项工作，因而我们不仅能够欣赏雅克·德里达重读自己
时的细致，而且能够解决几个阅读的问题，这些问题通常是由他 15
在打字稿中手写添加了许多内容引起的。众所周知，德里达的书写常常难以辨识，而且从来没有像在这里一样，他为自己写作而不考虑其他读者。尽管我们尽了最大的努力，但有时我们不得不在注释中指出我们面对这些“难以辨读”的字词时的困惑。

然而，对“论生死”研讨班的兴趣远未在对作品的“遗传学”考量中被穷尽，因为到目前为止，大部分讲稿还没有发表

① J. Derrida, *La Carte postale*, *op. cit.*, p. 277, note 1. 雅克·德里达在研讨班上也提到了这些“圆环”，参见下文第74、184、274—276、284和362页。

过。其中讨论“生命科学”特别是遗传学的四讲（第三讲到第六讲）尤其如此，这次的“遗传学”不是在文学意义而是在生物学意义上说的。通过对乔治·康吉莱姆（Georges Canguilhem）的著作，特别是对法国著名生物学家弗朗索瓦·雅可布（François Jacob）的著作《活生生的逻辑》（*La Logique du vivant*）的耐心而敏锐的分析，雅克·德里达表明了这些科学话语如何在其概念根基处被解构，在那里，在不提出太多问题的情况下，它们努力展开了诸如文本、大纲、踪迹、法则、替补、语言、隐喻或类比的观念——换言之，德里达在一段时间以来，以自己的方式完全重写了这些观念。通过对生物学和遗传学的深入讨论，“论生死”研讨班在我们看来无可辩驳地确立了德里达思想在处理我们时代的重大科学问题上的契合性，该思想以生命（la vie）、有生命者（le vivant）和死亡——或者，如德里达所写的那样，删除这些词之间的连词和空格，变成“生死”（lavielamort）——问题为出发点。

当前这个版本根据这次研讨班的原始打字稿的数字化文档编辑而成，该文档保存在加州大学尔湾分校图书馆批判理论档案里的雅克·德里达藏书中。[1]我们还查考了当代出版记忆研究所
16（IMEC）的德里达藏书。[2]这十四讲的讲稿由作者总计264页的打印页组成。有趣的是，我们发现许多页的背面或者是巴黎高师的

① 原打印稿位于雅克·德里达藏书的第十二柜，第10—19号卷宗。

② “论生死”研讨班讲稿保存在第二柜，编号为219 DRR 225.5和225.6。

题笺，或者是哲学教育研究小组[①]会议的油印通告，或者是《白色神话》[②]的英译本片段。尔湾的档案还包含了所有这些文稿的复印本，我们也必须查阅这些复印本，因为德里达有时会在上面手写一些东西，而这些手写内容并没有完全重复他写在原稿上的内容。在有必要区分这些差异时，我们用“T1”指代打印稿，用“T2”指代复印本。正如我们已经指出的，有许多内容是手写添加的，大多是添加在原打印稿上：它们有些写在行间，有些写在页边空白处，有些带有指示插入位置的箭头，有些与打印文本没有明确的指向关系。我们将尽可能在编者注中描述和破解这些添加内容，在没有把握给出解读的情况下，我们不会贸然尝试。除非附注另有说明，所有添加文字均为手写。

与研讨班讲稿一同存档的几份卷宗包含了雅克·德里达在报告期间所引用文本的影印本。德里达有时也会在这些文件的页边空白处写一些东西，或是在想要评论的段落下画线。但这些影印页并不代表研讨班上引用文本的全部。至于其他的引用文本，我们尽可能地查阅了德里达本人使用的版本，必要时还借阅了他保存在普林斯顿大学图书馆的私人藏书。

除了手写添加的词句外，还有几页包含了一些标记，这些标 17
记似乎是雅克·德里达用于修改从研讨班中提炼出来的内容，以

① 这个材料细节证实了我们之前提到的作为研讨班背景的哲学教育研究小组。

② 这显然是以下译本第一版的打印稿：« White Mythology : Metaphor in the Text of Philosophy », par F. C. T. Moore, 收录于：dans *New Literary History*, vol. 6, n° 1, 1974, p. 5-74。参见：Jacques Derrida, « La mythologie blanche. La métaphore dans le texte de la philosophie », 收录于：*Marges—de la philosophie*, Paris, Minuit, coll. « Critique », 1972, p. 247-324。

供会议或出版之用。它们通常包括页边空白处的竖线条、段落或整页上画的叉号，以及其他指示文本“循环”的类似标记。由于这些符号没有为研讨班讲稿本身的阅读带来实质性内容，我们在编者注中没有提及它们。出于同样的原因，当添加的内容完全无法辨读时，我们在打印稿中不再加以标示。

在打印稿中，雅克·德里达倾向于缩写专名，例如“FN”代表弗里德里希·尼采，“J”代表雅可布，“F”或“Fr”代表弗洛伊德，“PR”代表弗洛伊德的“现实原则”，“PP”代表他的“快乐原则”。在讲课期间，德里达可能已经开始完整地阐述这些术语，但在第十一讲接近末尾的地方，在谈到弗洛伊德和他的外孙时，他玩起了文字游戏，“PP”在法语中读作“Pépé”，即“祖父”，“PR”则可以理解为“Père”（父亲）。有鉴于此，我们按照打印稿所呈现的样貌保留了这两个缩写。至于弗洛伊德作品《超越快乐原则》的标题“*Au-delà du principe du plaisir*”，德里达在所有地方都把它引述为“*Au-delà du principe de plaisir*”。[1]但在谈到概念时，他不加区别地使用“du”或“de”。

雅克·德里达以平均每周25页的节奏撰写他的研讨班讲稿。因此，毫不奇怪，我们可以在讲稿中看到这种步调的一些痕迹：不完整的句子、没有关闭的括号，以及其他无意中不规范的做法。在必要情况下，我们会在注释中向读者指出这些问题，但不会就明显的错误（错排、拼写错误等）作任何更正。如有必要补足缺失的词句或词句的成分，则用角括号〈 〉标示我们的介入。

① 区别在于，德里达去掉了“快乐原则”前的定冠词le。——译者

在打印稿的阅读明显有困难时，我们会在脚注中加以说明："打印稿原文如此"。

尽管雅克·德里达在引用尼采、海德格尔和弗洛伊德时查阅了他们已出版著作的译本，但他几乎总是对这些译文有所改动，
还常常自行翻译所引段落。在德里达改动译文或完全重译的地 18
方，我们均做出标示。对于引文中的斜体，只有德里达着重强调时我们才特别说明。对于页底的脚注，处理同前。

我们要对所有在这项长期工作过程中提供过帮助的人表达我们的感激之情。我们特别感谢南加州大学法语研究博士生布里厄·杰拉德，他是无可挑剔的助手，以及普林斯顿大学法语研究教授凯蒂·切诺韦思，他总是热心回答我们关于德里达私人藏书的问题。吉内特·米肖、米卡勒·纳斯、伊丽莎白·罗滕伯格、罗德里戈·特里佐、大卫·法雷尔·克里尔以及雅克·德里达研讨班的整个编辑团队为我们提供了巨大的帮助。我们还要感谢德保罗大学提供的帮助。尤其是要致敬和感谢玛格丽特·德里达，她从一开始就对这个项目给予了支持。

帕斯卡－安娜·布勒

佩吉·卡姆夫

19

第一讲　大纲①

通过宣布这个以“生-死”为标题的研讨班，也即通过代替以一个连字符、一个没有连线的空格或没有字的线，通过一个明显的沉默，通过这个通常将死*连同*（avec）生放在一起，将一个与另一个并置或毋宁说对置的*与*（et），我表达了什么？这一并置（juxtaposition）或对置（opposition）②的关系，位置（position）的关系，位置的逻辑（辩证法或非辩证法的），可能正是有关生死所要讨论的问题。通过取消这个*与*，我并不想预告说生死（la vie la mort）③没有构成两个事物，并不是说一个是另一个，而是说这一相异性（altérité）或这一差异不属于哲学所宣称的对立（*Entgegensetzung*）秩序，也即不属于两者面对面的双重位置（例如在黑格尔的意义上），位置的概念和概念的位置，这一自我-位

---

① 在打印稿中，这个词被添加在标题“生死”之下。有几讲在同一个位置都有一个注释。因此，这个词可能是雅克·德里达以此种方式为该讲指定的标题。从下文起，我们将插入这些讲座的标题，不再另作说明。

② opposition在文本中有时译为“对置”，以彰显德里达在并置、位置、对置之间进行的文字游戏；当它联系于黑格尔逻辑学时，也译为“对立”，在黑格尔那里“对立”是一个约定俗成的译法。——译者

③ 当德里达使用“la vie la mort”的表达时，特指他所要描述的生死之间的非辩证的关联，我们简单地用“生死”翻译这一表述，但需要提醒读者，当我们使用“生死”的表达时，它指向了生死之间关系的特殊的哲学蕴意。——译者

置和对置构成了辩证法的运动模式，该辩证法本质上作为一个生与死的强有力思想而前进，就像人们说的生与死的关系的强有力思想；在那里，对立、(辩证法或非辩证法的)矛盾，尤其是从一面到另一面的转化过程，是相辅相成的同一化过程。

如果遵循黑格尔大逻辑学结尾部分的大三段论(后面我们可能会这样做)，你们将看到，根据一个在黑格尔那里被到处打上标记的、我们必定会再次提到的运动(我们称之为腓尼基[phénicien]运动)生命——它在本质上是一个位置(*Setzung*)、 20
理念的位置，它通过自身的三个对置，即“活生生的个体(*das lebendige Individuum*)、生命的过程(*der Lebensprozess*)和类属(*die Gattung*)”[①]设置自身——如何通过死亡的对置重新把握自身为生命，以及生命如何在自然的死亡中作为精神的生命而诞生。作为开场，我想仅仅以暗指的方式指出三件事：

1.一方面，这一并-置(juxta-position)或对-置(op-position)的与不应该被质疑而后被悬置，是时候去思考存在与死亡的关系是否的确属于人们所称的对立或矛盾的关系；也是时候更为彻底地探究，人们是否相信在位置、对-置或并-置乃至矛盾概念下所理解的东西，不是通过“生死”的逻辑被建构的。“生死”的逻辑在位置的模式(对立、并置或辩证法)下被掩盖了——人们出于何种旨趣这样做，这是个问题——就好像(我在这里只能使用好像，因为我不想也不能将一个逻辑与对立的逻辑

---

① Georg Wilhelm Friedrich Hegel, *Science de la logique*, t. III, trad. fr. Samuel Jankélévitch, Paris, Aubier Montaigne, 1947, p. 469-486; *Wissenschaft der Logik*, 收录于：G. W. F. Hegel, *Werke*, t. VI, Frankfurt am Main, Suhrkamp, 1969, p. 469-487。

相对立）整个对立的逻辑（同一性的逻辑或辩证法的逻辑，形式逻辑或辩证法逻辑）是一个诡计，被“生死”推向前台，以掩饰、看护、庇护、收容或遗忘——某物。何物？一个在任何情况下都不再被放置（se pose），也不再被对置（s’oppose）的“何物”，这个何物不再是位置（position）意义上的某物。

你们想必已经发现，我在以十分抽象的方式开始一门关于生与死的课程。你们会说，还有什么东西比生死更具体？但是，还有什么东西比生死更抽象呢？还有更大的或别样的抽象之力量吗？通过强调从这一类型的问题，即从逻辑类型的问题出发的必要性，并且如果你们愿意的话，通过探究整个位置和对置的逻辑（在这里，人们曾思考且依然思考生/死的界限）是否不仅没
21 有强大到足以思考这一界限，而且本身是作为生死的效应才得以产生，并且因此必定作为这一视角的普遍逻辑而被重新阅读，我向这两个文本路标致意，它们是我今天关注的对象。首先是黑格尔，尤其是黑格尔的《逻辑学》，它在“生命”（*Das Leben*）一章的开头指出，“生命的理念涉及［touche, *betrifft*］一个如此具体和实在的对象（*einen so konkreten und, wenn man will, reellen Gegenstand*），以至按照逻辑学的惯用描述，这超出了在一篇逻辑学论文中谈论生命的逻辑学领域的界限（*überschritten*）”。[1]然而，接下来的整个证明反而违反这一便利，致力于将生命、生命的理念、（有生命的个体及其死亡的）有生命者、生命的过程和

① G. W. F. Hegel, *Science de la logique*, t. III, *op. cit.*, p. 469; *Wissenschaft der Logik*, t. VI, *op. cit.*, p. 469.

特有的繁殖，不只描绘为某种从属于逻辑学的东西，而且描绘为规定认识之获取的东西。其次，我利用雅可布的书名《活生生的逻辑》[①]来指定另一个文本路标，这个路标如今通过**信息**、**符码**甚至**遗传文本**的整个难题去译解有生命者（这些生物学家说，不是生命，[②]要警惕他们有些仓促地认定为哲学家的实体化和实体论的强制性的东西，并且无视诸如这样的立场：黑格尔表明有必要经由有生命者［有生命的个体，它作为必然的位置］通达生命三段论内部、生命评判［*Ur-teil*］内部，这个生命通过原初的分裂［*urteilen*］产生和再造自己），现代性因而致力于译解作为从属于一门逻辑的语言（目前我保留这个词的所有不确定性）的有生命者。这两个文本路标确立了一个领域，我们现在立足于这个领域，只是为了在其中获得一些指引。

2. 通过第一个对黑格尔及对立的逻辑的参照，我还想指出的是，对我而言1）这并非是用另一个逻辑**对抗**对立（生**与**死）的逻辑：显然，如果在某个地方（以及就生死而言），对立的逻辑、 22
对立本身是不相关的，那么我们由此诉诸的另一个逻辑就不会是黑格尔意义上的**对立面**（autre），也即不是**它的**另一个对立，不是另一个与对立逻辑有着对立关系的逻辑。因而它是一个**别样的相异性**（autre altérité），在其中别样者规定相异性，别样的相异

① François Jacob, *La Logique du vivant. Une histoire de l'hérédité*, Paris, Gallimard, coll. «Bibliothèque des Sciences humaines», 1970.

② “生命”（la vie）区别于“有生命者”（le vivant），前者带有应该被解构的作为实体的意味。德里达区分了vivant和vie以及le vivant和la vie的使用，我们一般用“有生命的”或“活生生的”翻译vivant，用“生”或“生命”翻译vie。le vivant则译为“有生命者”，也即一般所谓的生物。——译者

性不再属于它将篡改的相异性。因而对我来说，2）为了瞄准这个别样的相异性，也即“生死”，并不是试图将生和死同一化，说生乃是死，你们知道，这个命题可以以多种方式，通过无数种众所周知的道路获得支撑。生与死之间的空白线并不代替与或是的位置。在黑格尔式的辩证逻辑中，判断的是作为矛盾的场所而出现，它的扬弃（*Aufhebung*）宣告了生乃是死，生在其三段论中通过死的中介而产生，宣告了在动态的意义上，是是着，这个词的产生是死亡的过程（自然生命的死亡作为精神生命的诞生），在它的终点，这个是自身成为了生命，是的存在在一个不对称中重新成为了生命，我在其他地方尝试分析过这个不对称，在那里生命被标记了两次：首先是作为在理念或存在的过程中的一个时刻（在那里它是作为与之对立的死亡）；其次是在绝对理念的时刻，在大逻辑的结尾，那里没有死亡（死亡总是保持为自然的），黑格尔写道：“唯有绝对理念是存在（*Sein*），是永恒的生命（*unvergängliches Leben*），是自知的真理（*sich wissende Wahrheit*）和整全真理（*und ist alle Wahrheit*）。”[①]此时，生命最终不再是对置、对抗，对置发生在它之中，使它重新占有自身，但生命不再有与之面对面的他者。生命之是乃是死来自于生，存在是生命，死亡作为某种是其所是的事物是不可想象的。这就是对立逻辑在它给予死亡最大的关注中所通向的终点（这就是黑格尔的情形）：走向对立的废除，在其中一项的提升以及它自身的重新占有过程

① G. W. F. Hegel, *Science de la logique*, *op. cit.*, t. IV, p. 549; *Wissenschaft der Logik*, *op. cit.*, t. vi, p. 549.

中走向它的替代（relève）。生命是存在的这一重新占有，它是存在：只有绝对理念是存在，只有它是永恒（无-死）的生命。因而在对置（与）和交媾的同一化（是）之间，不存在对立，对立是同一化的过程，或作为生命的存在抑或作为存在的生命的重新占有的过程。 23

当海德格尔重提尼采的生物主义问题、尼采的所谓生物主义问题，并且询问这是否是从他认为的生命的生物学规定（权力意志、永恒轮回等等）出发时，他引用了以《权力意志》为题的断章辑录中的某个段落。这个段落说："'存在'（被放在引号中：*das 'Sein'*）——除了'生'（作为'生命'［*als* '*leben*'］：被放在引号中并且是斜体）我们没有其他表象（*Vorstellung*）。由此某种死的事物如何可能'存在'？"[①]（《尼采》，582，85—86）[②]如果在"存在"（être）这个词的"隐喻"词源中，有某种东西意味着生，如果存在等于生，那么存在-死（être-mort）就是不可思议的。或者甚于不可思议，在这里应该说，如果想要严格遵循尼采宣言的后果，遵循他的字面和他的引号的后果，那么存在-死就是不

① 转引自：Martin Heidegger, *Nietzsche*, I, trad. fr. Pierre Klossowski, Paris, Gallimard, coll. «Bibliothèque de Philosophie», 1971, p. 403; *Nietzsche1*, Pfullingen, Günther Neske Verlag, 1961, p. 518; *Gesamtausgabe*, Brigitte Schillbach (éd.), Frankfurt am Main, Vittorio Klostermann, 1996, 6.1, p. 466。（从下文起，我们将海德格尔的这两个德文参考文献*Gesamtausgabe*缩写为"*GA*"。）

② 此处涉及《权力意志》第582片段：Friedrich Nietzsche, *La Volonté de puissance*, XII, trad. fr. Geneviève Bianquis, Paris, Gallimard, coll. «Classiques de la Philosophie», 1948; *Der Wille zur Macht. Versuch einer Umwertung aller Werte, Sämtliche Werke, Kritische Studienausgabe*, Giorgio Colli et Mazzino Montinari (éds.), Berlin, Walter de Gruyter, 1980, 12: 2 [172], p. 153。（从下文起，首字母缩写"*KSA*"指批判研究版中尼采的这个文集。）

可表象、不可呈现和无以言表的。不可表象，是因为正如尼采所说，我们除了“生”没有关于存在的其他表象，换言之，生是或只能是存在的表象，但我们也可以自由地思考逾越（au-delà）表象的存在；而且可以追随尼采的思想，或者说，一方面：那些以这种或那种方式认同黑格尔的人，例如在大写的理念、存在和生命之旅程的终点，仍停留在表象里，而我们必须超越表象（或
24 者说超越在场、呈现，仿佛立在面前：*Vorstellen*）。我预先宣告，我想将这一研讨班引向某种彼岸、逾越的别样思想，引向尼采和弗洛伊德的《超越》[1]，尤其是布朗肖的《不逾之步》的别样思想。[2]你们会对我说，如果与你们谈论彼岸是要邀请你们重新思考死亡的问题，那这没有必要，这过时了，不新鲜了。但也许试图去了解这是不是跨越，以及彼岸是不是一个全新的问题，就是新的一步。因此，一方面，追随尼采的思想直至认为：那些将存在思考为生，以及因此不能思考‘存在-死’的人，他们停留于表象，停留于作为表象的存在，与尼采截然对立的黑格尔就是这样。或者，另一方面，人们不能在表象（或隐喻修辞）的“生”（vivre）之外思考存在；试图这样做，就是忘记了存在只是一个表象或一个隐喻。声称逾越表象去思考存在，乃是对语言，对语言的起源，乃至对语言本源处的生命的遗忘。如果语言和逻辑是一个有生命者的语言和逻辑，那么试图在那里说和思考某种作为死的东西就是徒劳的。由此至少还有两个可能的后果：或者拒绝

① 这里应该分别指尼采的《超越善恶》和弗洛伊德的《超越快乐原则》。——译者

② 参见：Maurice Blanchot, *Le Pas au-delà*, Paris, Gallimard, 1973。

逾越逻辑、语言、逻各斯去思考，因为这没有任何意义和可能性；或者认为，例如说，死亡逾越了语言、逻辑和隐喻，死亡由此反过来成为一切超越、溢出和逾越可表达、可说明的限度的普遍名称。由此出发，尼采坚持使用引号：“存在”和“生”是他所引用的词语，是他所采用的表述：存在-死是某种我们无法思考的东西，因为我们不能言说它，如此等等。

我今天的意图并不是要讨论这个问题，讨论尼采（是或不是）生物主义的问题、海德格尔对尼采的阐释问题，以及他与黑格尔辩证法和普遍哲学的关系问题。我相信我们最终会回到这个问题。[1]我只是希望从黑格尔的从生到死的这一同一化出发，从对 25
立出发，这个对立以其在最终同一化中的废除为目标而展开：存在乃是生命，在这里生命两次被标记，一次作为死（死的过程），一次作为不死、永生，我想指出，相同的逻辑能够在它们之间认出生**与**死的语义跨度（在这里这个**与**［*et*］，e，t，意指位置、并-置或对-置），以及生是死（**是**），在这里死亡将本质定义为维持生命的生命辩证过程，定义为自我生产和再生产（如此等等）的生命辩证过程。因此，在与停顿的空隙或逾越的不可见之线的关联中谈论“生死”，我就既不将生与死对立，**也**不将它们同一化（既不是**与**，也不是**是**），我之所以中和了对立和同一化，不是为了走向另一个逻辑，生与死的对立逻辑，而是走向另一个拓比（topique），如果你们愿意的话，从中至少可以读到存在的在场和定位的**与**和**是**的整个**大纲**（programme），这两者保持在“生死”

① 参见下文，“第八讲”及以下诸页。

的诸效应之中。如何思考作为诸效应的位置和在场？显然，这预设了对效应的另一种思考。

3. 这把我引向了我的第三点。我刚刚谈到并强调了“大纲”这个词，这一与和是的“大纲”。

在我的标题中，在研讨班的标题中——你们会说，在这一年以十分传统的方式冠以“生与死”〈标题〉（生在前而死在后）的会考大纲中——与的悬置构成了一个十分不起眼的、颇为温和的介入。这些年来，在每一年的每一次研讨班开课之初，你们中的有些人知道，我都会说明我在这一工作中感到的不适，说明会考大纲和我所选择的策略，这是我与会考机构的又一次斗争，在别的地方以及就在这里，在既定条件下与之谈判。我不会重复我已经讲过的话，不会无限地复现相同的模式。在分析会考大纲的标题时，我更愿意将其作为这一研讨班的主题去解构它，而不是与
26 之一致。[1]此外也讨论研讨班，讨论人们并非偶然地称为“大纲”和“研讨班”的东西。无须赘述，“研讨班”这个词和概念属于生物学隐喻，关联于种子或精液、胚芽。[2]至于大纲以及大纲的价值，则更为复杂，但它将我们带回到一种隐喻的或拓扑学的兴奋（effervescence），在其中，机构作为稳定创建（erection[3]）和再

---

① 在打印稿中，“大纲”这个词第一次出现后，这段话被一下子划掉了。此外，“这一年……冠以……的会考”等字眼也被划掉了，代之以“所谓的传统的问题”。“会考大纲”这一表达第二次出现时被改为“传统大纲的”。

② “研讨班”的法语是séminaire，“种子”“精液”和“胚芽”的法语分别是séminale、spermatique和germinale。这些词在构词上具有词义学的关联。——译者

③ érection在法语里兼有“创建”和（生物学上）“勃起”的含义。——译者

生产[①]的可能性，经常按照有机主义者或生物学家的隐喻而被描述，这并非偶然。例如，大纲的概念既适用于筹划着一个机构的再生产的学术规范系统，也适用于今天的现代生物学家所呈现的有生命者的繁殖模式，这是一个我们在此不应忽视的事实。

如何说明生物学的隐喻或有机主义的隐喻？——我并没有混淆它们，两者严格来说不是一回事，但这并不重要，至少眼下不重要——这些隐喻被如此经常地用于描述机构，特别是大学机构，无论是捍卫它还是攻击它的人都在这样做。如何说明诸如大纲或繁殖这样的相同的概念或形象，可以如此轻易地在生命的语言和机构的语言之间转换自如？而且对于想要保存它和想要摧毁它的人来说均是如此。对于一些人来说，大纲和繁殖的必要性是生命、发展和生产的一个条件；对于另一些人来说，大纲和繁殖是死亡的承载者；而今天，如你们所知，对机构的政治批判以及反对机构的斗争，其论点和动机的核心部分都从这一再-生产的价值中汲取营养。大学通过大纲、控制和约束成为一个有生命的系统，以确保组织的再-生产，这不仅意味着维持一个强制力的系统，也相当于将有生命者凝固在死亡中。而这是我们应该阻止 27
的。如何解释再-生产和大纲同时是生和死的条件？这一隐喻性是偶然的吗？它是其他隐喻中的一个隐喻结构吗？

我不想孤立地和笼统地展开这一大纲的问题和独特的隐喻交换问题，而是想要建议你们分析大纲的概念，比如它在现代生物学

① 根据不同语境，我们分别为reproduction给出不同的译名，以表明德里达让这一概念在不同领域之间流动的意图："再生产"指向工厂隐喻，"繁殖"指向生物学隐喻，而"复制"指向文本学隐喻。——译者

家著作中的运用，这种运用很少屈服于哲学思辨的古老纲要，这里我想说的是弗朗索瓦·雅可布的《活生生的逻辑》。这本书的导论被冠以“大纲”的标题，你们读过就会知道，大纲的概念在其中扮演了关键角色，它用来解决一般的哲学、所有问题、所有悖论。迄今为止，一般的哲学、生命哲学和生物学思想本身未能解决诸如终极因或目的论等问题。雅可布说，迄今为止，生物学家拒绝公开诉诸终极因或目的论，后者庇护了所有蒙昧主义或神秘主义，以及一切形而上学思辨，并且生物学家声称他们只是在从事与终极因或目的论决裂的科学工作。然而，雅可布认为，这种决裂从未发生，也不可能发生，目的论或终极因的蕴意一以贯之，未曾明言，以不体面的方式存在着。隐秘的终极因论与公开的反终极因论之间的矛盾，同时求助于这两者的必要性——生物学家的这一**双重束缚**（*double bind*）是难以解决的。那么，大纲的观念，至少如当今生物学话语所规定的那种观念，会认识到这一**双重束缚**，乃至解决这一矛盾。而根据雅可布的观点，繁殖、有生命者的本质特征、“生命世界的主要操作装置”，通过大纲，通过大纲的新概念，协调了每个有机体的目的论与有机体的、有机体历史的非-目的论之间的关系，“（他说［第17页］）对每个有机体来说，繁殖构成了一个目的”，但另一方面，它“引导着有机体的无目的的历史”。有这样一种表述：“长期以来，生物学家发现自己与目的论的关系就
28 像跟一个女人在一起，他不能没有她，但与她相伴而行时又不想被众人看见。大纲的概念现在赋予这个隐秘关系一个合法地位。”[①]

① Fr. Jacob, *La Logique du vivant*, *op. cit.*, p. 17.

那么，这个最终给所有问题带来解决方案的大纲其价值如何呢？这个行将制度化的大纲，赋予生物学方法的矛盾或双重假设一个地位，一个合法地位，也即科学的地位，此处就是指允许承认它是科学的，［这个大纲］赋予一个话语合法地位，否则这个话语就被视作非科学的、隐喻的、意识形态的、想象的，或如人们对可能不得不规定为非科学的东西（它在科学机构中没有权利被引用）以任何方式所愿意称呼的。[①]

让我们假设雅可布在谈论遗传程序时，也谈论了大学机构中的大纲，[②]并且看它运行到何种程度，以及它为何运行。

从导论一开篇（因而在“大纲”的标题下），雅可布就回顾了科学上的落后，生物科学相较于物理科学的经常性的落后。雅可布没有探究这一落后是否关键，是否与物体的结构本身有关系，以及是否与所谓生物学领域的物体、“生命”对象的结构本身有关系，他一方面注意到这一落后，同时从生命科学最终成为科学的地方或时刻出发去定义它，尽管它还不是一个“统一的科学”，[③]正如他后来所说。因此，他谈到这一落后：“即使科学方法的效力在物理世界已经确立，在几代人的时间里，研究生命世界的人依然思考存在的起源［……］。”[④]我暂时中断我的引述，插一句题外话：尽管雅可布已经从与哲学的关系中摆脱出来，但至少人们

---

① 这段话的空白处附有“姘居”一词。

② 此处的“程序”和“大纲”在原文中是同一个词，都是programme。programme可指“大纲、纲领、规划、程序”，德里达同时在文本、计算和信息科学等方面使用该词，也意图强调雅可布在使用这个词时具备的隐喻转换空间。——译者

③ Fr. Jacob, *La Logique du vivant*, *op. cit.*, p. 14.

④ 同上书，第9页。

今天归于这些现代生物学家的哲学，要比他自认为的更多，因为
29 他的意图要比莫诺[1]以及人们归于他的雄心更谦虚，所以雅可布通常用存在者（êtres）指代生命物，用事物（choses）指代无生命物。他经常这样做，你们可以验证这一点，例如他在最后几页写道："这既适用于存在者的构成，也适用于事物的构成；它适用于细胞、有机体或种群的构造，正如适用于分子、石头或风暴的构造。"[2]因此，细胞、有机体和种群是存在者，而作为分子、石头或风暴的无生命者只不过是事物。在书写的便利和日常语言的授权（它把有生命者当作存在者，把无生命者当作事物）之下，隐藏了一个巨大的沉淀，我不想在这里展开，也不想显得像是出于一个无知哲学家的苛求，而对一位科学家的话语练习穷追不舍。但我相信这类线索应该被认真对待，并且由此发现在科学家的写作中，哲学和科学上的天真要比人们通常敢于宣称的更严重。而且如人们所知，正是在生物科学中，非科学（通过日常语言或哲学语言——两者常常是一回事——而被传递）污染了科学问题在其中所处的位置本身。这有其本质的原因。当雅可布承认科学的落后在生命研究中比在非生命研究中更频繁时，他基本上承认了这点。关于存在者/事物这一对立，在继续被中断的引文之前，还有两句话值得一提。两个观点，第一个观点是根本性的：称有生命者为存在者，正如同时被哲学和基督教文化打上烙印的日常语言把活着的和说话的人当作存在者，这与我们刚刚谈到的存在与生

---

① Jacques Monod, *Le Hasard et la Nécessité. Essai sur la philosophie naturelle de la biologie moderne*, Paris, Seuil, coll. «Points», 1970.

② Fr. Jacob, *La Logique du vivant*, *op. cit.*, p. 344-345.

活（连同其整个疑难病灶）之间的等同性是一致的。另一个观点
是旁逸性的：我认识一个人（其性别暂且不表），他因同性恋身份
不被认可而感到困扰，他经常在日常语言中使用存在者、诸存在
者，而不是像我们一样说阳性的某某或阴性的某某、男性、女性、
阳性的这个人或阴性的那个人，并且他在说存在者或诸存在者时，
不是带着沙龙谈话或周日布道那种徒有其表的矫饰，而仅仅是不 30
去标明他所说的存在者的性别。我讲这个故事只是为了启发或提
醒，在存在者和生命等同的过程中，可能会有性的差异（被标记
或被抹去，被标记也即作为性的对立被抹去）。

下面继续我的引述：

> 即使科学方法的效力在物理世界已经确立，在几代人的时间里，研究生命世界的人依然依据信仰、传闻或迷信思考存在的起源。一个相对简单的实验足以恰当地判定自然发生说和不可能的异种交配。然而，直到19世纪，关于人类、动物和地球起源的古老神话的某个方面仍然以这种或那种形式存在。①

段落结束。接下来的段落说“今天”（这本书的出版时间是1971年②）。今天，进入科学、生物学，更准确地说，进入遗传学的可靠道路的入口，按照我引用的雅可布的说法，是“用信息、

① Fr. Jacob, *La Logique du vivant*, *op. cit.*, p. 9.

② 实际上，该书注明的法定入库时间是1970年。

讯息、符码的术语”[①]描述遗传性。从这里出发，我建议你们倾听基因遗传所说的东西，它仿佛是在谈论遗产（用布尔迪厄社会分析的语言来说，谈论继承人），谈论遗产，如同它被一个机构所组织，即使不是被机构组织，至少是通过机构而被对再生产感兴趣的力量所组织。再生产是这两个系统的共有概念——生命系统，准确地说是有生命的系统，以及机构系统——并且正是这一共有概念确保了相互转换的隐喻符码的统一性。隐喻符码的统一性使我们可以这样阅读雅可布的导论（即“大纲”），就好像它谈论的是大学。在探究这一隐喻的可能性意味着什么之前，我们要做的是弄清楚它涉及的只是其他隐喻中的一个隐喻，还是一个更为基础的隐喻性。

31 于是，在“今天”，遗传性“通过信息、讯息和符码”被描述。这三个词似乎借自符号通讯或语言学的词汇。每个讯息都在符码的约束下被传递，后者使交换和识别成为可能。遗传讯息的内容，它的信息，那些雅可布称为规定分子结构的指令（instructions），成为通过符码的十分明确和不变的规范传授的意义。“指令”这个词（我们也可以理解为学校和一般审查机关发出的指示，用以保证良好的再生产条件）或“传授”（enseignement）这个词并不是我强加给雅可布的，比如他曾写道：“那些代代相传的东西乃是规定分子结构的‘指令’”，[②]又或者：“因而程序的刚性根据其活动而发生变化。一些指令逐字逐

① Fr. Jacob, *La Logique du vivant*, *op. cit.*, p. 9.（着重号为雅克·德里达所加。）

② 同上书，第10页。

句地被执行。其他指令则通过能力或潜能而得到表达。但最终，乃是程序本身决定了它的灵活程度和可能的变化范围。”[1]不必强调，人们可以不易一词地轻易转换这些表述，用以描绘所有机构的程序运作，特别是学校的程序，以及更具体来说，会考的程序。人们不必惊叹于这种便利性，这并不是偶然的，因为考虑到现代生物学家所说的符码首先是语言符码、符号学的符码，而不是语言学的甚至语法的符码（我很快会详细说明这一点），它自身要么来自一般机构领域，要么特别是来自学校领域，又或者这两个符码（遗传的和学校的）有着一个应该被追问的共同的起源或归属。至于“传授”这个词，它涉及习得性征的遗传性的古老问题。雅可布并不认为“传授”这个词本身不适于指代遗传传递的活动。只不过，它的危险在于让人以为遗传性的传授与在学校 32
里通过被说出的语言进行的诸如大脑记忆传递的传授是完全等同的。这里，我们将看到雅可布所说的原则是什么，以及对这一隐喻可能性的解释是什么。我们读到“传授遗传性”这一表达的那个段落实际指的是什么？它首先指的是，一个有机体是其所曾是和其所将是之间的过渡。一个有机体并不考虑现在，如果你们愿意的话，可以说它并不首先是当下的产物。它首先、预先是我所称的“再生产效应”。它不是从生产而是从再生产出发。雅可布说：“再生产同时构成［有机体的］起源和终点、原因和目的。”然而，正是为了思考这一再生产，形成了生物学或遗传学的经典难题，后者在终极因和机械论、必然和偶然、固定或转化

① Fr. Jacob, *La Logique du vivant*, *op. cit.*, p. 18.

之间摇摆不定。雅可布发现，凭借程序的概念，能够消除对立乃至矛盾，正是这些对立和矛盾构成了这个经典难题，构成了这个经典难题的哲学或形而上学。“随着被运用于遗传性的程序概念，[雅可布说] 生物学的某些矛盾消失了，这些矛盾被概括为一系列对立（终极因论和机械论、必然性和偶然性、稳定性和变化）。”①

雅可布如何设想或构建这一程序的概念？他并没有参照记录、参照书写（graphique），无论是语音书写意义上的，还是非语音书写意义上的。我们稍后将以另一种方式回到这个问题。为了构建或分析在遗传领域起作用的程序概念，雅可布选定了两个关键的谓词，他称之为两个观念：记忆和筹划。②正是在这两个观念内部，每个观念彼此分享和阐明自身，这同时规定了相似和差异，而相似和差异一方面使隐喻合法化（例如谈到筹划和记忆），另一方面引起了混淆。然而，当然，如果是这样的话，那
33 么程序的概念一旦被现代遗传科学加工过，就应该同时允许谈论程序（记忆和筹划）以及防止混淆。我们先读一读如下引文：“在程序的概念中，直觉与关于有生命的存在者的两个观念（即记忆和筹划）融合起来。”③不必在这里与雅可布争论他所谓的直觉（intuition），这个直觉将记忆、筹划与有生命的存在者关联起来。更重要的是，雅可布有理由隐晦、含混地称它为直觉，他想要在那里揭示两种类型的记忆和两种类型的筹划之间混同的根

① Fr. Jacob, *La Logique du vivant*, *op. cit.*, p. 10.
② “记忆”和“筹划”在打印稿中用线圈起来了。
③ Fr. Jacob, *La Logique du vivant*, *op. cit.*, p. 10.

源。他写道：

> 记忆指的是父母的回忆在孩子那里留下的遗传性痕迹。筹划指的是计划，它具体地引导一个有机体的形成。围绕这两个主题存在很多争议。首先是习得特征的遗传性。**环境传授遗传性**［que le milieu enseigne l'hérédité］，这以**直觉上**自然的方式，体现了两种类型的记忆，即遗传和神经之间的混同。①

在进一步展开讨论之前，我要明确指出，雅可布眼中的混同并不在“传授遗传性”这一短语中，而在当我们混淆了本应加以区分的遗传记忆和神经（大脑）记忆时，我们所得到的传授概念中。两个记忆中的任何一个都对应于一个伴随着断裂的显现的程度（niveau d'émergence）。在这两个记忆中，都存在一个过去的“保存”（这是雅可布的用词）和传递。但随着有生命者的出现，首先构成了完全僵化的遗传性的基因记忆，而后来，在生命的内部，另一个断裂、另一种记忆出现了，也即雅可布所说的“大脑”的记忆，它更为灵活（伴随着思想和语言），可以传递知识经验、习得的特性，与之相对的基因记忆则不具备这一功能。而由于存在某些“相似”（analogies），它仍然是雅可布在基因记忆和神经记忆（大脑、思想、语言）两个系统中使用的 34

① Fr. Jacob, *La Logique du vivant*, *op. cit.*, p.10.（着重号为雅克·德里达所加。）［引文中方括号内的文字为德里达所加。下同。——出版者注］

词，直觉的相似——因而整个基因-机构的隐喻——拥有某种权利。然而，一旦它将相似转换为同一性，使两个记忆和两个系统同化，它就失去了该权利。而正是依据相似，程序的概念乃至遗传性的传授的概念才得以贯穿这两个系统的全部范围和消解传统的矛盾。只不过，应该说在程序的内部，一般程序性的内部，有两个程序的不连续类型：刚性的和灵活的。因此有刚性的传授和灵活的传授，不变的传递和变量的可变的传递。如果你们愿意的话，可以说有两种类型的学校，两个传授和规划系统。它们之所以是系统，是因为它们有特定的封闭性和固有的逻辑，有内在性、调节和内部标准化。不是说一个灵活的或自由的系统与外部发生关联，而另一个系统不发生关联。而是说前者与外部的关系更为复杂；在这点上我现在必须坚持。从表面上看，灵活的系统（大脑、思想、语言），这一更适合与教育机构相比照的系统，与外部相关并接受影响，它是易被渗透，易受历史和政治经济领域影响的，而另一个程序，基因程序，它实际上是封闭的、重复的，如同一个鹦鹉学舌的学派，一个内部的规定。这是雅可布引发我们思考的地方。我朗读一下他所写的内容，以作提醒：

> 进化的两个突破点，首先是有生命者的出现，后来是思想和语言的出现，每个都对应着记忆机制的出现，也即遗传性的记忆机制和大脑的记忆机制。在这两个系统之间存在某些相似。首先是因为，这两者都被选中用以累积和传递过去的经验。同时也因为被记录的信息只有在每一代都被复制的

> 情况下才能永存。但它涉及的是两个不同的系统，无论在性质上还是在运转逻辑上都是不同的。因其机制的灵活性，神经记忆特别适合于习得特性的传递。因其机制的刚性，遗传 35
> 性记忆则恰恰相反。基因程序实际上是由本质上不变的要素组合而成。由于其结构本身，遗传性讯息不允许丝毫来自外部的协同干预。①

在进一步讨论之前，有两个观点和两个问题。

1）雅可布没有询问这一相似的蕴意和这一名称的选择本身意味着什么。他将其规定为两个系统的相似性（在这两种情形中，都是“过去经验”的累积，以及这一经验的传递）。但我们只需分析雅可布的文本，就能进一步探讨“相似”这个词的必要性和问题所在。首先，相似在这里位于两个系统和两个逻辑之间，它是若干术语和变量之间的比例关系的系统。例如记忆（我们稍后将谈到筹划，程序的另一个特征），与神经记忆（传统意义上的大脑、思想和语言）累积和传递一个信息一样，基因记忆同样累积和传递一个信息。这一关系，以及这个（四个术语之间）诸关系的关系，希腊人称之为逻各斯（*logos*）和相似（*analogia*）。在这里，这两个关系、两个逻辑（*logoi*）之间的相似，是包含通常意义上的语言或逻各斯的记忆（对应于第二个出现的神经或大脑记忆）与缺乏通常意义上的语言的另一记忆（基因记忆）之间的关系。相似位于遗传学家的逻各斯中（在其元语

① Fr. Jacob, *La Logique du vivant*, *op. cit.*, p. 11.

言或诸如此类的事物中），在本义的逻各斯和非逻各斯（a-logos）之间。但这一普遍的相似只有在这样的时刻（今天）才是可能的，此时人们依据所谓的科学知识，知道**非逻各斯**也是一个广义的逻各斯，以及基因记忆**如同**一门语言一样运作，具有符码、讯息和讯息可能的转译；而且它的活动也涉及相似，也即处于诸关系的关系中，更准确地说，它的活动涉及四个基本要素。雅可布
36 说，基因的再生产不是一个副本，不是学生的一个抄本，而副本同样不是一个副本，它是严格标准化符码内部的一个变体。雅可布写道：

> 遗传性今天通过信息、讯息和符码被描述。一个有机体的再生产成为构成它的分子的再生产。并不是说每个化学物种都有复制自己的能力。而是因为大分子的结构是被基因库中的四个化学基的序列所精确规定的。一代代被传递的，乃是规定分子结构的“指令”［引号］。它们是未来有机体的建筑蓝图［你们会看到，机构的隐喻在这里发挥着作用，直至字面上所指的，在最高位置上矗立着的创建者的建筑］。它们也是实施这些蓝图和协调系统之活动的手段。因此，在接受自父母的染色体中，每个受精卵都包含了它自己的整个未来、它的发展阶段、它将出现的存在形式和属性。通过遗传性，有机体由此成为一个**已被规定好的程序**［我的强调］的实现。心理（Psyché）的意向被讯息的转译所替代。有生命的存在体现为计划的执行，但没有蕴含任何智慧。他趋向一个目标，但没有任何意志选择。这个目标，就是为下一代准

备一个相同的程序。这就是自我繁殖。[①]

第一个问题或问题系列。这一相似无疑一度符合由语义符码出发而做出规定的一个逻各斯、一个讯息和一个符码，人们可能会想，这是否足以使主体消失——这个主体是雅可布在这里所称的“心理的意向”，一个漫画式描绘所有传统神学的神意的用语——从而使所有讯息、转译、设计的价值避开逻各斯系统和传统逻各斯中心主义的重要目标。这个类比是逻各斯的类比，它总是可以追溯到逻各斯。我不想沿着这条有些便利和已被开辟[②]的道路继续，我尤其想知道雅可布描述的基因程序的话语所处 37 的方位（*topos*）是什么，当他将“神经”（语言或思想的，因而对我们来说是文化机构的）程序与基因程序对立时，当他将基因程序与机构程序对立时，乃是它的过程、语言和方位如今被精神分析、语言学、某种马克思主义所标记的某种现代性用来描述机构程序，特别是学校程序的运作，该程序是被完全规定好了的程序，在那里主体乃是作为效果，而不是作为创作者出现，这个程序的计划在结构上不是经过考量的、有意识的、蓄意的，而毋宁是作为被定向的程序，服从于既定的目标，这个程序与生产、再生产的关系相对应，与整个竞争（agonistique）相对应，在那里每个力量都使它的再生产和再生产模式等等占据主导。因此，在这些条件下，两个系统之间的差异（基因系统和机构系统、让位

① Fr. Jacob, *La Logique du vivant*, *op. cit.*, p. 9-10.（着重号为雅克·德里达所加。）
② 德里达这里影射了弗洛伊德的“通路”概念。——译者

于机构形式的“神经”系统）不再是严格的，尽管在数量上差异巨大。人们在这里面对的不再是两个严格来说不连续的类型，而是同一个结构的两个接续。这还解释了雅可布用以区分两个类似系统的标准是经济的（économiques），我愿意说是数量上的：灵活的或刚性的差异：“因其机制的灵活性，神经记忆特别适合于习得特性的传递。因其机制的刚性，遗传性记忆则恰恰相反。”[1]

因此，如果在相似中缺乏严格的、用以比较这两个系统的标准，以致人们今天仍可以用同样的术语——保留了所有在接续、调节和协同之中人们所期望的程度差异——描述机构记忆、机构程序以及基因程序，那么相似甚至不再只是不同事物之间的
38 相似，它是同质性要素中的相似。就我而言，在界限的废除当中——这个界限经常服务于人道主义或唯灵论或最蒙昧主义的一般形而上学的意识形态——我只看到了一个进步；如果相似逻各斯的问题以批判的方式被阐明，以避免它恢复效力，也即避免单纯让隐秘的形而上学，让所有那些与传统中的逻各斯和相似的价值有关的东西合法化，那么我在这里只看到了一个进步。以代数的方式，提前一点说：我赞同消除界限，逾越这些界限或对立（例如在程序的两个类型中，人们一方面认出纯粹的基因，另一方面认出脑思维、直立者直至*zōon logon ekhon*［会说话的动物］和随之而来的一切的伟大崛起），因此，逾越这些对立不是为了代之以同质性，而是为了代之以异质性或歧异性；在逾越和不逾的标题下，令我感兴趣的是对立和差异之无对立的界限。

① Fr. Jacob, *La Logique du vivant*, *op. cit.*, p. 11.

我们马上会回到这个问题，现在依然讨论相似的逻各斯。

第二个观点，我很快会将它与前一个观点关联起来。在说明记忆——它是程序的两个本质特征之一，另一个本质特征是筹划——的过程中，你们还记得，雅可布始终基于外部关系的角度对两个系统或两个程序进行区分。这里人们可能会产生这样的印象：不同于第一个区别标准（刚性/灵活），我们将面对一个更严格的定性规定。雅可布的确说“由于其结构本身，遗传性讯息不允许丝毫来自外部的协同干预”，这个表述在下面被重述：“基因符码的性质本身阻止了程序在其行动或环境影响下的任何有意识的改变。它禁止对其表达的产物的讯息产生任何影响。[显然是基因的]程序不接受经验的教导。”[1]由此人们可以得出结论：神 39
经（机构）程序与外部发生关联，接受经验的教导，允许被改变；基因程序则形成封闭和闭塞的系统，纯粹是内源性的，它对“有意识的”（雅可布所用的一个可疑的词）变化无动于衷。这种对立实际上与前一个对立一样脆弱。当雅可布说，基因讯息不允许丝毫来自外部的干预时，他应该立刻对这一表述做出详细说明。当然，来自外部的干预是存在的：只是在改变程序的外部原因和程序之中或之上的结果之间，没有任何相似性，没有意识的或科学的关联。正是这一异质性和非-科学或意识的关系被雅可布称为偶然。我有必要读一下这一整段。（阅读C[2]，第11页[雅可布]。）

---

① Fr. Jacob, *La Logique du vivant*, *op. cit.*, p. 11.

② 在打印稿中插入的弗朗索瓦·雅可布文本的影印页上，页边空白处有一个C，并且“偶然性”和“偶然的”两个词下面加了下划线。

> 基因程序实际上是由本质上不变的要素组合而成。由于
> 其结构本身，遗传性讯息不允许丝毫来自外部的协同干预。
> 所有导致有机体和种群变异的化学的或机械的现象都是在不
> 受它们影响的情况下产生的。它们的突然发生与有机体为了
> 适应环境而产生的需求没有任何联系。在一个突变中，存在
> 一些修改一个化学基、破坏一个染色体、颠倒一个核酸片段
> 的“原因”。但在任何情况下，突变的原因和结果之间都不
> 可能存在相关性。这一偶然性不只发生在突变那里。它也发
> 生在个体基因库构成的每一个阶段：适用于染色体的分离、
> 重组，参与受精的配子的选择，甚至在很大程度上适用于性
> 伴侣的选择。在所有这些现象中，特定事件与其结果之间没
> 有任何联系。对于每个个体来说，程序是一连串纯粹偶然的
> 事件的结果。基因符码的性质本身阻止了程序在其行动或环
> 40 境影响下的任何有意识的改变。它禁止对其表达的产物的讯
> 息产生任何影响。程序不接受经验的教导。[①]

如所描述的，为了让基因程序与神经程序、大脑-机构程序以恰当的方式相对立，应当确保不能对后者说同样的话。然而同样的事情不能适用于后者吗？

如果说在我眼下为了方便起见而称为现代性的东西中，有一定数量的理论突破的普遍成果，那就是所谓“机构大脑”（心理的、文化的、制度的、政治经济的等等）的程序之秩序

① Fr. Jacob, *La Logique du vivant*, *op. cit.*, p. 11.

中的因果性，这一因果性在其法则中恰好具有雅可布似乎是为
基因程序所保留的那种风格，也就是说，我这里引述雅可布的
话，是为了将他的表述运用于“机构”程序，“所有导致有机
体和种群变异的现象都是在不受它们影响的情况下产生的”。
原因和结果的异质性、程序的非有意改变的特征，总之，所有
将主体置于因果性的无意识结果的处境系统的事物，所有在来
自外部的行动和系统的内部改变之间造成偶然结果的事物，既
属于基因程序的特点，也属于非基因程序的特点。雅可布如何
把握这一点：在基因系统和程序之外，其他程序的变化是有意
识的，或本质上是有意识的？如果他不是在意识形态-形而上
学的对立中去把握——该对立从意义、意识、自由出发，从
内外之间、客观性与非客观性之间界限的知识出发，去规定
高等程序或符号性（连同在自身最高层次的人性）的程序——
他要如何把握呢？明显的悖论，雅可布乃是借助一个交错配
列（chiasme）将偶然性放在最大内在刚性这一侧，放在最强
制性的再生产的必然性这一侧，而在另一条线上，在自由和思
虑（délibération）占据主导的情况下，偶然性、偶然性的效果
会受到限制。然而，如果它是今天所谓结构科学的成就，那么 41
就有可能断定，与语言、符号、大脑记忆等相关的系统也有一
个内部的功能，用于内部调节，这个功能逃避思虑和意识，并
且将来自外部的影响理解为偶然事件、异质性力量，必须在内
部符码中被阐释、转译和同化，它试图控制它们或挫败它们，
直至发生“突变”，它们可能具有各种各样的形式，但总是指
向一个外部的暴力侵入，后者迫使普遍的重构发生。在这里你

们会看到，两种程序之间的对立再一次不可能是严格的，而在我看来，由于缺乏对程序的普遍观念和相似价值的重新定义，它们带有了逻各斯中心主义的目的论和语义学的人道主义的标记，我称之为生命哲学的标记，对于后者我想略说几句，作为今天的结尾。

“生命哲学”是一个引语，总之我在这里将它作为一个引语来引述。这是康吉莱姆的题为《概念和生命》的文章里的最后几个词，该文1968年被收录于《历史和科学哲学研究》。我推荐你们阅读这篇文章以及整本书，包括他之前的著作《生命的知识》。这些内容从会考的角度来看非常有用。生命哲学，这是康吉莱姆在文章结尾使用的最后几个词。这些词并没有被理解为糟糕的东西，尽管整篇文章致力于证明当代生物学依然是根深蒂固的亚里士多德主义的和黑格尔主义的，但这并不是消极的理解，恰恰相反。首先来看文章的最后几行：

> 知识因而是对最大量和最多样化信息的不安的追寻。因此，如果先天性（*a priori*）存在于事物之中，如果概念存在于生命之中，那么成为知识的主体只不过意味着对已获得的意义的不满足。主体性因而不过是不满足。但这可能正是生命本身之所在。当代生物学在某种意义上是生命哲学。①

① Georges Canguilhem, «Le concept et la vie», 收录于：*Études d’histoire et de philosophie des sciences*, Paris, J. vrin, coll. «Problèmes & Controverses», 1968, p. 364。

我推荐你们去读康吉莱姆，也是为了让你们学习会考的修辞 42
方式，以及接受会考的影响和法国学派的影响，就像在所有法国学派的认识论学者那里一样。只需稍作解释，就能理解我刚才引用的将“生命哲学”当作“生命学派”，将当代生物学当作生命学派的整个语境。

但这里最让我感兴趣的，是康吉莱姆走向这个结论的过程中的一个特定阶段。这个阶段与雅可布的论点有很明确的交汇，甚至与雅可布对克洛德·贝尔纳的援引有交汇。雅可布对克洛德·贝尔纳的援引涉及**筹划**（程序的另一个特征）与记忆。它表明，该程序作为预先确定的计划、作为蓝图而运行，它没有主观心理的意图，而且，程序的观念消解了一个经典的矛盾，也即一方面是无蓝图的机制、不考虑目的论的后果，与另一方面人们总是归于神学的神意或某种意向意识的目的论等之间的矛盾。雅可布引用了《生命现象教程》（1878年，第50—51页，雅可布第12页转引）中的一个长文本，贝尔纳在其中谈到了“蓝图”和“预先确定的计划”，并得出结论：

> 每个存在者和每个器官仿佛都有一个预先确定的计划，以至如果孤立考虑，结构的每个现象都依赖于自然的普遍力量，都在与其他事物的关系中被把握，每个现象都揭示了一个特别的联系，它似乎在一条它所追随的道路上被某个不可见的向导所指引，被带到它所处的位置。[1]

① Claude Bernard, *Leçons sur les phénomènes de la vie*, Paris, Librairie J.-B. Baillière & Fils, 1878, p. 50-51; 转引自：Fr. Jacob, *La Logique du vivant*, *op. cit.*, p.12。

雅可布继续写道："现代生物学并没有采用这个表达。只需将遗传性描述为化学基序列中的一个编码程序，矛盾就消失
43 了。"[①]作为我们下一节课的主题，雅可布是通过再生产定义有生命者的，他想要将有生命者与生命区别开，这是他为了避免实体（hypostase）而特意区分的表达（但这可能还不够，我们还会回到这一点），他稍后写道："程序以严格的方式被复制，逐个符号地、从一代到另一代地被复制。"[②]

关于该符号学的主体，我想将这个文本与康吉莱姆的文本加以对照。在引用克洛德·贝尔纳之后，康吉莱姆也谈到"此时此地，一个原始冲动［……］和一个**命令**［着重号为康吉莱姆所加］的表现，自然在预先安排好之后重复该表现"。康吉莱姆接着说："克洛德·贝尔纳似乎明显预感到，生物学遗传性就在于某种人们今天称之为编码信息的传递。"[③]但康吉莱姆强调，尽管从语义上看，这接近于符码的命令，但我们不能得出结论说，语义类比"包含了一个概念的真正亲缘性"。随后通过一个有趣而含混的分析——我们将在下节课详细解读——康吉莱姆借以表明，当克洛德·贝尔纳缺乏现代生物学的概念时，他就试图代之以隐喻（接下来我们将更清楚地看到这点），并且康吉莱姆由此得出结论——我引用他的结论作为下节课的铺垫：（阅读康吉莱姆，第362页，Z[④]）

① Fr. Jacob, *La Logique du vivant*, *op. cit.*, p.12.

② 同上书，第16页。

③ G. Canguilhem, «Le concept et la vie», 收录于：*Études d'histoire...*, *op. cit.*, p. 358。

④ 打印稿原文如此。

> 因而当我们说生物学遗传性是信息的交流时，我们以某
> 种方式重新回到了我们曾远离的亚里士多德主义。通过揭示
> 生命概念关系的黑格尔式理论，我想知道，对于当代生物学
> 家所揭示的现象和他们所提出的解释理论，我们是否有可能
> 在一个与亚里士多德主义如此相似的理论中，找到一个比诸
> 如柏格森的直觉理论更可靠的阐释方法。说生物学遗传性是
> 信息的交流，如果这意味着承认在有生命者中有逻各斯、铭
> 写、保存和传递，那么在某种意义上这就是回到亚里士多德
> 主义。生命一直以来是在没有书写、远在书写之前和与书写
> 无关的情况下运行的，书写是人类通过绘画、雕刻、书写和
> 印刷，也即通过信息的传递所寻求的东西。此后，生命的知 44
> 识不再类似于生命的肖像，也即生命作为物种的描述和分类
> 时所可能呈现的样子。生命的知识不类似于建筑学或机械
> 学，也即当生命仅在宏观解剖学和生理学中所呈现的样子。
> 生命的知识类似于语法、语义和句法。为了理解生命，必须
> 在阅读生命之前译解生命的讯息。①

康吉莱姆和雅可布都没有质疑他们通过下述事物所理解的东西，即通过生命的这一符号学或毋宁说这一图解，通过这一他们表述为“无文字”的、他们均打算再次效力的非语音书写，连同所有在最稳固的柏拉图-亚里士多德-黑格尔传统（它们本身被重新读解为进行中的目的［*telos*］）中与逻各斯相关联的价值。

① G. Canguilhem, «Le concept et la vie», 收录于：*Études d'histoire...*, *op. cit.*, p. 362。

大约十年前，在《论文字学》的一个靠近开篇的题为（可以说，以巧合的方式，已经是预见或几乎是无主体的目的论[①]）“大纲”的章节中，我记得我引用道：“今天的生物学家谈到了有关生命细胞中最基本信息过程的书写和程-序（pro-gramme）。”[②]但这不是为了在“程序”的观念或词语中重新致力于逻各斯及其语义学的整个概念机器，而是尝试表明，对基因中的非语音书写的召唤应当蕴含和唤起对逻各斯中心机器的整个解构，而不是回到亚里士多德。

正是在这个方向上，我将通过回到雅可布和康吉莱姆的文本，强调生命科学领域中的这些隐喻和概念的问题。下节课我们将绕道处理这些问题，今天我想通过尼采的一篇早期文本《论我们教育机构的未来》（后面我们将解读他的其他文章）来这样做：我们在作品中看到了对国家及其教育的批判；对“我们时代教
45 育〈精神〉的贫困”的拷问；[③]对中学的破坏和复兴的大声疾呼，[④]文本中的精英主义、贵族主义、反民主主义和某种反黑格尔主义将整个语言体系建立在母语的某种动物学概念（逻各斯：动物［*zōon*］）之上；建立在某种生命哲学和语言的某种活力论隐喻之上，这种语言为了从更传统的柏拉图主义（逻各斯乃是一个动

① 预见是主体有目的的作为，无主体的目的论则是不自觉、无意识的作为。——译者

② Jacques Derrida, *De la grammatologie*, Paris, Minuit, coll. «Critique», 1967, p.19.

③ Friedrich Nietzsche, *Sur l'avenir de nos établissements d'enseignement*, trad. fr. Jean-Louis Backès, Paris, Gallimard, coll. «Idées», 1973, p. 51; *Über die Zukunft unserer Bildungsanstalten*, *KSA* 1, p. 673.

④ 主打印稿（下文写作T1）的空白处有插入语“一个机构的批判”，复印本（下文写作T2）有插入语“因而，一个机构的批判”。

物）中汲取资源，再次被时代的历史语言学，也即被运用和滥用活力论隐喻以描述语言的演化和变革的历史语言学重新激活（即使它对此有所抵抗）。在他看来，大学的改造不是通过语言科学，而是通过语言训练，这种语言训练仅仅适合被设想为生命有机体的语言，而非作为科学对象的语言，这个鲜活有机体的生命、活生生的特征，是我们必须设定的，也即这个生命是在母语中得自于母亲的生命，而不是通过解剖学杀死语言的生命。我读一下这段，下一讲再重点阐述：

> 我们并没有看到那种纯粹实践的教导——通过这种教导，老师应该让他的学生习惯于语言领域的自我严格教育——而是到处都能看到通过历史的博学处理母语的预备活动，也就是说，我们使用它就好像它是一门死的语言，就好像我们对这种语言的现在和未来没有任何义务。在我们的时代，历史的方式变得如此习以为常，以至语言的活生生的身体成为对它的解剖研究的牺牲品：但恰恰只有当人们愿意将有生命者当作活生生的去对待时，文化才会开始，恰恰是通过对“历史兴趣”的抑制，文化导师的任务才会开始，在那里他必须在所有事情上恰当地行动，而不是去认识。而我们的母语是学生必须在其中学会恰当行动的一个领域：只有从 46
> 这一实践的角度来看，德语课程在我们的教育机构中才是必要的。[①]（2e Conf.，§ 6, 55-56）

① Nietzsche, *Sur l'avenir...*, *op. cit.*, p. 55-56; *Über die Zukunft...*, *KSA* 1, p. 677.

47

第二讲① 活生生的逻辑②

我想给你们减少麻烦，不浪费时间，避免跟着我不断回顾之前的课程，不断对路线、方法、体系、或多或少精巧的过渡以及连续性的恢复等进行自我辩护，传统教学法的要求非常得多，我们不可能完全打破它们，但假如我们坚持严格地服从它们，你们很快就会陷入沉默、同义反复或鹦鹉学舌。因此，我向你们提出*我的*妥协方案，众所周知，在人们称为学术自由的术语中，这种妥协就是要么接受，要么不接受。考虑到我能支配的时间，考虑到我也想让自己减少麻烦，考虑到我所能和所想保留的自由，我会以这样的方式讲课，有些人会认为这种方式是格言的，并且在课堂上是不可接受的，有些人会接受，还有一些人会发现这种方

---

① 在装着本讲的档案袋上写着几个词："生//死（弗洛伊德）+ms（片段）思考生死"。打印稿页边写着"题铭"，紧接着是"查拉图斯特拉，论救赎，第158页"，并用红线圈了起来。德里达这里援引的是《查拉图斯特拉如是说》题为"论救赎"中的一段，他可能在本讲开头读过这段话。这段话的一个影印件在装有本次讲稿的档案袋里，并且这段话作为本讲的题铭收录于蒙特利尔出版的《他者的耳朵：传记、转移、翻译》；参见本书编者按，上文第13页，注释②。

② logique de la vivante此处译为"活生生的逻辑"，根据语境有时也译为"有生命者的逻辑"。"活生生"是对la vivante更贴切的译法，但是这么译在很多语境中不符合汉语语法和表述习惯，因为"活生生"是形容词，la vivante则是名词，所以我们也常常将其译为"有生命者"。关于la vivante和la vie之间的区别，参见德里达在下文第四讲当中的分析。——译者

式不够格言，并且以这样的方法、这样的耳朵倾听我（一切取决于你们上一次倾听我的耳朵和平常倾听我的耳朵），于是从第一讲、第一句话以及第一讲的标题本身开始，我的思路的连贯性和 48
连续性就立刻显示出来。总之可以理解为，任何不想接着听课的人都可以不听，任何想发言和能发言的人都可以发言。无疑，今天作为教师，我不想通过化身为永恒教育的透明工具来教导真理本身，而是想尽我所能地和你们一起解决一定数量的问题，通过你们和我，连同在这里得到体现的一定数量的其他机构。因此，我不想从展示或舞台之上移除我所占据的位置，也不想移除我将要称的**自传的**（auto-biographique）演示（为了快一点，提议你们稍微改变意义，用另一只耳朵倾听）。对此我希望在这里得到一些乐趣，我建议你们从我这里学习这种乐趣：考虑到这个教室的大小，这是有可能的，但还不确定，我们的人数越少，能分享的乐趣就越大。但这也不一定。

前述“学术自由”、耳朵和自传，就是我们今天的讨论对象。

上周我们已经充分论证过，一篇论生死的演讲位于某种依然很不稳定的空间，位于逻各斯和文字（gramme）、相似和程序、程序的不同意义之间。而由于涉及生命，这一在逻辑和书写（graphique）之间的空间也必须位于生物－逻辑的（bio-logique）要求和生物－书写的（bio-graphique）[1]要求之间，以及死亡－逻辑

① 德里达从构词法角度解释了biologique和biographique的词源，当他用短横线分隔词根词缀时，我们分别译为“生物－逻辑”和“生物－书写”，若德里达没有这么做，则分别译为“生物（学）的”和“传记（学）的”。德里达这里意图将生物学解构为传记学，传记因素成为拆解科学－形而上学的一条引线。——译者

（thanato-logique）和死亡-书写（thanato-graphique）之间。

传记，自传的自（autos），在今天应该被重估，也正在被彻底重估。今天，一个哲学家的传记不再能够作为经验的偶然（accident）被考量，也即将他的名字和签名放在提供给单纯内在的哲学阅读的系统之外，借此人们可以在你们知道的装饰性和传统的风格下书写哲学家的生活；也不再能够〈作为〉心理-传记被考量，这个心理-传记根据（心理学家［即使它带有精神分析的意味］、历史学家、社会学家等的）经验的机制来说明系统的起源。一般的传记，尤其是哲学家的传记的新问题，需要调用不
49 只一种新资源，其中至少包括哲学家的专名和签名的新问题。无论是（结构或非结构的）哲学体系的内在主义解读，还是哲学的（外部）经验-遗传学的解读，都绝不能如此探问这一在作品和生命、体系和体系之主体之间的动态边界，这个动态边界既不是纯粹主动的，也不是纯粹被动的，既不是外部的，也不是内部的，不再是诸如哲学因素（philosophème）内部之间的几乎不可见的细线，以及可命名的作者的生命，而是根据我们刚开始瞥见其复杂性的法则，去贯穿这两个身体（语料［corpus］和身体［corps］）。

人们称为生物-逻辑和生物-书写的生命、事物或对象的东西是很复杂的，它不只是如同与一个反面相对那样，与某种作为其可对立对象的东西相对，也即与死亡相对，这个死亡-逻辑或死亡-书写是生物-逻辑或生物-书写的对立面。我们已经开始证实，基于本质性的原因，在哲学和传统科学总是赋予科学这个词、赋予科学性合法地位的意义上，它要成为科学的对象是有困

难的（a du mal，我坚持用这个短语），这里所坚持的这一困难，以及我们上周谈到的由之而来的落后①，尤其是生命哲学不仅作为生命科学的事先准备而在生命科学中总有其位置（换句话说，其他科学，所有非-生命的科学并不是这样的，换〈言〉之，这些科学就像某个地方的死亡的科学，这等于说，所有以没有余留或延迟的方式实现科学性的科学，都是死亡的科学，在死亡与科学对象的地位之间，在死亡与科学客观性之间，有一种既让我们感兴趣又激起科学家欲望的共同蕴意），我说不只是如此，是因为生命哲学在生命科学中有它事先准备好的位置，它限制了生命科学的科学性，但是，以及因此，困难（以及不可还原的延迟）在于：生命-逻辑学话语中所谓活生生的主体总是参与到它的领域中，是利益相关方或部分参与者，连同它的欲望、哲学-意识形 50
态的巨大获得物、政治，所有起作用的力量，总之，所有在主体性以及在生物学家和生物学家团体的签名中自我增强的东西，构成了生物-逻辑学中生物-书写的不可还原的铭刻。

然而——在西方，尼采的名字今天对我们来说是探讨我所说的哲学和生命、生命科学和生命哲学时唯一的名字，可能与克尔凯郭尔一起以另一种方式，连同他的名字，用他的名字，拿他的名字、他们的名字、他的传记冒险，连同其所包含的几乎所有危险，对于他、他的生命、他的名字和他名字的未来，尤其是他所签名的政治的未来。

① 德里达在这句话里使用了retard的两个义项，分别译为“落后”和“延迟”。在第一讲中，德里达谈到生命科学相对于其他科学是比较落后的。——译者

在阅读尼采时，应当考虑这一点，并且在阅读他时只去考虑这一点。

拿他的名字（连同所有参与其中的人，不仅仅是一个我）冒险，将他的签名放在舞台上，将所有关于生和死所说所写的东西做成一个巨大的生物-书写的缩写签名，这就是他所做的和我们应当注意到的，不是为了给他带来好处——首先因为他死了，这是微不足道的证据，名字的精灵总是为了让我们忘记而待在那里；因而，首先因为他死了，并且死（être-mort）至少意味着没有任何利益或巫术，无论是否计算，都不再回到名字的承担者，在那里，由于他不是承担者，名字总是死的名字，那回到名字的东西绝不会回到有生命者：没有任何东西回到有生命者；之后我们不会给他利益，因为他以其名字所遗赠的东西，就像所有遗产（按你们所意愿的去理解这个词）一样，是一杯事先调制的毒奶，今天，在我们的时代最糟糕的时候，我们被这样提醒。而这并非偶然。

因此不必将尼采——在打开他的任何文本之前，我做此提醒——当作一个（存在的、生的或死的）哲学家、一个学者或一个生物学家去阅读，即使这三个类型都有着生物-书写（传记）的抽象和不将他们的生命和名字投入他们作品的自负。因此，应当仅仅从《瞧，这个人》这样的姿态出发去阅读尼采，它将尼采的名字和肉身放在前面，即使它放在前面的东西具有
51 非本名的面具或假名的形式，能够被放在前面的多个面具或多个名字，它们只能如所有面具和所有面具理论那样，总是带来提供保护的好处，在其中，生命的诡计被认出。应当从他说

（从他说的最后时刻起）"瞧，这个人"，说"人如何是其所是"（*Wie man wird, was man ist*）开始，从《瞧，这个人》的序言开始阅读他，对此人们可以说这篇序言与所有作品有着同等范围，因而尼采的所有作品也是《瞧，这个人》的序言，并且在严格意义上称为《瞧，这个人》[1]的序言中被重复。我们在这里回顾前几行：

> 可以预见这样的责任，这个责任将很快迫使我要求人类服从前所未有的严苛要求，我似乎有必要在这里说清楚我是谁［强调：*wer ich bin*］。人们对此有所了解，因为我总是亮明我的身份。［我在这里引用的是维拉特对denn ich habe mich nicht "unbezeugt gelassen" 的法译：尼采将这个表达放在引号中：未被证明：没有证明。］但我的任务的伟大与我同时代人的渺小产生了不协调，这阻止了人们理解乃至隐约地瞥见我。我靠自己的信誉活着［我将依靠自己的信誉，依靠我给予自己的信誉活着：*Ich lebe auf meinen eignen Kredit hin*］，我活着这一事实（*dass ich lebe*）可能是一个偏见（*vielleicht bloss ein Vorurteil*）。[2]

换言之，他自己的身份，他宣称和想要宣称的身份，与同

---

① Friedrich Nietzsche, *Ecce Homo*, trad. fr. Alexandre vialatte, Paris, Gallimard, coll. «Classiques de la philosophie», 1942; *Ecce Homo*, *KSA* 6. 这句话是《瞧，这个人》的副标题。德里达引用该书时改动了所有引文的翻译。

② *Ibid.*, p. 7; *KSA* 6, p. 257.

时代人在这个名字、他的名字、弗里德里希·尼采、他自己的身份下所认识到的东西无关且不成比例，他没有与同时代人签订契约，而是与他自己签订了前所未有的契约，借此自己对自己负
52 债（“*auf meinen eignen Kredit*”），这是无限的信誉[①]，它与同时代人在弗里德里希·尼采之名下所开启或拒绝的信誉无关。弗里德里希·尼采因而已经是一个假的名字，一个同形异名的化名，这个化名就像化名所做的那样，掩盖了另一个弗里德里希·尼采；而且这一与契约、债务和信誉等奇怪事情相联系的化名，已经迫使我们在阅读尼采的签名甚至手迹时，以及在他每次说“具名人弗里德里希·尼采”时保持警惕。他在当下，甚至在《瞧，这个人》的那个时刻都不知道，信誉，他以他之名，但因而必然以另一人之名所开启的伟大信誉，能否得到信守。这就是为什么，如果他所经历的和他作为其自传被叙述的生活首先只是他的作为（秘密契约、公开信誉、债务或联姻或戒指的）效果的生活，那么他可以说，只要契约没有被信守——但它只能被他人信守——他的生活可能就只是一个偏见：“我的生活可能是一个偏见［……］”（*es ist vielleicht ein Vorurteil, dass ich lebe*［...］）[②]一个前-见（pré-jugé）[③]、生命，或毋宁说这个生命，这个“我活着”（现在时），是一个前-判断（pré-jugement）、一个仓促的判

① crédit兼有“信誉账户”“借贷”等含义。因为名字是人为自己做的信誉担保，因此人拥有一个名字，就像开通了一个信用账户，人之后的行为就会在该账户上留下借贷和还款的信用记录。——译者

② Fr. Nietzsche, *Ecce Homo, op. cit.*, p. 7; *KSA* 6, p. 257.

③ 此处德里达将pré-jugé（偏见）一词拆开，pré-这一前缀有“前”的含义。——译者

决、一个预测，它只有在名字的承担者（人们基于偏见称之为一个有生命者）死的时候才能得以证实和完成。那返回的生命是返回到名字而不是返回到有生命者，是返回到作为死亡之名的有生命者的名字。“我活着”是一个与名字、与名字的结构关联的偏见，他（然而是谁？）说，每当他询问上恩加丁最有文化的人（*Gebildeten*），他都能证明这一点。他不知道尼采的名字，尼采，应该被放进括号里，他拥有自己没有活着的证据：

> 我是靠自己的信誉活着的（*lebe hin*），我活着可能是一个偏见（pré-jugé）。只要与经过上恩加丁的最有文化的人谈谈，就能证明我没有活着（*dass ich nicht lebe* [...]）。在此情形下，我有责任——这实际上有违我的习性，尤其有违我本能的高傲——说：聆听我！因为我是这样的人［字面上是：je suis qui et qui: *ich bin der und der*］。尤其不要将我与其他人 53
> 混同［均被强调］。[1]

“我是这样的人”，因而他只是很不情愿地、出于债务或责任这样说，这让他反感，这违背他的习性和本能的高傲，这种本能很自然地促使他掩饰、隐藏自身，而你们知道，掩饰的价值（他经常说，生命就是掩饰）就是不断地被肯定。他违背掩饰的自然本能，声称他将说“我是这样的人”，这促使我们得出结论，一

① Fr. Nietzsche, *Ecce Homo, op. cit.,* p. 7; *KSA* 6, p. 257. 打印稿空白处有一个附注：查“〈证〉《瞧，这个人》”。

方面，他以荣耀名字（他的名字和他人的名字）的名义所担保的信誉和契约，不是自然的，是有违他的天性（他的本能和习性）的；但**另一方面**，“我是这样的人”这一自陈可能依然是掩饰的诡计，并且如果我们将它理解为身份的单纯介绍，预先假设我们已经知道它是自身的一个呈示，是身份的一个宣告等等，我们依然会滥用它。他随后关于真理所说的一切都应该从这一问题和这一担忧出发被重估。尼采不仅在这里不信赖对身份的某种保证，不信赖关于专名人们以为了解的东西，而且很快，在接下来的那页，他对我们说，他的经验和他在禁地的漫游（“*Wanderung im Verbotenen*”）让他学会以不同的方式思考理想化和道德化的原因（*Ursachen*），以及让他看到哲学家（而不是哲学）的隐秘历史和“他们的伟名的心理学”：“*die* verborgene *Geschichte der Philosophen, die Psychologie ihrer grossen Namen kam für mich an's Licht*”。①

我活着取决于一个名义上的契约，契约的到期预设了当下说“我活着”的人的死亡；一个哲学家与他的“伟名”的关系，也即与他的签名系统的边缘的关系，属于心理学范畴，属于一个十分新式的心理学，这个心理学在哲学体系中（作为它的一个部
54 分）不可读，在作为哲学的领域或部分的心理学中也不可读；在题为《瞧，这个人》的这本书的署名为弗里德里希·尼采的序言中，这一点被宣告出来，序言的最后一句话是“人们理解我了吗？狄奥尼索斯在被钉在十字架上的人对面”②——反对被钉在十

① Fr. Nietzsche, *Ecce Homo*, *op. cit.*, p. 7-8; *KSA* 6, p. 259.

② *Ibid.*, p.167; *KSA* 6, p. 374.

字架上的人（*gegen den Gekreuzigten*）。尼采，《瞧，这个人》，基督不是基督而是狄奥尼索斯，或毋宁是在两个名字之间斗争的名字，这不仅足以使专名和同名异义的假面奇特地多样化，也足以使名字的线索、名字的边缘在一个迷宫中（当然，这是耳朵的迷宫）误入歧途。在序言（签以弗里德里希·尼采的名字）和标题之间，在序言和第一章“我为什么如此智慧？”[1]之间，有一页在作品之外（题铭），如同散页，那里的时间、时间性通过有生命者进行的生命书写时间、自传时间，奇怪地扰乱我们所确信的生命时间和生命叙事时间。这一页以某种方式标上了日期：这是一个周年纪念日，在这里一年周而复始，形成一个圆环，抹去过去并且重新开始。这一年我45岁，这是我45岁的一天。这一天是生命的正午，人们经常把差不多这个年纪视为生命的正午，乃至正午的精灵，正午是一天的正中间。题铭这样开始：“在这完美的一天（*An diesem vollkommnen Tage*），一切都成熟了——不仅葡萄被镀成金色，阳光也照在我的生命上［落在我的生命上，如同好运降临：*fiel mir eben ein Sonnenblick auf mein Leben*］。”这是一个没有阴影的时刻，与查拉图斯特拉的所有正午一致。这是肯定的时刻，此时人们可以同时向前看和向后看，此时所有否定性、所有阴影都减少了。文本接着说：“我向后看，向前看，我从未在刹那间看到如此多的事物，如此美好的事物。”然而，这个正午是埋葬的时刻，当尼采很快以日常的语言说，他刚刚埋葬了他的44个年头，他强调了两次，这是为了指出他所埋葬的乃是 55

① Fr. Nietzsche, *Ecce Homo*, *op. cit.*, p.17; *KSA* 6, p. 264.

死亡，而且通过埋葬死亡，他拯救了生命，拯救了不朽：

> 我今天并没有白白埋葬（*begrub*）我的第44个年头，我有权这样做［强调：*ich* durfte *es begraben*：我有权埋葬它］——借此［在第44年里］生命（*Leben*）被拯救（*gerettet*），*ist unsterblich*，成为不朽。第一本书《重估一切价值》《查拉图斯特拉颂歌》《偶像的黄昏》以及我的用锤子做哲学的尝试——所有这些都是这一年的礼物（*Geschenke*）；甚至我会说，是这一年的最后四分之一时间的礼物！我如何能不感谢我的整个生命？［强调：Wie sollte ich nicht meinem ganzen Leben dankbar sein］——因此我讲述我的生命［我自己讲述，陈述我的生命：*Und so erzähle ich mir mein Leben*］。①

题铭在扉页上，在序言和《瞧，这个人》的开头之间结束。

将他的生命作为一个饱含感激的礼物接受，或毋宁说感谢它所给出的生命，也即能够书写和签署这个名字的生命（为此我开启一个信誉账户），正是基于他在一年中被赠予之物（价值的重估、查拉图斯特拉颂歌、《偶像的黄昏》等等），他才是他所成为的样子。在被太阳的行程甚至被其行程的一部分标注日期的时间过程中，将逝去者（44年）作为礼物，作为不停的回到从前，作为永恒重新予以肯定，这就是构成这一自传叙事的奇异的当下

① Fr. Nietzsche, *Ecce Homo*, *op. cit.,* p.13; *KSA* 6, p. 263.

（“*so erzähle ich mir mein Leben*”），这个自传叙事埋葬死亡，拯救安全为不朽，自传叙事不只是自传，因为签署人讲述他的生命（他逝去生命的永恒轮回，作为生而不是作为死），也因为他讲述自己[1]，“*erzähle ich mir*”，他自己讲述、自己陈述他的生命。而且作为这一叙事的*我*只有在那永恒轮回的信誉中才构成自身，在这个叙事作为永恒轮回之前，他并不存在，他没有签署。在此之前，他不过是一个偏见。

因此，在重新肯定、处女膜[2]、圆环[3]或永恒轮回的联合之前， 56
人们无法思考弗里德里希·尼采的名字或诸名字，在这一“是的”（oui），这一被赠予无阴影的礼物（*Geschenk*）、被赠予正午和葡萄或阳光满溢杯子的成熟的“是的”之前，人们无法思考他的生命、他的生命－作品。（在《查拉图斯特拉》的开头，我就将所有这些交给了你们。）

我们思考这样一个事件的日期，思考这一自传叙事事件的日期时所面临的困难——作为永恒轮回的思想，它迫使我们以别样的方式思考任何事件的到来——应该到处散播，在那里人们试图标定一个事件的日期，确定一个文本的开端、生命的起源或一个签名的最初运动，它的边缘。这一边缘的题铭或题铭的边缘的结构，在任何关于生命或我的－生命（ma-vie）这样的事物的地方，都不可避免地被重新铭印、引发回响。这一（位

---

① 在打印稿中，“自己”这个词被圈起来了。

② “处女膜”（hymen）是德里达使用的一个重要隐喻，对此可参阅德里达在《双重部分》中对马拉美诗歌中“处女膜”意象的讨论。——译者

③ anneau 兼有“圆环”和“戒指”的含义。——译者

于标题或序言和接下来的书之间的）题铭的结构确定了位置，据此，生命被叙述（是的，是的），也即在永恒的返回之前被肯定，通过婚姻戒指与自身结合。这一肯定的位置或者说这一题铭的位置既不在作品中，也不在作者的生命中，这一题铭的位置重复肯定、批准、签名、签署（是的，是的，批阅同意并且重新开始），这一题铭的位置-时刻埋葬否定性，并由此埋葬到阴影中，这就是正午、生命的正午的位置和时刻。此外我刚刚读到的题铭在“我为什么写下了如此好书？”[①]一章中被重复：“我有责任[②]为人类准备返回自身的最高瞬间，一个伟大的正午，为了转身回顾过去和对未来投去一瞥，为了撼动偶然和教士们［……］”[③]但生命的正午不是一个地方也不是一个时刻；首先是因为它是一个立刻消逝的界限；其次是因为它每天都重来，它
57 总是、每一天在圆环的每次转动时重新返回。如果只有在这个地方和这个瞬间，只有在他一边说着“是的，是的，我——以及我自己陈述我的生命”一边进行签名的地方和瞬间，才有权阅读弗里德里希·尼采的签名，你们就会发现它所构成的阅读和教学之间不可能的协议；说尼采写了这个，尼采说了那个，尼采思考（例如人类生存意义上或生物学意义上的）生命的这个或那个，如此等等，这可能是愚蠢可笑的。

① Fr. Nietzsche, *Ecce Homo*, *op. cit.*, p. 71; *Ecce Homo*, *KSA* 6, p. 298.

② 在打印稿中，“责任”这个词被圈起来了。

③ Fr. Nietzsche, *Ecce Homo*, *op. cit.*, p. 115; *Ecce Homo*, *KSA* 6, p. 330. 引文上方空白处添加了几个词：“听觉的再生，第21页，隐喻vs本义〈两个无法辨认的词〉儿童”。

我不打算和你们一起读《瞧，这个人》。我只提醒题铭的位置，这一皱褶的位置，根据一个十分不起眼的边界得以定位，因为这里不再有阴影，据此，所有其他的陈述，所有前后左右的陈述，都同时是可能的（尼采说出了全部），并且必然是相互矛盾的（他说了最矛盾的事情，并且他曾说过，他说的似乎是最矛盾的事情）。在离开《瞧，这个人》之前，再最后谈谈这一矛盾的一个表里不一的迹象。就在我称为题铭和题铭的视角后面——这个题铭毫不犹豫地标明了日期（他的诞生、他的生日，最后几本书的礼物的四分之一，等等）——在该书第一章（“我为什么如此智慧”）开头，尼采以我的生命的源头、我的父亲和母亲起笔，很快谈到我生命中的矛盾原则（死亡原则与生命原则、开端与结束、高处与低处、衰落或蜕化与上升之间的矛盾，如此等等）。我的生命的这一矛盾——它是我的宿命——与我的家族、我的父亲和母亲有关，与我在作为我父亲身份和我母亲身份的谜的形式中的衰退有关；总之，我死去的父亲和我活着的母亲，作为死亡（阴性和阳性形式的死亡）的我的父亲，作为有生命者和生命的我的母亲。我处在这两者之间，我的真理系于这两者。你们了解我重读和重译的这个段落：

> 我的实存（*Daseins*）的运气（*Glück*），它的独特性可能［他说“可能”，是因为他认为这一处境可能是模范的和典范的］完全在于它的命运：以谜（*Rätselform*）一般的方式表达，我是我的命运。［这里维拉特的译文是灾难性的，他说“在我身上我的父亲已经死了，而我的母亲还活着和

58 变老”，不，段落里说的是：我作为我的父亲已经死了（*als mein Vater bereits gestorben*），作为我的母亲我还活着并且变老（*als meine Mutter lebe ich noch und werde alt*）。］①

因此，由于我是我的父亲，所以我是死亡，阳性的死亡（le mort）和阴性的死亡（la mort）；由于我是我的母亲，所以我是持存的生命，是阳性的有生命者（le vivant）和阴性的有生命者（la vivante）。我是我的父亲、我的母亲和我，我是我的父亲、我的母亲因而也是我的子孙和我，是阳性的死亡和生命，阴性的死亡和活生生，等等。这就是我所是，“我是这样的人”，这意味着一切，而且人们无法理解我的名字，如果人们不将它理解为死亡的名字和活生生的名字，理解为死去的父亲和余存的母亲的名字，他们将在我之后余存并埋葬我，此外，因为活生生的生命将埋葬我，所以我的活生生的生命的名字乃是母亲的名字，我的死去的生命的名字乃是我父亲的名字。因此，每当人们试图辨识弗里德里希·尼采的陈述，都应该考虑这一情境。而我刚刚读的这一陈述并不是一般意义上的自传：这并不是说，如人们所说的，尼采并没有谈到他真实的父亲或他真实的母亲，而是他也“以谜一般的方式”谈到这些，也即象征地、谜一般地谈到这些，或毋宁说像一个故事，一个叙述形式的格言寓意的谜。现在，后续的文本展开了我的-生命（同时源出于死亡和活生生、死亡和生命、父亲和母亲的我的生命）的双重起源的所有后果。这个双重起源说

① Fr. Nietzsche, *Ecce Homo*, *op. cit.*, p. 17; *KSA* 6, p. 284.

明了我是谁和我如何是：我是双重的和中性的。我读一下：

> 这一双重起源（*Diese doppelte Herkunft*）同时来自生命的最高阶梯和最低阶梯［生命阶梯上的台阶］，既是没落也是开端［法语没落的用词：décadent，*zugleich und Anfang*］——如果这至少解释了什么事情，这解释了在整个生活问题上（*zum Gesammtprobleme des Lebens*）采取立场［选边站］的这一中立性，这一自由。我有面向上升和坠落的迹象［字面上是指升起和放下，例如太阳的升落：*für die Zeichen*，面向这些迹象，*von Aufgang und Niedergang*，上升和坠落的，朝向高处和低处］，我有任何人都不具备的洞察力［注意尼采的鼻子和他关于自己的鼻孔所说的内容］，在 59
> 这方面我是杰出的大师［教师：*Lehrer*］——我了解这两者，我是这两者（*ich kenne beides, ich bin beides*）。[1]

“*Ich kenne beides, ich bin beides*”，我了解这两者，这个“两”毋宁应该说，我是这个“两”，而且在这里，两就是生死（*beides*，两者）。当弗里德里希·尼采对我们说：不要搞混了，要知道我是*der und der*：这和那，这两者，这两者作为死生（la mort la vie），作为死活生生（le mort la vivante）。应该在文本中、在语言中阅读它。正如前面维拉特翻译的那样，作为我的父亲我已经死了（*ich bin, als mein Vater bereits gestorben*）：在我这里，

---

① Fr. Nietzsche, *Ecce Homo*, *op. cit.*, p. 17; *KSA* 6, p. 264.

我父亲是死亡，诸如此类，同样，他将“我了解这两者，我是这两者”（*ich kenne beides, ich bin beides*）翻译为“我了解它们，我同时体现了这两者”。

这是死亡的逻辑，也是活生生的逻辑，当弗里德里希·尼采假装在签名，同时说“我是这和那”时，我们应该无止尽地译解该逻辑。我不会和你们一起读《瞧，这个人》，在改变航向前，我只是引用、叙述、重新定位在这个或那个参照点上：在肯定正午精灵的中立性的位置上，它尤其不是否定的（关于这个问题，请阅读布朗肖对尼采、对作为非否定和非辩证的中性的论述[1]），中立性尤其不是否定的和辩证的。因此，我不加评论地朗诵它们：“我是这两者。我的父亲在36岁时去世：他是温柔的、慈爱的和病态的，就像一个注定只是消逝的存在（*wie ein nur zum Vorübergehn bestimmtes Wesen*）——毋宁是生命的一个亲切的回忆，而不是生命本身（*eher eine gütige Erinnerung an das Leben als das Leben selbst*）。”[2]因此，父亲不只是在儿子余存时死亡，甚至在他活着时他就是死亡，他，即父亲，他作为活着的父亲只是生命的回忆，一个先行的生命、总是在先的
60 生命的回忆。这个家庭的结构：父亲去世[3]，母亲先于且后于所有人活着，直到埋葬她给予了生命的儿子，直到出席他的葬礼，

---

① 参见：«Réflexions sur le nihilisme» et «La Voix narrative (le “il”, le neutre)»，收录于：Maurice Blanchot, *L’Entretien infini*, Paris, Gallimard, coll. «Blanche», 1969. p. 201-255 et p. 556-567。

② Fr. Nietzsche, *Ecce Homo*, *op. cit.*, p. 17-18; *Ecce Homo*, *KSA* 6, p. 264.

③ 这里有一个词加在行间，可能是“不在场”。

她在一切到来前保持为未受损（vierge），她比他们活得都久，我在别的地方称这种结构为反向（obséquence）的逻辑，[①]可以在耶稣的家庭（与狄奥尼索斯形成对比，但作为他的化身）中找到这一结构的范例，倘若我们考虑到母亲在人们所称的“崩塌”（effondrement）中余存下来，可以在尼采的家庭中找到这一结构的范例；并且一般来说，如果人们排除所有事实，可以在任何作为家庭的家庭中找到范例。而尼采将首先在治愈之前，在他的身体中重复父亲的死亡，他在《瞧，这个人》中也谈到了这一治愈：

> 在他的生命没落的同一年，我的生命也陷入低谷：我在36岁［属于我的36岁］达到了生命力的最低点——我还活着，但看不清我眼前三步远的东西。当时是1879年，我放弃了在巴塞尔的课程，在圣莫里茨度过了整个夏天和随后的冬天，活得像一个影子（*wie ein Schatten*）[②]，在我生命最缺少阳光的时期，我在瑙姆堡像影子一样活着［“像”被强调，als Schatten；维拉特说：我成为我自身的影子］。这是我人生的最低谷。《旅行者和他的影子》就产生于那段时间，无疑我是通过影子理解自己的，［等等］。[③]

① 参见：Jacques Derrida, *Glas*, Paris, Galilée, coll. « La philosophie en effet », 1974 (rééd. 2004), par exemple p. 134bi, 140b, 196bi et 283-284bi。

② 空白处有词语“错乱的日子”。

③ Fr. Nietzsche, *Ecce Homo*, *op. cit.*, p. 18; *Ecce Homo*, *KSA* 6, p. 264-265.

再后面，“我的读者可能知道我很明确地把辩证法视作颓废的症状（*als Décadence-Symptom*），例如在最著名的情形中［这里的‘情形’是*Fall*，作为指向跌落、案件，颓废的情形，*im allerberühmtesten Fall*（在最著名的情形中），也即在苏格拉底的情形中］。”[①]再后面：“的确，总的说来，我是一个没落，但我也是它的反面”（*ich ein décadent bin, bin ich auch dessen Gegensatz*）。[②]
61 请阅读第一章第二段开头的其余部分。第一段也以对这一双重来源的肯定开篇。好吧，第三段也是：“*Diese doppelte Reihe von Erfahrungen*，这双重的经验系列，这种对两个表面上分离的世界的亲和性，在我天性的所有方面重复：我是双生的（*ich bin ein Doppelgänger*），除了第一视觉，我还有‘第二’视觉（双重视觉的礼物）。也许我还有第三视觉。”[③]（在别的地方，正如你们所知，他谈到了第三只耳朵。[④]就在之前，前一段的结尾，他写道：“好吧，我是颓废的对立面（*das* Gegenstück *eines* décadent），因为我刚才描述的是我自己（*denn ich beschrieb eben* mich）。”[⑤]这就是第二段的结尾。第三段的结尾：“为了能够理解关于我的查拉图斯特拉的任何事情，人们可能应该处于和我相近的环境中：伴随着超越生命的一步［超越，*jenseits*单独被强调：*mit einem*

① Fr. Nietzsche, *Ecce Homo*, *op. cit.*, p. 18-19; *KSA* 6, p. 265.

② *Ibid.*, p. 20; *KSA* 6, p. 266.

③ *Ibid.*, p. 22; *KSA* 6, p. 472, note 3.

④ 例如参见弗里德里希·尼采《超越善恶》第246条：“对于那些有第三只耳朵的人来说，阅读这些用德文写的著作真是一种折磨！”

⑤ Fr. Nietzsche, *Ecce Homo*, *op. cit.*, p. 6; *KSA* 6, p. 267.

Fusse jenseits des Lebens]。”[1]因此，重要的不是生命或（和/或）死亡，而是逾越之步。再次参阅布朗肖，以及逾越之步的奇特句法（没有句法），后者在我称为不可能的逾越或跨越的步-伐（dé-marche）[2]中接近死亡。

自传的签名依然是一个向永恒开放的信誉账户，并且仅仅根据永恒轮回的圆环带回给签署其名字的两个我中的一个，这并不阻止，反而允许那说“我是盛夏的正午”（在“我为什么如此智慧？”一章[3]）的人也说我是双重的，并因此说不要（依然不要）将我与我的作品混同起来。正是在这一说明自身的延异中，在《瞧，这个人》中，在作为异常-传记（allo-biographique）或死亡-传记（thanato-biographique）的自-传的这一延异中，我今天想和你们讨论的机构和教育的问题再次提了出来。

根据定义，永恒轮回的好消息——它是一个讯息和一个教导——不能在当下被听到。但与这一消息一样，这个讯息也是某 62
种重复肯定（是的，是的）的讯息，某种轮-回的讯息：它以某种方式重新开始和再生产永恒轮回的肯定，并且将之保持为同一者的永恒轮回。它正是在它的逻辑中导致了一个教育和一个机构。查拉图斯特拉是一个教师（*Lehrer*），他有一个学说，并且他

---

① Fr. Nietzsche, *Ecce Homo*, *op. cit.*, p. 24; *KSA* 14, p. 473, note 3.

② démarche有“步伐、步态、方法、步骤”等含义，dé-marche的前缀dé-表示否定，词根marche指“行走、迈步”，德里达这里用横线隔开，是想突出一种原地踏步的状态，例如德里达在后面谈到了弗洛伊德论述的步伐的向前迈步却寸步未进的特征。——译者

③ *Ibid.*, p. 36; *KSA* 6, p. 276.

要创建新的机构。这些“是的”的机构如何与耳朵有关?

我先读一下《瞧，这个人》的“我为什么写出如此好书?”一章的开头:

> *Das Eine bin ich, das Andre sind meine Schriften.* 我是一回事，我的著作是另一回事。在我谈论这些著作本身之前，这些著作的理解与不理解的问题首先被提了出来。我以可能适合于这个问题的从容态度这样做；因为这个问题还完全不属于这个时代。我自己就不属于这个时代，我的某些著作直到死后才会面世。会有那么一天，那时人们需要一些机构(*Institutionen*)，人们在其中的生活和教育就像我所理解的那样：人们甚至可能需要设立一些特殊教席[特有的，*eigene Lehrstühle*]以阐释查拉图斯特拉。但是，如果我今天已经期待适合于我的真理[此处的法文翻译十分奇怪]的耳朵和手[和手，*und Hände* 被强调，你们很快会记得]，我就完全自相矛盾了：人们今天并不倾听我，人们今天不能从我这里得到任何东西，这不仅是可以理解的，甚至是正当的[这是公正]。我希望不〈被〉混同[与另一个交换，被误认为另一个：*verwechselt werden*]，这意味着我不与自身混同。①

这个教育和新机构的问题因此在某种意义上也是耳朵的问题。你们知道，所有这些都在这个形象或者尼采的耳朵的迷宫

① Fr. Nietzsche, *Ecce Homo*, *op. cit.*, p. 71-72; *KSA* 6, p. 298.

里缠绕，如果我可以这么说的话，但我不想在这里深究这个问题。我只是注意到，这一主题在《瞧，这个人》的同一章里得到重现，并且我马上回过头去讨论——迷宫的效应——从尼采题为 63
《论我们教育机构的未来》的文本（1972年，完全处于另一端）中摘引的题铭。首先，《瞧，这个人》的同一章里的耳朵再次出现：

> 我们都知道，有些人甚至是通过经验知道，什么是长耳朵（*was ein Langohr ist*）。我敢肯定，我有着最小的耳朵。女士们（*Weiblein*）会对此感兴趣，在我看来，她们觉得我更能理解她们。我是典型的反-驴（anti-âne），因此是一个历史怪物——以希腊且不只是希腊的方式，我是反-基督。①

这一小巧耳朵的要求和“我是”（我是这两者、双重性，我双重签名，我的作品和我作为两回事，我是死亡和活生生，等等）的复杂性，所有这一切如何将我们再次引入对“我们教育机构的未来”的解读，以及再次引入它所关联的政治、政治家们？

我首先重读上周的课程结束时为今天这一讲所强调的内容。②

> 我们并没有看到那种纯粹实践的教导——通过这种

① Fr. Nietzsche, *Ecce Homo*, *op. cit.*, p. 76-77; *KSA* 6, p. 302.

② 在打印稿中，本段落的一些文字被涂改了，添加了另一些文字：“我首先阅读我放在最前面的内容”。

教导，教师应该使他的学生习惯于语言领域的自我严格教育——而是到处都能看到通过历史的博学处理母语的预备活动，也就是说，我们使用它就好像它是一门死的语言，就好像我们对这门语言的现在和未来没有任何义务（*Verpflichtungen*）[因此，义务暗指母亲的生命、母语的生命、契约与联合、反对阳性死亡、反对阴性死亡、与生命一起、生命连同它，活生生：并且作为契约、联合，被重复的肯定已经是语言的或在语言中的签名的肯定，生命的最初契约是语言和语言的契约——母性的，也即活生生的；活生
64 生，也即母性的而不是父性的，等等；自《瞧，这个人》以来，我们的题铭现在显得有些清楚了：历史，在这里是历史科学——它用死亡杀死或对待死亡——占据了父亲的位置；而机构应该反对或不顾父亲而复活：下面继续阅读]，我们使用它就好像它是一门死的语言，就好像我们对这门语言的现在和未来没有任何义务。在我们的时代，历史的方式变得如此习以为常，以至语言的活生生的身体（*der lebendige Leib der Sprache*）成为对它的解剖研究的牺牲品：但恰恰只有当人们愿意将有生命者当作活的（*das Lebendige als lebendig*）去对待时，文化（*Bildung*）才会开始，恰恰是通过对到处试图让人接受（*sich aufdrängende*）的“历史兴趣”的抑制 [毋宁说压抑：*unterdrücken*]，文化导师的任务才会开始，在那里他必须在所有事情上恰当地行动[1]而不是去认

① 在“行动”这个被线圈起来的词旁边空白处，有一个德文词 *handeln*。

> 识。而我们的母语是学生必须在其中学会正确（*richtig*）行动［对待：*handeln*］的一个领域［……］。[①]

由此，我们现在讨论这个人们所说的“青年时代的文本”：论我们的高等教育机构的未来。在此处，生死（la vie la mort）、活生生死（la vivante le mort）、语言的契约、签名与信誉、传记与生物学的问题，在教育机构的问题当中交汇。我相信，为了处理这个所谓青年时代的文本，并且谨慎地将它作为记录去使用，我通过绕道《瞧，这个人》向你们提出的整个阅读路径是必不可少的。没有必要以目的论和回顾的方式从头到尾阐明，说他“已经”说过这个或那个。但由于这个回顾缺乏它在亚里士多德－黑格尔传统中的那种目的论意义，我们可以借助尼采本人对如下问题的解释：向他的签名开放的“信誉账户”、期限的延迟、他之所是与他的（一般来说，死后出版的）作品之间的差异，使文本《论我们教育机构的未来》的阅读的协议（/记 65
录，protocoles）复杂化。我立刻告诉大家，我不是要散播这些协议，以掩盖、缓和或中立化这个文本，或是为了洗脱尼采对民主教育学、左派政治来说可能存在的麻烦；也不是要散播那些可以用作纳粹最阴险的口号的语言。相反，有必要以最冒犯的方式提出这个问题，探究为什么仅仅说尼采没有思考或想要这个，说他会唾弃它们，说人们对他思想的阐释和继承存在篡

① Fr. Nietzsche, *Sur l'avenir...*, *op. cit.*, p. 55-56; *Über die Zukunft...*, *KSA* 1, p. 677.（雅克·德里达对译文有所改动。）

改和神秘化，这些还都不够；还要探究为什么这样的“篡改”（人们有些天真地称〈像〉这样）是可能的，以及如何是可能的，为什么同样的词语和同样的表述可以多次服务于人们声称并不相容的意义，等等。以及说到底，为什么尼采关于教育的教导所导致的机构的唯一开端是纳粹呢？

第一个协议：这个文本属于《瞧，这个人》所说的遗著，不仅如此，这是一个尼采甚至在死后也不想发表的文本。此外，这不仅是一部尼采从未想要发表的遗著，也是一个尼采在中途中断的讲话。这并不是说尼采会否认这一切，也许今天最令反纳粹民主人士反感的是尼采会赞同它们。然而不要忘记，他从未想要发表这些报告，甚至还中断了课程。1872年7月25日，在第五次报告后，他写信给瓦格纳：

> 明年冬天开始，我还要在巴塞尔做“论我们教育机构的未来”的第六次和第七次报告。我想至少要讲完它，哪怕是以我目前探讨这个主题的简略而粗糙的形式。探讨这个主题要想采取更好的形式，我需要变得更“成熟”并努力自己教育自己。①

66 然而，他并没有做这后两个报告，并且拒绝发表。12月20日，他写信给马尔维达·冯·迈森布格（Malwida von

① 引自尼采《论我们教育机构的未来》，第153页，附录；*Nietzsche Briefwechsel, Kritische Gesamtausgabe*, Giorgio Colli et Mazzino Montinari (éds), Berlin, Walter de Gruyter, 1978, 3, 2, p. 39。

Meysenbug）：

你们现在本该读到这些报告，你们本该担心在如此长的前奏后，看到故事突然中止（虚构叙事等），并且担心看到思想的渴望和真正新的命题最终迷失在纯粹的消极和大量的离题中。在这一阅读中我们感到口渴，到头来却发现什么也没喝到！说真的，我在最后一次报告中的提议——一个充满怪诞和色彩的夜间照明场景——并不适合我在巴塞尔的公众，这些话当然最好不宣之于口。[①]

以及下一年的2月末：

你们应该相信我［……］再过几年我就能更好地完成这一切，我希望如此。与此同时，这些报告对我自己来说有激励的价值：它们召唤一个刚好落在我身上的责任和使命［……］。这些报告比较粗浅，此外还有一些即兴的成分［……］。弗莱切准备出版它们，但我发誓不要出版，在这方面我的良心不像天使那般纯粹。[②]

最后，最后一个协议：我们应该分析这些报告的叙事和虚构形式本身；在大学和中学的主题上一个学者对另一些学者所做

① Fr. Nietzsche, *Sur l'avenir...*, *op. cit.*, p. 153-154; *Nietzsche Briefwechsel*, *op. cit.*, 3, 2, p. 104.

② *Ibid.*, p. 154; *Nietzsche Briefwechsel*, *op. cit.*, 3, 2, p. 127.

的报告，已经标志了在学院派、学院场景中的一个断裂。时间关系，我不多做分析。根据尼采本人在“序言”中对我们发出的邀请，我们还需要慢慢地阅读——作为不合时宜的读者，通过花时间阅读，花费该书所需要的所有不定限的时间阅读，我们已经避开了他们那个时代的法则——而不是像我刚才那样说：时间关系，我就不这样做了。正是在阅读时间的条件下，人们
67 可以像尼采邀请我们去做的那样，不仅读到言外之意，而且阅读不是为了保管这些“图画”，如人们最经常做的那样，而是为了一种未来风格的沉思（*meditatio generis futuri*），一个实际的沉思，直至有时间有效地摧毁中学和大学。尼采问，当新的教育立法者开始服务于一个全新文化的时刻和当下时刻，这之间“可能发生什么”？“可能是中学的破坏，甚至大学的破坏，或至少是这些教育机构的彻底变革，以至从未来的眼光看，它们的古老图画将呈现为湖泊文明的遗迹。”[1]在此期间，就像他对《查拉图斯特拉》所做的那样，他劝我们遗忘并摧毁〈该〉文本，但是是**通过行动**遗忘和摧毁它。

接下来，以及考虑到当前的情况，我要从这些报告中选择什么？首先，是我上次所称的腓尼基的传统主题[2]：生命的破坏首先是对已经死亡之物的摧毁，目的是使活生生的生命复活和再生。衰退/再生（dé-génerescence[3]/régénération）的活力论主题在这个文本中是十分活跃并且占据中心地位的。我们已

① Fr. Nietzsche, *Sur l'avenir...*, *op. cit.*, p. 21-22; *KSA* 1, p. 648-649.
② 在打印稿中，这个表述改为了“人们可称之为腓尼基主题”。
③ 字面意思是“对生成的破坏”。——译者

经看到，为什么必须首先通过语言问题（母系－活生生的或科学－形式－死亡－父系的），以及为什么这个作为语言生命的生命问题不能脱离教育或语言训练的问题（我们一会儿将看到为什么是“训练”）。因此，当尼采谈到中学的破坏时，是为了希冀一个“重生”，中学的摧毁（*Vernichtung*）——大学只是它预先－构成的产物或发展，无论大学怎么思考——这一中学的摧毁应该导致重生（*Neugeburt*）。破坏应该是已经毁坏、蜕化之物的破坏。衰退（失去生命力，遗传的或类属的；失去类型、种和属的特异性，*Entartung*［衰退］）的表达常常反复出现，被用于刻画文化，特别是当大学文化变成国家文化或新闻 68
文化时。然而，衰退的概念已经具有它在之后的分析，例如在《道德谱系学》中所具有的结构，也即衰退不是由有规律而一致的衰弱导致的单纯的失去生命，而是价值的颠倒，借此敌对的和反动的原则反而成为生命的主动的敌人。衰退与生命敌对，是一个与生命敌对的生命原则。在第五次报告（最后一个）中，“衰退”这个词最经常被谈到，并且衰退的本质条件得到了定义。拉平的民主文化、大学的所谓学术自由、文化的最大扩张必须接受约束、训练，在导师、元首甚至是伟大元首的指引下进行选择，以从敌人那里拯救出“严肃阳刚的德意志精神（*männlich ernsten*），这种精神严厉、冷酷、大胆，自宗教改革以来一直安然无恙地维持着，这就是矿工的儿子路德的精神”。[①] 例如，就元首而言，他应当恢复德国大学为文化

① Fr. Nietzsche, *Sur l'avenir...*, *op. cit.*, p. 138; *Über die Zukunft...*, *KSA* 1, p. 749.

机构，并且为此“革新和复活纯粹伦理的力量。这是为了他的荣耀而永远应该对学生说的东西。他在战场上（1870年）[①]学到了在学术自由（*akademische Freiheit*）领域学不到的东西：人们需要伟大元首（伟大的向导），整个文化（*Bildung*）伴随着服从（*Gehorsam*）[②]而开始”。再后面尼采谈到，今天学生的所有不幸都源于他们没有找到元首，他们“群龙无首”（*führerlos*）。

> 我再说一遍，我的朋友们！——整个文化开始于人们今天在学术自由之名下交口称赞的所有东西的反面，它伴随着服从（*Gehorsam*）、顺从（*Unterordnung*）、强制（*Zucht*）、服务（*Dienstbarkeit*）。正如伟大元首需要人们引导，那些应
> 69 该被引导的人同样也需要元首（*so bedürfen die zu Führenden der Führer*）：在精神的秩序中，一个交互的倾向、一种前定的和谐在这里起支配作用。[③]

一个“永恒的秩序”，这就是尼采称呼它的方式，他说，当前的主导文化力图破坏它。

抽取“元首”这个词，仅仅将它与这个词的希特勒腔调和

---

① 收录于：Jacques Derrida, *Otobiographies. L'enseignment de Nietzsche et la politique du nom propre*, Paris, Galilée, 1984-2005, coll. «Débats», p. 91。括号中的日期已修改：应为1813年而非1870年。

② Fr. Nietzsche, *Sur l'avenir...*, *op. cit.*, p. 139; *Über die Zukunft...*, *KSA* 1, p. 749.

③ *Ibid.*, p. 140; *KSA* 1, p. 750.（雅克·德里达对译文有所改动。）

尼采式参照的用法共鸣，好像这个词在德语中没有其他的语境、其他的情形，并且把尼采主义-纳粹主义作为唯一的争论主题，这是天真而粗暴的；否认某个事情属于同一个东西（同一个事物，这就是个问题），否认尼采的元首（它不只是学说和学派的导师）与希特勒的元首（它也自称思想的导师、学说和学派的指导者、重生的教师）属于同一者，这也是天真和仓促的。满足于说尼采从未想要这个，尼采从未想过这个，他会唾弃它，等等；以及说在他的头脑中，情形并非如此，等等，这同样是仓促的，并且在政治上是不清醒的。即便这是真的——这是一个人们完全有理由忽视的假设，首先因为尼采死了，并且这无关于知道他会怎么想；此外因为人们有理由相信，他会思考或去做的事情无论如何都会十分复杂，海德格尔的例子在这点上是前车之鉴；最后，因为文本的效果和结构，人们知道，只是部分地归功于作者，并不是一概被视为他的真理或这个所谓的作者的意愿——因此，即便尼采的确没有思考-意愿它，即使他会唾弃它，即便纳粹远不是尼采所称的重生，而只不过是他所诊断的欧洲文化和社会加速瓦解的症状，甚至在这种情形中，也必须揭示反动的衰退为什么使用着与主动力（作为它真正的对立面）同样的语言、同样的语词、同样的表述、同样的口号。
在某个地方，不是应该有一个强大的逻辑机器生产出这些表述， 70
这些表述在一个既定的整体中同时编制程序（正是这一整体应该被定义，它似乎不只是语言学的，不只是历史-政治经济学的、意识形态的、心理的，对这个整体来说，这些区域性规定都不是充分的，甚至不是“终审”[dernière instance]，它属于哲学或理论，因为它们本身是这个整体的子集，等等），如果它们首先呈现为相反或对立，这里难道不是应该有一个强大的“逻辑”程序控制器，这两个阵营的任何一个，对立力量的任何一个都不能打破或决意打破它，它们从那里汲取资源，交换表述，借此相互传递？正是这一机器（显然，它不再是一个机器，因为它拥有作为其要素之一的生命，并且玩着生/死对立的游戏），正是这一程序（但它不再是形而上学或机械论意义上的程序）使我们感兴趣，它不仅需要译解，而且需要在实践中（以实践的方式）并且根据不属于程序的理论/实践的关系去转换和重-写。显然，这一伟大程序的改造重写不是发生在书本上——我很早就说过，这种普遍书写的实践意味着什么——也不是通过对尼采或希特勒和纳粹思想家的文本阅读和课程而发生。它事关欧洲且不只是欧洲的整个历史政治-经济和意识形态，它事关这个世纪且不只是这个世纪，其中包含了当下，我们在当中获取或占据一个位置。

如果人们说：但请注意，尼采和纳粹意识形态的表述本身不是一回事，不只是因为一边远比另一边粗鄙，是它的漫画化，而且是因为，如果不局限于从中截取只言片语，如果在它衔接
71 的微妙精细和颠倒的悖论中重构整个系统的句法，等等，那么人们将看到，（被认为是）“相同的”陈述讲的恰恰是相反的东西，恰恰对应着对立面，对应着例如它所模仿的事物的反动的颠倒，然而依然有必要说明这一颠倒或倒错的可能性，为何它能使同样的陈述适用于另一方或者反之。如果不在无意识程序

和上一周（参见前一讲[1]）谈到的有意识程序之间做出区分，如果阅读一个文本时不再执着于唯一的想-说（vouloir-dire），那么曲解的简化在文本的结构本身之中就有其可能性，而且人们必定能够读到这一曲解的简化。尽管尼采的想-说与之毫无关系，他的话语却被用作纳粹意识形态的参考，而实际将其作为主要参考的唯一政治就是纳粹政治，这绝不是偶然的。我并不是说它永远是唯一可能的，也不是说这是对尼采最好的解读，或者说那些不参照这点的解读很好地阅读了尼采。尼采文本的未来并未封闭。我想说的只是如下事实：在一个规定的、限定的时期里，唯一真正号称（自称）尼采主义的政治乃是纳粹政治，这一事实必定是意味深长的，且应该受到这样的追问。当我这么说时，我并不是想要说，知道它是纳粹主义，我们就必须由此出发，从政治-历史学的视角重读尼采。我认为我们尚不知道纳粹主义是什么；这一任务依然摆在我们面前，而尼采的政治解读就属于这一任务。尼采主义的伟大政治是否已经遭遇失败，还是说在一个大动荡（纳粹主义只不过是其中的一个插曲）之后它依然还有未来？《瞧，这个人》中有一段文本我刚才没有谈到。这里（“我为什么是命运”[*Schicksal*]），尼采暗示，只有在伟大政治实际登上舞台的时刻，人们才会读到尼采的名字，以及由此，这个或那个小政治是否是尼采主义的问题是无关紧要的，因为尼采的名字在那里还没有被阅读。这个名字仍有其全部未来。如下：

[1] 参见上文第39页及以下。

> 72 我知道我的命运。这样的一天会到来，那时对某种闻所未闻的（*Ungeheures*）事物的回忆将与我的名字联系起来，一个世界上从未有过的危机的回忆，一个良知的最深层冲突（*Gewissens-Collision*）的回忆，一个**反对**所有迄今被相信、被要求和被神圣化之物的决定（*Entscheidung*）的回忆，将与我的名字联系起来。我不是人，我是炸药。但尽管如此，我不是什么宗教创立者——宗教是贱民的生意，接触了宗教徒后我需要洗手［……］我不**想要**“信徒”。我想我太渎神了，以至不相信我自己，我从不对大众讲话（163）［……］政治的概念因而将在一场精神（*Geisterkrieg*）的斗争中彻底破产。旧社会的整个权力构造都将丧失根基，它们完全建立在谎言之上；将会发生战争，会发生世界上前所未有的战争。只有从我出发，大地上才有〈一个〉**大政治**。①

我相信，我们不必对此做出决定；阐释性的决定不需要在这个文本的两个内容或两个政治意图之间做出选择。这些阐释不是解读的诠释学，而是在文本的政治重写中的政治介入。一直都是如此，自从人们谈到哲学的终结，自从被命名为黑格尔的文本指南面世以来，尤其如此。这不是偶然的，而是整个后黑格尔文本结构的一个效应：可能总是有右派和左派的黑格尔主义、右派和左派的海德格尔主义、右派和左派的尼采主义，甚至不要忘了，还有右派的马克思主义和左派的马克思主义。在尼采那里，

① Fr. Nietzsche, *Ecce Homo*, *op. cit.*, p. 126-127; *Ecce Homo*, *KSA* 6, p. 365-366.

有什么可以——以特有的方式——帮助我们理解这一文本和阐释的政治结构呢？这正是我们需要讨论的问题。尼采为我们提供了什么资源去理解对他的文本的双重阐释和歪曲？他说，在避免衰退之力量的压抑（*Unterdrückung*）中，必然会有某种阴森恐怖（*unheimlich*）［第五次报告的译者译为“可怕的”］的东西。为什么这是阴森恐怖的？这是同一个问题的另一种问法。

为了结束今天的内容，我再说一句我以“学术自由”和耳朵 73
为题开始时讲过的话。

当尼采提议以语言训练反对“学术自由”，让教师和学生从思想、大纲和学科等等当中解放出来时，并不是因为他认为应该将强制和自由对立起来，而是因为他在所谓的“学术自由”背后诊断出了一个强烈的桎梏，这个桎梏要比它被隐藏时更为有效。而且这一桎梏是由国家施加的，后者通过上述的学术自由控制一切。国家是这些报告首要的指控对象，而黑格尔作为国家的思想家是罪魁祸首。大学、教师和学生的自治事实上是国家、“最完美的伦理组织”[①]（尼采引用黑格尔的话）的诡计。尼采说，国家想要通过严格的掌控和强制吸引顺从的、无条件服从的官员。实际上也可以将这些报告视作对国家的诸文化装置、根本的国家文化装置——在一个现代国家，作为学校形态的文化装置——的批判的和现代的分析。毫无疑问，这一批判是以这样的视角进行的，它很可能——尽管有必要更仔细和更不仓促地加以考察——

① Fr. Nietzsche, *Sur l'avenir...*, *op. cit.*, p. 95; *Über die Zukunft...*, *KSA* 1, p. 711.（雅克·德里达对译文有所改动。）

把国家体制的马克思主义分析、意识形态的马克思主义等概念，变成一个衰退的症状和一个屈从于黑格尔式国家的新形式。但在将尼采无可争议地当作社会主义的普遍对立面的外表下，[1]有必要更仔细地从两个方面去考察。还必须在其他地方，甚至在《权力意志》的片段和《查拉图斯特拉》中看到，对国家的批判——最持久的动机之一——如何展开（“新的偶像”以及：“国家，一个所有人都缓慢自杀的地方——而这就是人们所称的‘生命’”；或
74 “大事件”中，“国家是一条伪善的狗，它说话并且想让人们相信它的声音来自事物本身的核心深处”[2]［黑格尔］）。

国家——这条伪善的狗——通过它的学校装置（作为声学或口传装置）对你们的耳朵说话。你们是大耳蝙蝠（*Langohren*），因为你们不是听从，不是以小耳朵听从（*Gehorsam*）更好的老师或向导，而是相信自己是自由和自主的，却只是竖起巨大的耳朵倾听国家的话语，后者受到反动的和衰退的力量的审查。于是你们成为国家纯粹的听觉器官，你们转变为巨大的耳朵，这个耳朵在你们身体上占据了一个不成比例的位置（如同在《查拉图斯特拉》中，身体几乎完全缩减到只剩耳朵）。[3]

这是我这一讲的最后一个问题。下一节课，我们将通过另

---

① 在打印稿中，这里有一个插入标记，页底添加有如下文字：“以及民主的（‘科学是民主的一部分’，《曙光》［*Crépuscule*］，第139页），→科学/意识形态”。

② Friedrich Nietzsche, *Ainsi parlait Zarathoustra*, trad. fr. Maurice de Gandillac, Paris, Gallimard, coll. «Œuvres philosophiques complètes», 1971, p. 62 et p. 152; *KSA* 4, p. 62 et p. 170.

③ 本段空白处添加了一些文字：“大耳/《瞧，这个人》/76/+〈一个无法辨认的词〉”。参见：*Zarathoustra*, *op. cit.*, «De la rédmption»。

一个圆环（boucle）重新回到雅可布和康吉莱姆，讨论我们并没有丢弃的程序问题。我最后的问题就是这个问题。这是我们的场景，是尼采在我将要阅读的段落中描述的我们的教学场景吗？它是同一只耳朵，是你们借给我或我在说话时出借的那同一只耳朵吗？还是说我们已经在用另一只耳朵倾听这一切？我相信这个问题没有一个简单的答案，我宁可暂且将它放在一边。以下是第中关于耳朵的段落（第127页）。（阅读第五次报告，第127页及以下诸页；这是一个笑着说话的哲学家）：

但请允许我衡量你们在这一文化中的自主性，并且将你们的大学仅仅考虑为文化的机构。当一个陌生人想要了解我们的大学系统时，他首先问道："学生是如何与大学相连的？"我们的回答是："通过耳朵；学生是倾听者。"陌生人感到惊讶："只是通过耳朵，没有别的？"他再次问道。"除 75
了耳朵没别的。"我们再次回答道。学生倾听。当他说话时，当他观看、走路、和人在一起、进行艺术活动时，简而言之，当他活着时，他是自主的，也即独立于教学机构。学生经常在听的同时写。这是他与大学的脐带中断的时刻。他可以选择他要听的内容，他不需要相信他所听到的，当他不想听时，他可以关上耳朵。这就是"口授"教学的方法。至于教授，他对聆听他的学生们讲话。此外，他所思考或所做的东西被学生的理解的巨大鸿沟隔开。教授常常一边说一边阅读。一般来说，他想要有尽可能多的听众，在必要时，他满足于小部分听众，但几乎不会只满足一个听众。一张讲话的嘴，许多耳朵，以及一小半书写的手——这就是外观上的学院装置，这就是运转着的大学文化机器。对所有其他人来说，这张嘴的拥有者分离和独立于许多耳朵的持有者：这一双重的自主在“学术自由”的名义下被热烈颂扬。而且，一方能够——为了使这个自由得到进一步增强——说几乎所有他想说的，而另一方能够听几乎所有他想听的：除了在这两个群体背后一个适当距离的地方，国家带着监督人的警觉神情站在那里，时不时提醒人们，它是这些讲话和聆听的奇特过程的目的、终点和精髓。①

① Fr. Nietzsche, *Sur l'avenir...*, *op. cit.*, p. 127-128; *Über die Zukunft...*, *KSA* 1, p. 739-740. 在夹入打印稿的尼采文本的影印页上，雅克·德里达加上了这句话：“下文我留给你们去读。”

第三讲　过渡（俄狄浦斯的失足）

77

我是两者，他说。是死亡和活生生，是我的父亲和我的母亲。当我到了我父亲去世的年纪，我几乎失明了。这是尼采1888年左右在《瞧，这个人》中说的。由此出发，我们转向了——如果可以这么说的话——关于母语的论述，也即1872年《论我们教育机构的未来》的文本。尼采总是处于俄狄浦斯中，我的意思是他在俄狄浦斯中书写，他阐明俄狄浦斯，就好像他知道除非采用阐明自身，采用介入阐明的方式，否则无法阐明任何东西，他描述和阐明俄狄浦斯，以自己的方式说话，既展示又掩盖我、我的父亲、我的母亲、我的儿子和我（是［……］）。我不会一一点明尼采对俄狄浦斯的所有明确的指涉：为了表明尼采并没有被禁锢在一个难题中。[①]

俄狄浦斯对我来说是一个过渡。今天，对我来说，俄狄浦斯是一个过渡。俄狄浦斯如何能够完成一个过渡？作为通道它通向哪里？

---

① 空白处有一长段难以辨读的添加文字：“〈两个无法辨认的词〉但是，他很难处理这个疑难，知道人们只能以对待自身的方式处理这个难题，没有天真地相信人们走出——俄狄浦斯之外的出口〈无法辨认的词〉与对象相对立，没有〈一个无法辨认的词〉的效果。”

它以双重的方式是通道，它是双重的步伐，它以双重的方式是步伐。

在《未来》中（下文我将《〈论〉我们教育机构的未来》简写为《未来》，区别于《一个幻觉的未来》[也即*Zukunft*]），尼采对他那个时代的教育学者、语文学教师使用俄狄浦斯的要求十分严格。在对他那个时代的大学青年语文学家的蜂群（ruche）的绝
78 妙描述中，这只是一个顺便提及的例子，那些语文学家以其渊博的科学和历史知识（请你们阅读这两页），在他们于其中完全是外人的希腊文化里游荡，就好像一群游客或年代倒错的警察，在希腊文化中投射他们的问题或道德，窃取它，使之乏味，并且按照自己的尺寸去裁剪它。当他们遇到俄狄浦斯时会怎么做：一个前基督教的索福克勒斯会借着这名恶毒的异教徒大声地进行基督教的道德说教：不要做俄狄浦斯，否则！以下是这一两页的摘录：因此，这些新的语文学家如此粗蛮，他们"根据自己的习惯，在这些[希腊的]废墟中舒适地定居：他们带来了自己所有的现代便利设施和喜爱的娱乐消遣[……]，当他们在古老的框架中发现最初以某种狡计塞入的东西时，他们就欣喜若狂。"[①]接下来是一系列十分滑稽可笑的例子，最后是这样一段话：

当他将一个古代的新的阴暗角落带到他自己的光明（/启蒙，lumières）的高度时，例如说当他在老毕达哥拉斯那里发现一个启蒙政治的大无畏同行时，他觉得十分自然而然。

① Fr. Nietzsche, *Sur l'avenir...*, *op. cit.*, p. 84; *Über die Zukunft...*, *KSA* 1, p. 701.

> 另一件折磨他们的事是去思考俄狄浦斯为什么被命运判定要承担弑父娶母这样可怕的事。问题出在哪里？诗性的正义在哪里？突然间他知道了：俄狄浦斯的确是一个小伙（un gars）[J.C.埃梅里译为“一个有趣的人”（un drôle），这个翻译很好。我认为这本书译得很好，比其他很多书都好。一个有趣的人对应*ein Gesell*，也即一个小伙，一个家伙，一个伙计，一个多少有些狡猾、热情、热烈、富有激情的同伴（*leidenschaftlicher Gesell*）]，他没有一点基督徒的柔和。他有一次甚至发热病［发烧，热病发作］，很不体面——当时忒瑞西阿斯称他为整个国家的怪物和诅咒（*Fluch*）。要成为温和的人！（*Seid sanftmütig!*）这就是索福克勒斯可能想要教导的东西：否则，你将不得不弑父娶母！还有其他一些人毕生耗费在希腊和拉丁诗歌上，并且为7/13 = 14/26的比例 79
> 感到愉悦。最后，甚至有人指望通过研究介词来解决像荷马这样严肃的问题，并且以ἀνά和κατά的态度相信可以从他的井中汲取真理。①

就是说，在这里这些大学已经将希腊和俄狄浦斯，将俄狄浦斯的失足（faux pas）变成了朝向基督教和朝向他们自己的一个过渡。他们将俄狄浦斯当成了一辆列车，一辆末班车。②

---

① Fr. Nietzsche, *Sur l'avenir...*, *op. cit.*, p. 84; *Über die Zukunft...*, *KSA* 1, p. 84-85; *KSA* 1, p. 702.（雅克·德里达对译文有所改动。）

② 空白处添加有如下文字：“或者更像一辆在两个站之间转运、移动的公交车〈四个词被擦去〉完全新教的、现代风格的粗俗大学。”

这些讲座（1872年）与《哲学家之书》是同一年。1872年秋季/冬季：恰好与这些讲座的时间相同，如你们所知，这本书的副标题是《最后的哲人，哲人，对艺术与知识之斗争的沉思》（*Der letzte Philosoph. Der Philosoph. Betrachtungen über den Kampf von Kunst und Erkenntnis*）。[①]我们在这当中读到了什么？

首先以过渡的名义，特别是关联于上次我所说的在《瞧，这个人》中自-传的过渡，以过渡的名义，我在这里选择了对片段、对作为最后的哲人的我自己的一个摘录。这个片段被称作俄狄浦斯：这是它的标题（*Ödipus*）。在这个片段中，最后者、最后之人、最后的哲学家名为俄狄浦斯，他认为自己是最后者，并且他说我（moi），尼采说："我俄狄浦斯"（moi Œdipe），而我们必须说它并且在说着"我俄狄浦斯"时重读它。但说着"我俄狄浦斯，我最后的哲人和最后之人，赋予我所有这些名字，我、我俄狄浦斯、我弗里德里希·尼采、我最后者、最后之人、最后的哲人，等等"，通过如此称呼我的方式，我肯定自己，并且再次-提到（ré-cite）自己是一个过渡、一个通道和一个没落（"*Übergang und Untergang*"［过渡与没落］，正如《查拉图
80 斯特拉》开头谈到的那个人）。我是这样的一个署名人（尼采、俄狄浦斯、最后之人、最后的哲人等等，所有这些名字都是同一个

① Friedrich Nietzsche, *Das Philosophenbuch : Theoretische Studien/Le livre du philosophe. Le dernier philosophe. Le Philosophe. Considérations sur le conflit de l'art et de la connaissance*, édition bilingue, trad. fr. et éd. Angèle Kremer-Marietti, Paris, Aubier, coll. «Philosophie», 1969 (rééd., 1991). 雅克·德里达援引的副标题也是该书第一部分的标题（同上书，第38—153页）。

人），我越过，我对人们说，因而我对自己说，我对哲学家说，因而我对自己说，我越过：因此，我越过我自己，并且正是在这一过渡的话语中，在这一通道的声音中，我倾听自己和称呼自己。我称自己为俄狄浦斯。以下是该片段（我重新做了翻译）：

87

俄狄浦斯

最后的哲人的独白（Reden des letzten Philosophen mit sich selbst）。

后世（*Nachwelt*）故事的一个片段（*Ein Fragment*）。最后的哲人，我这样称呼自己［*nenne ich mich*：现在时］，因为我是最后之人。除了我自己没有人跟我说话，我的声音就像垂死之人的声音传到我耳朵里！［在这句独白里，如你们将听到的，俄狄浦斯（连同他所有的同义词）不只是孤独的；他不只是孤独的，因为他不与其他任何人说话，也没有任何人跟他说话。这之所以是一个独白，不是因为他自言自语或他只对自己说话，而是因为他只是说话，只是倾听自己对自己的讲话，他是失明而垂死的，只是与声音、他的声音相关联。他只是嘴巴和耳朵，他的嘴和他的耳。独白在这里想要说的不是唯一的人对他说话，而是单独的话语，仅仅是话语。］与你，心爱的声音，与你，全人类幸福回忆的最后气息，让我再交流一个小时；多亏了你，我改变了我的孤独，沉浸在复多和爱的假象中，因为我的心不愿相信爱是死亡，它无法承受独处的最孤独的战栗，它迫使我像自己是两

> 个人那样说话（*als ob ich Zwei wäre*）。[①]
>
> 我还听得到你吗，我的声音？（*Höre ich dich noch, meine Stimme ? Du flüsterst, indem du fluchst*），你低语的咒骂？愿你的咒骂让这个世界的脏腑爆裂！但它［这个世界］还活着，它只是以无情的恒星的更多光辉和冷漠凝视着我，它活着（*sie lebt*），像从前一样愚蠢而失明地（*so dumm und blind*）活着，而**唯一的那个人**死了。［*und nur* Eines *stirbt–* 81 *der Mensch*；俄狄浦斯，最后的人－哲学家－垂死者，是失明的，他看不见，但他被看到垂死，他被比他活得更久者，被世界及其冰冷、凝固而冷漠的星星所凝视，这些星星也是失明的。在最后之人的时刻，只有失明。人们只能和俄狄浦斯一起，在最后之人的时刻，在最后的时刻失明。再没有人看见任何人。视点，不再有视点或只有视点。但在这个无边的夜晚，即使那发出少许光的事物［星星］也没有生命，并且看不见，光线的源头是寒冷的，如同死亡（*noch glänzender und kälter*），它是失明的，如同即将死亡，这里有某个人至少在倾听死亡：唯一者死亡，人死亡。］[②]

最后一段更为神秘莫测。还有一个人，某个人（*Einer*），某个除“我，我俄狄浦斯”之外的人死去，他也死了，为了实现过渡。这某个人也死了，人们不知道这是否是另一个人，或者是否

---

① 本段结尾有一处添加，放在括号和引号里面：（«*Ich bin beides*»［…］）。

② Fr. Nietzsche, *Le Livre du philosophe*, *op. cit.*, fragment 87, p. 98-101; *Das Philosophenbuch*, *KSA* 7, 19[131], p. 460-461.（雅克·德里达对译文有所改动。）

是同一个人，是否是倾听交谈、倾听死亡的那同一个人的声音。这可能只不过是死亡的声音，死亡的俄狄浦斯的声音，俄狄浦斯作为声音死亡或以他的声音死亡。我首先重译这最后一段：

> 然而！我还听到你，心爱的声音！（*geliebte Stimme!*）在我之外，在世界中的最后之人之外，还有某个人死亡［它——无人称——死亡，依然是一个：在我之外又一个］：最后的叹息，你的叹息与我一起死亡，这长长的哀叹！哀叹！对我叹息，对那最后一个不幸者，俄狄浦斯叹息。①

逐字逐句地："唉，唉，*Wehe, Wehe*，对我叹息，最后一个不幸者（*Wehemenschen*）：最后之人-哀叹，哀叹的最后之人，说着唉，抱怨着，俄狄浦斯。"但布朗肖在这里称为"叙事声音"的东西的结构是这样的：它在我（俄狄浦斯）之外死亡，人们不知道是否有另一人的声音或叹息被听到，或者这是否是那声音本 82
身，死亡和讲话的那唯一者的声音。我对另一个人，对说话的那个声音说：最后的叹息，你的（*dein*，强调）叹息与我一起死亡。重读这个片段，你们将看到，人们不能且因而不必在这个总是与我一起死亡的他者之间做出区分，除了我之外，除了作为他者被赋予一个声音的我之外，或作为被赋予（我会说）他者之声音的我之外。它是作为他者的声音，后者总是与俄狄浦斯一起死亡，

---

① Fr. Nietzsche, *Le Livre du philosophe*, *op. cit.*, p. 100-101; *KSA* 7, 19［131］, p. 461. 雅克·德里达宣称自己将重译这段，实际上却一字未改地援引了已出版的译文。

在他可怕的独语着的孤独中构成它；或者，同样，作为我的声音的他者。以及那与最后者一起死亡的人（人，俄狄浦斯-哲学家：如此多的同义词），这个他者作为声音或作为我的声音。自传的最后一句话作为自我-死亡书写，不仅意味着我固有的死亡的书写，也意味着我自身的死亡的书写，作为俄狄浦斯-人-哲学家的*autos*，作为倾听-说话的声音。甚至在他对他说的瞬间，如同对心爱的另一个声音，你是美的，等等。

如果如此称颂不会显得可笑的话，在这个例子中，我想说，我刚刚读到的这个片段的最好的解读，或毋宁说最好的重写，可以在布朗肖题为《最后之人》（1957年）的叙述中找到。我仅仅在接近开篇的地方摘录了几行，但应该完整地阅读它，当然，这种抽取是有些粗暴的：

> 他没有对任何人讲话。我不是说他没有对我自己说话，而是说他在聆听我之外的另一个人［……］。高兴地说是的，无止境地肯定［……］。他必须是多余的：多一点，只是多一点［……］。我不断被排除的思想：他，最后者，然而不是最后者［……］。但慢慢地——突然地——浮现出这样的想法：这个故事没有见证人：我曾在那儿——这个“我”已经只是一个谁？一个谁的无限性？——对他来说，在他与他的命运之间没有任何人，他的面容是裸露的，而他的目光是未分割的。我曾在那儿，不是为了看到他，而是为了让他不看他自己，为了让他在镜子中看到的是我，一个并非他的另一人——一个他者、陌生人、邻人、消逝者、另一条河岸的

影子、任何人——于是他保持为人直至最终。不是说他有双重人格。这是那些终结者的巨大诱惑：他们相互注视、相互 83
交谈；他们使自己处于与自己相处的孤独中，最大的空虚，最大的虚假。但是，在场的我，他将是最孤独的人，他甚至没有自身，没有那是其所是的最后者，——于是就是那整个最后者。[①]

似乎在这里说话的人——叙事的声音——通过他的在场（在场的我，他将是最孤独的人，他甚至没有自身：因而没有我，没有他的我），保证了最后之人的看护，后者必定是孤独的，甚至没有那是其所是的最后者，他正是通过没有他、没有是其所是的最后者的看护，保证了他是"那整个最后者"。因为如果最后者是与他自身相处（依然相互倾听），他就不是孤独的，因而就不是最后者。为了作为最后者自己看护自己，他必须作为最后者消逝，而为了作为最后者消逝，他还必须作为最后者自己看护自己。这个人可以自称最后者——最后者的逾越之步（哲学家，人，俄狄浦斯）。这必然涉及遗忘的结构，这个遗忘不再与心理学、哲学乃至某种精神分析在这个词下所教导我们的东西有关，我们应当重新学习如何阅读这个词，例如在尼采或布朗肖那里。最后之人为了成为最后之人必须遗忘，甚至不再看自己、拥有自己、知道自己是什么，不再把自己看护为最后者，不再与自身发

① Maurice Blanchot, *Le Dernier homme*, Paris, Gallimard, coll. «Blanche», 1957, p. 9, 11, 18, 21 et 22-23.

生关联，发生看护的关联，即使在自我看护的遗忘形式下，例如压抑形式。这意味着在最后者彼世（au-delà）之间，有一个过渡的步伐，其结构是闻所未闻的，既不是辩证法的，也不是反辩证法的，既不看护也不删除他所看护和删除的东西，等等。这一重新思考遗忘的必要性在《哲学家之书》和布朗肖的《最后之人》中均被多次指出。例如在《哲学家之书》中，我读一下俄狄浦斯之前的两个片段：

> 最后的哲学家可怕的孤独！海蜇的本性［对*umstarrt*的
> 84 翻译：以使之僵直的方式破坏，把它变成石头，转变为僵硬的身体，如同死尸或卡在石头里的矗立的阴茎］，秃鹫在它上面盘旋。他对自然大喊：去遗忘！遗忘！*Gib Vergessen! Vergessen!*——不，它**像泰坦一样承受痛苦**——**直至在最高的悲剧艺术中达到和解**［*Versöhnung*——也是宽恕］。[①]

例如在《最后之人》中："在我看来这似乎完全被遗忘了。当我穿过回廊，这一遗忘是我呼吸的要素。［……］我们已经看到了遗忘的面容。这可能会被遗忘，这的确需要遗忘，而这关系到我们所有人。"[②]布朗肖的最后之人的形象也是——这是他所接受的非常罕见因而也非常意味深长的规定之一——教授（大写的教授，Professeur：我留给你们去读这些陌异的文本）的形象。

① Fr. Nietzsche, *Le Livre du philosophe*, *op. cit.*, p. 99, fragment 85; *Das Philosophenbuch*, *KSA* 7, 19 [126], p. 459.（雅克·德里达对译文有所改动。）

② M. Blanchot, *Le Dernier homme*, *op. cit.*, p. 24.

在这个课程所继续推进的哲学中，这一过渡——如布朗肖所说，如最近一本书的标题所说，[①]继续前进——，这一俄狄浦斯的过渡，在此处所为者何？为了阅读——这里和那里——俄狄浦斯的过渡（俄狄浦斯的阶段和决心，作为俄狄浦斯的逾越步伐），你们已经注意到，我选择了我从尼采的话语中复制的内容；我甚至指出，我是以复制的方式选择的。而且没有在复制中的选择，也就没有阐释性的、积极的或生产性的解读。

选择和复制构成一对概念，两者的关联对我们来说是神秘莫测和必要的，对此我们务必要留意。你们**已经**知道永恒轮回（我说：你们已经知道，我总是这样说，这必定意味着在这里的所谓教学场景中，你们已经知道我讲的所有内容，或者说在任何情况下我都表现得好像你们已经知道我讲的所有内容，于是我们在 85
这里相互接收的东西具有很不确定的性质），你们已经知道永恒轮回，至少永恒轮回的一个确实而明晰的规定就在于，它一方面是生成的重复，另一方面是积极生成（devenir-actif）的选择：这是一个选择性的复制。一个复制如何能是选择性的？思考其反面同样是困难的：一个复制如何能不是选择性的？目前我们暂时不展开这一问题。这里令我们感兴趣的**复制**和**选择**这两个概念保证了隐喻的通道，生物-学（bio-logique）和教育-学（pédagogique）话语之间的隐喻的往返。既在遗传学领域也在教学机构

① 指的是：Edmond Jabès，*Ça suit son cours*, Montpellier, Fata Morgana, 1975。关于布朗肖的引文，参见：M. Blanchot, «Le “discours philosophique”», *L’Arc*, n°46, 1971, p. 4：“哲学的话语总是在某个时刻迷失：它甚至可能是失去和迷失的必然方式。这也让我们想起使人失去尊严的低语：继续前进。”

领域谈论复制和选择，这是自然的并且无论如何是有必要的。当然，这不是偶然的，而且我们可能想知道在生物-学和教育学之间如此轻易和被开辟得如此好的这个隐喻的双重转渡最终通向何处。当我们在这里使用这个词时，这里的隐喻性是什么，我们对这个词的理解是什么？

总之，我想通过俄狄浦斯的这一过渡再次-引导（re-conduire）你们思考被如此规定的隐喻问题。我说再次-引导，是因为你们在第一讲阅读雅可布和康吉莱姆时遇到过这个问题。很巧，正如我的俄狄浦斯过渡是关于过渡，关于俄狄浦斯作为过渡的话语，在这里论及隐喻同样是论及另一个过渡、另一个载体。人们经常说，隐喻是一个载体（这是一个拓比：隐喻作为载体或运输工具），或者说在整个隐喻的结构中有一个现代修辞学家称为载体的结构。你们也知道，因为你们总是知道，现代希腊人把“隐喻”（*metaphora*）称为他们的公共汽车。因此，每当我试图通过元语言构建我的教学话语，从这里去到那里，进行过渡，向你们解释另一种语言，以及诸如此类的时候，嗯，我总是遭遇失败，这种失败有着根本性的原因。我未能展开俄狄浦斯的过渡，因为它本身就是过渡，一个没有简单逾越的过渡，一个朝向过渡
86 的过渡，并且在我认为涉及一个新对象，即生物-逻辑-教学的隐喻时，那个过渡本身就预先告诉我我的教学过程的状况，阻止它成为一个掌控的过程，关于它的主题，它说的比我自己所能说的更多，它向我解释，不向我解释，甚至在我说一个词、说我想说的话之前。

因此，我在上课时总是感到惊讶。这种惊讶是这个折叠了

元语言的结构，它总是使愚蠢感到惊讶，在它隐退的时候使之惊讶，向它表明它不再纯洁，它已经受到玷污——当然，至少是通过耳朵；而且耳朵越小越好；并且只要这个惊讶被最终屈服于它的力量所肯定和再次肯定，它就获得快乐，一个应然的快乐，因为它属于快乐或欲望的本质，它必须存在并保持为可疑，托付给另一个人，如同托付给把握或放任。我们永远不知道这个课程通向何处。我们所谈论的和我们对之谈论的，总是不仅对课程而且对教学理论预先有所言说。

因此，公共汽车被命名为快乐。它将如何继续行进？我不再继续与你们讨论尼采的隐喻。近年来已经有其他人在我之前做了这个工作，并且做得比我好。我推荐你们参阅莎拉·考夫曼的卓越著作，特别是《尼采和隐喻》[1]。我呢，我将在元语言失败的特定位置去复制和选择，在这个特定的失败之所，隐喻语言远不是为了支配一个领域或从一个领域过渡到另一个领域的修辞手段，远不只是在两种话语之间的过渡性对象——以隐喻的方式说——而是在其可能性中，自身作为选择-复制的一个效果而被解释，它在多个领域中运转。我刚刚说得不够清楚。换句话说：例如图式（schème），复制/选择不是这种图式，即隐喻从一个特定领域转运到另一个领域，从生物学领域转运到政治-体制或学校领域，或者反之。它并非首先在这个意义上才是隐喻的。而是在它作为 87
一般隐喻的源头的意义上，它才是隐喻的。隐喻并不是像蜜蜂或

[1] Sarah Kofman, *Nietzsche et la métaphore*, Paris, Payot, coll. «Bibliothèque Scientifique», 1972 (rééd. Paris, Galilée, coll. «Débats», 1983).

公共汽车一样，将选择-复制从一个地方转运到另一个地方，隐喻是复制/选择的一个效果，它本身服从于复制/选择的遗传-制度的法则。尼采在他关于隐喻的论述中——不只是在他的论述的隐喻性中——采用了复制/选择的图式。他没有用这些隐喻解释生命或学校；他用生命和学校的法则解释隐喻。我举一个例子，以便更清楚地向你们说明这一点。我把它放在《哲学家之书》中去把握，正如你们所知，这本书包含一个隐喻的完整理论，以及隐喻与概念之间的关系。这个隐喻理论声称要回到感知、认识的生物-生理学基础，回到神经活动在感性形象构造中的整个结构，等等。总之，在一般形象的描述中，继而在形象思维的描述中，也即通过隐喻等，复制/选择图式明显在起作用。以片段65至67为例。我在这里首先摘取这段：

> 梦作为视觉形象（*Augenbilder*）的选择性的延续［有选择的延伸，*als die auswählende Fortsetzung*］。在理智的领域中，所有定性的东西都只不过是定量的。通过概念、语词，我们被引向性质。［换言之，定量、经济等的对立面，是由语言（概念和语词）所产生的一个印象］。①

接下来的一个片段（66）

① Fr. Nietzsche, *Le Livre du philosophe*, *op. cit.*, p. 83, fragment 65; *Das Philosophenbuch*, *KSA* 7, 19 [81], p. 447.（雅克·德里达对译文有所改动。）

> 也许人无法遗忘任何东西。观看和认识的活动太复杂了，以至不可能再次完全抹除它（*völlig wieder zu verwischen*）；换言之，所有一经大脑和神经系统产生 88
> （*erzeugt*）的形态此后都经常重复（*wiederholt*）。同样的神经活动再现相同的形象（*Eine gleiche Nerventätigkeit erzeugt das gleiche Bild wieder*）。①

引述的结尾：在这个假说中（因为他说“可能”“经常”，等等），遗忘——我们刚刚说它是被最后之人的肯定所召唤——被承认为不可能的，完全的遗忘是不可能的，②作为彻底的记忆或整体的复制，复制将是选择性的，并且选择将是复制性的。在这一复制/选择的过程（它是在物体表面进行的铭刻或磨损的过程）中，形象（/图像）作为感觉的复制/选择，也是快乐/不快（*Lust/Unlust*）的现象。这一快乐/不快的现象只有在它是一个斗争领域，是不同力、力的差异之间的一个对抗，在强者消灭弱者的情况下，才会导致选择。而由于认识在神经表面的那些铭刻过程中有其起源，它与这些形象的选择性不可分割，并且我们很快将看到，与隐喻不可分割。我刚才谈到了快乐和不快，谈到了可疑的快乐，好吧，真是出乎意料，这就是关于快乐的问题，我把关于这个问题的疑问留待以后讨论。我读一下（67）：

① Fr. Nietzsche, *Le Livre du philosophe*, *op. cit.*, p. 83, fragment 66; *KSA* 7, 19 [82], p. 447.（雅克·德里达对译文有所改动。）

② 空白处添加了一个词：“压抑”。

> 适宜于所有认识的材料，是快乐和不快最精细的印象（*Lust-und Unlustempfindungen*）：在这个表面上——在这里，神经活动在快乐和痛苦中铭写诸形式（*auf jener Fläche, in die die Nerventätigkeit in Lust und Schmerz Formen hinzeichnet, ist das eigentliche Geheimniss*）——存在着特有的秘密：乃是印象［感觉，*Empfindung*］，它同时投射形式，而形式又复制新的印象（*die dann wieder neue Empfindungen erzeugen*）。
>
> 快乐和不快之印象的本质通过相应的运动得到表达；
> 89 当这些相应运动再次使其他神经产生印象时，形象的印象（*Empfindung des* Bildes）就出现（*entsteht*）了。[①]

我详细说明一下，因为这并不是十分清楚：关联于任何印象的快乐/不快乃是那吸引、关联和聚集其他神经的东西，它使其他神经以某种方式对印象和复制感兴趣。而且这个快乐的利益，在对抗和在经济学中，乃是形象的起源，后者本身是选择性的复制且总已经被赋予快乐或不快。知识从不会是不受触动的（intacte）。

这是现在我想让你们特别注意的段落；它立刻遵循了我刚才的评论："在形象思维中（*Auch bei dem Bilderdenken*），达尔文主义也是有道理的：最强的形象（*das kräftigere Bild*）摧毁不那么重要的形象［*geringeren*，轻微的、无价值的或社会出身较低的：地位低下的形象］。"[②]而尼采在后面的空白处补充道：

---

① Fr. Nietasche, *Le Livre du philosophe*, *op. cit.*, p. 83-85, fragment 67; *Das Philosophenbuch*, *KSA* 7, 19 [84], p. 448.（雅克·德里达对译文有所改动。）

② *Ibid.*, p. 85, fragment 67; *KSA* 7, 19 [87], p. 448.

> 无论思想是伴随着快乐还是不快向前推进，这都是十分重要的：真正感到不舒适（indispose）的思想，正是较少被支配的（disposé）的思想，并且走得也不那么远［它前行得不那么远，不愿意接受思想依照快乐/不快的原则前行］：它束缚自己（*er* zwingt *sich*），并且在这个领域中无利可图。①

因而，在这个意义上，存在着隐喻的自然选择，它遵循最强的动机。存在着一个社会-生物学系统、政治-生物学系统，处于战争状态的形象——可以想象所有类型的战争和武器、阵地的包围、外交联盟、吞并、消耗战等等——不仅这些形象或多或少是强有力的，而且力的代表（也就是说，一如既往地，力的差异）也或多或少是强有力的。此外，我提请注意一点，因为这对我们的话题来说很重要，这一诸形象的政治-生物学选择与产生 90
形象的复制过程是不可分割的，复制过程将形象的起源与快乐/不快的原则联结起来。

在尼采的书写本身当中，额外的复杂性在某种程度上说明和证实了他似乎提出的那个论点：显然正是通过隐喻，他才在这里援引了自然选择和最强有力的法则。他从遗传学领域中引入它，并将其运用到心理-修辞学领域。他为这一迁徙和大幅扩展而感到快乐，他清楚这一点，因为他说“在形象思维中，达尔文主义也是有道理的”（*Auch bei dem Bilderdenken hat der Darwinismus Recht*）。换句话〈说〉，尼采证明了概念

① Fr. Nietasche, *Le Livre du philosophe*, *op. cit.*; *KSA* 7, 19 [90], p. 449.

思维（它的理解和扩展的规则）是通过隐喻进行的，并且它不是作为一个所述（énoncé）而陈述（énonce），而是在能述（énonciation）行为中陈述。他以隐喻的方式说，概念是隐喻的，以隐喻的方式进行的思维打破了不同所有权领域之间的界限。我不打算像人们可以做的那样在这个文本和这个方向上继续讨论下去。

另一个额外的复杂情况。1872年，尼采为达尔文提供了甚至超出达尔文可能相信的论证，但出于同样的原因，他很快就不再支持他。在反达尔文的标题下（后来收录于《权力意志》的某些片段的标题），尼采批评达尔文以简单的方式接受了这一选择或这一最强法则，也就是说，没有考虑颠倒的令人捉摸不透的可能性（它构造了这一选择或法则），也即合法的支配不是最强的，反而是最弱的；运气的消除；力的所有过度之平庸化带来的抵消，等等。这是十分神秘的可能性，因为它通向一个最强法则的表述形式，这一法则自相矛盾且立刻自我颠倒。力如何能比自身更无力？虚弱者如何能比最强者更有力？一个这样的表述如何能是可理解的？而假如我们承认这一点，岂不是应该重新考虑它的所有前提，例如整个与复制过程和快乐原则有关的前提？生命力过程中的这一颠倒难道
91 不是意味着，死亡力以及某种超越快乐原则的东西在生命本身的某个地方如同生命本身那样在起作用？我暂且悬置这些问题。

在回到康吉莱姆和雅可布之前，我只提以下几点看法。

1）尼采在1872年称颂达尔文的形象思维**明智**，在1888年却

将之视为达尔文的失明，从而抵消了此前的看法。他问，人怎能失明到如此地步？达尔文没看到的是什么？嗯，正是这一对自身法则的生命的违犯，这一权力意志的奇特逻辑（它选择维护最弱者的利益），这一对自身的法则的违犯，使这一法则的违犯成为法则，构成了法则。我们只是开始追问这一逻辑类型（逾越法则的步伐）。[①]我仅仅提请大家注意1888年的两个题为《反达尔文》的文本。它们连同可以证明的所有保留意见，收录于名为《权力意志》[②]的文集。在第一个文本中，尼采写道：

> 当我纵观人类的伟大命运时，最令我感到惊讶的是，我总是觉察到与达尔文及其学派今天所看到或想看到［尼采强调了〈后一个词〉］的东西相反的情形。［从一开始，尼采就将他的争论放在一种关于视觉的斗争中：他看到的是今天达尔文及其学派所看到或想看到的反面，这意味着看本身受到（权力）意志选择想或不想、不想看的想（veut sans vouloir）的兴趣或欲望的驱使，否认总是处于光学的某个位置，且透视的观看本身是选择性的。］当我综观人类的伟大命运时，一直令我感到惊讶的是，我总是觉察到与达尔文及其学派今天所看到或想看到的东西（选择有利于最强者、最有天赋者，有利于物种的进化）相反的情形。这种相反的情形随处可见：好运者被清除，优越者无用武 92

① 空白处添加有“不阅读我”的字眼。

② Fr. Nietzsche, *La Volonté de puissance*, *op. cit.*, fragment 395, p. 181 et fragment 152, p. 243; *Der Wille zur Macht*, *op. cit.*, p. 268 et p. 112-113.

之地，平庸乃至低劣者不可避免的统治。假设人们没有向我们证明人因为何种原因是造物中的例外，我倾向于认为达尔文学派在所有地方都弄错了。这一权力意志——我在其中认识到一切变化的最终原因和特征——为我提供了工具，帮助我理解为什么选择恰恰并不有利于特立独行者和幸运的成功者；最强者和最幸运者一旦遭遇有组织的群氓的本能、弱者的怯懦和庞大的数量，他们就变得脆弱。我对价值世界的概观［我的强调］表明，在今天支配人类的最高价值中，幸运的成功者和优选者并不占优势；反倒是颓废者占优势。世上没有比这一幕不遂人愿的戏剧更有趣的事了。[①]

“不遂人愿”被着重强调。这一逆选择的戏剧（它使颓废者成为杰出的或特选的）是十分令人好奇的——尼采说，没有比它更有趣的事了——但这也是一个本质上不遂人愿的戏剧，它与欲望相背离，是欲望的倒转的戏剧，是超越欲望或欲望之原则的戏剧。也正是这点使它变得有趣和不那么自然。欲望对非-欲望感兴趣，仿佛正是它激起了最强烈的欲望。人们如何能不欲望或不被欲望？对于视觉和生命来说，这是最令人兴奋的。同时，对于观看的人来说，最引发兴趣的是他看不到的东西。同时，刺激视觉的不只是逆选择的戏剧，更是对这一颠倒视而不见的理论戏

① Fr. Nietzsche, *La Volonté de puissance*, *op. cit.*, fragment 395, p. 181; *KSA* 13, 14 [123], p. 303-304. 德里达强调了“纵观”“觉察到”“看到”和“概观”。

剧，例如达尔文的理论，它看不见这一颠倒，这一颠倒法则的法则。尼采随后问道，人们怎能如此失明：

> 我看到所有哲学家，我看到科学臣服于为生存而斗争的现实，这个现实与达尔文学派所教导的**相反**——也就是说，
> 我到处看到的是危害生命和生命价值的事物占据主导并存活 93
> 下来。达尔文主义的错误向我提出一个问题：人怎能失明到恰恰在这点上看错的地步？①

这一失明——别忘了，它属于已故父亲的事件（根据《瞧，这个人》的谜团［*Rätselform*］，父亲正是在去世那年，在等待重生开始的过程中丧失了视力）——，达尔文理论的这一失明尽管令人惊讶，却是法则的一个效果，它不是偶然的，或者说它至少对应着偶然、运气的失效以及遵循法则的程序的废除。在这个意义上，失明中的达尔文理论是衰退的一个症状。对颠倒的违犯（transgression）的失明，对选择之法则的逾越－退化（trans-régression）的失明，是法则的一个效果。该法则最终是永恒轮回的法则，因为它是致盲的。明晰的致盲，而这个明晰是人们只能失明、想要在它面前失明的明晰。《瞧，这个人》的俄狄浦斯谜团将我们引向的那个谜，乃是永恒轮回之谜，永恒轮回只能在谜的形式下被陈述。失明与谜的形式之间的这种亲缘是本质性的。

① Fr. Nietzsche, *La Volonté de puissance*, *op. cit.*, fragment 152, p. 243; *KSA* 13, 14 [123], p. 304.

它在1885年的一个片段中得到展示，该片段谈到这一失明的意志，这一失去视力的欲望作为关联于永恒轮回的明智经验本身。（阅读VP I，第216页［片段51］。）

> 你们知道“世界”对我来说是什么吗？你们想要我在我的镜子中将它呈现给你们吗？这个世界：一个力的怪物，无始无终；力的总量固定，它如青铜般坚硬，既不增加也不减少，不会耗损而只是转换，其总体是不变的大小，它是一个既不支出和损失，但也不再增长和增加收入的经济；它被封闭在作为极限的“虚无”中，没有任何漂浮的东西，没有浪费，没有任何无限的伸展，而是作为限定的力嵌入一个限定的空间，一个不包含“虚空”的空间；它是一个到处存在的力，是作为力的游戏和力的波浪的一和多，它们若在一个点
> 94 上削弱，则在另一个点上聚集；一个充满风暴和永恒潮汐的力的海洋，无止境地改变着、复归着，以亿万年为周期地重复，在形式上有涨潮和退潮，从最简单到最复杂，从最安静、最稳定、最寒冷到最灼热、最狂暴、最自相矛盾，随后又从繁多回到简单，从矛盾的游戏回到对和谐的需要，在这一循环和岁月的规律性中再次肯定它的存在，作为一个既不知饱足也不知厌恶和疲倦的生成，在必定永恒轮回的圣洁中荣耀自身。——这就是我的**狄奥尼索斯**世界，它永恒地自我创造、自我毁灭，这是一个双重**享乐**［我的强调］的神秘世界，这是我的“超善恶”，它没有目标，除非完成这一循环的幸福是一个目标，它没有意志，除了**圆环**［我的强调］在

轨道中向自身且仅仅向自身的永恒返回的善良意志。这个世界是我的世界，因而谁能如此明智，在不希望致盲［我的强调］的情况下看到它呢？谁能如此强大，将他的灵魂暴露给这面镜子？将他自己的镜子与狄奥尼索斯的镜子相对？为狄奥尼索斯之谜给出他自己的解答？他有这个能力，不是应该做更多的事吗？投身这个“诸循环的循环”吗？誓言他自己的返回吗？接纳那个永恒地祝福自己、肯定自己的循环吗？以意愿所有事物再来一次的意志？看所有发生过的事情再次发生？想要趋向所有应该存在的一切？现在你们知道对我来说世界是什么吗？你们知道当我意愿这个世界时，我意愿着什么吗？

你们想给这个世界一个名字，为它所有的谜给出一个解答吗？对于你们，对于所有灵魂中最阴郁、最隐秘、最有力和最无畏者，这甚至是一道光？这个世界是权力意志的世界，不是别的什么。而你们自己，你们也只是权力意志，不是别的。①

题为反达尔文的另一个片段也提到，偶然性服务于消除罕见之事：“相反，我们确信，在为了生命的斗争中，偶然性 95
既服务于强有力者，也服务于衰弱者；狡计经常以其优势代替力量；物种的繁殖力与它们灭绝的可能性有着令人惊讶的

① Fr. Nietzsche, *La Volonté de puissance*, *op. cit.*, fragment 51, p. 216; *KSA* 11, 38 [12], p. 610-611 et *KSA* 14, p. 727 (对*KSA* 11, 38 [12]的评论). 打印稿中夹入了这一段的影印页，雅克·德里达强调了以下几个词：“享乐”“圆环”和“希望致盲”。

关系。”[①]实际上最令人惊讶的是，诡计——它因而可以替代力量，它作为衰弱代替了力量的位置——与掩饰一样，在其他地方被定义为优越的力的特性。这一较无力者对更有力者、死对活生生的替代关系，以及更强的繁殖力和更强的道德或破坏性之间的关系，很难根据生与死之间关系的惯常逻辑做出解释。在此正是这一点引起我们的兴趣。

最后是第三点看法。[②]从1872年起，所有对概念和隐喻、真理和隐喻等之间的惯常关系的挑战，将这一难题重构为选择性复制的难题的努力，都与关于未来的报告[③]主题一致且在字面上一致：就像人们会说的，尼采将文化的扩张和机遇的最好分配谴责为文化的最高力量所面临的最大危险。因此他不满足于谈论隐喻或以隐喻的方式谈论，他定义了天才，天才是文化必须生产或促进的东西，教育应该以天才为榜样，尼采把天才定义为一个活生生的隐喻。是什么的活生生的隐喻？是生命的，或者说它是生命、母亲的另一个名字，这个母亲是——很难说是以隐喻还是本义的方式——一个民族的无意识。而这个生命、无意识、天才、母亲，正是他要从科学、机构数量、死亡的扩张，因而是从科学、良知、父亲的扩张等那里拯救出来的。如下（第80页及以下诸页）：

① Fr. Nietzsche, *La Volonté de puissance*, *op. cit.*, fragment 152, p. 243-244; *KSA* 13, 14 [133], p. 315.

② 对于第一点看法，见上文第91页；未见第二点看法。

③ 指《论我们教育机构的未来》。——译者

因此，我们的目标不会是大众文化，而是选中的、有能力完成持久伟业的个体的文化；我们清楚地知道，后代公正地评判一个民族整体的文化，仅仅是依据一个时代的特立 96
独行的伟大英雄，依据他们被认可、钟爱、尊重或拒绝、冷遇、破坏的方式来投票。通过直接的道路，例如通过针对所有人的强制性的基础教育，人们只能以肤浅和粗糙的方式接近所谓的大众文化［……］。[1]

在表明民族的深层无意识不能通过这些直接的道路，而只能在对某种有益的睡眠的尊重中加以把握后：

但是我们知道那些想要打断〈民族的〉有益睡眠（*die jenen heilenden Gesundheitsschlaf des Volkes*）的人的渴望，那些人不断地对之大喊："留神！小心！机灵点！"；我们知道他们的目标是什么，通过教育机构数量的大规模增加，以及通过意识到自身重要性的教师阶层的创建，那些人假装满足强烈文化需求。正是他们，并且正是依靠这些手段，他们对抗理智王国中的自然等级（*die natürliche Rangordnung im Reiche des Intellekts*），[2]破坏最高等和最高贵的文化力的根基，这种文化力来自民族的无意识（*Unbewusstsein des Volkes*），其母性的目的是孕育天才进而以恰当的方式提升和培养他。

① Fr. Nietzsche, *Sur l'avenir...*, *op. cit.*, p. 80-81; *Über die Zukunft...*, *KSA* 1, p. 698-699.

② 在打印稿中，本页上方有一个被强调的补加词，可能是"说明"。

> 只有与母亲的比较（*Gleichnisse*）才能使我们理解一个民族的真正文化对天才的重要性和责任：天才的真正诞生不依赖于它［因而不依赖于母亲］，因为天才可以说只有一个形而上学的起源，一个形而上学的故乡（*Heimat*）。但天才一旦出现，一旦从一个民族中涌现，他可以说就是这个民族所有独特力量的反射图像（*das zurückgeworfne Bild*）、诸色彩的完整游戏，他让人们在个体的形而上学存在中，在一个永恒
> 97 的作品中，看到这个民族的最高目的，由此将他的民族与永恒联系起来，将之从瞬间的无常变化中解放出来——只有在民族文化的母腹中成熟和孕育（*im Mutterschoosse der Bildung eines Volkes*），天才才会出现——因此，没有保护和温暖他的故乡（*Heimat*），他绝不可能展开翅膀永恒翱翔，而是在他的时代悲伤地远离这个荒凉的国家，如同被抛在冬天的孤独中的异乡人。
>
> ——老师，同伴这时说，您有关天才的形而上学令我感到惊讶，我只是隐约猜测这些隐喻是否恰当。另一方面，我十分理解您所说的，中学的过剩和作为其结果的高水平教师的过剩［……］。[①]

生命、母亲和天才在这里——通过大众文化的无意识——处于隐喻的情境中，它们彼此互为隐喻。天才总是独一无二的，是

① Fr. Nietzsche, *Sur l'avenir...*, *op. cit.*, p. 80-81; *Über die Zukunft...*, *KSA* 1, p. 699-700.（雅克·德里达对译文有所改动。）

无意识、母亲或最鲜活的生命的独特隐喻的代表。这一独一性很重要，所有一切都是为了这个独一无二者而有必要运转。提请你们注意——人们不太知道如何处理这个传记对象，据我所知，尼采和他的传记从未谈到过它——尼采是独子，不仅如此，在父亲去世的同一年，比他年幼四岁的弟弟也去世了。无疑，无论以何种方式解释，当尼采说“我是两者，是死亡和活生生，是死去的父亲和活着的母亲，我是一个替身”时，弟弟的形象无疑在这里真正地且按照“谜的形式”[①]，沉默地扮演着角色。

当然，我们必须回到隐喻的整个难题，回到它与复制-选择 98
的关系中，回到它与认识、概念和真理的关系中。然而，从现在起，确定的是，由此出发人们不再应该、不再能够将隐喻和概念之间的严格界限、分隔视作确实可靠的，尤其是在生命或生物科学的领域。

然而当我阅读如康吉莱姆这样的生命哲学家或认识论学者，当他们终于——不可避免地——追问他们的研究领域中隐喻的介入时，首先令我印象深刻的是他们不顾一切地维护概念和隐喻之间的严格而令人安心的边界。此外令我惊讶的是，他们从未引用尼采且并不重视他。作为一件让人好奇和感兴趣的事情，还令我惊讶的是，他们未曾明言地认为打破概念和隐喻之间的严格边界正危及科学的客观性，出身高贵的科学主义对此感到厌恶，而这种客观性构成了科学主义眼中的科学。再次令我惊讶，在我看来

① 在这里的空白处，粗线上方有“结束”一词。这条线下方有一个词，可能是“谱系〈学〉”。

让人好奇和感兴趣的是，为了这样做，人们避开了关于隐喻的隐喻性和概念的概念性的整个问题，并且禁止打乱它们各自的秩序，不去怀疑科学，更别说容许抹去界限，以反过来要求这一分配和分配法则的改造。最后令我惊讶，在我看来让人好奇和感兴趣的是，为了保持不变，为了不惜代价维持隐喻和概念的传统对立，人们不仅禁止对科学的实际历史做出任何理解，而且禁止为此做出哪怕一点点贡献，这是无须证明的。在《白色神话》中，我尝试在与巴什拉的关联中解释这一点。①让我们通过上次开始阅读的文本看看康吉莱姆的情况。我们从讨论克洛德·贝尔纳
99 的地方继续（顺便提一句，尼采知道相关内容——这并非没有益处——并且作了引用，例如在《权力意志》上卷译本第364页中，他强调“健康和疾病没有本质的差异”，它们不是将活的有机体作为争斗领域的分离的实体。这么说是“无意义和愚蠢的”。②疾病和健康之间只有程度的差异：正常现象的过度、不成比例、不和谐就构成了病态［参见克洛德·贝尔纳，尼采说］），因而我从有关克洛德·贝尔纳和隐喻问题的角度，重新把握康吉莱姆的文本《概念和生命》。我首先重点讨论康吉莱姆似乎理解为确实可靠的、有根据的和无可指摘的那个对立。也即他称为隐喻和“恰当的概念”之间的对立。我想通过两段引文强调，有一个对立从

① Jacques Derrida, «La mythologie blanche. La métaphore dans le texte philosophique», 收录于：*Marges-de la philosophie*, Paris, Minuit, coll. «Critique», 1972, p. 247-324。

② Fr. Nietzsche, *La Volonté de puissance*, *op. cit.*, 2, fragment 533, p. 364; *Der Wille zur Macht*, *KSA* 13, 14［65］, p. 250.

未被他追问，更未被质疑，甚至没有哪怕有限地被重述。

第358页：

> 如果遗传信息被定义为蛋白质合成的编码程序，那么人们能不能说克洛德·贝尔纳的所有如下术语，如**指令**、**指导思想**、**关键意图**、**关键的预先安排**、**关键计划**、**现象的意义**［……］——它们不是仅只一次和偶然，而是经常在他的著作中被使用——都是尝试在恰当的概念缺席的情况下，通过隐喻的交汇，试图定义一个生物学事实，该事实在被俘获之前就被瞄准？①

换言之，隐喻在缺乏恰当的概念之处，在“恰当的概念缺席”之处交汇。现在康吉莱姆意指的不是恰当的概念总是缺乏，并且这些概念无非是隐喻或已经成为概念的隐喻，而是指在贝尔纳仅限于使用隐喻之处，我们今天有了一个恰当的概念。

第二个引述，第360页：　100

> 讯息、信息、程序、符码、教导、译码，这些是生命认知的新概念。但是，人们会反驳，这些概念最终难道不是被引入的隐喻，就像克洛德·贝尔纳试图在缺乏恰当的概念的情况下用以代替的那些交汇的隐喻一样？表面上是，但实际

① G. Canguilhem, «Le concept et la vie», 收录于：*Études d'histoire*..., *op. cit.*, p. 358。

> 上不是。因为保证一个概念的认知价值或理论效力的，乃是它的操作装置的功能。[①]

在进一步推进我们的阅读之前，应该或已经可以承认，对康吉莱姆来说，一个概念恰当与否不在于传统上以或多或少沉思的意识来衡量的价值，这个沉思意识乃是在一个判断中，在一个恰当的理解（*adaequatio intellectus ad rem*）中，思想对于对象的调整校正的意识。他称为“恰当的概念”的这些或多或少精心挑选的词，应该在对其上下文的研究中加以理解，并且这是它在理论实践中的实践功能。这就是为什么康吉莱姆也谈到“理论效力”或“操作装置的功能”。对他来说，一个“恰当的概念”就是一个有效的概念，它允许科学开展工作，推进它而不是阻碍它。在谈到“乃是它的操作装置的功能”之后，他补充并进一步指出：“因此，它有可能提供知识的发展和进步。”[②]

通过这一实践、恰当概念的操作装置或恰当性的定义，我们是否在主导我们的问题上迈出了实质性的一步呢？我首先指出——而这不会是一个措辞形式的简单问题——在描述一个在知识的运动和进步中有实际动员价值的概念时，说它是恰当的概
101 念是很怪异的。不恰当性也是有动员能力的——正如康吉莱姆在其他地方可能愿意承认的。一个恰当性（如果我们采用这个词

① G. Canguilhem, «Le concept et la vie», 收录于：*Études d'histoire*..., *op. cit.*, p. 360。

② 同上。

的话）毋宁是静态的和无动员能力的。康吉莱姆似乎想说，如果人们愿意在这里尽力信任他的话语，他所谈论的恰当性就不再是一个概念对一个事物或对象的恰当性，而是在科学过程的一个既定领域、既定时刻，一个系统或概念网对一个理论情境的恰当性和良好关系。这样的精确表述在我看来并没有解决问题。康吉莱姆维持了恰当概念和隐喻之间的区分。我不想停留于形式的批评，我仅仅指出，举例来说，恰当性是相对于一个运动或一个过程，使知识的进步得以可能的恰当性，就其作为相对于一个运动的恰当性，它本身乃是不恰当，它只能在某种不恰当的恰当中产生；或者也可以说，这一不恰当的恰当性也是整个隐喻的本义（如果可以这么说的话），这使得概念和隐喻之间的界限十分不确定；或者也可以说，这一恰当概念——人们对这一概念施加某种改造——与隐喻的对立至少假设了一个所有权的视域，一个固有认识的视域，这个固有认识属于一个十分确定的领域，属于哲学话语，尤其是立于科学之上的哲学话语的封闭阶段。我不满足于这一论证——我相信它是充分的，但它仍然只是形式的论证——我想要对康吉莱姆文本的内容本身，对他所处理的材料本身加以检验。

康吉莱姆是怎么做的？某种程度上，他从克洛德·贝尔纳所称的“生命的基本概念”出发，将之把握为两句格言：1）生命是死亡；2）生命是创造。康吉莱姆指出，克洛德·贝尔纳“被招募到”生物学和哲学的反-唯物主义阵营，因为他不关心他向谁提供了论据，“他被一个想法迷住了”，也即“有组织的活生生

的存在，是其进化的*指导观念*的不断的暂时性表达”。[①]它有一个
102 指导观念，并且情况是，存在一个指导观念；物理-化学条件无法在这样或那样的有机体中，说明它们的构造的特定形式。

克洛德·贝尔纳在《生命现象讲座》中写道：“[……]在活生生的存在中必然有现象的两种秩序：生命创造或组织合成的现象；死亡或有机体毁灭的现象[……]这两个现象中的第一个没有直接的相似物，它是独特的，尤其是对活生生的存在来说：这种进化的合成是真正生命攸关的。”[②]

死亡的现象，有机体毁灭的现象与机能和物理-化学的耗费相关联，这些死亡现象必定属于生命的一部分，生命是生命加死亡，但根据它所造成的不对称，克洛德·贝尔纳认为，只有组织体合成是不可替代的生命，没有类似物，只有它是真正生命攸关的。在包含死亡的生命里，只有一个生命的真正代表，它两次被如此打上标记，两次被重新打上标记，一次是以活生生的方式，一次是以死亡的方式，等等。进而言之：在有真正的生命、有机体创造的事物中，也有两次合成：一次是化学的合成，它构成了原生质，另一次是〈为〉有生命的物质赋予形式和模型（布丰）的形态学的合成。[③]然而，当代生物学将这两种合成并在一起，

① G. Canguilhem, «Le concept et la vie», 收录于：*Études d'histoire*..., *op. cit.*, p. 356。

② 同上。

③ 同上书，第357页。在前文中，雅克·德里达阐释了康吉莱姆的这段话：“这种有机体的创造是化学的合成、原生质的构造以及形态学的合成，它是生命物质的直接原则在具体模型中的重新组合。模型（Moule）是布丰所使用的表达（‘内在模型’），以说明在生命这股无止境的漩涡中，有一种特定的形式持存着。”（同上）

表明细胞质是一个已经被塑形、已经被构造的质料，而不是无外观的质料。尽管某些表述表面上并非如此，但克洛德·贝尔纳怀疑——我们曾说过康吉莱姆引用过他（第357页）——在化学合成中，一种形态学合成已经在起作用，质料已经被构造了。而关于这种细胞质的前-结构，为了定义它，克洛德·贝尔纳写下了我们两周前提到过的一句话，康吉莱姆引用了它："原初冲 103
动、原初行动和命令的此地此刻的表达，在预先规定好后会自然地重复。"①

由此出发，康吉莱姆的文本中开始了一个我形容为——我没能找到一个更好的形象——华尔兹-摇摆的运动。仔细重读它，你们就会明白我借此理解的小提琴的幻觉。你们知道，尼采求助于舞蹈，但他不信任以辩证法的方式跳华尔兹圆舞（*walzen*），这种舞意味着转圈或循环。你们知道，至少在音乐词典中，三节拍华尔兹的定义是：

> 华尔兹步伐包含三个部分，一个滑步，然后是一个并合和第二个滑步，或更准确地说，先滑过的步伐与另一个交替滑动的步伐相分离；这些运动是旋转进行的，并且跳舞者在旋转中根据舞厅的形状画圆圈或椭圆。华尔兹源自德国。（费蒂斯）②

---

① G. Canguilhem, «Le concept et la vie», 收录于：*Études d'histoire*..., *op. cit.*, p. 358。

② 雅克·德里达引用了《利特雷词典》对"华尔兹"的定义，其中提到让-弗朗索瓦·费蒂斯（Jean-François Fétis）的《人人都可以懂音乐，附音乐术语词典和音乐参考书目》，以及卡斯蒂尔-布拉泽（Castil-Blaze）的评论。

不过有一个法国人卡斯蒂尔-布拉泽写道："1795年我们从德国学来的华尔兹，四百年来一直是法国的舞蹈。"

因此，康吉莱姆想要表明，克洛德·贝尔纳仍在隐喻中，但他已经在概念中，而他已经在其中的那个概念只不过是一个隐喻，他仍在其中的隐喻已经是一个概念，然而这个概念保持为一个人们在其中可以看到隐喻的概念，它本身毕竟保留了一个前概念的隐喻，预示着一个准隐喻概念，而准隐喻概念自身最终保持为一个隐喻，在此可以使人回顾性地译解一个最终恰当的概念的先兆性信息，也就是说，它运转并且让科学运转，就
104 像人们今天看到的那样运转，如果位置适当，离圣-雅克街实验室既不远也不近。在那里，小提琴中断。让我们慢镜头回看电影。

第一个节拍："克洛德·贝尔纳似乎清楚地预见到，生物学遗传在某种人们今天称为编码信息的传递中构成。从语义上说，它类于符码指令。"[①]

第二个节拍："但由此得出结论说类比——语义的类比——包含了概念的真正的相近，则是错误的。"[②]从历史的参照来看，它们的语境是完全不同的，克洛德·贝尔纳未能通向真正全新的现代遗传性概念。

第三个节拍："然而，人们依然可以认为，在贝尔纳的进化指令概念和遗传编码与遗传信息的当前概念之间，存在一种功能

① G. Canguilhem, «Le concept et la vie», 收录于：*Études d'histoire*..., *op. cit.*, p. 358。

② 同上。

上的亲缘性。”[1]在这里，通过这一功能的亲缘性（由于这个亲缘性，所以它是类比的、隐喻的？由于这一功能，所以它是概念的？我们不知道），隐喻进入了概念的范围。康吉莱姆正是在这里提出了问题，我复述如下：

> 这一亲缘性建立在它们与信息概念的共同关系上。如果遗传信息被定义为蛋白质合成的编码程序，那么人们能不能说克洛德·贝尔纳的所有如下术语，如**指令**、**指导思想**、**关键意图**、**关键的预先安排**、**关键计划**、**现象的意义**［……］——它们不是仅只一次和偶然，而是经常在他的著作中被使用——都是尝试在恰当的概念缺席的情况下，通过隐喻的交汇，试图定义一个生物学事实，该事实在被俘获之前就被瞄准？[2]

这是第一个运动的三个节拍。它悬在隐喻和概念之间的一个问题-摇摆之上，一步替代另一步；并且它将重新开始。请注意，既不是在三个节拍的第一个循环中，也不是在接下来的那个循环中，康吉莱姆从未挨个探究这是隐喻的一步还是概 105
念的一步，这是一个概念还是一个隐喻。（但他提出了许多问题，这些问题总是回到相同的问题，也即究竟是有关概念还是隐喻？）他对此心中有数。他所给出的定义的唯一出发点就是，

① G. Canguilhem, «Le concept et la vie», 收录于：*Études d'histoire…*, *op. cit.*, p. 358。

② 同上。

概念乃是有效的和操作的，并且能推动进步。但是如果人们向他指出，根据他本人在这个文本中的描述，以及巴什拉在其他地方的描述，也存在操作的隐喻（我们都清楚这一点），它也起推动作用，他会怎么说？存在阻碍的隐喻和操作的隐喻，也存在阻碍的概念和操作的概念。区分的标准不是在概念和隐喻之间，而是在科学中的有用和有害之间，这是十分尼采式的观点，而同样将概念视作生命的一个产物的康吉莱姆，他本应得出这个结论。可以肯定的是，他不惜代价想要拯救的概念与隐喻之间的区别，乃是前-批判的，它从未被追问，并且自身依然是一个反-操作的障碍。这阻止了对这整个问题的必要的重述、改造。[①]

第一个三节拍运动暂停后，另一个三节拍运动又重新开始。

第一个节拍：为了回答那个悬而未决的问题，康吉莱姆提请我们注意，克洛德·贝尔纳依然停留在当代生物学所认识的那个隐喻中，因为他以心理学术语（指导观念、计划等）宣告了今天驶入可靠道路的科学在“信息”这个词下，在物理学意义（信息的物理学，康吉莱姆确定得有些快，但我们会回到这个问题）上所阐释的东西。因此，1）他依然停留在物理学的心理学隐喻中。

但第二节拍，克洛德·贝尔纳（他总是令人惊讶）也敢于谈

① 在打印稿中，本段末尾有几个写在括号里的词：“（要消除隐喻的概念）贝〈尔纳〉的”。

到“赋予现象以意义或关系的秩序和接续的法则”，[①]这个莱布尼茨式的表达实际上与该遗传形式的现代逻辑很接近，并且他说人们可以“接近脱氧核糖核酸分子结构的分子生物学层面的根本发 106
现，这种分子结构构成了染色体的本质和遗传财富的运载者，运载者的数目本身也是遗传的特定特征”。[②]

第三个节拍：正是从（沿着甜磷酸酯的双螺旋的）碱基的有限数量的这一接续秩序出发——它构成了指令的编码、程序的语言，等等——现代生物学（至少自1954年以来）才采用语言模式，并且改变语言，以运用语言符码，也即用语言符码（信息等）代替物理语言或化学语言甚至数学语言，或者至少由两个几何模型控制的数学语言。下面是康吉莱姆的表述，我现在复述它：

> 讯息、信息、程序、符码、教导、译码，这些是生命认知的新概念。但是，人们会反驳，这些概念最终难道不是被引入的隐喻，就像克洛德·贝尔纳试图在缺乏恰当的概念的时候用以代替的那些交汇的隐喻一样？表面上是，但实际上不是。因为保证一个概念的认知价值或理论效力的，乃是它的操作装置的功能。因此，它提供了知识的发展和进步的可

① 转引自：G. Canguilhem, «Le concept et la vie», 收录于：*Études d'histoire*..., *op. cit.*, p. 359；本句摘自：Claude Bernard, *Rapport sur les progrès et la marche de la physiologie générale en France*, Paris, Imprimerie Impériale, 1867。

② 同上书，第360页。

能性。[①]

对此容易回答说，很容易回答说，这里涉及从现在的特权出发的回顾视角的把握，这个现在的特权将来很快会显得天真幼稚。今天揭示为隐喻的东西曾经是操作的，而今天是操作的东西，假如遵循这一图式，在将来很快就表现为隐喻的。今天，如何得到保证，符码（等）的概念是恰当的？对什么来说是恰当的？对科学的进步？这是相当模糊和同质的观念。如果按照某种解释，它们也限制科学的进步呢？如果我们总是将它们阐
107 释为与亚里士多德的逻各斯相似的逻各斯呢？反过来，如果人们表明，克洛德·贝尔纳的指导观念也是操作性的呢？关于这个观念，别忘了雅可布说过，现代生物学家并没有作任何改变。等等。

还有第三个三节拍运动，它可以表明克洛德·贝尔纳所处的地带（在此基础上他形成了内分泌的概念）禁止他设想化学讯息的术语，人们把后者称为化学和〈难以辨读的词〉的讯息，信息符码就是在此基础上建立起来的。这里它不是一个妨碍概念的隐喻，而是相对于另一者、另一个网络或地带的某个概念、概念的状态。克洛德·贝尔纳在依然期待和已经期待之间，无期待地期待着。我们在这里谈论的地带和网络，不是一个禁止它所预示的概念的隐喻，而是一个我称之为隐喻–概念系统的东西（以一个

① G. Canguilhem, «Le concept et la vie», 收录于：*Études d'histoire…*, *op. cit.*,p. 360。

积极地阐释另一个的方式），因为生死，这个事实本应要求、将要要求对隐喻－概念关系的生进行全面的重新阐释，这一关系既不是连续的目的论的关系，也不是认识论的决裂的关系，正如你们所见，康吉莱姆想要同时拯救这两者。[①]这可能意味着，它们比人们所相信的更不可分割，而且如同生死，人们可能必须同时一并拯救或一并失去它们，这就是今天这节课的主旨。当然，这是不可能的，至少在圣诞节前是不可能的。

① 这里有一个插入标记在空白处重复出现，添加了“目的论和决裂”的字眼。

109

第四讲[1] 替补的逻辑：他人、死亡、意义、生命的替补

在“现代”生物学家关于自身学科的文本中，在“现代”生物学家（同时作为学者，作为他的学科的认识论专家、历史学家和哲学家）所写的文本中，表面上最明白可见的，在现代生物学家或遗传学家的文本中表面上最明白可见的，乃是他并不撰写一个关于文本之外，关于非文本的事物的文本（该文本构成一个其存在或结构本质上陌异于文本性的指称对象），而是恰恰相反，他撰写一个关于文本的文本、在文本之上的文本，以证

---

① 打印稿第一页附有一张卡片，上面写有如下词语：“生命/替补/死亡/阅读布里塞{格雷诺耶/形式和/意义/是/和/我们今天主要讨论细菌。/以下强调雅可布的几句话，第307—308页”。让-皮埃尔·布里塞（Jean-Pierre Brisset）是《逻辑语法，附上帝的科学》（*La Grammaire logique*，suivi de *La Science de Dieu*）的作者，本书由米歇尔·福柯作序（Paris, Tchou, 1970）。关于这个作者，参见：Jacques Derrida, *Théorie et pratique. Cours de l'ENS-Ulm, 1975-1976 < sic >*, Alexander García Düttman (éd.), Paris, Galilée, coll. «La philosophie en effet», 2017, p. 59-60。至于被强调的“几行”，可能是以下这段：“因此，被写入遗传程序的乃是过去一切再生产的结果；这是成功（/成果）的积累，因为失败的痕迹消失了。因此，遗传讯息、现实有机体的程序，似乎是一个没有作者的文本，一个校正者将在十多亿年的时间里对其进行修订，不断改进、细化和完善，逐步消除一切不完美之处。为了确保物种的稳定，今天被拷贝和传播的是这一随着时间的推移不断修改的文本。”（Fr. Jacob, *La logique du vivant*, *op. cit.*, p. 307-308）另外参见下文第177页。

明、提醒和记录它的对象具有一个文本的结构；而且在他的学科或他的研究对象中，再没有任何东西作为科学的对象是元-文本 110
的。借此我并不是指，依据琐碎的证据，生物学家或遗传学家应该参照——这是他实际上必然要做的事——科学作品、遗传科学的过时的或当前的档案（没有它们科学将不可能），而是更为根本，它的最终指称对象、有生命者、活生生的生产-再生产结构现在作为文本被分析。它的构造乃是文本的构造。在遗传-生物学领域，科学的现代性的出现似乎在于一个突变，经过这一突变科学，认识不再是以一个对象为主题的文本的产物——这个对象，作为这一认识的指称对象，本身不再是元-文本的——它本身在结构中就是文本的。可能多少显得有些天真的是，语文学、文学批评、文献和档案的科学等的限定条件，也即人们在文本的名称下所称呼和以为认识的某种东西（它作为最终指称对象）的限定条件，现在是遗传的条件或一般生命科学的条件；而如果生命科学不是其他科学中的一门科学，如果它同时也是所有在包含着有生命者的领域中规定了对象的科学（如精神分析、历史、社会学——所有这些人文科学，但也包括所有包含了有生命者活动的科学——因而所有这些科学，所有一般话语和产物）所蕴含的科学，如果生命科学不是其他科学中的一门科学，那么它的文本化，它的对象和主体的文本化将无所不包。但这显然并不会导致，正如人们多少带有利害关系或兴趣的天真幼稚所可能认为的那样，所有科学将通过这一文本化效应，还原到一本书、一本多少有些专门化的手册或一个书库的封闭内部之中，这反而会导致我们激烈地重新阐释这一内部和外部之间的界限。

在定位这些随之而来的问题之前，我想明确我在这里通过对象的文本化或生物学指称对象的文本化所理解的某些参照。正如我曾宣称的，我由此回到雅可布的《活生生的逻辑》。无论他对
111 他所谈到的遗传的文本性的规定方式可能引起什么问题，无可争议的是，他构造了文本遗传学，并且他只是——由此，他有权被视为整个现代遗传学的代表或代言人——描绘了遗传学领域当前通行的共识和方法。我们已经检验过他的“程序”观念和程序一词。这里，我们要更为宽泛地考察文本的一般概念，而程序是对它的具体说明。“伴随着将遗传性描述为一个在化学基序列中被编码的程序，”雅可布说，“[目的论和机械论之间的] 矛盾消失了。”[1]再后面，第274页：

> 器官、细胞和分子因而通过通信网络连接起来。它们通过组成成分之间特定的相互作用不断地交换信号和讯息。行为的灵活建立在反馈的回路的基础上；结构的刚性则建立在一个被严格规定的程序的执行之上。遗传性成为上一代到下一代的被重复的讯息的传递。受精卵的细胞核中记录了用以生产的结构的程序。[2]

不仅仅存在讯息、通信、信息的传递——人们事实上可以尝试〈说〉，这样的通信，这样的作为交流被规定的语言并不构

---

① Fr. Jacob, *La logique du vivant*, *op. cit.*, p. 12.

② 同上书，第274页。

成一个文本。只有存在指令和档案、符码和解码的地方才存在文本。但在雅可布所称的序列的第四结构中（序列4的结构，与现代遗传学相应），可以发现文本：序列1的结构发端于17世纪，对应于可见表面的安排；序列2的结构始于18世纪末，对应于构成器官、功能和细胞分解之基础的组织；序列3的结构发端于20 112
世纪初，对应于染色体和基因的发现；最后是序列4的结构，发现于20世纪中叶，它是现代遗传学的基础，对应于核酸分子。根据书中经常出现的比较，这四个结构一个隐藏于另一个，一个位于另一个，一个嵌入另一个，就像俄罗斯套娃——雅可布明确地突出了这点——每一个新结构的发现（雅可布每次都用书中的一个章节处理一个结构）不只是认识的一个延伸或渗透，而且是认识结构的一个转换，“考察对象的一个新的方式”。[①]而且对于序列的每个结构来说，都有一个模型，即雅可布称之为模型——我们稍后可能会查考这个词——的东西占据主导，“雅可布说，就好像是为了在生物学中站得住脚，一个理论应该参照某个具体模型”。[②]那么，序列4结构的发现，以及对应于这一发现的模型，乃是文本，繁殖和有生命者的本质结构像文本一样发挥作用。文本是一个模型。它毋宁说是诸模型的模型。事实上，雅可布调用了多个类比来描述这种发现所关涉的对象，但它们都涉及调节（régulation），该调节通过诸如被记录和被译解的程序（书写、阅读、编码、复本等等）的事物进行。例如计算机的类比和工厂的

---

① Fr. Jacob, *La logique du vivant*, *op. cit.*, p. 25.

② 同上书，第22页。

类比。涉及细菌时，工厂的类比被放弃了，我们将会看到其中的原因。计算机的类比则从属于文本的类比。这个类比不取决于诸如脱氧核糖核酸DNA这样的物质的发现。人们知道这种酸的存在已经将近一个世纪了。人们知道它存在于细胞核，甚至知道它的全部构成。但人们不了解它的作用和分子结构。恰恰是其作用和结构的发现使人们可以谈论文本。化学分析和晶体学分析使我们得以认识这个结构和它的作用：这是一种由四个单元的排列形成的长聚合物。

113 [它们]数百万次地重复，沿着链条置换，雅可布说，如同文本中的字母符号。这四个单元的序列指挥着蛋白质中的二十个单元的序列。于是，一切都会导致将遗传物质中包含的片段视为一系列规定了分子结构，从而规定了细胞特性的指令，将有机体的计划理解为一代代传递的讯息；都会导致在四个化学基的结合中看到面向四个碱基的计数系统。总之一切都鼓励我们将遗传性的逻辑比作计算机的逻辑。一个时代所规定的模型很少能找到比它更忠实的应用。①

我顺便指出，最后这句话似乎表明这种一致是一种幸运，时代所规定的模型运用于现实时的这种忠实性，这种忠实性或恰当性令人惊讶，然而一切都证明了——雅可布本人在其他著作中也表明了——这其中并没有什么偶然。在计算机的构造或使用的可

① Fr. Jacob, *La logique du vivant*, *op. cit.*, p. 284-285.

能性与通向对这一四序列的结构的认识之间，有着本质的必然性关系。

因此文本这次成为主导的模型。但人们能够对如此表述的明显事实置若罔闻吗？雅可布经常谈到模型、形象、相似、比较——这些都是他的用词。而在进一步凝练我的问题并且在更接近雅可布的论述之前，我首先指明我想要提出的问题的总标题：文本或文本语言——沉默的文本，因为它总是与一个无语音的文字（gramme）（记忆印迹［engramme］或程序［programme］）有关——是否是这样被规定的某种东西，它可以为一个客观认识提供一个模型（因此它一方面是某种东西，另一方面是能够提供一个模型的某种东西），而*无需*认识结构、知识的客观性、科学话语的指称性、模型概念本身的某种改变，也即为所有这些陈述奠基的公理系统本身无须在结构上有所改变？如果科学文本（而 114
且科学是一个文本）的对象、指称，科学话语（而且科学是一个话语）的对象、指称，如果这个对象和这个指称不再是元-文本的或元话语的现实，如果它们的现实本身具有类似的结构或与科学的文本性结构完全同质，如果对象（有生命者，也即可再生产性）、模型和科学的主体性（认识，等等）具有类似的结构，也即文本的结构，人们就不再能够像在其他地方那样谈论认识着的主体、已被认识的对象和类似的模型。而且，出于同样的原因，人们想要在文化中把握为模型的东西，也即话语的文本或计算机以及所有人们相信在文本之名下所熟知的东西，所有我们为了理解基础生命所想要把握为模型、对比、相似的东西，本身乃是生命、有生命者的一个复杂产物，而所谓的模型既不外在于一个认识着的主体，也不外在于一个被认识的对象。对于生产事物（文本）的有生命者来说——这些事物（文本）能够作为有生命者的认识模型——模型并不是偶然的或外在的，对于具有类似结构的事物来说，模型完全不是偶然的。文本不是生物学家和有生命者之关系的一个第三项，它是有生命者的结构本身，是生物学家（作为生命）、作为生命之产物的科学以及有生命者本身的共有结构。既然这不适于用来形容所有认识领域和所有模型或求助于这些模型，难道不是应该承认，它不再是一个简单的模型，生命的科学或生命的逻辑不是科学诸领域中的一个区域，而且这必然导致奇特的权力和风险吗？而且，正如我在上节课对康吉莱姆的解读中所宣称的，人们不再能够不加重构地谈论所有在隐喻（与概念相对）、形象、模型、相似等词之下所平静处理的东西。

我所陈述的这些普遍性，我所做出的这一提醒，不是建议和你们一起重读《活生生的逻辑》，而是建议你们与这本书一起
115（或与这个话语或推论性的整体一起，该整体是今天高度聚焦的一个杰出代表）构造、重构机器，这个机器显然是在无知的情况下下命令，无知不仅意味着它的作者不知情——这在每一页中都显而易见——也意味着系统不知情，借此我想说的不是系统是否必须意识到这一点（我不知道这可能意味着什么），而是系统不展示和不推进这些文本的表述或功能之间的某种关系，并且由此不是以力量、效率的最大化，以今天我认为有可能达到的力量和效率被构造。也许哪里、如何和为何构造，才是我想要回答的问题。

为了构造这个机器，必须使那些分离的概念和表述（雅可布的话语的力量无法将它们汇聚和关联起来）彼此沟通、联结起

来，这样的概念要素的存在似乎可以被感知，但人们还不知道它如何运转，更确切地说，不知道在其运转中分析它，这多少类似于我们很早就知道其存在的脱氧核糖核酸，我们未能首先理解和把握它的运作方式，后者只能通过我们在（理论、技术等）各个方面取得进展来实现。当我们确立了这些联结，如果它可行的话，我们就有可能在对这个研讨班一开始遇到的诸问题之整体的重构中推进一步了，尤其是其中的复制/选择、隐喻/概念的问题，最后一个问题今天在被命名为文本的模型或相似的问题中得到详细阐明。

为了加快进度和尽可能更节省，为了给今天以及也许是下周的讨论提供相对连贯的思路，我现在就列出两条概念线索——也是导引线索，我将把它们联结起来（雅可布在他的书里从未这样做，据我所知在其他地方也没有，也许尼采正好在他的书里这样做过）。第一条线索将“形象”“相似”“对比”“模型”等一系列概念贯穿起来（当雅可布说，计算机、化学工厂或字母和文本是相似和模型等时），另一个线索将“复制”“复本”“转录”等一系列 116
概念贯穿起来（例如当雅可布将其视为有生命者的本质时）。我想要尝试将这两条概念线索中的一条连接到另一条上，看看其中是否有电流通过。死亡、性征、选择将位于程序当中，但你们将看到，它们乃是以替补的方式、根据替补的逻辑而位于程序当中。

让我们从复-制（re-production）概念开始。它是准则，据此，雅可布对我们说，是唯一的准则，是我们在处理有生命者时所认出的唯一和独一无二准则的最高概念。只有有生命者有*自我*

复制的能力，人们也是这样去认识有生命者的。在思考自我复制在此处的含义之前，我说的是自我-复制（因为雅可布总是说复-制，而他描述的明显是一个自我-复制：有这样的无-生命者，它们无自我复-制地复-制，而且这一向自我的弯曲，这一自身-感发，是结构的一个本质性皱褶），我希望你们注意雅可布经常采取的一个姿态。为什么他将书名定为《活生生的逻辑》，而不是生命的逻辑：他声称，这是因为生物学家不再对生命、生命的本质感兴趣，如同对隐藏在诸现象后面的一个实体，一个哲学家所轻易召唤的形而上学的、神秘的伟大女士感兴趣。通过谈论活生生而不是生命，学者试图与这种形而上学的蒙昧主义决裂。活力论（vitalisme）是这一形而上学蒙昧主义的一个名字。通过揭示序列4的结构，人们通向了对活生生而非生命的讨论。第320—321页：

> 认识到物理-化学过程在分子层面的统一性，意味着活力论变得完全无用。事实上，自热力学诞生以来，生命概念的操作价值就被稀释了，它的抽象能力大大下降。今天我们不再在实验室中追问生命。人们不再试图勾勒它的轮廓。人们只是尽可能地分析活生生的系统，它们的结构、功能和历史。但同时，认识活生生的系统的目的，意味着若不持续参
> 117 照有机体的“筹划”，参照有机体的生存本身赋予它们的结构和功能的“意义”，就不再能从事生物学。我们看到，这

种态度与长久以来盛行的还原论有着多么大的差别。[①]

以及第327页同一章：

> 生物学已经证明了在生命这个词后面，并没有隐藏着形而上学的实体。聚集、复杂性不断增加的结构的生产、自我复制本身的能力，属于构成物质的要素。从粒子到人，整合、等级、不连续性的整个系列相互汇合。但在对象的构造和那里所发生的反应中，没有任何断裂。“本质”没有任何变化。[②]

倘若雅可布抨击漫画式的形而上学活力论（这一理论将生命作为一个抽象的实体或一个神秘的美德，以逃避科学的探究）或当他这么做时，我们只能同意他的观点。有必要仔细看看哪个学者、哪个形而上学家曾这样做。另一方面，雅可布未能避免对有生命者的本质的参照，而且他还经常这样做。用有生命者代替生命不足以避开哲学－苏格拉底的问题：是什么使有生命者成为有生命者？你们谈到有生命者，因此你们必定知道或试图知道你们通过下述表述所表达的东西：有生命者之是－活生生（être-vivant du vivant）、有生命者之鲜活（la vivance du vivant），换言之，即活生生的生命、有生命者与无－生命者之间的差异。而如果你们

① Fr. Jacob, *La logique du vivant*, *op. cit.*, p. 320-321.

② 同上书，第327页。

有理由不希望使生命成为一个抽象且孤立的实体或本质，你们就不得不表明活生生意味着某种东西，以及存在着有生命者之是-活生生，一个鲜活或一个生命，它们正是你们所考察的东西。现代科学可能已经改变了的，乃是生命或是-活生生这一本质的概念，但对如此这般有生命者的本质的参照完全没有改变。事实上雅可布十分频繁地提出和定义了它——这是他的著作的主旋律：一个活生生的有生命者通过其自我复制能力而被认出。仿佛
118 是出于巧合，他赋予鲜活，赋予那使一个存在者（一个系统或一个活生生的个体）活生生的东西之本质性定义，一字不差地正是形而上学家中的形而上学家、典型的形而上学家黑格尔所给出的定义，也即活生生的个体，只有当它能够自我复制时才是活生生的。举例来说，在《大逻辑》的最后一部分，比如第一章“生命”的A节（我不还原整个三段论），黑格尔写道：“感性和应激性是抽象的规定；而只有在复制中（*in der Reproduktion*）生命才成为具体的和真正活生生的［鲜活的］（*in der Reproduktion ist das Leben* Konkretes *und Lebendigkeit*）。”[①]我现在引用雅可布关于这个主题的表述。在我刚刚阅读的段落中，他说“自我复制本身的”机能“属于构成物质的要素”，但他不是想要借此说，单凭这些要素就形成了自我复制着的复制系统；而只是说这些出现在活生生系统——只有这个系统有能力自我复制——中的要素参与了复制，融入了其中。

① G. W. F. Hegel, *Science de la Logique*, *op. cit.*, t. III, p. 479; *Wissenschaft der Logik*, *op. cit.*, t. vi, p. 479.

他随后接着说，我接着引述：

> “本质”没有任何变化。由此分子和细胞组织的分析现在成为物理学家的分内之事。之后，需要通过晶体学、超速离心分离、核磁共振、荧光等来确定结构的细节。这绝不意味着生物学成为物理学的附属，也即作为它的复杂体系中的一个分支。在组织的每个层次，都出现了新颖的东西，如此多的特性和逻辑。**自我复制不是任何分子本身的能力**。这种能力只有在有资格作为有生命者的最简单综合体，也即细胞那里才会出现。[……]使生物组织的不同层次统一起来的，乃是复制特有的逻辑。[①]

第一章“大纲（/程序）”谈到了“复制，整个活生生体系的 119
内在特性”。[②]程序的目的，雅可布称之为它的“意义”、它的“筹划”，无论是否加引号（但引号不足以消除问题；鉴于引号所暗示之意，构成整本书内容的语义学和目的论只是与意识或自由的语义学决裂，与个体心灵的、有意识的意向性的语义学决裂，并非与一般的意向性或意义决裂），因此，程序的目的，它的意义或筹划，乃是“自我复制”：“心灵（Psyché）的意向被代替为讯息的转译。活生生的存在者很好地代表了计划的执行，但其中不含有任何理智。它趋向于一个目标，但没有任何选择的意志。这

① Fr. Jacob, *La logique du vivant*, *op. cit.*, p. 327-328.（着重号为雅克·德里达所加。）

② 同上书，第25页。

个目标在于为下一代准备一个同一的程序。这就是自我复制。”[1]
第12—13页：

> 在一个活生生的存在者那里，一切都是为了复制而安排的。细菌、变形虫、蕨类植物，它们除了梦想两个细菌、两只变形虫、许多蕨类植物，还能梦想什么命运？今天在地球上之所以有活生生的存在者，只是由于其他存在者自两亿年乃至更久以来一直顽强地繁殖着。想象一个还没有居住者的世界。设想拥有某种活生生特性的系统能够组织起来，例如能够对某种刺激做出反应，能够同化、呼吸甚至成长；但它不能自我复制。这样的系统有资格被称为活生生的吗？它们中的每一个都代表了漫长而艰难的造化的成果。每次诞生都构成一个独一无二的事件，它没有未来。每一次它都是重新开始。它总是听凭某种局部灾难事件的摆布，这样的组织只能维持短暂的存在。除此之外，它们的结构立刻被死死固定住，没有改变的可能。相反，一个能够自我复制的系统，尽管简陋、进化缓慢且代价高昂，但毫无疑问是呈现为有生命的。它将在条件允许的地方散
> 120 播开来。它撒播得越多，就越能抵御某个灾难［扭曲的阻吓（apotrope retors）和撒播的**双重束缚**］。一旦漫长的潜伏期结束，这一机体组织就能通过同一事件的重复而延续下去。第一步同时也是一劳永逸的一步。但是，对于一个

① Fr. Jacob, *La logique du vivant*, *op. cit.*, p. 10.

这样的系统，构成生存之原因本身的复制，也成为了目的。它被判定要么自我复制，要么消亡。①

在同义叠用的形式本身当中，最后这句话明确定义了复制乃是本质本身、本质性的属性、有生命者的特性、鲜活本身、它的实体（*ousia*）和原因（*aitia*）、它的是-活生生、它的本质-生存、动力因和目的、动力因的最终结果："对于一个这样的系统，构成生存之原因本身的复制，也成为了目的。"

当雅可布说，人们谈到有生命者时"'本质'没有任何变化"，我们要尽可能谨慎地阅读这句话。首先，他用双引号将"本质"一词括了起来，这意味着他只谈到形而上学-活力论者的、本质主义者的和漫画式的符码，他明显只是将它们作为陪衬加以引用（并不是说这种活力论在历史上没有范例，但攻击一个漫画化了的靶子不足以解决问题）。其次，之所以要谨慎地阅读这句"'本质'没有任何变化"，是因为雅可布所表明的全部内容就是，存在着本质的变化，有一个活生生的本质。当然，本质在这里不是一个隐藏在诸现象后面的实体，或通过这一心灵（雅可布有时以大写的形式提到这个词）而得到体现，但它的确标记了雅可布所称的有生命者的"内在属性"，而且这就是自身的复-制，是自我复-制的能力。这个能力或属性不是隐藏的效能，而是之前结构的整合的逻辑（我会说，整合或综合是这整个话语的重要操作概念，每个机体组织或序列的结构都以不连续的方式

① Fr. Jacob, *La logique du vivant*, *op. cit.*, p. 12-13.

出现，只是为了整合之前的机体组织，如雅可布所说，这既是整理有生命者和无-生命者的“诸存在者和事物”的“实际”历
121 史，也是整理诸科学的历史，后者也通过连续的整合和嵌套得以实现。综合的概念为著作的结论，为冠名为导论的大纲（/程序）的结论提供了标题。雅可布这本书的结构十分有趣和启人深思，它为整个内容和内容的整个方向提供了反思空间。首先是第一部分前面的导论：大纲（同时是遗传学概念的程序和书的大纲），接下来是描述序列1、2、3、4的结构的四章，然后是描述当前情形（据此所有序列被综观）的第五章，最后是结论，综合把整合描述为真实过程的法则和生物科学的认识论或历史的法则，它使生物-遗传学的发现或认识的不同阶段具有可理解性，这整个逻辑是十分辩证和十分黑格尔式的，它不应该被仓促转变为怀疑，因此，我结束我的括号，有生命者的这一内在属性（自我复制的能力）不是隐藏的效能，而是整合的逻辑，这并不必然意味着它不可被思考为一个本质：不只是实体（*ousia*，存在的方式、如此这般存在的方式、存在性），不只是作为因果关系的本质（原因[*aitia*]：原动力和目的，正如雅可布自己所说：构成生存的根本原因的复制也成为了生存的目的），也是作为（*energeia*[1]）的本质：雅可布经常用能量学的原则解释复制（自由的能量、被束缚的能量、约束的能量，后者倾向于约束和“自由能量的减弱”，[2] 我们很快会将这种倾向放在与弗洛伊德在《超越快乐原则》中所

① 亚里士多德的概念，指现实、活动、实现、能量等。——译者

② Fr. Jacob, *La logique du vivant*, *op. cit.*, p. 322 *sq*.

说的自由能量和被束缚能量的关系中……）。换言之，雅可布不但没有简单地与关于本质的哲学话语决裂，反而恢复了它，连同作为复制的倾向和能力的生命之本质，我不只说本质，而且说本质的本质性，本质的起源和终结，它作为存在的动力学和能量，给予存在的力量和行动、存在的最高限度，并且保证——从内部出发，这是本质的本质，也即自身拥有其存在的原则，而不是依据来自外部的偶然——从内部保证它固有的生产，也即它的 122
再-生产（复-制）。从这个角度来看，很难说雅可布那里没有生命的本质，而且恰恰相反，他似乎很传统地认为，生命乃是本质，是源于内在（内在属性）的自我生产-再生产的能力，在此意义上它比无-生命者更为本质，后者被纳入活生生的存在。如果说生命没有本质，毋宁是因为它是本质的本质性，它比其余事物更为本质。作为刚才提到的最高限度的价值，它更为重要。他将这个说法与关于本质的经典推论重新联系起来，这一推论在亚里士多德那里与趋向实现（*energeia*）的潜能（*dynamis*）相一致（通过有效且最终的原因），或者与斯宾诺莎的努力（*conatus*）、莱布尼茨的欲望（*appatitus*）[1]相一致；它显然是黑格尔式的话语，因为它肯定了与黑格尔十分接近的关于生命（自然生命和精神生命）价值的整个本质的逻辑。尤其是这一能量学的经济维度（对最高限度和最低限度的参照）将使这一说法与尼采的说法相契合，因为尼采把复制与选择关联起来。雅可布不断地证明有生命者的逻辑——恰恰作为复制的逻辑——如何由此是有选择的，

---

① 疑原文有误，该词拼写似乎应为appetitus。——译者

是选择性的逻辑。

> 选择的观念本身［他写道（第313页）］包含在活生生的诸存在者的本性当中，包含在如下事实当中：活生生的存在者仅仅在自我复制的限度内实存着。通过突变、重组和添加的游戏而成为新程序承载者的每个新个体，立刻要经受复制的考验。不能自我复制的有机体将消失。若能够比同类更好、更快地自我复制，这一优势即使很微弱，也会很快有助于它的增殖，从而促进这一特定程序的传播。如果说核酸的文本最终似乎是被环境塑造的，如果过去经验的教训以铭写进核酸文本告终，这也是通过成功的复制的漫长迂回实现的。而只有实存的东西自我复制。选择不是在可能之物当中，而是在实存者当中进行。①

123 没有无选择的复制，也没有无复制的选择，这并不意味着这两种“力量”相安无事地合作，恰恰相反。它们的关系只能是伴随着妥协结果的紧张、矛盾的关系。突变的偏离只有在它限于和服从于复制、复制性的某些条件的情况下，才能够自我复制（不是仅有的，因而不是转瞬即逝的）。绝对的偏离——一个彻底的畸形——甚至无法在自我的另一个复本中充分依靠自身以自我复制、自我分裂和自我相似。通过要求偏离或突变同时也进行复制，自身-复制的自我关联成为限制偏离或突变的一般形式。由

① Fr. Jacob, *La logique du vivant*, *op. cit.*, p. 313.

此在活生生的逻辑中，有一项策略以及不断的妥协，这一逻辑倾向于整合程序的新颖性，这种新颖性要足够新，足够易于撒播，以保证最大限度的传播和复制，但它也要足够接近自身并重复进行，以便撒播不是一个纯粹的撒播，也即不在独一无二中成为一去不复返的失去。后面我们将重新回到这一有关病毒的撒播的经济学。现在，我专注于将遗传学家和现代生物学家的论述与哲学传统之间的关系梳理清楚：不被承认的债务和依赖、否认、简化、漫画化，服从于符码的和程序的限制，更准确地说是服从于计算装置等的限制（当它再生产这些功能时它相信自己是自由的）。通过快速地、逐次地参照亚里士多德、莱布尼茨、斯宾诺莎、黑格尔和尼采，我并非要将这些体系等同起来，把它们变成模棱两可的混杂物，而是想简要指出现代遗传学的推论与古典哲学思想之间的决裂。现代遗传学在解释自己时不关联于它们，这个事实是缺乏根据的，这反而可能导致我们对一个强有力符码的重复视而不见，它本身在某种程度上是有生命者的逻辑的结果。除了本质，另一个可以一提的例子是真理。[①]在十分接近20世纪 124
60年代理论宣传口号的一个表述中（的确，比起莫诺，雅可布的这类表述更少，而且莫诺的立场也更草率和落伍），雅可布写道（依然在大纲的标题下），生物学“不再寻求真理。它创立自己的真理”：“与其他自然科学一样，生物学今天丢掉了它的许多幻想。它不再寻求真理。它创立自己的真理。”[②]这意味着1）不再

① 本段左边的空白处添加了一个词“超越”。

② Fr. Jacob, *La logique du vivant*, *op. cit.*, p. 24.

寻求真理，人们将这种价值丢在一边，并且对前人表示怀疑，后者相信真理是人追逐其后或拜倒于前的实体。然而，这种漫画手法被认为是为了便利起见，我们刚刚读到的关于本质、关于综合的历史之类的内容足以使我们相信，生物学也在寻求真理——生命的真理以及在自身的可复制性中的作为生命、作为鲜活的真理。至于“它创立自己的真理”的表述，它表明2）真理自我适应——这个观点并不新颖，而且它的模型在每个领域都是特异的。然而，我们从未怀疑这种特异性，在阅读甚至赞同雅可布的观点之后也是如此，他的观点是，强调生物学与其他自然科学的必要的和一体化的合作（第一），强调如下事实（我引述如下）：“与人们通常想象的相反，生物学并不是一个整齐划一的科学，对象的异质性、兴趣的歧异、技术的多样性，所有这些都导致了学科的多样性。”[1]显然，人们可以回答说，对物理-化学科学的呼唤（我们已经看到，这是不可避免的）并不必然与生物学的特异性相矛盾；而且雅可布就此提醒说，“这并不意味着生物学成为了物理学的附庸，生物学构成物理学复杂性的一部分”。[2]的确，复杂性的价值不仅仅在于区分生物学和物理学：它也与客观性领域的一个新结构有关。但是（第二）即使在雅可布依然称之为自
125 然科学的学科中（当他说“与其他自然科学一样，生物学今天丢掉了它的许多幻想。它不再寻求真理。它创立自己的真理”时），即使在也包括生物学（这里有一个特异性和*它的*真理）的学科

① Fr. Jacob, *La logique du vivant*, *op. cit.*, p. 14.

② 同上书，第328页。

中，人们想知道，一旦在其中认出了文本、程序控制者、信息、工厂等（它们作为活生生的逻辑的具体模型），如何还能将自然科学与……与什么对立起来呢？与文化科学、社会科学、人的科学、精神科学？如果在这些被称为人的活生生的生产（狭义上的文本、计算机、程序控制者等）与遗传的再生产（/复制）的机能之间有某种同质性（不同，但属于一个类型），那么自然科学与其他科学之间的对立也就不再成立，也就失去了它的贴切性和严格性，并且人们会思忖生物学是否还能够声称创立了自己的真理，一个其特有领域的真理。

一开始我就说过，我想在复制的逻辑和模型问题（文本模型，它不是其他模型中的一个模型，在我看来，它迫使我们重新思考诸模型的整个逻辑）之间建立起有机联系。这将使我们——但可能不是今天——再一次卷入我在其他地方所称的替补的书写（la graphique du supplément）。[①]我不是将替补、“替补”这个词强加给雅可布，这个词在雅可布的著作里多次出现（这并非偶然），它被用来定义复制过程中新遗传程序或新程序控制能力的获得物，并且在它们之中，这也并非偶然，尽管程序、性征和死亡是偶然的。与人们倾向于自发相信的东西相反，在遗传程序和复制程序的历史中，性征和死亡是突如其来的，也就是“来到的”（sont arrivées），是以不可预料的方式被添加的。注意，弗洛伊德在《超越快乐原则》中提到了相同的事实，我们有必要从这个角度去阅读它。换言之，可以认为，有生命者的本质，它的复

① 参见：J. Derrida, *De la grammatologie*, *op. cit.*, p. 203 *sq.*。

126 制性、它的自我-复制结构，并不必然意味着性征和死亡。性征和死亡如何突然来到生命中？这些偶然事件，这些附属品，如何作为内在的属性融入有生命者的本质，这些替补如何成为本质性的功能？我们将在下一节课讨论这个问题。现在，我仅铺垫性地指出两件事作为结束：

1）雅可布明确地将性征和死亡看作替补、意外和额外的辅助。例如他写道（第330页）：

> 但最重要的两个发明是性和死亡。性征似乎是在进化早期突然出现的。它最初体现为复制的一种辅助手段、一个累赘：没有什么迫使一个细菌为了增殖而进行性行为。对于彻底改变遗传系统的自我复制，对于变异的可能性来说，诉诸性是必要的。因此，性征是义务，每个遗传程序不再是通过单个程序的严格复制得以形成，而是通过两个不同程序的配种得以形成。[①]

换言之，简化到最狭义的定义，人们在这里不再称性征为单个变成两个、单个分裂为两个的通道（这就是细菌的方式，它通过自我分裂和自我拷贝以无性的方式自我复制），而称其为从一变为二的复本到二变为一的复本的通道（我们后面将看到复本的观念在文本和生命的连接处所扮演的角色）。这一超量，这一多余，与自我-复制的性别化有着本质的关联。正是在这个问题上，

① J. Derrida, *De la grammatologie*, *op. cit.*, p. 330.

雅可布在大约二十页前谈到了多余。我读一下第312页（在“复本和错误”这一章）：

> 但重组只是在种群中重新分配了遗传程序。它并没有增加它。依然有某些遗传要素在细胞与细胞之间传递，并且
> 只是添加在已经存在的遗传物质上。这些要素以某种方式构 127
> 成了多余的染色体。它们所包含的指导对生长和复制不是必不可少的。但遗传文本的这个替补允许细胞获得新的结构并执行新的功能。举例来说，该类的一个要素规定了某些细菌种类中性别的分化。此外，并非必不可少的是，包含在这样的多余要素中的核酸序列并不受对细菌染色体加以选择的稳定性的限制。对于细胞来说，这些要素构成了一个无偿的替补、一种核酸文本的储备，所有变化的自由对它而言都在繁殖的过程中被给予。①

雅可布提醒，人们错误地认为有性繁殖和遗传性之间存在必然联系。例如，细菌不需要性的关系，仅仅通过两亿年以来全速的、与自身同一的单纯自我分裂就可以自我复制。雅可布说，〈对细菌而言，〉它的唯一目标、唯一计划或筹划就是：产生两个细菌。而这是以忠诚的、技艺高超的方式完成的。但不是以不犯错的方式。存在着一些错误，人们总是能够将其阐释为转录错误或翻译错误，这些错误随后被忠实地、无止境地重新拷贝。

① J. Derrida, *De la grammatologie*, *op. cit.*, p. 312.

> 当文本的意义被改变［雅可布说］，当核酸序列被改变（由此一个蛋白质片段，因而是一个执行某功能的结构被规定），就会发生突变。这些突变是由**类似于**［我的强调］复印或打印文本时带入的错误引起的。**就像一个文本**［我的强调］、一个核酸讯息也可以通过如下方式被改变：一个符号改变为另一个符号；一个或多个符号的缺失或增加；一个语句符号与另一个语句符号的次序调换；一组符号的颠倒，简而言之，通过所有扰乱预定秩序的事件被改变。①

128 这些在最常见的情况下是定性的突变，改变着遗传文本秩序，它们并不增加它，而是以不丰富它的方式重新整理它。例如，相同的片段可以在一个染色体的复制中两次被重新拷贝：雅可布说，错误“**类似于**”印刷工人的错误，即两次排印同一个词或同一行。但还存在另一种情况。雅可布说：“某些细菌甚至有另一种获取额外遗传程序的方法。”②实际上，由于彼此之间没有交流，并且受到细胞壁的保护，这些细菌传递遗传物质是通过病毒的媒介，通过与所谓高等有机体的性的过程的传递类似的过程。顺便说，这可以表明病毒具有与性征相似的功能。在这种情形下，与性活动的相似之处——雅可布对此没有详细描述——在于如下染色体片段：它来自另一个个体，能够替代该个体的同源片段。因此这显然已经是性征，因为有两个个体合作以形成第三

① J. Derrida, *De la grammatologie*, *op. cit.*, 309.

② 同上书，第311页。

者，但这还不是“真正的”性征，因为它涉及的是染色体的同源片段的交流，等等。但这已经对严格区分性征和非-性征的思考提出了质疑。而当雅可布说“真正的”（正如每一次人们说“真正的”），有理由怀疑，定义和标准的严格性是缺失的。例如雅可布写道：

> 由于重组，遗传文本的这些要素、源自不同个体的遗传因子，能够自身重新配组为新的结合物，后者有时可以为复制带来好处。对于通常通过分裂进行增殖的细菌来说，性征并不是真正的复制模式，但它允许存在于种属的不同遗传程序进行混合，并由此带来新的遗传类型。①

“真正的”这个问题并不简单：它并不会〈导致〉扰乱我们有关细菌有性繁殖的可能性和频率的统计知识，因为这一有性繁殖预设了某种东西在两个个体之间传递，而这事实上可能很少发生。但“真正的”这个问题也会动摇我们对（通过个别个体内部分裂进行的）无性繁殖的规定，无性复制通过自我分离和生产一个副本而与自身相似，由此可能导致替补的干预已经发生——伴随着最顽固的细菌的自我-触发、自我-复制。如果将性征与多余的替补联系起来，如雅可布在随后的段落中所做的那样，那这一切是从哪里开始的？这个问题——以及有关性的替补和致命或致死的替补的问题——我们将在下一节课讨论。我说过，多余的 129

① J. Derrida, *De la grammatologie*, *op. cit.*, p. 312.

替补这个词（至少）还出现过几次，它立刻遵循了我刚才读过的内容（阅读《活生生的逻辑》，第312—313页）：

> 但重组只是在种群中重新分配了遗传程序。它并没有增加它。依然有某些遗传要素在细胞与细胞之间传递，并且只是添加在已经存在的遗传物质上。这些要素以某种方式构成了多余的染色体。它们所包含的指导对生长和复制不是必不可少的。但遗传文本的这个替补允许细胞获得新的结构并执行新的功能。举例来说，该类的一个要素规定了某些细菌种类中性别的分化。此外，并非必不可少的是，包含在这样的多余要素中的核酸序列并不受对细菌染色体加以选择的稳定性的限制。对于细胞来说，这些要素构成了一个无偿的替补、一种核酸文本的储备，所有变化的自由对它而言都在繁殖的过程中被给予。
>
> 130 活生生的存在者的这两个表面上对立的特性，也即稳定性和可变性，正是建立在遗传文本的本性之上。如果我们考虑个体，也即细菌的细胞，我们会看到，它以极端的严格性将自身誊写到信件、程序上，在那里被记录的，不只是每个分子结构的详细蓝图，也包括将这些蓝图付诸执行的方式和协调结构活动的方式。相反，如果我们考虑细菌的种群，甚或整个物种，那么核酸文本似乎被复制的讹误、重组的倒置、增添、遗漏不断扰乱。最终，文本总是恢复秩序。但这既不是通过试图贯彻其蓝图的神秘意志，也不是通过由环境导致的片段的改动实现的：核酸信息不接受来自经验的教

> 训。讯息的恢复秩序是由选择所自动引发的，这个选择不是运用在遗传文本本身，而是运用在有机体整体，或毋宁说运用在那些种群上，以消除一切不合规则的东西。选择的观念本身包含在活生生的诸存在者的本性当中，包含在如下事实当中：活生生的存在者仅仅在自我复制的限度内实存着。通过突变、重组和添加的游戏而成为新程序承载者的每个新个体，立刻要经受复制的考验。不能自我复制的有机体将消失。若能够比同类更好、更快地自我复制，这一优势即使很微弱，也会很快有助于它的增殖，从而促进这一特定程序的传播。如果说核酸的文本最终似乎是被环境塑造的，如果过去经验的教训以铭写进核酸文本告终，这也是通过成功的复制的漫长迂回实现的。而只有实存的东西自我复制。选择不是在可能之物当中，而是在实存者当中进行。①

文本性、替补性、复制和选择，这就是概念链条的位置，是我们仍需分析和迁移的同一个概念链条。

2）在结束前我对第二点只稍作提及，它把我们带回到性的
替补、雅可布规定为有性繁殖（/复制）的问题上。如果不仅仅 131
回到细菌复制的最简单、最无性的功能，如果回到细胞，回到其
中的每个化学实体，可以说，每个化学物种都是一代代以严格自
身同一的方式**被复制**的。但是，雅可布明确指出："每个物种并
不是由自身的复本构成的。一个蛋白质不是由相同的蛋白质产生

① J. Derrida, *De la grammatologie*, *op. cit.*, p. 312-313.

的。蛋白质［因此］并不自我复制。”[①]它们在组织和繁殖中依赖于其他能够自发地自身繁殖、产生自身复本的东西，也即脱氧核糖核酸。雅可布说，它是细胞中唯一能通过生产自身的“复本”而进行自我复制的成分。这——这一生产自身的复本的能力——基于每个酸都由两条链、双链（糖和磷酸盐）构成这一事实，并且〈正是〉在这一双重性上（它使内部的副本复制成为可能），最初的文本化作为复制性而产生。这一双重性与我们刚才谈到的替补性有何关系呢？雅可布甚至在这里也没有谈到替补性，后者显然既无关于死亡，也无关于性征。那么，我们下次就在这个如此原始、单调和过时的地方接着讨论所有这些问题，特别是文本模型的问题。

① J. Derrida, *De la grammatologie*, *op. cit.*, p. 293.（着重号为雅克·德里达所加。）

第五讲[1] 不可破裂[2]

复-制的概念是很难想象的。更不必说自身的复制（reproduction de soi）、自身-复制（auto-reproduction）、自我-复制（se-reproduire）的概念。尤其是假使人们声称在这里认出一个起源和本质、有生命者的起源和本质、有生命者的内在特性。因而尤其是假使自身的复制不是（生命包含于其中的）一般事物的一个特殊能力，而是如我们在上周所看到的，只有有生命者被赋予这一能力，没有它就没有有生命者。自身-可复制性（/自身-可再生产性，auto-reproductibilité），就是有生命者，因为1）没有不具有这一能力的有生命者，并且2）没有不被称为有生命者的自身-可复制性。自身-可复制性仅仅呈现为有生命者。

然而我说过，这一自身-可复制性的逻辑是很难想象的，它

① 打印稿页面上方添加有："引述和评论蓬热的《寓言》"。这里指弗朗西斯·蓬热的《寓言》，收录于：*Proêmes, 1: Natare piscem doces*, Paris, Gallimard, coll. «Blanche», 1948。雅克·德里达在《心灵：他者的发明》中详细评论了这首诗（*Psyché. Inventions de l'autre*, t. I, Paris, Galilée, coll. «La philosophie en effet», 1987, p. 11-62 [rééd. 1998]）。他在《理论与实践》中也讨论过"寓言"问题（J. Derrida, *Théorie et pratique*, *op. cit.*, p. 47-48）。

② increvable有"不可破裂、永不疲倦、不会死亡"等含义。德里达用这个词描述传统的对立逻辑所呈现出来的特点。——译者

已经是抽象的逻辑。它不是其他逻辑或概念中的一个逻辑或概念，不是逻辑或概念的一个范例，由于这个首要的原因，它不得不改造惯常的逻辑、惯常的概念，基于这个前-首要的原因（它是前-首要的原因），由此出发，逻辑和概念通常得以产生。

自我复制预设了人们*已经*存在。正如雅可布顺便提到的：
134 “而只有实存的东西自我复制。选择不是在可能之物当中，而是在实存者当中进行。”[①]因此，自身的复制是复制已经实存的东西。然而，此处已经实存的东西是一个自身的复制的结果。相同者源自另一个自身。哪怕回溯再远，也找不到不复-制一个复-制的复制。绝对的自我生产只能在这种原初的和活生生的生产（作为可再生产性）（/可复制性，reproductibilité）而生产自身的范围内，才能生产作为一个（活生生的）自我的自我。自我生产的自身在其同一性中已经是可再生产性，没有它就没有同一性。自身的同一性或自身对自身的认同是某种可复制性。人们会说：然而无-生命者，也即一般表述为无-生命的东西——例如石头——也有同一性，也可以被再生产，但不能*自我*再生产。但正是在这里，活生生的逻辑的定义或生命之本质的定义（作为自身-可再生产性）建立起与自身的关系、自身与自身的关系、作为与自身之关系的自身关系、有生命者的本质性折叠、（由此）自我生产的折叠——换言之，作为活生生（只有有生命者能自我生产）——它将自我再生产。生产和再生产之间的差异在某种意义上被抹去。在这个自身-再生产中，无论*自身*还是*再*都不会从外

① Fr. Jacob, *La logique du vivant*, *op. cit.*, p. 313.

部受到影响，不会突然降临到一个先于它们、先于它们存在的产物上。那似乎预先存在的东西，已经是作为自身再-生产的再-生产，一个自我-再生产。并且当雅可布说“只有实存的东西自我复制”时，那实存的东西已经是一个自我-再生产之结果的产物。因此，我们应该以不同于事后使简单生产复杂化的方式去思考自身的再-生产。可生产性从一开始就是可再-生产性，并且可再-生产性从一开始就是自身的可再生产性。但由于自身并非先于这一自身再生产的能力，先于它固有的可再-生产性，因此在它的作为再生产的产物之前，在它的**作为**再-生产性的可再生产性之前，它没有足够的或纯粹的自发性。它是它的可再生产性。由此，产物——我们想要分离的意义核心，产物的生产（produire de la production，作为隐藏在再-生产和自身的再生产下的语义内核）——那个产物，因而产物的生产在作为自身的可 135
再-生产性的那个可再-生产性之前，既是不可想象的，也是不可能的。自身（这里的产物是作为再生产的生产）显然既不是一个我（moi），也不是一个意识或实体，甚至不是一个相同者，或与自身的同一，而毋宁是一个自身性（*selbst*）。并且关于自身性的黑格尔式研究对于将自身作为再-生产来说并没有过度。

所有这些——对此我不欲详加考察——不是代数或炼金术，在这方面，遗传科学的实证性有着良好的形象，科学的形象恰恰忙于关注事情本身——这里的事情本身可能是一个文本，但最终是作为脱氧核糖核酸、细菌的程序等等的文本。事实上，你们会发现事情并非如此简单。雅可布的话语——正如整个现代性的话语——运用着生产或再-生产的概念，好像它是透明的、单义的、不言而喻的，好像在生产和再生产、再生产和自身再生产之间也有着清晰的界限或对立。雅可布从未探究它意味着什么，从未让这一（自身的）生产/再生产的概念或语词接受最基本的批判性拷问。然而，这是他整个话语的主要的和最高的操作性概念。有生命者的逻辑、有生命者的结构，因而有生命者的本质被规定为生产性（自身-的-再-生产性）。而且，人们不仅把这一再-和**自身**——它们表面上是要详细说明生产，但实际上是预先规定了它——看作清晰明了的，人们不仅把它们看作清晰明了的，也把**生产**的意义看作清晰明了的。而且，人们甚至不追问如下事实：根据古典哲学的方法，人们甚至不能（按照活生生的逻辑）在**生产**上面提出这个语义学问题，该方法引向原初的行动（类型问题、形式问题：什么是产物的生产，或什么是产品的生产［production du produit］？），然而，当一切都通过产物的再-生产开始，或者生产本身是产品的生产，因而是结果的生产时，起源就是一个结果，这使事情极端复杂化了。因此，雅可布和其他人一样，没有质疑生产的产品作为产品的生产的意义。当听到“生产”时，人们会说什么，会听到什么？对于《活生生的逻辑》
136 而言，这样的问题是解释学的炼金术吗？或毋宁说它关乎整个建筑的基石？

如果所有有生命者的产物——人们所称的有生命者的，尤其是被称为“人”的有生命者的产物（文化、机构、技艺、科学、生物学、狭义上的文本）——在某个地方拥有作为自身的再生产的有生命者的产物的条件，并且如果另一方面，为了理解或认识有生命者所需的所谓“模型”本身总是有生命者的产品或产物，那么，你们不仅会看到这一逻辑的扭结，也会看到如此提问的紧迫性：自身的生产和再-生产是什么？“产品”意味着什么？

历史的（historique）或史鉴的（historiale）紧迫（我说“史鉴的”是因为这并不是一个历史的问题，不是历史或历史中的一个问题，而是一个有关如此这般的历史的问题：这个历史根据这里所询问的东西确定自身，这个历史本身在其历史性中与生产问题有着相同的关系），这一问题的史鉴的紧迫性尤其表明，生产的观念到处填补着现代话语的空隙。这些空隙不是缺陷，而是在其轮廓中标示了人们不再能够在关键位置使用过时的价值（这些价值不再是该时代的价值），并且标示了人们经常用生产替代这些空隙，生产的观念成为存在之规定的普遍代理（vicaire）。在那里人们不再能够说创造（因为只有神进行创造，而神学已告终结），而是说生产，在那里人们不再能够说孕育、表达、思维，等等，这些概念似乎过多地——并且不无理由地——引入了形而上学、神学或可疑的意识形态，为了替代或中和它，人们称之为生产。你们知道，今天人们不再构造一个体系或一个理论或一个概念，人们并不构想一个概念，并不表达某事，而是生产一个知识体系，生产一个陈述，生产一个理论，生产一个结果（人们并不促发、孕育乃至造成一个结果，而是生产一个结果，人们并不为了言说某事而讲话，并不为了表达一个观念而发表作品，而是介入以生产一个文本或一个陈述。我们也需认真反思“介入”）。137
我这么说不是为了产生嘲讽的效果，相反，我是确信这一审查和选择的历史必然性，这么做首先是为了消除以这种方式被排除或代替的观念中所蕴含的整个价值，我想知道这一替代意味着什么。在如此起作用的选择或审查中，除了生产以外，这一整套价值（行动、创造、孕育、思考、言说等等，连同它们的庞大的系统）被贬为不相干，被排除在外。我们想在那里保留和再-生产什么？现在我们发现：

1）[①]这一生产的词语和概念标示了在时代中以直接或间接、这种或那种方式接受的全部事物：无论是马克思主义的话语，还是被思考和命名为马克思主义的普遍话语的东西。当我说“时代”时，我指的是我无法用其他方式命名但保留所有其他称呼的一个整体，并且不使这个时代的观念成为单纯对海德格尔关于时代和存在之诸时代的话语的依赖。为什么是马克思主义的话语，它汇集或思考的是什么？好吧，首先是因为，不可否认，生产的概念是马克思主义话语的一个基本的操作装置。这里我们不打算分析这个概念在马克思主义（马克思或其他马克思主义者）的话语中的功能，但我们至少可以在此指出，即使马克思并没有使生产的概念处于抽象本质的状态，即使根本的概念不是生产，而已经是复杂的“生产关系”；即使如《政治经济学批判》导言所言，马克思强调如下事实：没有一般而言的（en général）生产，也没有普遍的（générale）生产，但他认为有必要，且事实上的确有必要提到“生产”的概念或它的普遍意义（尽管他认为，正如他所说，人们是通过比较，也即通过经验的归纳得到这个概念的，这带来了无数的问题，例如，如何进行这种“比较”而不受

① 这个编号后面没有继续。

对“生产”所意指的普遍意义的预期的引导，等等），情况依然是，整个历史唯物主义理论是一个生产（生产力、生产关系、作为生产过程的劳动等等）的理论；依然是，正如马克思在《德意志意识形态》中所说，物质的生产最终产生了他所说的“观念、表象、意识的生产”。[①]生产、生产力因而是人的关系、作为人的关系、人类关系的普遍本质（尽管本质这个词并不恰当）或结构；它甚至是一般而言的有生命者的普遍结构，因为尽管马克思在《资本论》中将人的生产力与动物的生产力做了直接的对比，说动物并没有首先“在头脑中”体现它的目的，但一般而言的生产力依然是一般而言的有生命者的结构。 138

> 达尔文［《资本论》第一卷第317页说］提请人们注意自然技术史，也即在动植物的生命中作为生产工具（*Produktionsinstrumente*）的动植物器官的形成史。那么，人类社会的生产器官（*produktiven Organe*）的形成史，整个物质组织的物质基础的形成史，不是同样值得关注吗？而这种历史不是更容易书写吗？因为正如维柯所说，人类历史区别于自然史的地方就在于，人类史是我们自己创造的，而自然史不是我们自己创造的。技术揭示（*enthüllt*）了人对于自然的能动作为，人的生命的直接生产过程（*den unmittelbaren*

① Karl Marx et Friedrich Engels, *L'Idéologie allemande*, trad. fr. Henri Auger, Gilbert Badia, Jean Baudrillard, Renée Cartelle, Paris, Éditions Sociales, 1968, p. 50; *Deutsche Ideologie*, t. 3, Berlin, Dietz verlag, 1962, p. 26.

Produktionsprozess seines Lebens）。①

［我很快会回到这一点，但我首先想来到脚注的末尾，在那里，马克思根据一种我们也许会感兴趣和关切的方式，批判了自然科学研究者抽象的唯物主义立场，他们一旦离开自己的专业领
139 域——因为他们没有足够的历史感——就开始使用“抽象的和意识形态的”语言。我们至少可以记住这一批判的原则，并且将它运用到科学家（例如生物学家）的话语中，当他们进入哲学或普遍认识论领域时，他们对自己言词中蕴含的哲学或意识形态不够警觉，没有充分地追问他们所使用的操作性概念的体系和历史。而且比“哲学家”用得更抽象……例如，其中包括雅可布所使用的生产或再生产的概念。但在马克思那里可能也存在这种现象，我再次引用它：依然是“机器和大工业”这章的第一节第四段的同一个注释：］

> 技术揭示了人对于自然的能动作为，人的生命的直接生产过程，以及社会生活和在这里有其源头的精神观念的关系的直接生产过程。所有抽掉这个物质基础的宗教史本身，都是一个非批判的历史。事实上，通过分析来寻找宗教晦涩形态的世俗核心，比反过来（*als umgekehrt*）从当时的现实生活关系（*Lebensverhältnissen*）中发展出它的天国

① Karl Marx, *Capital*; *Das Kapital : Kritik der politischen Ökonomie*, dans Karl Marx et Friedrich Engels, Werke, t. 23, Berlin, Dietz verlag, 1968, p. 392-393, note 89. 雅克·德里达在打印稿上标注的第317页与我们所能找到的任何法文译本均不一致。

（*verhimmelten*）形式要容易得多。后面这种方法是唯一的唯物主义的方法，因而也是唯一科学的方法。排除了历史过程的自然科学的抽象唯物主义，只要它们冒险超出自己的专业范围，其缺陷就在它的代言人的抽象的和意识形态的观念中暴露无遗。①

也就是说，当马克思说讲述人的生产过程的历史更容易，因为这是我们所创造的历史时，这个很难让人信服的理由无论如何都指向了马克思所谓自然的、动物的生产过程与人类的生产过程的一个恒常区分，也即，正如我刚才提到的，人类的生产区别于动物的或自然的生产，不仅是因为人首先具有目的的观念，更是因为，并且更有趣的是，人类的生产不仅生产产品，也生产生产 140
和生产工具。不同于动物，人生产生活资料和生产资料。以此他生产再－生产。但马克思将这一再－生产或再生产能力（/可再生产性，reproductibilité）的生产，这一作为再－生产能力的生产能力，严格区别于生物的或自然的再生产能力。其区别因而是多方面的：它首先发生在人类的生产和动物的生产之间，因为前者生产生产工具和再生产工具（技术的、技术学的），其次发生在这一再生产能力和人们通常所称的生命的再生产或生命的生物学条件之间。这一点可以在《德意志意识形态》里读到，它在《资本论》里再次得到了确认：

① Karl Marx, *Capital*; *Das Kapital: Kritik der politischen Ökonomie, op. cit.*, p. 392-393, note 89.

整个人类历史的第一前提［预设：*Voraussetzung*］无疑是活生生的人类个体的生存。因而首要的事实就是要看到这些个体的身体体质及其与自然界其余部分的关系。当然，我们不能在这里对人的身体构造进行深入研究［……］。我们可以通过意识、宗教和任何我们意愿的东西区分人和动物。一旦开始生产［马克思的强调：*zu produzieren*］生活资料（*Lebensmittel*），迈出由其身体组织所决定的这一步，人本身就与动物区分开了。通过生产生活资料，人们间接地生产物质生活本身。人们生产生活资料的方式首先取决于他们已有的和需要再生产的生活资料的性质。这种生产方式不应仅仅从个体的身体实存的再生产（*Reproduktion*）这方面加以考察。毋宁已经是这些个体的一定活动模式，是表达［不如说外显：*äussern*］他们生命的一定方式［我坚持这种作为外显（extériorisation）的生产，对外显最常见的译法是表达（manifester），这并没有错：重要的是，这个彰显、突出、打
141 破传统规定的生产（pro-duire）不仅出现在拉丁词*pro-ducere*中，也出现在技术（*technè*）的希腊语和亚里士多德的规定中（参见海德格尔："技术、真理与自然"，等等）]，表达他们被规定生命的一个模式（*eine Bestimmte Lebensweise*）。个体表达（*äussern*）他们生命（社会出版社版的翻译）的方式［德文文本说得更清楚："*Wie die Individuen ihr Leben äussern, so sind sie*"：这些个体怎样表达他们的生命，他们就是怎样的；换言之，马克思强调，他们是作为他们的表达的生产，生命的存在、生产和表达是等价的。所以：］他们之所

> 是就与他们的生产相一致（*Was sie sind, fällt also zusammen mit ihrer Produktion*），既与他们所生产的东西［*was*被强调，*sie produzieren*］一致，也与他们生产的方式一致［*wie*被强调，*sie produzieren*］。诸个体之所是取决于他们生产的物质条件。①

因此，我们就是我们生产的东西和生产它的方式，并且存在的方式就是作为自身之表达或外显的生产的方式。因此，在作为生命和作为生产之存在的这一普遍规定的范围内，马克思区分了动物生命的生产和人类生命的生产，区分了生物学的再-生产和人类技术学中的生产条件的再-生产。因此，另一个显著特征是，生产在其本质规定中作为存在、生命或表达立刻被定义为与再-生产条件的关联。再-生产能力也不是生产中突如其来的意外，而是生产的本质本身。这一点在《资本论》的文本中（我们去年在讨论意识形态时一起阅读了它②）也十分清楚。在第七部分第二十一章论“简单再生产”时，马克思把资本主义生产和再生产方式作为整个分析的根本前提，一般而言——这是一个普遍法则——“生产的条件也是再生产的条件。一个社会如果不将其部 142
分产品不断地再次转变为生产资料，转变为新产品的要素，它就

① K. Marx et Fr. Engels, *L'Idéologie allemande*, *op. cit.*, p. 45-46; *Deutsche Ideologie*, *op. cit.*, p. 20-21.

② 德里达指的是1974—1975年他开设的名为“法国理论家的意识形态概念”（GREPH）的研讨班。

不能再生产，也即以连续的方式进行生产。”[1]我把不简单的、扩大的再-生产撇在一边，因为我们去年讨论过这个问题，但是从我们所说的遗传生产程序的“替补”角度来看，你们可以想象它在此会引发我们怎样的兴趣。无论如何，我们在后面这个文本中看到，一方面不存在并非再-生产的生产，不存在不位于其再-生产能力结构本身当中的生产力，重复的这一“再-”不只是派生的或突然而来的，也不是单纯重复，不是同一的重复，因为它是无止境的生产和替补结构的持续改造的和生殖的“再-”。另一方面，我们看到这个表达的、公之于世的、向外部阐明的谓词，这个刻画了整个生产的谓词，在此与改造并赋予物质形式、讯息-改造的谓词相关联，由此，在与亚里士多德的形式（形态[*morphè*]、艾多斯[*eidos*]等）的关联中，我们再次回到了技术（*technè*）的功能。存在的本质作为生命（*physis*），生产既是表达，也是信息（in-formation）。

马克思和雅可布的作品中都没有提出问题——我不是说哲学的问题，而是说关于哲学、哲学遗产或哲学程序的问题，这些问题运用（我们也说生产）他们也有所借助的生产的普遍概念。无论两人赋予生产力怎样的具体规定（动物生物学的或人类技术的、自然的或历史的），他们都暗示了，当人们说或写“生产”时，人们对此有所理解。但人们理解了什么？这种所谓的日常含义的自明性是如何起作用的？人们不再对这一奇特的逻辑提出问题，该逻辑通过再的诡异游戏，在一个概念或操作的结构本身当

① K. Marx, *Das Kapital*, *op. cit.*, p. 591; 法文译文参见上文第138页，注释②。

中（此概念或操作仅仅通过其固有的再-生产、生产的再-生产而开端），同时并置同一性和差异。人们对此没有提出问题，即使人们根据传统的对立，在自然和技术、自然和历史、自然生命和（历史、精神、社会、人类社会的）生命、动物和人等之间做 143
出区分，仍有必要知道，使人们可以在这两种情形中基于对立的双方①谈论生产和再-生产、作为再-生产的生产的共同语义视域是什么。

再一次，这里涉及的不是语文学家的问题，甚至不是哲学家的问题（因为问题在于哲学要素［philosophèmes］未受到哲学乃至科学的质疑），而是一定数量的话语——至少在一定领域内部，它是占主导地位的话语——如何运行的问题，这个话语尽管在一定程度上是科学的，并且在这点上它们的科学性不受质疑，但它们毕竟需要非批判的、未经追问的操作的支持——在这里就是生产的观念的支持——以奠定它们的整个科学性。而且这一支持显然是一个哲学要素（作为**自然**-**技艺**-**真理**-生命的存在之规定，表达-信息：作为自身最大限度的再-生产、自身的呈现［因为生产若不呈现的话，还能意味着什么？］的本质性生产，等等）。而这个在某一时刻占据了整个基础的哲学要素，支撑了科学进步所必需的选择以及非科学的失效，等等，这个起主导作用的哲学要素当然服务于科学，但同时所有非批判的操作——并且由于它们的缘故，在同样的行列中，所有人们指派的强加——也借这个哲学要素的躯体得以进行。这些都发生在马克思主义的语言，

① 这里添加了一个箭头，箭头后跟着全大写单词“类比”。

发生在与这个“生产”的哲学要素相联系的马克思主义的语言中——人们冠之以意识形态的名称。

～　～　～

这足以说，对所有这类问题都不可能给出最终的形式，最终批判的形式，例如“什么是生产-再生产？”“生产或再生产到底是什么？”或者“生产/再-生产或自我-生产-再生产意味着什
144 么？”与“什么”（“这是什么或这意味着什么”）的纠缠现在很明显与自我-生产-再生产（通过信息、表达、其固有本质的呈现、真理，等等）有着同义的关系，因而这个问题并不是我所说的同义反复的问题，这意味着这个问题受到它的对象的支配，采取了它的对象的形式。“存在是什么？”的问题返回自身，它不是一个问题，而是与自身的一个契约，在其中它同时自我分裂和自我增长，以自我分裂的方式自我生产-再生产。

如同细菌。

在细菌所做的事情——以有性或无性的方式，通过自我分裂以自我繁殖和自我恢复，以自我消逝的方式自我再生产，等等——与在“存在（以有或没有交媾的方式）是什么”的问题当中所做的事情之间，有着一个——一个什么呢？我一定不会说一个连续性或同质性，也不会说对立，因为对立会让我们回到相同——，有着世界上最大的差异，或如人们所说，甚至有一个世界，但是说有一个世界，如果我们称世界为没有总体性、没有同质性的统一，那么这个世界就可以作为整体被思考：根据一个既非是也非与，既非同一性也非对立，而是延异的逻辑（例如，在

细菌与自身的契约和科学或哲学在其特有活动中的契约之间）。

这个世界之中的、问题什么（及其整个伴随物）之中的突然出现，是否与雅可布所说的性征和死亡的“发明”具有某种本质的关联，这一相关联的发明在雅可布那里反复召唤着“替补”的词语，但替补的逻辑或书写并没有自为地（假设它可以自为的话）被追问或“生产”过？

性征和死亡，按照雅可布的观点，是唯一的“替补”。细菌也是，因为它缺失了性的再生产（但我们看到，上一次情况更为复杂——眼下不那么重要——让我们假设一个细菌没有性征，没有偶然的性征，或者没有同质的病毒或染色体片段从一个个体到另一个个体的转移），雅可布说，这个无性的细菌（雅可布也说， 145
没有“性诉求”［*sex appeal*］[①]）并不死亡。他在说什么？他想说什么？细菌唯一的“计划”，唯一的“野心”——这是雅可布拟人的说法——“一个细菌力图不停生产的，是两个细菌”。又或者：

> 细菌细胞的整个结构，它的整个机能、整个化学反应都是为了这唯一的目的而完善起来的：在最多样的环境下尽可能又快又好地生产两个与自身相同的组织。如果将细菌细胞视为一个工厂，就应将其看作一个特殊类型的工厂。由人类技术制造的产品实际上完全［？］[②]不同于生产它们的机器，因此不同于工厂本身［？］。相反，细菌细胞所生产的，

---

① Fr. Jacob, *La logique du vivant*, *op. cit.*, p. 339.

② 本段引文中方括号里的三个问号是雅克·德里达添加在打印稿中的。

乃是它固有的［？］组成成分，它归根结底生产的是与自身同一的东西。如果工厂生产，细胞则自我再生产（/自我繁殖）。[①]

我不想停留在所有这些表述的考究的相似性上。这些表述里没有一个词是严谨的。但这不是我今天想强调的。从这个描述出发雅可布提出，在细菌的简单再生产的系统中，不论是性征，还是由此，死亡都不是它的本质组成部分；因而它们是以替补的方式到来，就好像是来自外部。我想强调的正是一方面，这一性征与死亡的联系，〈另一方面，〉这一外部的价值。不存在细菌的性征，因为分裂仅仅发生在有机个体内部，排除了或不需要其他个体、其他个体系统、其他程序的介入。由于同样的原因，这里不会有死亡，因为死亡并非来自内部，雅可布说，通过再生产能力
146 的单纯消失和枯竭，死亡由同一性、实体的稀释构成。我上次说过，引领所有这些分析的性征概念显得多么混乱和不一致。关于死亡的概念，不是也可以这么说吗？

雅可布在第317页这样写道：

这就是小细菌细胞的编排，它可以使系统整体达到每20分钟自我繁殖一次。在细菌那里，与再生产必须是有性繁殖的有机体相反，诞生并不被死亡所抵消［我的强调］。在细菌培养生长期间，它们并不死亡。它们作为实体消失：在有

① Fr. Jacob, *La logique du vivant*, *op. cit.*, p. 291.

> 一个细菌的地方，突然有了两个细菌。“母亲”［这里使用引号：可以是母亲也可以是父亲］的分子平分给“女儿们”。①

［这里使用引号，但这是因为“细菌”是一个阴性名词，还是因为它们并不具有雅可布说母亲和女儿而非父亲和儿子、母亲和儿子、父亲和女儿时的性别之分？抑或是因为在某些有性繁殖系统中，乃是母亲孕育分娩后代？这些问题搁置不论。也许在雅可布的等级阶梯中，其最高等级触及了天堂、天使，在梦中他并没有说它们是否有性别，它们不断地上升和下降，而上帝自阶梯之上向做梦者许诺，让它们在大地表面像尘埃一样成倍繁殖。我相信，前一天，耶和华曾对他说：“你们不要娶迦南的女人为妻。”②我继续我的引述：］

> 在细菌培养生长期间，它们并不死亡。它们作为实体消失：在有一个细菌的地方，突然有了两个细菌。“母亲”的分子平分给“女儿们”。例如说，母亲体内包含一个脱氧核糖核酸长纤维，它在细胞分裂之前就一分为二。每个女儿［不再有引号］接受其中一个相同的纤维，每个纤维都由一个“旧链”和一个新链组成。判断一个细菌不再活着的一个
> 标准是，它不再能够自我繁殖。如果人们想在这个非－生命 147
> 中看到死亡，那么看到的是一个偶然的死亡。它常常依赖于

① Fr. Jacob, *La logique du vivant*, *op. cit.*, p. 317.

② Genèse, 28:1.

> 培养的环境和条件。通过不间断地用新的培养基替代培育物的一小部分，细菌可以永久地保持生长：细菌在那里永恒地自我繁殖。在细菌培养物中造成个体生命转瞬即逝的，因此不是通常意义上的死亡，而是由生长和增殖带来的稀释。①

那么，关于所谓无性生殖的有机体的死亡，这段话说了什么？按照我的阐释，它说的是，在无性繁殖中（通过单个个体的内在裂变）不存在死亡。如果更仔细地考察“不存在死亡”这句话，我们会发现什么？在“不存在通常意义上的死亡”的意义上，不存在明确无疑的死亡。又或者，在被理解为严格意义的通常意义上的死亡上，从生命到非-生命的过渡不是死亡。为什么？因为走向细菌的非-生命（作为自我再生产的无能）的那个过渡，乃是一个“偶然的”死亡。我回顾这个句子：“它不再能够自我繁殖。如果人们想在这个非-生命中看到死亡，那么看到的是一个偶然的死亡［……］［再往下］因此不是通常意义上的死亡。”

因此，雅可布所称的通常意义上的死亡，按照他的意思，那唯一当得上死亡之名的死亡，乃是不限于非-生命的死亡，这个死亡不是偶然的，偶然在这里可以译为“来自外部”，受到外部的影响。的确，正如你们所见，偶然的死亡仅指在单纯非-生命中的死亡，它阻止了细菌拥有死亡、其固有的死亡的权能，这一偶然性表明死亡依赖于外部，依赖于环境。为了让

① Fr. Jacob, *La logique du vivant*, *op. cit.*, p. 317-318.

事情更清楚，我重读下面的话："如果人们想在这个非－生命中看到死亡，那么看到的是一个偶然的死亡。它常常［我必须说，这个'常常'在内外之分、死亡与非－生命之分的自诩为科学的话语中引入了我所称的**文化的**混乱］依赖于培养的环境和条件。"雅可布毫不犹豫地谈到了环境持续更新这一假设情形下的 148
永恒。注意，他并没有说——这是他的陈述的另一个混淆，我确实发现它与死亡和性征问题的混淆十分接近——如果外部环境总是新鲜的，这样的细菌将永恒地自我繁殖，他说的是"细菌在那里永恒地自我繁殖"，这和说死亡不会发生在细菌上是两回事。

再次思考我们刚才取得的进展。

1）来自外部的死亡（在这里被规定为环境）不是死亡（在从"通常意义"出发规定的本义上）。这个非－生命乃是一个非－死亡，它不是一个死亡。从外部降临于细菌的非－生命不是一个死亡。这是个奇特的陈述，其形式逻辑的后果是双重的、二分的。说降临于细菌的非－生命是一个非－死亡，这可以从反面说，生命就是死亡：真正的生命是真正的死亡。我想说，这个后果也蕴含在雅可布的文本中，该文本进一步提出，死亡应该是内部的，对于生命来说，能够真正死亡是必不可少的（双重的后果：对于细菌来说和对于人来说）。但由这个相同的表述也引出一个非常合乎逻辑的后果，即真正的死亡从未触及细菌，只要细菌能够自我繁殖（这是标准），它就活着，细菌的生命（通过个体的单纯分裂而增殖的无性生命）是不受伤害的，是纯粹的生命，不被丝毫的否定性所污染。死亡没有击中它，就像在它外面越过了它，等等。

2）存在着本义上的死亡——也即通常意义上的死亡——因而雅可布肯定，它不应该是偶然的（来自外部而不是来自有机个体的内在过程）和外在的。它不应该像一个偶然的事实那样从外部添加进来，而是应该被存在、本质、再生产能力，也即被生命、鲜活的内在法则所支配。因而它不应该给增添、替补以容身之所。

然而，对于替补的书写的悖论，雅可布未加注意：正是这种在有性繁殖的有生命者那里作为内在规定的死亡，这种非替补的死亡，作为一个替补介入了无性繁殖的链条。你们回想一
149 下我上节课引用的段落，它在“替补”“多余”“额外”等词语下将性征和死亡联系起来。因此，应该承认，对于性征和死亡来说，这两个“发明”——它们从外部突如其来，几乎是偶然的——就在于把来自外部者放入内部，铭刻为内在的法则。从外部带来的替补，乃是内在的替补，因而雅可布在这里坚信不疑地运用的所有对立（必然/偶然、内在/外在、生物/环境等，以及由此，无-性征/性征、生命/非-生命）就是成问题的，这导致他从未反思这个法则，从未反思这些形式上矛盾的陈述，也即这些经验的近似，某些陈述概念上的截然分明在这里被瓦解了，或碎裂了、钝化了。我将试图通过阅读有关死亡、死亡的发明的篇章——该部分紧接着有关性征的发明的片段——给出一些例子（阅读《活生生的逻辑》第331—333页并加以评论，特别是错误/事件）。

进化的可能性本身的另一个必要条件乃是死亡。它不是来自外部的死亡，如某个意外事件的后果。而是来自内部的强制性的死亡，如同一个来自受精卵、通过遗传程序本身获得的规定的必然性。因为进化，乃是在其所是和其所将是之间、保守和革命之间、再生产的同一性和变化的新颖性之间的斗争的结果。在通过裂变自我繁殖的生物那里，个体因生长迅速而带来的稀释足以抹除过去。相反，随着多细胞生物的出现，随着体质细胞系和生殖细胞系的分化，随着通过性进行的繁殖，一些个体有必要消失。这成为两个相反力的结果。两者保持平衡，一方面是性的效能和与之相伴的妊娠、照料、教育；另一方面是不再在繁殖中扮演角色的一代的消失。在自然选择的作用下，这两个参数的调节决定了物种的最大寿命。至少在动物那里，进化的整个系统都建立在这一平衡之上。生命的界限因而不是被偶然所决定。它们受到程序的规定，从卵子的受精开始，个体的遗传的命运就确 150
定了。人们还不了解衰老的机制。当今最受欢迎的理论把衰老视作或者在体细胞所包含的遗传程序中，或者在这些程序的表达中，也即在这些细胞产生的蛋白质中错误累积的结果。根据这一图式，细胞可以容纳一定量的错误。超过这个界限，它必定死亡。随着时间流逝，错误不可避免地在越来越多的细胞中累积。因此，程序的执行本身调节着生命的长度。不管怎样，死亡构成动物世界及其进化所选择的系统的不可缺少的组成部分。人们可能对今天称为“生物工程”的东西充满期待：多种瘟疫、癌症、心脏病、精神疾病的解决；用移植或合成装置代替各种器官；某些老年衰退问题的治疗；某些遗传缺陷的矫正；甚至活跃生命的短时中断也可以在之后根据意愿得以恢复。但是，寿命的延长几乎不太可能超出一定的限度。进化的桎梏与永生的古老梦想格格不入。

遗传库所青睐的，首先是程序的质变而非量变。然而，进化首先表现为复杂性的增加。一个细菌代表了大约一毫米长的核酸序列的转译，由约二千万符号组成。人类源自另一个核酸序列，该序列长约两米，包含数十亿个符号。因此，组织结构的复杂性对应于程序的扩展。如果进化是可能的，它同样有赖于有机体的空间结构与遗传讯息的线性序列之间建立的关系。因为整合的复杂性通过增添的简单性得以表达。然而，遗传的已知机制有利于程序的变异，但几乎不带来替补。当然存在一些拷贝的错误，它使某些讯息片段加倍，使可以转移病毒甚至多余染色体的遗传片段加倍。然而这些过程不怎么有效。我们还看不到它们如何足
151 以导致进化的某些重大阶段，如细胞组织的变化，连同从细菌的简单或“原核”形式到酵母和高等有机体的复杂形式或“真核”形式的过渡；或从单细胞状态到多细胞状态的转变；或脊椎动物的出现。实际上，上述每个阶段都对应着核酸的显著增加。要解释这些突然的增长，应当利用某个罕见事件的偶然性，例如引发染色体过剩的繁殖的错误；甚至利用某个异常的过程，如有机体的共生或不同物种的程序的融合。这些共生可以干预进化，目前有证据表明，在“线粒

体”的性质中，这些细胞器在复杂细胞中起到产生能量的作用。按照生物化学的所有标准，这些细胞器带有细菌的烙印。它们甚至携有独立于细胞染色体的、自身特有的核酸序列。它很有可能是细菌的残余，曾与另一个有机体结合，从而形成我们的细胞的祖先。至于程序的融合，人们在植物而非动物那里对此有所了解。一种安全机制保护它们免受古代和中世纪所珍视的“令人厌恶的爱情”的影响。但是，人们最近在细胞培养中观察到不同物种的细胞的融合，例如人和老鼠。每个程序都保留着双份样本，这些杂交细胞完美地增殖。不同物种之间的奇特爱情所不能做到的，其他事件可以予以完成。这样的遭遇有着不寻常的后果，足以为深层的变化提供机会。在实践中，没有证据表明这种事故是自然发生的；但在理论上这并无矛盾之处。程序的增长没有任何规律性。人们在其中发现了突然的跳跃、骤然的增长、无法解释的后果，与有机体的复杂性没有关联。为了使程序的增长与进化的节奏保持一致，需要有反常的事件。我们看到，所有试图估算进化持续时间或进化可能性的尝试在今天显得何其虚幻。也许有一天，电脑会计算出人出现的可能性。①

借助“通常意义上的死亡”以支持科学家有关本义上的死 152
亡的话语，借助“真正的性征”以支持科学家关于本义上的性

① Fr. Jacob, *La logique du vivant*, *op. cit.*, p. 331-333.

征的话语，均遭到了失败，这不是由于本质的或必然的原因，而是由于替补、必然替补的原因。人们付出了英勇的[①]努力，科学家的不折不扣的哲学努力（因为在这里，我不是从哲学的角度去阅读一个科学家，而是从科学的而不再是哲学的角度去阅读一个哲学家，这可能更科学，因而可能更符合科学的哲学呈现），科学家的这种哲学努力旨在在对立的（无论是否辩证的）逻辑或本质的逻辑不再恰当的地方，重建概念的或本质性的对立。这种努力总是试图孤立或纯化模型（因而是纯粹的模型），后者使二元的或辩证的逻辑的可靠掌控成为可能，也即让某些程序的支配最终无法通向替补，或在其中，替补本身无法被纳入程序。

这一模型的纯化，连同向理想极限的过渡，已经构成了作为纯粹可再生产性和作为纯粹无-性（a-sexuée）的细菌的整个神话。存在着一定数量的、不稳定的（尽管数目巨大并占据多数）细菌，它们以此种或近似于此的方式自我繁殖。但也存在着突变——遗传学家将之描述为突然的和“自发的”，他们承认其中有环境的影响，而这与自发性的观念是相矛盾的。特别是，最近人们在细菌中发现了基因重组：两个有机体联结它们的遗传物质从而造就一个不同的个体。因此，根据雅可布给出的定义，这是一种有性繁殖。沃尔曼早在1925年就强调了他所谓的“准遗传”[②]的存在及其重要性。对于这样的细菌，我

① 在打印稿中，“英勇的”这个词被划掉了。

② 这里涉及巴斯德研究所欧仁和伊丽莎白·沃尔曼的研究，特别是他们“论细菌中‘准遗传’特征的传递”的研究（Eugène & Elisabeth Wollmann，1925年）。

们应该已经在讨论性征或死亡（为了以性的方式繁殖，必须 153
要有两个个体，为了有死亡，必须要有两个个体）。尤其是存在着接合生殖现象——雅可布对此谈得很少，它们是由莱德伯格（Lederberg）和塔图姆（Tatum）发现的，人们将之描述为"有性繁殖的类同物"：这个领域中的一个类同物是什么？在"接合"现象中，我们看到遗传物质从一个细胞传入另一个细胞。很自然，人们称传入的细胞为"雄性"细胞，而称接受的细胞为"雌性"细胞。供体细菌（雄性）也从如下事实获得"雄性"特征：人们在它那里发现一个可传递的性要素，也即游离分子。换言之，在这些情况下，确切的所谓的性征只存在于雄性细胞（供体、传入者、传递者）。还存在着所谓的转化（transformation）现象，据我所知，雅可布没有谈到它。根据1944年一个有关肺炎球菌的发现（艾弗里［Avery］），当两个微生物菌株中的一个按人们带引号的说法，被"杀死"时，另一个被人们称为"受体"的活的菌株夺取死者的DNA提取物（来自死者的提取物漂浮在周围环境中）。在这个仪式过程中，受体（因此是雌性！）夺取了人们可以称之为死者的精子的东西，仅仅一个小片段穿透以整合到接受者的染色体中。通过噬菌体等的中介，这其中也存在转导（transduction）现象，等等。无论这些现象的局部特征（没有细胞融合，等等）是常见还是罕见，这总是意味着，仅仅通过它们的可能性，它可以发生在没有性和没有死亡的作为繁殖模型的"纯粹"细菌上，纯粹的内部或外部上，活生生的可再生产性的纯粹内部或不能接受作为偶然而来自外部的死亡的纯粹表面上。

我不想得出结论说，一直都有性征或死亡，或者仅仅反过来说，永远不会有性征或死亡，但我想说，如果“科学”或“哲学”必须谈论性征或死亡，那么这些对立（积极/消极、更多/更少、内部/外部）、或者/或者的逻辑、和或是的逻辑是不充分的。

我想说，在那里人们总是使用**模型**的概念，以掩盖这种不充分。

154 我今天没能如我上节课提出或宣称的那样重提这一模型——作为模型的文本的问题。下周我会处理这个问题。你们可能更了解其中的关键所在。如果文本，“文本”这个词，作为模型起作用，以使替补的书写重新归属于传统的逻辑（它有时候就是这么做的），那么它将必须接受我今天试图展开的同样的追问。或者，还存在另一个假设，文本命名了那抵抗着的东西，文本，文本强加在模型概念上的结构，命名了抵抗这一古老的和不可破裂的对立逻辑的东西。当我说它是不可破裂的，我的意思不是说人们可以英勇地最终使之破裂或破裂它，而只是试图思考如此这般的不可破裂。

因此，下节课我将回到这个文本的问题，下面我用雅可布的两句话做引子，结束今天的课程：

第326页：“遗传讯息只能通过自身的翻译的产物本身来翻译。”①

第337页：“[……]自哥德尔以来，人们知道，一个逻辑体系不足以用来描述自身。”②

---

① Fr. Jacob, *La logique du vivant*, *op. cit.*, p. 326.

② 同上书，第337页。

第六讲[①] “跛行”的模型：*Colosse*（巨人）的历史

关于当前的问题——文本和模型、作为模型的文本、作为文本的模型、文本–模型——我们先回顾一下上周我留给你们的雅可布的两个表述：

1）“遗传讯息只能通过自身的翻译的产物本身来翻译。”[②]

2）“[……] 自哥德尔以来，人们知道，一个逻辑体系不足以用来描述自身。”[③]

这两个命题的共同内涵是什么？好吧，首先是一个自相矛盾的必然性：人们只能在整体的其中一个要素（产物或部分）的帮助下理解一个整体——而这是不可能的；并且在一个更大的整体中，并且为了理解它自己而去理解或翻译该整体——至少根据理

---

① 在报告前一张笺头为巴黎高师的纸上有一些旁注：“不可破裂”；以及用叉划掉的单词列表：“–先天综合判断/–辩证/–黑格尔/–尼采/–格言/–片段”。页面中间是弗朗西斯·蓬热的诗，《寓言》：“通过通过这个词这个文本由此开篇/第一行说的是真的，/但这个锡箔在两者之下/它可能是忍受？/亲爱的读者你已经有了判断/这里就是我们的困难所在/（在不幸的七年之后/她打破了镜子）”。加着重号的文字是蓬热的话。

② Fr. Jacob, *La logique du vivant*, *op. cit.*, p. 326.

③ 同上书，第337页。

解的通常逻辑是这样，这种逻辑声称在全体或整体中理解部分，或者在一个更大的整体中理解一个整体。也就是说，很奇怪，这
156 两个命题在形式上说的是两件显然矛盾的事情。第一个命题提出了一种可能性：一个讯息可以在借助自身，也即借助它的产物的条件下被翻译（分析、描述、传递、理解）。另一个命题说：如果一个系统从它的其中一个组成成分（产物或结果）出发被描述，则它没有得到描述，也即作为对它自身的描述这是不充分的。用“通过**通过**这个词这个文本由此开篇”这个怪句子作为例子：这个整体得到了很好的描述，它自我翻译，说出了关于自己的真理，并且它是在它的一个内在要素（即“通过”）的帮助下（通过它）说的。通过译解这个讯息，借助它所翻译的内容去翻译这个讯息，我可以同时产生讯息和该讯息的翻译。它的翻译是它的产物。“**通过**”（着重号）这个词是一个要素，它在系统之外起作用（可以说是以元语言的方式），以描述这个系统，但它是从系统内部借过来的。这个系统并没有一个外在的参照。同时，“**通过**”这个词的第二次出现仅在它重复第一次的情形下才具有描述或翻译的贴切性，但这第一次出现不是一个被翻译或被描述的翻译或描述，而已经是进行翻译或描述。这个文本不是通过“通过”这个词开始，而是通过“通过”这个词开启了这个文本。由此，这里的逻辑假设了文本是通过它的翻译、描述或再生产开始的；而且，这一通过翻译（traduction）、翻译行为（traduisant）而非被翻译者（traduit）开端的句法秩序，有着同步的效果——不可还原的句法效果，而不是单纯的语义效果——文本是一个被翻译或被理解的整体，并且同时是一个并不被翻译或被理解的整

体。它说了关于它的所有事情，但它又什么也没有说，因为它所说的总是它自身的一个部分，而不是全部。没有进行翻译的事件，就没有任何东西要翻译。没有翻-译（tra-duction）或再-生产的事件，就没有任何产物和生产。这个整体自我理解又不自我理解。为此，需要有同一事件的两次发生，使第二次从属于第一次的整体（第二个**通过**是“通过通过这个词”、通过“X”这个词的整体序列的一部分，但这个部分应该以同一的方式复制整个序列的原点，只是数量上有差异）：仅当这个词是同一者并且能够 157
用第二个代替第一个时，情况才会如此。正是稍后将会考察的这个锡箔（tain），同时使这个臆造事件的结构本身既是不透明的，又是反射性的。不透明性是镜面反射性的条件，这一不透明性出现在一部分和另一部分，同一个“通过”的一部分和另一部分之间的界限上。**锡箔**就是这个奇特的界限，它阻止了系统对于自身的透明性，然而允许它自我反射，以不自我理解的方式自我反射。

这个臆造的事件不是人们通常所称的事件，也即所谓的真实事件，真实事件可以成为一个报道、一个叙事、一个故事的参照物，简而言之，它是拥有一个对象、相关于某个事物的语言或书写。而这里的事件是一个文本：“通过**通过**这个词这个文本由此开篇”，这是一个自我复制的事件-文本，也即它把自己当作参照物，它有一个文本作为参照，它不仅自我复制，而且作为复制而引发自身，通过它的复制、重译（repro-traduction）[1]而开端。当

① 空白处有一个补充：“翻译，它的译解是它的一部分，甚至构造、创建了它。”

第一个事件、真正的源头等是一个文本，具有文本的结构时，这个臆造的事件总是可以自我复制。如果有生命者具有文本的结构，就会出现这种情形。我这里说的是文本而不是话语，不是非-文本的口头语言。显然，遗传文本不是口头话语，它是非语音，不过这不是我想要强调的。我想要强调的是这一事实："通过通过这个词这个文本由此开篇"这类事件的文本性是在文本性当中被构造的（由此它可以类比于有生命者的结构），它通过如下事实被构造：它不是被语词所支配，也不是被语义的内容、想-说[①]、意义所支配。我们已经看到，以另一种秩序安排的相同语义内容（通过"通过"这个词开篇的文本）将给出一个陈述，这个陈述当然可以描述、翻译或复制第一个陈述（陈述B翻译陈述A），但它不能翻译或复制自身。他者的解读不能阅读自身，不能理解自身。只有在一个更大的文本系统的内部，运用自身的一个部分或一个产物译解自身，才能够说陈述"这个文本通过
158 '通过'这个词开篇"翻译自身和复制自身。但是更大的系统、普遍的符码，有着与陈述"通过通过这个词这个文本由此开篇"相同的结构，因为它只能通过它的翻译的产物而被翻译，结构、句法、秩序在这里先于且规定意义或想-说的效果，这个句法结构按其定义不是被名称所支配或规定，也即不是被在文本或陈述之外有指称对象的指示词所支配或规定，而是被以组成部分为最终目标的句法表达所支配或规定，这些组成部分属于文本和评论

① 按照德里达的理解，"想-说"（vouloir-dire）是向在场意识的还原，因而没有认识到事物作为文本的特征，因为它假设存在一个意愿着的意识，该意识对应着某个事物或指称对象。——译者

文本。一个事件的坚实（consistance）和剩余（restance）——由语词构成和是口头的——依赖于作为评析[①]的标记（marques）的系统、双重标记的系统，等等，这要求人们在这里谈论文本或书写，而不是谈论说话（parole）。这就是文本的观念对于生命科学必不可少的原因，它不仅比口头语言的观念更为必要——这是显而易见的，因为在遗传程序中没有声音或语词——甚至比讯息、信息、交流的观念更为必要，对于雅可布和其他生物学家来说，后面这一点不那么显而易见。讯息、信息和交流当然有其作用，但这是在它们归根结底作为文本的情况下，也即讯息、交流、信息从不传递、发送、交流、告知本身不属于讯息、信息、交流的内容，因而本身不是一个踪迹或文字。信息、交流、讯息并不告知、传递、发送本身还不是讯息、交流或信息的东西。讯息发送一个讯息，这似乎是一个同义反复，然而它在这里恰恰违背常识的自明性。讯息并不发送任何东西，它什么也没有说，它从不交流：它所发送的东西有着与它相同的结构，也即它发送的也是一个讯息，正是这一被发送的讯息使译解或翻译那进行发送的讯息成为可能，这意味着在讯息、信息、交流之外无物存在。由于这个原因，必须在此明确，“交流”“信息”“讯息”等词是互文的， 159
并且是在文本的条件下使用，这与人们通常认为的相反，通常的看法认为它们交流、告知、发送了某个东西。很自然，这一文本的自我指涉、文本的自我封闭（它回指向文本），无关于同义反复或自闭。相反。因为他异性在这里是不可还原的，所以唯有文

① remarque，字面意思是“再次标记”。——译者

本存在；因为没有任何一个用语、任何一个组成部分是充分的甚至是有效的，所以它不指向他者，也绝不指向有文本的自身；而且，因为文本整体不能自我封闭，所以唯有文本，所谓的“普遍的”文本（明显是危险的且仅仅是争议性的表达）既不是一个整体，也不是一个总体性：它不能自我理解，也不能被理解。但它可以被书写和被阅读，这是另一回事。

这个处境——一个没有外部指称的文本，一切都在外部，因为除了评论一个文本的文本以外，没有其他的指称——归根结底不就是生物-遗传学文本的处境吗？生物-遗传学被书写在作为它的一部分或它的产物的文本上，被书写在一个对象或一个指称对象上，而该对象或指称对象不仅反过来已经是一个文本，并且没有这个文本，科学的文本（有生命者的产物本身）就不能被书写。科学文本正处在雅可布关于他的对象（也即活的细胞）和在他的对象中所描述的处境里：他作为其中的一个翻译者，将遗传讯息视为其翻译的产物。科学家的活动、科学、作为整体的遗传科学的文本被规定为它们的对象的产物，如果你们愿意的话，被规定为他们研究的生命的产物，文本的文本性产物，这个文本是他们所翻译或译解或他们所译解其辨读过程的文本。而这呈现为对客观性的限制——根据结构的法则，一个讯息只能通过自身的翻译的产物本身来翻译——这呈现为对客观性的限制的东西也是该领域中的科学性的条件，是科学（以及所有科学）运行的条件。正是在这个处境下，翻译或译解（一个译解在这个词的传统意义上既不是客观的，也不是主观的，更不是意义的解释学的译
160 解或对真理的揭示），互-文（intra-textuel）的译解在这个无文本

外指称对象的文本性科学中是可能的，等等。

如果是这样——现在我说回前两讲已经讨论过的模型的问题——文本就不再能够是一个模型，一个被规定的模型，某种可以与其他事物相比较的东西。就算有模型和类比，在这种情形下也不会是众多模型或众多类比中的一个模型或一个类比。这是由于有生命者的结构和文本的结构不再能够在它们之中扮演比较或被比较的角色。如果狭义的文本（人们通俗地称之为作为人类作品的文本）在某种意义上是有生命者的产物，那么它作为有生命者的结果就不能是与有生命者相比较的模型。而即使延伸文本性的概念直至与有生命者同外延，这里也不会有模型。因此谈论模型没有意义也没有用处。存在的是一种同义性、等价或冗余。

那谈论文本有什么意义呢？好吧，我相信这样做的必要性肯定不是绝对的，没有什么不受到某种历史-理论处境的驱动并与之相关联，没有什么不与联结着该处境的政治-科学策略相关联。通过将有生命者把握为文本的结构，人们在生物-遗传学概念上取得了明显的进步，以及如果可以这么说的话，取得了对有生命者的认识的进步，该认识的进步同时是认识地位的一个转变：认识不再如我们前一讲所说，需要处理实际的元-文本，而是需要处理文本，因而是在文本上书写文本。我们超出了生物学认识的诸阶段。并不是通过借用文本的“模型”使进步成为可能，而是恰恰相反：某种认识的转变强制性地规定了我们所说的文本模型。另一方面，所谓的模型允许新的假设、新的构造，并且它反过来被作为模型的东西所规定：当被称为模型的功能在起作用

时，人们以另一种方式理解一个文本，理解作为文本的事物。但是在这里，无论“模型”这个概念和词语多么不恰当，人们都不
161 难意识到我现在所说的这种理论-政治策略的必要性。不存在*那个*生命者和*那个*文本。不仅存在有生命者的典型结构和文本的典型结构，而且即使人们不满足于这一多元的经验主义立场，也还存在定义文本性和有生命者的结构的多种可能方式。很显然，如果这次从文本的模型（例如音位中心的文本、被在场的想-说等定向的文本，等等）出发去规定文本性，就立刻卷入了一个有生命者的阐释系统，这个系统不同于甚至对立于使这类文本服从于另一类文本（非语音中心的、非目的论的，等等）的系统。模型的问题因而转移并变成如下问题：何种类型的文本将作为普遍文本性科学的模型？对于普遍的文本性而言，是否存在一个典范的文本？等等。关于有生命者，问题可以转变为：细菌的复制是否是人们据此评价替补、偏离（例如性征、死亡，等等）或有生命者的再-生产（“我们”是有生命者的模型）等等的（被纯化的）模型？

这就是为什么模型的问题如此重要。既然我们在此重新讨论这个问题，我想尽可能明确这个词的使用。它出现在雅可布的著作里，但不是很频繁，并且出现在一系列替换词中，其中有类比、形象、对照或“正如……，同样……”这类句法表达。这意味着他所谈论的模型一直是一个描述性的模型，强调的是相似性，是自然的亲缘性，而不是数学模型，不是词语的精确意义上的“模型”（我建议你们阅读阿兰·巴迪欧的著作《模型的概念》

[马斯佩罗出版社，1969年]，[1] 书中有关于模型的词语或概念的不同用法，我不确定是否赞同该书的某些命题[2]，不确定是否全部理解它们，但不管怎么样我可以确定的是，它每一步都触及了十分重要的问题）。雅可布所谈的模型因而是具体的、直觉的、描述 162
的，以及相似性的感知的模型。例如，“模型”这个词在如下情形中出现（第22页，“大纲”）。雅可布曾指出，在生物学的历史中，有许多的归纳，但很少有理论。进化理论在他看来即使不是唯一的，至少也是唯一重要或最重要的理论。归纳、法则并不是理论，除了伟大的进化理论，其他生物学理论都称不上理论，因为它们都不够抽象且过于简单。例如神经传导理论或遗传性理论就是这样。雅可布说，这些理论“十分简单，只有少量的抽象。当某个抽象的实体，如基因出现时，生物学家不会停留于此，他会用物质、粒子或分子成分代替它。就好像为了在生物学中站得住脚，一个理论必须参照某个具体的模型。”[3]

这个具体的模型（描述的、类比的）可以是自然模型，也可以是技术模型，在这里，正是这一自然和技术的对立是成问题的。当人们说基因的具体模型是物质成分“粒子或分子”时，这个成分被认为是自然的。但是，当分子生物学诉诸信息概念时，这个模型就不再被认为是自然的，或不仅仅被认为是自然的。

---

① Alain Badiou, *Le concept du modèle*, Paris, François Maspero, 1969 (rééd., Paris, Fayard, coll. « Ouvertures », 2007).

② 这里打印稿的空白处有一个插入标记，添加了如下内容：“被以下东西卷入，例如科学/意识形态的对立，或假设清晰（〈一个无法辨认的词〉）关于（知识的）生产所意味的”。

③ Fr. Jacob, *La logique du vivant*, *op. cit.*, p. 22.

接下来呢？好吧，模型开始以这种方式循环——我说的正是循环——也即人们不再知道谁是谁的模型：人们为其寻找和找到模型的东西，反过来成为这个模型或其他事物的模型。让我们再仔细看看这个模型循环的具体情形。

我们不妨想一想希拉德（Szilard）和布里卢安（Brillouin）关于麦克斯韦妖所说的话。[①]在麦克斯韦看来，他的空气容器中的妖可以——无偿地，如果可以这么说的话，没有耗费地——估量分子的性质并分拣它们、选择它们。信息是无偿的。相反希拉
163 德和布里卢安证明，信息不是无偿的，也即妖只能在如下条件下"看到"（加引号）分子：在辐射与之耦合，在一个能量（例如光）从系统外到达的条件下。由此气体加妖的整体趋于平衡，并且当光从外面发出时，妖分拣和选择，获取信息并降低系统的熵。否则，若没有这个来自系统外的能量，妖在气体中将变得"失明"。总的说来，考虑到这一来自外部的贡献，系统总体的熵是增加的。雅可布说，信息和熵之间的联系，这种彼此之间的"同构"，使人们可以说在一个有组织的系统中（这是最普遍的和必不可少的概念），"无论该系统是否是有生命的"，雅可布明确说，这些组成成分都通过交换而结合在一起，并且这些交换既是信息的交换，也是物质和能量的交换。信息——由于它总是与系统内部的物质或能量交换相联系——成为更普遍的场所，不同类型的秩序（有生命的或无生命的）在其中相互交错和相互衔接。

---

① 在这个段落中，雅克·德里达改写了雅可布的一段话，参见：Fr. Jacob, *La logique du vivant*, *op. cit.*, p. 270。

雅可布写道："一个组织的构件之间的所有相互作用都可以理解为交流问题。这既可以运用于人类社会，也可以运用于有生命的有机体或自动装置。在这些对象中的每一个对象当中，控制论都找到了某个运用于其他对象的模型。"换句话说，例如在人类社会、有生命的有机体和机器（自动装置）的秩序之间，模型不是在单一的意义上起作用：每个秩序都充当模型，或为一些模型提供其他模型。人们可能想知道，当它为一个对象充当模型时——这个对象也是它自身的模型，或毋宁说是它的模型的模型，由此建模着的模型属于每个对象的结构——模型的认识论价值甚至启发性的价值可能是什么。然后，你们可能已经注意到，在我刚刚展开的论证过程中，发生了一个偷偷的移置：由于信息与熵不可分割，由于既有物质与能量的交换，又有信息的交换，所有只存在着交换。交换的概念占据了最普遍概念的支配性地位，我们从 164
交换走向了交流，并且相对于物质和能量的交换，我们把信息的交换置于优先地位。这就是模型循环进行的方式：一旦人们使交换在被交换的内容（物质、能量或信息，也即选择/区分/分拣）面前拥有特权地位，就很容易在被交换的内容中确立那无内容的内容（它是信息）的特权，因为信息首先由选择和区分组成。于是人们说，系统中的一切都是信息，因而都是交流："一个组织的构件之间的所有相互作用都可以理解为交流问题。这既可以运用于人类社会，也可以运用于有生命的有机体或自动装置。在这些对象中的每一个对象当中，控制论都找到了某个运用于其他对象的模型。"这最后一句话将很快得到说明、例示和典型化。这个模型将分化为不同类型的模型。我们将拥有"类型""类型本身”“榜样”和更模糊的“准确性”等词语。雅可布说，社会将充当另两个秩序（有生命的有机体和自动装置）的模型，因为，我引述雅可布的话：“语言代表了如下系统的类型本身，在这个系统中，一体化整体的组成成分之间相互作用。”这说得可能有点突兀：人们假定知道什么是语言，并且把社会定义为语言。而后，社会可以作为模型的第二模型，有生命的有机体对于社会（社会是它的模型）或自动装置来说可以是一个模型：有机体是一个模型，因为体内动态平衡充当了“所有违反朝向无序运行的普遍趋势的现象的范例”。有生命者，活生生的有机体，是唯一不按照从有序到无序的趋势，而是按照维持现有秩序的趋势安排自己的事物。最后，第三，装置是它的诸模型的模型，因为它的线路的组合“明确着”——这个用语有些含混——“一体化的要求”。[①]

情况依然是，如果信息，讯息的发送或接收本身与分拣、选
165 择的活动，也即与力或力的差异等的活动不可分割，如果信息不单纯是交流或语言或中性的认识，就不能将纯粹语言学或符号学的模式从动力学、能量学或经济学的模式中孤立出来。模式循环，循环既是信息的（如果信息仅仅是形式的讯息）也是能量的。我们可能——并且总是可能——想要通过赋予讯息、交流或形式以特权来偷偷消除的东西，也即能量学，不会被还原掉。不是把能量还原掉，也不是满足于添加能量或使它与讯息联结，而是构造——例如作为选择或选择的原则——讯息、信息活动本

① Fr. Jacob, *La logique du vivant*, *op. cit.*, p. 271.

身。因而当我们谈到文本性时，力的关系、力的差异、经济竞争的价值也将是不可还原的。一切就像在被重新-标记和重新-写入时，整个文本系统向外部的开放。复-制本身蕴含了这一竞争（agonistique）。

由此，在定义了三类对象（社会、动物、机器：你们看得很清楚，从模型循环的时刻起，说三个模型就没有道理了，而毋宁是一个或3+N个，各种特殊的系统都可以添加到这三个模型中，总之，三者的分割是传统的、教条的，并且在任何情况下都受到模型的循环的质疑，等等。）之间的模型的循环后，因而，在定义了三类对象（社会、有生命者/动物、机器）之间的模型的循环后，雅可布以传统的方式将形式和力（信息和能量调节）分离开来，同时写道：“最终，任何有组织的系统都可以参照两个概念加以分析：讯息的概念和通过反馈的调节的概念。”①

这里涉及的是两个概念吗？我们可以在分析中，如果你们愿意的话，在认知秩序（*ordo cognoscendi*）中将它们分开吗？雅可布将它们分开了，但他在分别分析它们的时候，不得不在讯息的概念（第一个概念）本身中，在他的分析本身中，在他的阐明中，引入一个选择或挑选的原则（没有不进行区分的讯息），而后者已经蕴含了在第二个概念的分析中要被追问的能量调节的问题。 166

他问道，一个讯息是什么？回答是：一个他称之为通名的系列，在此处是多少有些约定俗成的“符号”。这不重要。重要的是，这些符号，这个符号系列是“被抽取的”，是在一个索引中

① Fr. Jacob, *La logique du vivant*, *op. cit.*, p. 271.

的词语。没有不是被抽取的讯息，因而所有信息都是区分着的筛选。他说，这些符号可以是记号（这是最普遍的词，似乎能够涵盖各种标记）或字母、音调、音素。雅可布不停地定义这些概念（记号、字母、音调、音素），而就他所关心的问题而言，这实际上无关紧要，重要的并非标记的类型，而是有一个可编索引的整体以及在这个整体中有抽取这一事实。标记的类型乃至讯息的内容在这里都不关键，令我们感兴趣的只是讯息的运转和它蕴含一个选择，一个组合中的可能性或不可能性的限度这个事实。

> 既定的讯息因而构成一组可能的安排中的一个特殊选择。这是所有允许符号组合的秩序中的某一个秩序。信息衡量着选择的自由，因而衡量着讯息的不可能性。但它忽略了语义的内容。因而所有物质结构都可以类比于一个讯息［我的强调］，在这个意义上，构成它的组成成分（原子或分子）的性质和位置是一系列可能中的一个选择的结果。通过依据符码的同构转换，一个这样的结构可以在另一个符号游戏中被翻译［我的强调］。它可以通过一个发射器，从世界的任何地方被传递给一个接收器，后者通过逆转换而重构该讯息。广播、电视和情报机构就是这样运作的。因此维纳说，我们看不到有任何东西阻止我们“将有机体作为一个讯息来思考”（《人有人的用处》，1954年，第95页）。[1]

---

① Fr. Jacob, *La logique du vivant*, *op. cit.*, p. 271-272；雅可布参考了如下著作：Norbert Wiener, *The Human Use of Human Beings : Cybernetics and Society*, Boston, Houghton Mifflin, 1954。

建模的可能性——它使得我们可以说例如“类比”（所有物质的结构可以类比于一个讯息）——不仅在于（如果你们加以注 167
意的话）所有系统中都存在信息或讯息这个事实（例如在我们提到的三类系统中），而且在于信息的运行本身，它的内在运行包含了一个“符号游戏”在另一个符号游戏中的可翻译性，对于一个编码和一类符号（然而是从一个编码到另一个编码，从一个符号类型到另一个符号类型）的内在可翻译性。正是在这里，首先出现了作为类推的可能性，它使得我们可以说“类比于”或“将有机体作为一个讯息来思考”。

一旦定义了讯息或讯息的“作为”，在论及反馈或调节的原则时，它就不是我们所论及的另一个概念，即使是另一个相互关联的概念。正如我刚才所说，我们在此并没有两个概念（讯息加能量的调节）：在讯息中，存在选择或拣选，并且讯息运作本身的这一构造性选择的原理必须服从经济的法则。此外，当雅可布另起一段考察他所称的第二个概念“反馈”时，[①]他只是解释了讯息这同一个概念，或者反过来，当他分析讯息时，他只是暗指了反馈的概念。反馈就在于在系统中重新导入它过去行动的结果（以一种或另一种形式已经过去的行动，讯息的一个记忆或档案），以便检视和纠正机制的趋于解体的倾向。因此，必须在此强调，这种检视以某种方式局部地和暂时地导致了熵的倾向（或方向）的逆转。有生命或无生命的整个系统的（我们称之为自然的）方向趋向于衰退、退化、熵的增加。因而调节就在于通过来

① Fr. Jacob, *La logique du vivant*, *op. cit.*, p. 272.

自有机体外或有机体内的其他地方的功或能量补偿每个局部的退化。这个局部替补的功或能量本身服从于同样的法则、同样的倾向，等等，以串联的方式，每个失去都通过一个增加而得到补偿，但如果系统关闭，根据热力学第二定律，无序和退化将因此
168 增加。有生命的存在，由于趋于重建先前的秩序或维持既存的秩序，因而永远不能成为一个封闭的系统，雅可布说道：

> 它必须不断地吸收营养，排出废物，持续被来自外部的物质和能量流贯穿。没有秩序的稳定汇集，有机体将自我瓦解。它如果被孤立就只能死亡。整个有生命的存在都以某种方式永久地联接着［技术的隐喻……］那将宇宙带向无序的普遍潮流。有生命的存在代表了一种局部的和暂时的支流，它维持有机化并允许它自我再生产。①

这个明显的事实看似寻常，我在这里引用雅可布是为了强调，整个生命系统结构的开放使关于细菌的如下陈述站不住脚：细菌是不死的，因为死亡来自外部；或者本义上的死亡应该被铭写在有机体中，等等。这个明显的事实使得内与外的所有简单对立站不住脚，这种对立为该书的下述说法奠定了基础：性征和死亡是作为来自外部的偶然而被铭写在内部。替补被铭写在整个系统、整个有生命或无生命系统的定义本身中。

至此，任何系统中讯息的反馈或调节的这种结构，使动物/

① Fr. Jacob, *La logique du vivant*, *op. cit.*, p. 273.

机器的古老问题的迁移成为可能，因为这种结构是整个有生命的和无生命的系统所共有的。雅可布承认这一点，但在我看来，他一方面一直关注和考虑这一迁移，并抹去该主题的传统界限，另一方面，他又明确强调其中涉及的只是部分的类比，并且事实上有生命者保有了一个无生命者和机器所不具备的能力（例如繁殖的能力）。正是在那里，模型的循环容许双重的登入（registre）和双重的游戏。一方面，动物和机器是互为镜像的模型，抹去了双方的对立。另一方面，机器是被有生命者所生产的，而不能够自我再生产（据说），模型是以目的论的方式被指向的，它不可 169
逆转，是将它与自身分隔的不完善，[①] 等等。在我至此所关注的关于信息、讯息和反馈的段落中，模型的循环或可逆性被明确地提出来了。例如第272页：

> 随着程序中预定的一系列操作有可能机械地执行，动物和机器之关系的古老问题以新的术语被提了出来。维纳说：“两个系统在这里有一个共同点：它们都通过反馈抑制熵增。”根据薛定谔和布里卢安的表达，两者都通过消解外部环境，通过‘消耗负熵’实现这一点。两者事实上都有专门的装置，可以以较低的能量水平从外界收集信息，从而化为己用。[②]

---

① 打印稿行间添加了“↔”的标记，雅克·德里达用以表示“展开”或“评论”。

② Fr. Jacob, *La logique du vivant*, *op. cit.*, p. 272.

描述了这一熵的经济，雅可布后面继续写道："动物和机器，每个系统都成为另一个系统的模型。"[1]

每个系统都成为另一个系统的模型，动物和机器将分别成为它们的模型的模型，这取消了——在思考循环的圆圈时，我也说到它——模型的功能，假设这个功能曾经存在过，而且这个循环某种意义上并没有揭示任何调用模型的逻辑，模型可能在任何时候、任何地方倾向于采取循环的形式，在那里模型必须成为它的模型的模型。模型的目的论意义或最终意义指导着被建构的模型的机械的或技术的意义，后者反过来朝向其自然的目的，成为最终模型的小型化或巨型化，这个循环是再-生产（我们在之前的
170 课上谈到过[2]）、以再生产为开端的生产的不可思议的逻辑的一个结果。

在与我们相关的例子中，动物/机器模型具有镜式相互性，一方面，机器被描述为动物，它具有这样一种生理结构，一种生理特征：存在以能量为动力的执行器官，对声音、触觉、光线、热能刺激做出反应的感觉器官。这种结构能够探查环境、支配食物；拥有用于行动和表现的自动控制中心；拥有记忆或存档；拥有将感觉传导到大脑或将命令传递给肢体的神经系统。机器执行一段程序，但也可以根据收到的特定讯息纠正乃至中断程序，等等。

"反之"——这是雅可布的词——动物可以被描述为一架机

① Fr. Jacob, *La logique du vivant*, *op. cit.*, p. 273.
② 参见上文"第五讲"开头，第133页以下。

器：器官、细胞和分子形成一个通信网络，有着信号和讯息，有着机器的灵活性和刚性，行为的灵活性取决于反馈的回路，行为的刚性则由程序负责。因此，遗传性被描述为讯息的传递，受精卵内核中记录了要生产的结构的程序。雅可布也引用了薛定谔（《什么是生命？》，第18—19页）[①]：

> 以一种微型编码的方式被加密的染色体纤维，包含了有机体及其发展和功能的整个未来，等等。染色体的结构也掌握了执行该程序的手段。它们同时是律法和行政权，是建筑的蓝图和建造的技术。[②]

在这里，在他说明可以用机器的术语描述动物的段落中，雅可布并未留意和重视，他所引述的薛定谔为了描述动物遗传性是作为文本机器在起作用，而将文本机器或程序控制器描述为 171
一个社会-政治现象或社会-技术现象（立法权/行政权；建筑和建造，等等）。这后一个类比——它允许将有生命的存在描述为一架机器——最终建立在有生命者和无生命者之间更大的类比，也即染色体和晶体之间的类比上。分子的结构是有生命者的秩序的基础。但是，出于稳定性的原因，雅可布说，染色体的组织“类似于”晶体，更具体地说，这种物理学家称为“非-周期”（a-périodique）的晶体以很少的数量安排多个晶体结构的方式打

① Erwin Schrödinger, *What Is Life ? The Physical Aspect of the Living Cell*, Cambridge, Cambridge University Press, 1944.

② 同上书，第274页。

破了单调。很少的数量足以实现十分多样的变化。"通过摩尔斯电码，两个符号的组合可以对任何文本进行加密"，雅可布这样总结这一发展，"通过化学符号的组合，描画出有机体的蓝图。遗传性就像计算器的存储器一样工作。"①

参照摩尔斯的书写——也即原理上最简单的方式，仅仅使用两个要素（点/线）就可以对其他所有内容进行重新编码或翻译——，对摩尔斯的诉诸在这里显然富有深意，它比其他东西更能支持该领域中文本或语法的类比。正是借助它，在大约二十页后，雅可布可以反复使用"形象"和"正如［……］，同样"②这样的词，也恰恰在此时他提到了有生命的分子和与之相似的非周期的晶体之间的类比。我最好在这里直接引述它，你们从中可以看到我后面要谈到的线性的晶体结构，它将对我们十分重要。它甚至是首要的："在有生命的世界中，"雅可布说，"秩序的秩序是线性的。"③下面是论述摩尔斯和类比或形象的段落：

> 对于基因的古老表征，传统遗传学所发现的串珠式的整
> 172 体结构，由此被物理学家曾预言的化学晶体结构、非周期晶体的线性序列所取代。最适合描述我们的遗传性知识的形象是化学讯息的形象。一个讯息不是以汉语那样的表意文字书写，而是以摩尔斯那样的电码形式书写的［评论……］。正

① Erwin Schrödinger, *What Is Life ? The Physical Aspect of the Living Cell*, *op. cit.*, p. 274.（着重号为雅克·德里达所加。）

② 同上书，第295页。

③ 同上书，第306页。

> 如一句话构成文本的一个组成成分，一个基因同样对应于核酸的一个片段。在这两种情形中，孤立的记号不代表什么；只有符号的组合才具有“意义”。在这两种情形中，被给定的序列，句子或基因，通过特殊的“标点”符号开始和结束［“意义”和“标点”加了引号］。核酸序列转换为蛋白质序列就类似于讯息的转译，讯息以摩尔斯码的方式加密，它只有被翻译，例如翻译为法语，才具有意义。它是通过“密码”的中介起作用的，后者给出了两个“电码”之间的符号等价性。[1]

雅可布既坚持模型的循环，也坚持对之加以限定。由此就有了我刚才谈到的双重姿态。尽管他一方面认识到动物和机器、有生命的系统和无生命的系统彼此互为模型，但在自我再生产能力起作用的地方又限制了这一类比。这是如何可能的，它是足够融贯的吗？从模型不再是循环-镜式时开始——机械-技术模型被有生命者生产出来，因为只有后者能够自我再生产——这一机械-模型就不再是一个模型：整个机械模型，作为生命的无生命产物，或作为自然的和无生命的产物（例如非周期的晶体），只要它不自我-再生产，它就不再是一个好的模型。但是反之，如果它是一个好的模型，它就应该承认循环性，而循环反过来使模型变得不再恰当，或失去有效性。在这两个情形中，这是我论证

① Erwin Schrödinger, *What Is Life ? The Physical Aspect of the Living Cell*, *op. cit.*, p. 295-296.（着重号为雅克·德里达所加。）

的方向，模型的观念既是无可回避的，又是无益的和不相干的，只要它涉及的是作为有生命者的某物——它不是一个事物——作为有生命者的某物被定义为自我再生产的能力。自身-再生产能力与它所要求的模型具有如此关系，并且持续如此。这是我最后想强调的。

173 因此我说，这一类比或类比的循环，雅可布一方面予以承认，另一方面又加以限制。而使类比失效的，往往是**自我-再生产**，它在一侧被发现、会被发现，在另一侧则不会。自我-再生产的能力代表了生命的出现和生命相对于机器的优越性，后者只能、只可能生产。但是说机器或工厂生产，以及说生产相较于自我再生产是低人一等的，这意味着原始生产实际上是在活生生的再-生产这一侧的，而且实际上工厂甚至根本不生产：工厂只是在不生产也不自我再-生产的情况下再-生产，而有生命者进行生产和自我再生产。

以下是与这一类比的限制密切相关的段落（阅读《活生生的逻辑》，第290—291页）[①]：

> 如果要进行类比，那么显然，微型化学工厂的模型最好地描述了细菌细胞的运作。工厂和细菌只有吸收了外部的能量才工作。两者都通过一系列的活动，将环境中提取的原材料转换为制成品。两者都在周围排出废物。但工厂的观念

① 在打印稿中，这里添加了“生命”这个词，接着是双线条，一条线连着“机器”这个词，另一条线连着“晶体”这个词，接着是“第324—325页”。

本身蕴含了努力的定向、工作的方向、生产的意愿；简而言之，蕴含了一个要实现的目标，围绕该目标，建筑搭配起来，活动协调起来。那么，细菌的目标是什么？它试图生产什么，从而为它的生存辩护、规定它的组织构造并为它的工作奠定基础？对于这个问题，显然仅仅只有一个答案。一个细菌不停试图生产的，乃是两个细菌。这看起来是它唯一的目的、唯一的野心。这个小细菌细胞全速进行大约两千种构成其新陈代谢的反应。它成长。它一点点地变长。当时间足够时，它就分裂。在有一个个体的地方，突然就有了两个。因而每个个体都成为所有化学反应的场所。每个个体都建立一整套分子结构。每个细菌都再一次成长。几分钟后，每个 174
细菌都依次分裂，以生产两个个体。如此等等，只要培育的条件允许。二十亿年乃至更久以来，细菌或类似的东西就这样繁殖着。细菌细胞的整个结构，它的整个机能、整个化学反应都是为了这唯一的目的而完善起来的：在最多样的环境下尽可能又快又好地生产两个与自身相同的组织。如果将细菌细胞视为一个工厂，就应将其看作一个特殊类型的工厂。由人类技术制造的产品实际上完全不同于生产它们的机器，因此不同于工厂本身。相反，细菌细胞所生产的，乃是它固有的组成成分，它归根结底生产的是与自身同一的东西。如果工厂生产，细胞则自我再生产。[①]

① Fr. Jacob, *La logique du vivant*, *op. cit.*, p. 290-291.

我不认为这里最值得关注的是质疑工厂的生产和细胞的自身-再生产之间的这些对立。举例来说，人们能说，人们总是能说一个工厂不自我再生产吗？如果援引如下事实，即它表面的自身-再生产乃是借助人类的技术和提供给它的能量而得到外部的编排和支持，那么难道不是存在着一个细胞的外部性结构（雅可布也认识到了它），没有这个外部结构它就不能自我再生产，因而它使再-生产的自身、与自身的关系成为一个总是分裂、开放的结构，成为一个只有当它与他者或外部发生关系时才运转的系统，以至“自身-”和“再-”的同一性在且仅在与自身的差异中运转，在有生命者和无生命者那里均是如此？雅可布所做的这整个概念性的操纵只是致力于整理整合，整理他称之为整合和一体化的东西——从低等存在物到高等存在物。但同样，这里可能不是关键问题的战略手段最有效的地方。也许更好的做法是将类比的逻辑问题或修辞学问题——它支撑了有关模型的所有疑难——引回到内部，引回到雅可布最后称为有生命者的内在属
175 性，也即自我再生产的能力。借此我想说，不是去探究有生命者和无生命者之间的类比、模型、类似、形象、比照、同化等等是什么或它们的价值何在，而是可能首先有必要探究这个疑难的图式是否尚未在有生命者的结构中，在其固有结构的定义（所谓有生命者的本性）中起作用。如果情况是这样的，那么类比模型的问题就不是位于有生命者的外部，位于有生命者和它的外部之间（假设我们还可以把它与外部对立起来），而是位于作为可再生产性结构的有生命者自身“之中”；甚至不在任何别的地方。

当然，模型概念和可再生产性概念之间有着本质的联系。一

个模型是用于再生产的东西，它是我们再生产的基础，并且它本身是再生产的一个结果。当再生产去再生产再生产或可再生产性时，人们就处在模型的循环和自我-再生产的反射中。因此，在雅可布的描述中，人们不是在生命-无生命的关系里，而是在再生产中有生命者与其自身的关系里找到模型或类比的词汇和句法，就完全不足为奇了。举例来说，“复本”（copie）这个词是最频繁出现的（例如参见第293页及以下）：如果蛋白质不自我再生产（“一个蛋白质不是由相同的蛋白质产生的”），那么构成它们的化合物就是“另一种物质”，即染色体的组成成分脱氧核糖核酸，后者是细胞中唯一能够通过自身的“复本”（雅可布说）自我再生产的物质（参见第293—294页［强调“复本”］“秩序的秩序是线性的”。也参见第296页。）

> 有生命的存在的跨越世代的持久性因而不只是体现在人们所观察到的形式上。甚至体现在构成它们的物质的细节中。每个化学物种都精确地从一代繁殖到下一代。但每个物种并不是由自身的复本构成的。一个蛋白质不是由相同的蛋白质产生的。蛋白质并不自我复制。它们是基于另一个物质，也即脱氧核糖核酸、染色体的组成成分而被构造的。只有在细胞中，这个化合物才拥有通过自身的复本被再生产的特性。这要归功于它的结构的独特性。它实际上是一个长聚 176
> 合物，由两个而非一个彼此缠结的螺旋式链条组成。每个链条均包含一个由糖和磷酸盐交替构成的框架。每个糖分子都与另一个化学基联结着，该化学基来自于仅仅四个种类的搭

配。这四个单元在整个链条上以无限多样的组合排列方式数百万次地重复。通过类比，人们经常将这一线性序列与在文本中字母符号的安排相比较。无论是书本还是染色体，其特性都源自单元、文字或核酸的排列秩序。但在再生产中给予这种聚合物以独一无二角色的，乃是联结这两个链条的关系的性质。一个链条的每个单元都与另一个链条的单元组合，而不是与任意的单元组合。这样形成的联结系统使得链条上的一个单元只能对应于第二个链条上的其他三个单元之一。如果分别用A、B、C、D指示这四个核酸基，那么A出现在一个链条上必然使得B出现在另一个链条上；面对着C的总是一个D。符号以成对的方式出现。这使两个链条形成互补。一个的序列规定了另一个的序列。[①]

因而基因的活动、蛋白质链条中单元的秩序的安排，体现了比它们的再生产、核酸单元的秩序的安排更微妙的作用。为了翻译和形成蛋白质的化学键，细菌细胞配置了非常复杂的装备。蛋白质的合成分两个连续的阶段进行，因为蛋白质单元不是直接在基因上，而是在构成真正装配链的小颗粒的细胞质中组装和聚合。基因的核酸文本首先通过相同的四个符号的字母被转录成另一种核酸。该复本被称为“信使”，它与细胞质的颗粒相关联，并为它们提供指令，这些指令使它们能够按照由核酸要素秩序所决定的秩序组装蛋白质

① Fr. Jacob, *La logique du vivant*, *op. cit.*, p. 293-294.

单元。在这里，借助于被称为“适配单元”的其他分子的干预，复制到讯息中的基因文本得以翻译出来。这些东西安排那些恰当对应着核酸单元的蛋白质单元，由此在两个字母之间建立起明确的对应关系。装有适配单元后，这些颗粒从信使的一端移动到另一端，犹如录音机的磁头沿着录音机的磁带移动。以此方式，这些蛋白质单元按照基因所规定的秩序排列。通过一个相同的化学键，它们中的每一个都渐次与前一个连接在一起。链条由此从一端到另一端一步步地合成。① 177

因此，没有用于再生产的模型，只有模型的模型或模型自身的再生产。雅可布说，如果遗传讯息呈现“为一个没有作者的文本，一个校阅者将在十数亿年间校阅的文本［……等等］”，②那么文本的概念在这里就不是一个模型或一个类比，这首先是因为我们通过“没有作者的文本”（在通常意义上，它被设想为在自然或图书馆中没有署名的一本书或一部手稿）所意指的，已经是一个产物——因而是一个再生产产物（re-produit）——它是作为遗传讯息的有生命者的结果，因而有着与有生命者结构不可分割的结构；另一方面，文本——它现在与遗传讯息或有生命者的结构最为相似——之所以未能简单地拥有模型的地位，乃是缘于从来就没有有关有生命者的模型。当人们诉诸文本概念，以及当人们认识到“遗传讯息只能通过自身的翻译的产物本身来翻译”（换

① Fr. Jacob, *La logique du vivant*, *op. cit.*, p. 296.

② 同上书，第307—308页。

言之，不存在最终翻译的可能性：文本性不能绝对地被翻译，即使它导致翻译的所有效果），这里模型概念的某种（内在的或替补的）内在解构就出现了，这种现象在哥德尔的要求中有其回响，也即“一个逻辑系统对于它自身的描述来说是不充分的”。

178 如果继续将可再生产性理解为事后添加到生产性上的一个复杂化，以及将自身-可再生产性理解为可再生产性的一个复杂化，就会发现以下所有问题都很难回避：它是从哪里开端的？最初的再-生产、再生产的生产在什么地方、从什么时候开始？蛋和鸡的问题（雅可布也提到了它），生命（或文本）起源的问题——根据原有的但十分确定的语言模型（一方面是符码/讯息的对立，另一方面是能指/所指的对立）所支配的（在雅可布那里）文本模型——生命起源的问题以如下形式被翻译：“遗传符码的起源是什么？”

在这里，有一个纯粹的事件、绝对的事件，它只会发生一次，但这个唯一的生产将是自我再生产、致力于自我再生产的自我分裂、致力于自我增殖和消逝的自我折叠，由此才作为一般意义上的“事件”，与生产而非再生产相关联。

而现代生物学依然把这一事件的主题让位给偶然，让位给它称之为偶然的东西，并且这次在与文本的关系中重新加以阐释，而这个文本再次受到某种语言学或哲学符号学的规定，受到密码/讯息、能指/所指对立的规定。科学家想要驱逐或还原这一偶然，并且承认出于根本的原因，他们无法接受偶然。两周后我们将重拾这些问题，但在结束前我想再给你们读一个片段（阅读第326—327页）：

在缺乏可供探究的遗迹的情况下，生物学退化为猜想。生物学试图将问题分门别类，分别考察对象，提出可以通过实验回答的问题。是核酸的化合物还是蛋白质的化合物拥有在先的权利？遗传符码的起源是什么？第一个问题引发我们探究在缺乏这种或那种化合物的情况下，是否可以想象与有生命者具有模糊相似性的事物。第二个问题提出了进化的问题和逻辑的问题。之所以是进化的问题，是因为三个核酸亚基的每一组与每个蛋白质亚基之间的明确对应不可能一下子就出现。之所以是逻辑的问题，是因为人们很难区别为什么采用这种而不是另一种特定的对应关系，为什么这种核酸三元组“表示”的是这样而不是那样的蛋白质亚基。在原始的 179
组织中可能存在我们所不知道的结构束缚：这将是分子形态的调整，后者将强加于即使不是整体的系统，至少是某种与之相当的事物。但是也许不存在任何类型的束缚：仅仅由于偶然，就有与之相当的事物产生和继续存在。因为一旦建立一个关系系统，它们将无法改变，否则这些关系将失去已有的一切意义，已经具有讯息价值的一切事物将受到干扰。遗传符码就像一门语言：尽管它们是因为偶然而造成的，但一旦它们建立起来，“能指”与“所指”之间的关系就不可改变。这些问题是分子生物学要回答的问题。但是对于分析有机体和有生命者之间的过渡，人们什么也没有说。也许人们无法估量生命系统出现在这个地球上的可能性。假如遗传密码是普遍的，很可能所有存活到现在的生命都源自一个唯一的祖先。然而，对于只发生一次的事件，人们不可能测度

> 它。令人担心的是，该主题将陷入一堆无法验证的假说。生命起源的问题很可能成为（不是科学预言，而是形而上学的）相关流派和理论的抽象争论的新焦点。[①]

雅可布意识到，他由之出发和援引的文本模型是确定的和可转换的，因此，关键不在于知道是否援引了文本，而在于规定这一文本性的方式。你们已经读过他的著作的最后几句话："但科学被封闭在它的解释体系中，无法摆脱出来。今天，世界是讯息、符码、信息。明天会是什么样的剖析拆解我们的对象，以在新的空间中重构它们？会出现怎样的新的俄罗斯套娃？"[②]

180 这种与关于它将是另一个"俄罗斯套娃"人们现在所知道的东西的相似性，是很可以预料的，就算"它是新的"，也与俄罗斯套娃十分相似。注意，如他所说出现的俄罗斯套娃，与我们所知的相比已经十分新奇怪异了。因为他想让它从一个盒子中出来——根据在其整体结构中可以预见的嵌套，它被装入了这个盒子——然而它是以不连续的方式出现的，也即它突然冒出来，但来自大海。在前面的段落中，他没有排除在遗传程序中"塞入一个替补"的可能性（阅读第343—344页）：

> 随着知识的积累，人类成为能够掌控进化的进化的第一产物。人类不只是诸多其他物种进化中的一种，去帮助他所

① Fr. Jacob, *La logique du vivant*, *op. cit.*, p. 326-327.

② 同上书，第345页。

感兴趣的物种，消除妨碍它的物种。人同时也是他自己的进化。也许有一天人们可以干预遗传程序的执行，甚至干预遗传程序的结构，以纠正某些缺陷，在其中塞入替补。也许我们还可能随心所欲地生产尽可能多的范本，例如政治家、艺术家、选美皇后、运动员等个体的精确复本。从现在起，没有什么可以阻止将用于赛马、实验室小白鼠或奶牛的选择程序应用于人类。此外还有必要了解影响原创性、美或身体耐力等复杂性质的遗传要素。特别是要就选择的标准协商一致。但这不仅仅是生物学的事务。[1]

这里涉及的只是生物学的事务吗？我们将在两周后再次探讨这些问题。我将把它们引向生物主义的观念，引向权利的观念，即是否有权把生物学的（biologique）作为一个模型，这里讨论的不是生物学中的模型，而是其他地方讨论的“生物-逻辑学”模型——如果其他地方有这样的模型的话。我们将在尼采、海德格尔和弗洛伊德的文本中找寻这些问题的踪迹。[2]

---

① Fr. Jacob, *La logique du vivant*, *op. cit.*, p. 343-344.

② 在打印稿中，一个向下的箭头由“弗洛伊德”的名字指向两个词：“跛足的魔鬼”。

181

第七讲[1]

在我们尝试对循环模型，或我所称的模型的循环——但也可以说循环模型，圆圈（cercle）因而就是关系的模型——进行的探索中，因而在这些模型中，在这一对循环的可能性的探索中，有一个东西是我迄今特意置而不论的，它属于同一个可能性的系统，同一个程序。它如此必要，如此不可回避，说实话，通过将其置而不论，我甚至无可回避地已经开始讨论它了。这个问题就是：这种循环的可能性是什么？

可以说到目前为止，我们主要探究了对有生命者来说可以作为模型的东西，或者相反，探究了有生命者可以作为充当模型的其他事物的模型的东西，因而模型的交换发生在有生命者和其他事物之间，发生在两个事物或两个对象（其中一个被称为有生命者）之间。所涉及的是作为（有生命或无生命）对象的模型，作为科学或哲学话语对象的模型、科学或哲学认识对象的模型，等

---

① 在打印稿中，有一处以清单的形式添加的内容："——钥匙的一击/——陈列柜（*Glaskasten*）/——被丢弃的钥匙"。第一段的空白处有如下文字："钉子/钥匙/飞地//钥匙的旋转/la vie à/钥匙的自毁"。正如这一后续课程将要指出的，这些术语出自尼采的文本《论超道德意义上的真理与谎言》(1873年)，它构成《哲学家之书》的第三部分。

等。因而模型是一个话语或认识的模型。但人们现在可能——这是另一个被保留的可能性——想知道，当生物学话语、生物科学本身（如果你们愿意这么说）不再只是作为处理模型或在模型的 182
循环性中受到阻碍的东西被探究，而是作为生物科学，作为关于生命的科学话语，自身成为其他话语（例如哲学话语）的模型时，发生了什么。这意味着什么？它意味着，生物科学的真理，它的内容和形式或公开或隐秘地成为其他话语的终极参照、基础或法则（我说参照、基础或法则，但还存在模型的其他权威形式，我们后面会涉及）。因而一切都被视作生物学知识，都成为这种知识的效应，所有话语都在其中找到了它们的终审法庭。这就是19世纪末以来在生物主义的名称下通常所表示的东西。

你们会说，这种生物主义的可能性在我们已经分析的领域中并非如此被置而不论或尚不可通达。生物学成为其他话语的模型的可能性已经在规定或驱动其客观模型的循环性中被规定了：对于将它用作模型的事物来说，它的对象很容易成为一个模型，等等。我们不只一次地认识到，由于本质性的原因，很难限定或规定生物学的领域，生物学是它的溢出本身，溢出乃是它的结构。

而且更为严重的是，当我说生命不是其他模型中的一个模型时，因为生命〈通过〉自我再生产的能力，也即模型的自我生产能力本身而被定义，或者从另一方面看，作为生命的文本或作为文本的生命不是其他模型中的模型，而是可能作为终极模型，当我这么说的时候，我自己不是屈服于这种生物主义了吗？

因此，生物主义的问题已经以某种方式在其规定中被触及、规定和承认。但我们没有明确地将其理解为对象、模型－对象之间的关系，也没有明确地将其视为认识和话语之间的关系。这就是我们要谈到的。

虽然在我看来，生物主义的可能性作为历史的可能性，是与整个形而上学的历史联系在一起的，只要“存在-自然-生命”
183 （être-*physis*-vie）的等价总是在这里起作用，这一历史的可能性就依然会有所不同和每次独特地被规定，而今天，我相信，我们仍然从属于在19世纪末这样或那样的生物科学成果的关联中所形成、中断和构造的规定。当然，自19世纪末以来，人们取得了更多的生物学成就，这些成就大大改变了人们对生命的认识，但生物主义的问题本身在我看来并没有被撼动。例如我将在如下事实中发现这一整体的统一性的蛛丝马迹：尼采甚至（从另一个角度看）弗洛伊德的论述都被指责为——因为这是一个指控——生物主义、生物学家的科学主义，在现代生物-遗传学的最新成就面前，两人都保持了一个挑战性的权力或关联性。例如，如果考虑所有关于文本所讲的话，所有关于那作为要译解的文本、作为符号标记的有生命者所讲的话，那么所有这些话都可以在尼采或弗洛伊德的问题中找到一种接纳、开放和适用资格——无论尼采还是弗洛伊德在不同情形中可能持有的具体科学内容是什么，并且尽管在这个内容的微观层面，与这样或那样的科学新发现相比，人们发现当中有着不再适用或过时的表述。通过假定这一统一性，通过至少相信历史领域的这个统一性外观，我想要在生物主义的问题中重点将尼采和弗洛伊德〈的〉文本作为线索。因而我刚才证明：

1）由于模型的循环效应，有讨论生物主义问题的必要性；

2）在处理这一问题时，有着重于尼采和弗洛伊德文本的必要性；

现在我还需要解释，为什么我在海德格尔论尼采的著作中选择有关尼采的所谓生物主义问题的段落作为出发点。这正是我今天尽力要做的事情。

这是一段长长的绕道。跟随海德格尔的步伐或《林中路》的长长绕道。绕道在这里可能不是论述方法上的偏离，而首先是 184
生-死（生死）关系的概念。[①]

这个绕道也许能使你们对这个研讨班的思路有一个更清晰、更可靠的印象。在我们最初的难题中，我们从尼采——生死——出发，然后不得不进入一个圆环或圆圈（经由关于生命的现代科学），它的结点、节点将我们带回到今日的尼采。从尼采的生死开始，我们将描述另一个圆环-圆圈（海德格尔的），它的节点、结点将我们带回到尼采的生-死，然后是另一个圆环-圆圈（弗洛伊德的），之后就是春季学期了。[②]

之前的圆环如何将我们引回到尼采？那么，每当我使用如下类型的论证：生物学知识和一般的知识，以及真理的价值或客观性的价值（它指引着作为生死的效果或产物的知识），以及所有被使用的模型也都是典型的文本模型，因为今天它解构了所有先

---

① 打印稿有一小段用铅笔划掉了："在《尼采》的第三章'作为认识的强力意志'中，海德格尔论述他所称的——这是这一小节的标题——'*Nietzsches angeblicher Biologismus,* 尼采的所谓生物主义'"。参见：M. Heidegger, *Nietzsche I, op. cit.*, p. 402-410; *Nietzsche 1, op. cit.*, 517-527; *GA* 6.1, p. 465-474。

② 在这段中，雅克·德里达在字里行间添加了若干打字文本的补充，编者已尽可能将它们整合进来。

前的模型论，如果情况是这样，那么（宾格所有格的）生命科学就是（主格所有格的）生命科学，并且当一门科学与它的所谓对象有着主格所有格关系，当它是它的对象的对象（而这个对象成为它的主项的主项），这就给科学性、客观性、真理等概念带来了深远影响。那么，每当我使用这类论证，我就再次发现，我暗暗地采用了尼采式的表述。“一切都已经通过再-生产而开端”就是如此。对隐喻和概念之间对立的批评也是如此，模型和对象之间的关系等等都是如此。你们已经知道，从我们读过的尼采的第一个文本起，真理的难题就受到生命的规定，“真理的欲力”
185 [《哲学家之书》中说 *Trieb zur Wahrheit*] ① 最终指向了生命。孕育了概念和真理效应的整个修辞（类比、隐喻、换喻）预设了拟人论，并且拟人论也是生命、有生命者-人（le vivant-homme）的手段。在这里谈论真理未免过于简单化了。如果真理是生命的效应，谈论生命就未免太简单化了。存在着诸真理、真理的诸效应，并且存在着诸生命、生命的诸效应。困难在于以这样的方式思考清楚，这些命题——存在着诸真理和诸生命——并没有被那个导致经验主义声名扫地的哲学-苏格拉底问题所击中，也即存在着诸真理和诸生命、真理的诸效应和生命的诸效应，但生命的生命、生命的鲜活、生命的真理和真理的真理是什么？为了再次谈论真理或生命，你们不得不暗暗地采用它们，即使是以复数的形式，通过预测一个毕竟有可能理解复数化的语义统一体。因

① Fr. Nietzsche, *Le livre du philosophe*, *op. cit.*, p. 174-175; *Das Philosophenbuch*, *KSA* 1, p. 877.

此，要尝试超越这一异议，甚至要尝试揭露这一异议的欲望（哲学的异议，哲学的欲望）而去思考，就如它通过“存在着真理的诸效应、生命的诸效应”而被解释的那样。这一多元性或这一内在差异甚至使真理的或生命的概念仅仅成为概念之物的效应。这一内在差异使得生命1）意愿真理以保护自身或保存自身，但是2）又为了保护自身或保存自身而逃避真理。因而存在着保存或服务于生命的真理，威胁、错失或杀死生命的真理，因而存在着诸真理；只要生命是同时意愿真理和逃避真理的，就存在着诸生命、诸等级、诸性质，存在着不同的、异质的生命的诸力量，它们自我保存、消逝或损毁，等等。我只在这里给出《哲学家之书》（第三章）第177页中的一个标志。它位于规定“真理的欲力”之起源的段落中。我选择这个文本——我会立刻告诉你们我为什么选择这个文本——是因为一个隐喻——但一个隐喻对尼采来说，只是一个隐喻且不止于一个隐喻——，是因为在我看来，一个隐喻或一个隐喻的场景是其中的关键所在，是理 186
解这一奇特逻辑最好的钥匙，它延续和中断真理中的生命、诸生命中的生命、诸真理中的真理，并且它说明生命不再存在于真理当中，真理也不再存在于生命当中，而是它们在一起、同居、共处一地而又意愿彼此的死亡。这个关键是一把钥匙——但钥匙是什么？——首先重要的是，在此它是在一个叙述中被听到的，我是指在一个奇特的事件中，一个双重的因而引人注目的事件——它不是其他事件中的一个事件，因为它开启和关闭其他事件——一个被给予和夺回钥匙、最终夺回钥匙的事件，也即没有返回[1]钥匙，也即甚至没有夺回而是丢弃，而且以这样的方式——这是真理——在它被丢弃的时刻，在这一可怕事件，一把钥匙被丢弃的时刻，人们知道有一把钥匙，人们以一把被给予的钥匙为生。

在规定“真理的欲力”的段落中，在《论超道德意义上的真理与谎言》（标注日期是1873年）的开头，我们遇到这把被给予的钥匙（人们只能谈论它，因为它已经被丢弃了），如果它存在的话。尼采在这些地方谈到了掩饰作为自保的本能和智慧作为自保的手段，以及由此作为掩饰（*Verstellung*，它同时意味着掩饰、扭曲和移置，使人无法识别的位置的改变）的操作装置，这已经使我们可以将钥匙的丢弃——当它发生时——描述为本质上掩饰的移置、空间中的运动、真理的拓扑学、作为拓扑学的真理分析。尼采写道：

> 智慧是个体自保的一个手段（*als ein Mittel zur Erhaltung des Individuums*），它的主要［首要：*seine Hauptkräfte*］力量展现（*entfaltet*）在掩饰上（*in der Verstellung*）；这的确是更弱小、不那么强壮的个体赖以生存的手段，它们拒绝为了生存而用猎食的兽角或尖锐的下颚去战斗。在人类这里，这种掩饰的技艺达到了顶点：幻觉、谄媚、谎言和欺骗、流言、
> 187 装腔作势、狐假虎威、戴着面具、习俗的帷幕、面向他人和

① 夺回（reprise）是被自然夺回，而返回（retour）是被人重新得到，两者的方向是相反的。——译者

自己的装模作样，简而言之，虚荣心发作下的阿谀奉承的永恒闹剧，规则和法则如此之多，但几乎没有什么比在人类中间出现诚实和纯粹的真理本能更难以想象（*unbegreiflicher*）［字面意思是真诚和真理的纯粹欲力，*ein ehrlicher und reiner Trieb zur Wahrheit*］。[①]

掩饰（*Verstellung*）不是某种作为有生命者的装置而来到生命、来到智慧的东西。这种掩饰是生命（尼采说，最软弱的生命，“最软弱的个体”，但力量总是有限的，力量在某种意义上总是薄弱的）之所是，因而，掩饰是生命（虚弱力量）由此捍卫自己、保存自己的东西：因而，生命反对真理，但也借助真理，因为真理是通过掩饰而构成的，是掩饰的一个产物；这就是为什么存在着诸真理：那些守护的真理，以及人们将看到的，那些毁灭的真理。

如果掩饰是有生命者的操作，是有生命者的行为，如果一切都归结为有生命者的习性，归结为一种存在的方式或使理智作为有生命者的装置的方式，那么掩饰产生的效果就不应该通过真-假而应该通过诚实-谎言（当然，是在超-道德意义上，正如该文本标题所指明的）来翻译。而语言在这一活动中的角色证实了这一点：尼采说，在人类这里，这种掩饰的技艺（*Vertstellungskunst*）达到了顶点，因为语言、话语赋予这一虚假

① Fr. Nietzsche, *Le livre du philosophe*, *op. cit.*, p. 172-173；KSA 1，p. 876.（雅克·德里达对译文有所改动。）

的作为-谎言（être-mensonge）或面具以伟大的"真理"，如果你们愿意这么说的话。

现在，这是打开——和关闭——这一奇特逻辑的钥匙，我将致力于解读莎拉·考夫曼，其著作《暗镜》——该书援引了尼采的另一些文本[①]——题为"锁孔"的章节中说"应该丢弃钥匙"，[②]
188 我在这里提到的钥匙，可以在我刚刚读到的段落中找到。那掩饰着的乃是生命，因为生命保护自己、看护自己。因而人类作为有生命者，同时既掩饰自身，也在自己面前被掩饰：真理在是其所是者之上，作为生命的产物，让生命保持为被掩饰。掩饰者在它那里掩饰自身。真理不只是被掩饰，它不只是掩饰，而是掩饰的掩饰。于是显然，如果我提前一点乃至许多，我想指出在海德格尔那里将会发现更多这种类型的表述：真理作为扭曲和扭曲的扭曲，不是去除-扭曲，而是扭曲与过度扭曲。但海德格尔（当然，他有充分的理由）不想把真理变成有生命者、有生命的主体甚至生命的一个操作，甚至也不想把它变成某种可描述或可表示的东西（作为一个行为乃至一个事件）。不过在尼采这里，以及在我们谈到的钥匙的故事中，令我们感兴趣的乃是尼采所重视的叙事要素，后者意味着行为、操作，意味着一种主体性（这就是为什么尼采看起来像心理学家，他更多是谈论谎言而非虚假，谈论信念或幻觉乃至谬误，而非谈论虚假）。当然，这个事件不是一个

① 该页底部有一个补充："特别是《道德谱系学》文本，尼采在其中也谈到了良知的法庭，但不直接与钥匙有关。"

② Sarah Kofman, *Camera obscura. De l'idéologie*, Paris, Galilée, coll. «La philosophie en effet», 1973, p. 48.

通常意义上的事件，因为它是所有能够建构起日常意义的逻辑学的起源。确实，出于相同的原因，这个操作也不是（经验的或超越论的）① 主体性的操作。而后，我们可以发现这个钥匙的故事（② 一把钥匙不是某种自然的东西，而且如尼采将做的那样谈论一个丢弃钥匙的自然，这只是隐喻的而缺乏严谨：但恰恰，这里所讨论的自然——这里是生命、自然［*physis*］——并非是自然的，一个掩饰着的自然不是自然的，掩饰着掩饰的自然更不是自然的，这是一个先于或超越自然/人为、自然/技术对立的自然。至于该叙述的隐喻性，《哲学家之书》关于隐喻性所说的一切要求我们不要嘲笑它。以下就是有关被丢弃的钥匙的段落。它紧随我刚才翻译的那段话。

> 他们［人类］深深地沉浸在幻觉和幻梦之中，他们的 189
> 眼睛只在事物的表面滑动，在那里它看到的是“形式”，他们的感觉并没有通向真理，而仅仅满足于接受刺激并且仿佛在事物的背面游戏（*gleichsam ein tastendes Spiel auf dem Rücken der Dinge zu spielen*）。此外，一生当中，人类任由自己在夜间陷入梦境，他的道德感从不试图加以阻止：然而，必须有人凭着意志的力量与鼾声做斗争。人类对自己真正而言有何了解？它能够像被暴露在明亮的陈列柜（*erleuchteten Glaskasten*）中一般全面如其所是地感知自己吗？自然不是

① 这里编者补上了德里达未关闭的括号。
② 这个括号在打印稿中是没有关闭的，句子也不完整。

向他掩藏大部分的事物吗［……］。[1]

在这里，掩藏（cacher）乃是*verschweigt*，也即不是掩饰（dissimuler）人们所能呈示的、让人去看的东西，而是掩藏人们可以言说的东西：换言之，“缄默”，*verschweigen*：自然掩藏在言说的秩序中，或无论如何掩藏在符号的秩序中，它不是通过遮盖的方式掩藏，而是通过不言说，或毋宁说通过不表示和不书写，也即通过书写、书写其他事物来掩藏；这就是为什么掩藏在这里假定了一个编码或解码的操作，这也是为什么它涉及的是（超道德意义上的）诚实和谎言，而不是真理或虚假；真理首先是可能的诚实、真诚的一个效应，而且由于构成真理的掩饰，它也是谎言、密码或密码学、伪经的一个效应；活的身体与自身的关系也是如此。“自然不是向它掩藏大部分的事情——甚至关于它的身体——以使身体保持锁闭［……］”[2]注意这个词，*einzuschliessen*（锁闭）：自然对我们锁闭起来，以双重的诡计，自然，或毋宁说母性的形象，对我们锁闭起来。蓬热在《深渊中的太阳》中描绘了处于旅途或行程终点的父性形象（法律和播种者）在中午变成了红头发的妓女，蓬热在那个段落中说，太阳将它的封印加在自然上（“来自太阳的封印被加在自然之上。从此以后再没有人能出去或进入。正义的裁决
190 尚未做出。事情就是这样。这也是为什么我们不能崇敬它。也

① Fr. Nietzsche, *Le livre du philosophe*, *op. cit.*, p. 173-175; *Das Philosophenbuch*, *KSA* 1, p. 876-877.（雅克·德里达对译文有所改动。）

② *Ibid.*, p. 175；*KSA* 1, p. 877.

许，我们不应该抱怨，而应该感谢它让自身变得可见。”①）前文谈到了语言中含义的“双重圆环”的可能性。我再次引述尼采的话：“在一个自负而爱幻想的意识中，自然不是向他掩藏［缄默不言］大部分的事物吗——甚至关于他的身体——以使他远离肠道的皱襞、血液的快速流动、纤维的复杂颤动？”在德语句法中，这句话最后一个词是*einzuschliessen*：锁闭。后面的句子是：“它丢弃了钥匙”（*Sie warf den Schlüssel weg*）：

> 它丢弃了钥匙：该死的致命的好奇心（*verhängnisvollen Neubegier*）喜欢透过意识的房间（*Bewusstseinszimmer*）之外的一个缝隙（*Spalte*）远远观看，而预感到人乃是在他的无知的冷漠中，把自己建立在无情、贪婪、不餍足、嗜杀的东西上，他以某种方式攀附着梦，如同骑在老虎的背上。在这个世界上，在这个星座中，真理的欲力从何而来！②

这个问题并不意味着真理的欲力不可能发生。相反，尼采随后说明了它是如何在它不可能出现的地方发生的。它显得不可能，它被自然所禁止而不是不可能，因为真理欲力的不可能性〈系于〉这个事件，这个钥匙被自然丢弃的准事件。自然将通过锁闭我们，或毋宁说通过锁闭身体和它看到或知道的东西而禁止

① Francis Ponge, «Le soleil placé en abîme», dans *Pièces*, Paris, Gallimard, coll. «Poésie», 1961, p. 153.

② Fr. Nietzsche, *Le livre du philosophe*, *op. cit.*, p. 174-175; *Das Philosophenbuch*, *KSA* 1, p. 877.（雅克·德里达对译文有所改动。）

真理。但钥匙作为钥匙，只能锁闭那可以被打开的东西：在钥匙之前没有真理，也没有真理的欲望或欲力。一把不能遗失的和不可逆转地被丢弃的钥匙不会是钥匙。为了成为一把钥匙，它要能够与房间、门分离，与转动从而开启和关闭的构造分离。一
191 把钥匙必须能够开启和关闭，为了成为钥匙，还要能够遗失或丢弃，与锁分离。换言之，一旦有了一把钥匙，就有了被赠予的可能性，但由于被赠予标志着它可以被夺回，所以钥匙总是只被出借。一种契约造就了钥匙，在这个奇特的契约或奇特的联盟（的）之外或之前，钥匙什么都不是。因而不能说如果钥匙没有被丢弃，真理的欲力就将得到解放或成为可能。如果能够-被-丢弃（le pouvoir-être-jeté）构成了钥匙的结构、场所和发生（avoir-lieu），真理的欲力就源自钥匙，正如它甚至在被建构或被赠予前就可以被丢弃或被夺回。但是因为在它的能够和能够-被之中，这个钥匙总是双重的：作为能够-开启和/或锁闭、被-赠予和/或被-夺回的双重性，被丢弃（总是被赠予它的一方，即被自然丢弃，即使表面上是接受者丢弃了它），正如钥匙总是双重的，钥匙是它的双重性，钥匙和它的双重性，真理的欲力是双重的，通过“钥匙”的事件被授权和禁止。我坚持用欲力（pulsion）来翻译 *Trieb*。现有的译法是本能（instinct）：这并不是错的，我们最好记住，*Wahrheitstrieb*（真理欲力）是自然的：它不是文化的、偶然产生的、象征的欲望，等等。但同时，这个自然（naturel）不是那么的自然，自然（nature）的自然（naturel）自身十分乖谬，和自己耍花招，玩弄它自身的钥匙。钥匙发生，但不是发生在玩弄开启/锁闭之交替的游戏处。因此，如果赠予

钥匙就是允许观看真理，丢掉钥匙就是明确禁止，那么钥匙——甚至当它开启时——就是媒介、象征，是法则（因而是禁令）的工具，绝对的违犯不是开启应该保持锁闭的东西，不是在它被禁止时使用钥匙，复制钥匙的副本，伪造另一把钥匙，窃取钥匙。绝对的违犯乃是超越“钥匙”系统，越过法则的交替，开启/关闭的交替，转动钥匙的交替。绝对的违犯，就是将眼睛放进缝隙中，而不需要钥匙。这太可怕了。“该死的致命的好奇心”，尼采说。这是可怕的，生命在这里受到威胁，因为它不再是做被禁止的事，用钥匙打开被钥匙锁上的东西，由此跨越其系统内部的禁令（禁止/违犯），而是违犯系统。显然，系统的违犯重新标记了系统内部的违犯；这个类比很重要。但两者仍然不是同一回事。 192
为什么？[1]我想以超出尼采这一简短段落所许可的评论的方式，大胆做出阐释，通过缝隙观看，观看身体（[2]身体的内部和无意识的内部：我强调无意识是因为这个房间被钥匙锁闭了，以及它的钥匙很快被自然或生命丢弃了，这就是*Bewusstseinszimmer*（意识的房间），并且比意识〈的房间〉更遥远，尼采说：“该死的透缝隙观看者。”尼采说，“该死的致命的好奇心喜欢透过意识的房间之外的一个缝隙远远观看”，因此钥匙对应的锁无非是房间本身、意识本身，它锁住了我们，与你们可能试图像我那样首先想象的相反，它涉及的不是我们得待在外面通过缝隙观看里面一个黑乎乎的房间，不是钥匙一旦被丢弃，我们就以某种

---

① 这个句子不完整，后面打开的括号也没有关闭。

② 这就是那个未关闭的括号。——译者

方式被关在外面，而是我们往外看，我们在意识中被锁起来。身体和无意识在外面。因此我会大胆解释说，常见的危险，最严重、最可怕——致命的，必定以致命的模式——也是最“不幸”（*verhängnisvoll*）的危险，不只是人们可以观看无意识和身体，尽管它是恐怖的，但最恐怖的乃是没有锁和钥匙而透过自然中已有的缝隙观看的行为本身。在所有的锁和所有被创建的开启-关闭之前，在所有被赠予或被收回的钥匙之前，有一个缝隙——因此它既不是自然的，也不是突然出现的（技术的、被创建的）——这个缝隙允许观看的可能性要求人们首先看到这个缝隙，这一缝隙（*Spalte*，这一间隙、裂口、中断）的可能性允许之后安装锁和钥匙，因为为了要有锁和钥匙，或许必须要能够以暴力的方式破开，但依然要通过使其裂开的隔板的结构使之可能——因此，隔板的所谓“自然的”结构包含着一个借以观看的缝隙，这就是让人感到害怕、慑服的地方，并且构成了最糟糕情形下的窥私癖目光。
193 在眼睛和缝隙——作为自然（*physis*）的或在自然之中的缝隙——之间，它既孕育了真理欲力，也使之瘫痪.

在进一步阅读该段落之前，我转向海德格尔对《快乐的科学》格言第109条和《权力意志》的一个段落的不加评论的解读。《快乐的科学》中的格言说：“*Der Gesammt-Charakter der Welt ist dagegen in alle Ewigkeit Chaos.*”[①]海德格尔在对尼采的混沌

① Friedrich Nietzsche, *Le Gai Savoir. Fragments posthumes (1881-1882)*, trad. fr. Pierre Klossowski, Paris, Gallimard, coll. «Œuvres philosophiques complètes, V», 1967, p. 126：“相反，世界的总体特征永远是混沌”（第109条）；*Die fröhliche Wissenschaft*, *KSA* 3, p. 468.

（chaos）的阐释中——我们很快会谈到这一章关于永恒轮回的核心阐释——提到：“混沌，*Chaos*, χάος, χαίνω，意指半开、张开（*Gähnende*），它裂分为二（*Auseinanderklaffende*）。我们（海德格尔说）把对 χάος（混沌）的理解与 ἀλήθεια（真理）的本质（*Wesen*）的原初阐释（*Auslegung*）紧密联系起来，将它们理解为自我开放之深渊（*als den sich öffnenden Abgrund*）（参阅赫西俄德，《神谱》）。”[①]

我们之后会回过头来讨论是什么迫使海德格尔阐释尼采的混沌。

第二段——在这里，我想以某种方式嫁接到这个缝隙之眼（缝隙之眼，因为眼睛是从缝隙出发、在缝隙中、作为缝隙被思考的），它作为真理之蛊惑的位置——乃是《权力意志》中的一段，我在引文和海德格尔做出的阐释性评论（在第三章“作为认识的权力意志”，法文译本第1卷第486—487页，德文本第625页）中读到它们，现摘录如下（阅读海德格尔的《尼采》；第1卷，第486—487页）：

“欧洲的君主实际上应该考察他们是否可以不需要我们的支持。我们这些非道德的人——我们是今天唯一不需要结盟而获得胜利的力量：因而我们是所有强者中的最强者。我 194
们甚至不需要诉诸谎言：还有什么强力可以避开谎言？一个

① M. Heidegger, *Nietzsche I*, *op. cit.*, p. 274; *Nietzsche 1*, *op. cit.*, p. 350; *GA* 6.1, p. 312.（雅克·德里达对译文有所改动。）

强有力的诱惑（*Verführung*）为我们战斗，它可能是最强有力的诱惑：真理的诱惑……真理？[①] 因此是谁将这个词挂在嘴边？而我收回这个词：我拒斥这个傲慢的词：不，真理对我们来说不再是必要的，即使没有真理我们也能走向强力和胜利。为我们而战斗的魔力（*Zauber*），维纳斯的眼睛，使我们的对手迷惑和失明的，乃是极端之魔法[②]，激活所有极端事物的诱惑：我们这些别样的非道德者——我们是极端（*die Äussersten*）[……]"[③]

让这些方向保持开放，我们回到钥匙问题上来。如果在这个臆造的、非自然的和暴力的、在自然这个词的派生意义上的非自然的事件过程中，自然丢弃了钥匙，或毋宁说作为丢弃赠予了钥匙，从而将我们置于混沌的恐怖、裂缝的恐怖当中，那么真理的欲力同时是被激起和被禁止，作为被禁止的被激起。从一开始，真理就划分为威胁甚至谋杀的真理，和作为保护、保存和爱惜的真理。真理、真理价值的这一内在区分不是一个对立（爱惜的真理、威胁的真理，或同时威胁和爱惜的真理）。在这一根据力的差异而被思考的划分中，根据斗争中的关键力量，将会有或多或

① 雅克·德里达在夹入打印稿的摘录的影印页上，给"真理"一词加了引号。

② 在夹入打印稿的摘录的影印页上，有一条线将加了着重号的几个字和空白处的旁注"诸极端之魔法？"连接起来。

③ 引自：M. Heidegger, *Nietzsche I*, *op. cit.*, p. 486; *Nietzsche 1*, *op. cit.*, p. 626-627; *GA* 6.1, p. 565。海德格尔援引了尼采《权力意志》（*La volonté de puissance*, *op. cit.*, Livre III, chap. 3）的第749条。在夹入打印稿的摘录的影印页上，括号内的德语单词被标记在页边空白处。

少被接受的、被欲望的、被相信的真理。由此，人们称之为“真理”的东西——客观的、普遍的真理，一致的对象，等等——只不过是作为斗争、诱惑、陷阱等掩饰的一个效应和一个时刻。正是在疲惫、厌倦或必要的时刻，为了恢复力量或更好地诱捕敌人，有生命者决定构建和平、达成契约、建立共识。这是通过语言的机构进行的，它甚至解释了语言的机构，语言的立法，后者 195
遵从着掩饰的命令，但它缔造了和平的契约，我更愿意称之为缔造了“真理”名称下的休战。掩饰因而掩饰在真理的名称下，由此人们可以不折不扣地——或者仅仅将这些语词的游戏解释为力的颠倒的可能性、诡计和能力的颠倒的可能性——这么说这些词：掩饰（终审的真理），真理下的自我掩饰，又或者真理是掩饰的掩饰，又或者掩饰的真理是真理，又或者真理的真理是掩饰，又或者真理的掩饰是掩饰的真理。因而真理的欲力也是这一疲倦、厌倦或这一替补的诡计的症状，它们寻求和平和共识，负责语言的创建。在此时刻，伴随着语言，有生命者之间的斗争不会停止，那些力量相互较量，但人们将创造一个调节性的虚构，也即真理性和谎言之间的对立或区分。这样的虚构的可能性，斗争的一个如此这般的假象，乃是真理的起源、真理的效果。但为了使掩饰掩饰自身——不只是掩饰，而是在真理中掩饰自身——为了使真理继续如此这般地自我生产和自我再生产（真理的真理作为共识是与自身等同的再生产），这一真理的起源，这一作为真理起源的掩饰，绝对地向施动者本身、向有生命的主体隐藏起来，等等，也就是说它被遗忘了。这一遗忘——掩饰的掩饰——不是其他心理学范畴中的一个范畴，它是真理的过程，是掩饰的掩饰的过程。如果被丢弃的钥匙的故事，这一神话事件的虚构叙事，比真实更真实，如果钥匙被它（生命自然）所丢弃的故事是这一掩饰、这一移置的动力本身（因为你们知道，当人们在这里说掩饰时，它也翻译了*Verstellung*，“移置”，“位置的改变”：人们也命名一个奇特的运动学［phoronomie］和地形感［topophorie］或加密-地形学［crypto-topographie］：接下来我称之为**密码学**［cryptopographie］），如果钥匙的故事，作
196 为密码学，不是发生在真理或谬误、真或假的地方，而是成为真理或非-真理之处所的起源，那么，这一密码学自身就应该被锁闭（封闭，如这个词指示的），因而被遗忘。当钥匙的丢弃被遗忘时，作为共识等的真理、真/假的对立，以及所有如此这般被规定的对立或区分（包括生与死的对立），所有这些价值的对立就占据了支配地位。应该遗忘钥匙，这是真理的条件。这也是钥匙的条件，它的对立功能的条件（开启/关闭的旋转式交替）。因此当有钥匙时，当它们起作用以及人们掌握它们时，当它们在锁中转动时，正当此时，人们最好地遗忘了整个钥匙的起源和条件，这就是钥匙的丢弃和它的赠予-夺回，钥匙的遗忘。钥匙——作为钥匙的遗忘——总是可复制的。总是有另一把钥匙。更多的钥匙。钥匙被替代，一把钥匙的遗失引发另一把钥匙，副本是事先准备好的。当人们无法打开一扇观看的门，还可以打开一个信箱，也就是一个视线被托付或被延迟的场所，这并没有根本地改变事情的本质，因为它一开始就失去了。这是《哲学家之书》（第175页）中的一段，它紧随钥匙的丢弃那个部分，更清晰地集中阐明了我刚刚说的内容。（阅读《哲学家

之书》，第175—176页）

一个个体在面对其他个体，想要自我保存时，他大多数情况下只是为了掩饰才在事物的自然状态下使用智力：但由于人出于需要和出于厌倦，想要以社会和群体的方式生存，他需要缔结和平并至少在他的世界中消灭最粗鄙的“一切人反对一切人的战争”（*bellum omnium contra omnes*）。这一和平的缔结带来了某种似乎是迈向实现该真理的神秘欲力的第一步。这就是说，从此作为“真理”的东西现在是固定的，这意味着人们找到了一个一律有效和强制性的事物的名称，而语言立法甚至给出了真理的第一条法则，因为在这里真理和谎言之间的对照第一次出现。说谎者使用有效的名称、语词，以使不真实的东西显得真实，例如他说“我是富有的”，然而就他的状态来说，“贫穷”才是准确的名称。他通过有 197
意的替代或名字的颠倒，滥用根深蒂固的习俗。如果他以自私尤其是有害的方式这样做，社会将不再信任他，从而排斥他。人们与其说逃避被欺骗的事实，不如说逃避欺骗带来的伤害：说到底，在此层次上，他们并不讨厌幻象，而是讨厌这种幻象糟糕的和敌对的后果。只有在狭隘的意义上，人才仅仅意愿真理：他渴望真理的令人愉悦的结果、保存生命的结果；它对纯粹的和无后果的知识不感兴趣，它甚至与那些有害的、破坏性的真理针锋相对。此外：语言的约定是怎么回事？它们可以是认识的证明，真理的意义的证明吗？名称和事物相吻合吗？语言是所有现实的充分表达吗？

> 仅仅由于自己的遗忘能力，人才会相信他拥有我们刚刚提到的那种“真理”。如果他不想满足于重言式的真理，也即不满足于空的外壳，他就将无止境地调换幻象与真理。[①]

你们看到——或者你们因为它不再可见而不看——在真理的这一密码学中，死亡和禁令怎样发挥作用。社会（*socius*）是由真理的契约构成的，后者是掩饰的一个诡计或花招。因而社会建立在作为非-真理的真理之上。这是为了活着，也即为了避开毁灭的真理，但它毁灭是由于它是非-真理。因此社会由对真理的违犯构成，它将真理作为非-真理去构建。但社会的违犯同时在于违犯真理和作为掩饰的效果的非-真理，等等。紧接着《哲学家之书》，在“提纲”（*Entwürfe*）中，在“真理”[②]标题下可以看到这样的表述：“没有非-真理，就没有社会和文化。悲剧的冲突。一切好的东西，一切美好的东西都依赖于幻象：真理毁
198 灭（*Wahrheit tötet*）——而且，它毁灭自己（*ja tötet sich selbst*）[在它认识到它的基础是错误的情况下：*dass ihr Fundament der Irrtum ist*]。”[③]如果翻译一下这个没有-非（没有非-真理，既没有，也没有），意思就是说：社会和文化依靠非-真理、幻象而存活，因为真理毁灭。换言之，它们赖以生存的真理乃是非-真理，但这一非-真理的真理也是或已经是一个非-真理，一个自杀的

① Fr. Nietzsche, *Le livre du philosophe*, *op. cit.*, p. 174-177; *Das Philosophenbuch*, *KSA* 1, p. 877-878.

② 引号为尼采所加。

③ *Ibid.*, fragment 176, p. 202-203; *KSA* 7, 29 [7], p. 623.

真理，因为它在其真理的真理中，承认自己是错误或幻象。接下来的段落——我留给你们阅读的那段（第177页）——分析了这一使真理、对真理的信仰起作用的禁令或疯狂。我不想继续阅读这些文本，我想确定两个结论或两个事实：

1）真理作为生命的诡计，生命力量的游戏。总是有生命的自然——*physis*，如果你们愿意这么说的话——构成了终审，真理的计谋和钥匙的场景指向它。有生命者的力量是有生命者的最终依靠，或至少是它的最大力量。

2）然而（但这是矛盾的吗？）真理在其结构上就是自杀的。它自杀。它是生死，作为真理它是没有真理的真理。

在这一点上，我有所跳跃。我在这里搁置了尼采最初的那些文本（也可以基于同样的论点阅读《悲剧的诞生》），以讨论第二个绕道，海德格尔的绕道。为此，我跳到尼采后期的文本，它们支持了海德格尔对尼采的所谓生物主义问题的讨论。我之前不能进行这样的跳跃，要使跳跃有意义和具有问题性，有必要指出之前的两个命题，也即〈1)〉生命的力量作为终审，2）真理的自杀结构作为生命的效应。尼采后来的两个文本，其中一个海德格尔没有引述，但他本可以援引，因为它属于海德格尔所论述和分析的整体，另一个海德格尔引述了。

海德格尔没有引述的是以下内容，它被收录在《权力意志》（1887年）的片段中，人们可以在伽利玛出版社第1卷第 199
215页找到它的译文。它是这样说的："'生命的价值'［在引号中……］——生命是一个特例；应该为存在的**所有**形式辩护，而不只是为生命辩护。——辩护的原则应该是使生命通过它而得到说明。从别的角度看，生命只是一个手段：它是强力的增长形态的表现。”[①]

因此生命不会是最后的依靠，既不是起源，也不是目的，只是实现所谓的“强力的增长”的一个手段，强力的增长因而回指向强力的意志，后者就其本质或最终形态而言，不再是生命、生命的力量。

另一个片段摘自《快乐的科学》（1881—1882年，也即《哲学家之书》出版十年后），海德格尔在我前面提到的论述混沌的章节中援引了它。在这里，海德格尔从尼采的两个命题（一个是《快乐的科学》中的，一个是《权力意志》中的）之间至少是表面上的矛盾出发。海德格尔在这一章谈到了十点，我引述第一点作为收束，下节课我们甚至还会回到这里。我只打算向你们指出，海德格尔在著作中的两个重要地方讨论了生物主义问题，一处是（法文译本第266页及以下：“思想的概要描述：存在者在其总体性中作为生命、作为力量；世界作为混沌”[②]）。第二处是“尼采的所谓生物主义”[③]，在第三章：当然，这里你们应该阅读整章和整个上下文。

作为总结，下面给出这一段，在论述混沌的章节的译本第268页（原著第341页）：

---

① Fr. Nietzsche, *La volonté de puissance*, *op. cit.*, I, p. 215; *Der Wille zur Macht*, KSA 12, 9 [13], p. 344-345.

② M. Heidegger, *Nietzsche I*, *op. cit.*, p. 266-278; *Nietzsche 1*, *op. cit.*, p. 339-356; *GA* 6.1, p. 302-318.

③ *Ibid.*, p. 402-410；*Nietzsche 1*, *op. cit.*, p. 517-527; *GA* 6.1, p. 465-474.

在尼采的观点中什么得到了呈现？答曰：世界的总体特征（*in ihrem Gesamtcharakter*）。什么构成了这一特征？世界的整体是无生命者和有生命者（*das Ganze des Leblosen und des Lebendigen*），有生命者在这里不仅包含植物和动物，也包括 200
人。无生命者和有生命者在这里并不是作为两个区域（*wie zwei Bezirke*）简单的并置［*nebeneinandergeschoben*：在旁边或能够替代的观念］或叠加（*aufeinandergeschichtet*），它们呈现为生成的交错（*verschlungenen Werdenszusammenhang*）。它的统一体是“有生命者”还是“无生命者”？尼采写道：“我们的整个世界是无数**有生命的**存在的**灰烬**［*Asche*被强调］；尽管与总体相比，有生命者是那么微不足道，但事实仍然是，**一切**［*alles*，被强调］都已经转化为生命，并将继续如此。”（第十二章，第112条）这似乎与《快乐的科学》（第109条）中所表达的思想相矛盾［海德格尔继续说］：“我们要提防，不要说死亡与生命相对（*entgegengesetzt sei*）。有生命者只是死亡之物的一个类别，一个十分罕见的类别。”①

① Fr. Nietzsche, *La volonté de puissance*, *op. cit.*, p. 268; *Nietzsche 1*, *op. cit.*, p. 341-342; *GA* 6.1, p. 304-305.（雅克·德里达对译文有所改动。）

201

第八讲[1]　讼案[2]（“尼采”）

那么，生物主义。尼采的生物主义问题，他的所谓生物主义的意义的问题，你们预感到这不是一个特殊的问题，不是其他问题中的一个问题，不是一个局部的问题。首先因为它是一个讨论区域性的问题，它讨论这样的问题：有生命者是否是存在的一个区域；继而人们是否可以或应该对属于这样一个区域的对象的科学论述加以规范，等等。而当这个问题在尼采的读者或阐释者海德格尔那里被讨论时，它就引动了海德格尔的尼采阐释的整个系统或整个步伐，也就是说，它也涉及一个西方形而上学的规定、科学与哲学之关系的规定、存在问题的规定，诸如此类。换句话说，那个难题，我们要解决的难题之一，将是海德格尔的阅读的难题、阐释的划分的难题，因而是某种暴力方式的阐释的难题，这些是我们应该在海德格尔的文本中做的事，不只是题为《尼采》的两大卷著作，还包括其他有关尼采或有关生与死的文本，以及最终海德格尔和尼采的整个文集，如果这种东西存在的话。

---

① 关于本讲的后续出版，参见“编者按”，上文第13页，注释③。

② cause有“原因”的含义，依据德里达在本研讨班中的意图，我们译为“讼案”，以兼顾其作为争辩和作为事情对象的双重规定。这个词也是德里达对海德格尔的概念*Sache*的翻译，后者一般译为“实情”或“事情”。——译者

在这里我只能指明这些困难，但无法恰当地给出一个令人满意的回答。我不是要在这里给出长期的协议，而是攻击建筑最薄弱和最显眼的地方，因而这样做有专断、经验主义或诱骗的危险。如果理解无误的话，从我之前的论证出发，我们应该谈论生物主义 202
最醒目的地方，就是海德格尔论尼采的著作的第二章和第三章，这些章节分别论及“同一者的永恒轮回”和“作为认识的权力意志”，其中，更具体的是我上节课提到的随后的子章节，也即有关混沌（译本第266—278页；原著第339—356页），有关“尼采的所谓生物主义”（译本第402—410页；原著第517—527页），以及最后有关“尼采‘认识的’生物学阐释”（译本第458—467页；原著第590—602页）的子章节。我的选择的风险基于以下事实是有限的：我们每次都能在著作中找到相同的阐释，每个地方都强有力地凝聚和概括着的相同的解读体系，在这里凝聚起尼采思想的统一性，它被理解为西方形而上学完成形态的终结的统一体，尼采恰恰是这一完成的顶峰、山脊和最高点。[①]

恰恰是这一奇特的统一性——因为它被海德格尔所假定、提出、思考（对他来说，只有在这种情况下才有思想），因为它支持了尼采著作的统一性、他的阐释的统一性，这种阐释涉及某个事物的统一性、凝聚的整体的统一性、作为西方形而上学的集合的统一性，后者最终把它的统一性赋予尼采的思想——恰恰也是这一统一性，它抵消了我的出发点、我对该书这里或那里的攻击的专断的或经验主义的风险，正是这一被假定的统一性，在今天

① 打印稿空白处有一个补充：《瞧，这个人》。

为我提供了最好的离合器，给了我把握这个庞大机器的发动机的最强大、最安全和最经济的抓手。

这是如何可能的？是它首先使我们在这里严格地将生物学问题和传记学问题联系起来，正如我们在本次研讨班之初所做的那样；以及由此，它使我们再次探究有关尼采的名字或签名，以及当尼采说或写“我”、署名者尼采、《瞧，这个人》等时所发生之事。海德格尔是如何考虑这一传记、自传和专名的签名问题的？
203 他或隐或显地处理这一问题的方式，如何反过来规定了他的整个阐释，特别是他称之为尼采的“所谓生物主义”的阐释？换句话说，如果人们在海德格尔的尼采解读背后看到了坚定支持它的西方形而上学解读的整个普遍基础，问题就变成了：对西方形而上学的这种阐释（在其整体中，或作为一个整体）如何蕴含着一个有关思想的统一性或独特性的抉择，而后者本身又蕴含着一个有关传记、专名、自传和签名的抉择？

该形式下的这个问题并不十分古老，也并不容易解决。

我用一个简要的、粗略的、简化的表述（但我希望[①]表明它是正确的）来表示海德格尔在这个主题上的主张：有一个尼采思想的统一性（尽管它不是传统意义上的体系的统一性），这个统一性源自它的独特性（隐蔽的和预先规定的论点：每个伟大的思想家都只有一个思想，一个独一无二的思想）。这个独特性并不被弗里德里希·尼采的名字或诸名字，不被他的（正常的或疯狂的）生命构成或威胁、汇聚或实现；这个奇特的统一性，这个统一性-唯

① 在打印稿中，“希望”一词被划掉，行间添加了几个字，可能是“准备”。

一性（unité-unicité），缘于西方形而上学的统一性，在那里西方形而上学达到顶点。其结果是，传记、自传、专名的场景或力量、诸专名、签名、诸签名等等，将重新占据它们在形而上学历史上一贯拥有的非根本的地位或位置，概而言之，这指明了我们此处提问的必要性。

这是简化的表达。现在让我们更仔细地阅读海德格尔，并尝试尽可能地证明他的阐释最有力的融贯性。现在，这一次，我可以从这本书的开头，甚至比开头更早，从序言的开头开始，按照解读的传统标准来把握它。当然，这个序言是事后写的。如你 204
们所知，《尼采》对应于海德格尔1936—1940年在弗莱堡大学开设的系列课程，以及《文集》（我不知道皮埃尔·克洛索夫斯基为什么将之翻译为“编外集”[digressions]），1940—1946年的论文或论著。显然，有必要充分重视这些日期，特别是如果我们想要，如果我们必须将这种解释的整体和细节与历史-政治领域联系起来，将它放入它得以产生的机构、大学领域中。这篇两页的序言写于1961年，一如既往，其主要意图是通过诉诸它的统一性、它的整体的统一性，说明出版这部集子的理由。海德格尔在序言中甚至说：“这个作为整体[总体性，*als Ganzes*]而被反思[*nachgedacht*，反省]的出版物应该有助于人们对我自1930年至《关于人文主义的书信》（1947年）[①]以来的思想路径形成一个

① Martin Heidegger, *Nietzsche I*, trad. Fr. Pierre Klossowski, Paris, Gallimard, 1971, p.10; *Nietzsche 1*, Brigitte Schillbach (éd.), Pfullingen, Günther Neske Verlag, 1961, p. 10; *Gesamtausgabe (GA)*, Frankfurt am Main, Vittorio Klostermann, 1996, 6.1, p. XII.（雅克·德里达对译文有所改动。）

概观。”

这个出版物和这一教学的统一性，因而也是海德格尔十五余年间在其关键时期的整个思想路径的统一性。这意味着尼采阐释的统一性，它所指向的西方形而上学的统一性，以及海德格尔思想路径的统一性，作为我们现在整个讨论的前提、预设或效果，彼此是不可分割的。

不过，如果我从这个出版物的开头开始，也即从第一句话，序言的第一句话开始，我会发现什么？

好吧，首先概略地说，我发现两件事情。

为什么是两件，为什么恰恰是两件事情呢？为什么这两件事情恰恰与尼采之名，甚至与他引号中的名字有着字面上的联系呢？

把一个专名放进引号时会发生什么？海德格尔没有探究，而我的假设是，甚至海德格尔的整个事业——尽管其标题仅
205 仅是《尼采》——尽其全力都是为了限制乃至抹去这个问题的力量。

我说过，在尼采之名那里，我们发现了两件事情。

为什么是两件事情，为什么是两件，并且恰恰是两件事情？

我首先发现——让我们从这个小角度来把握这些事情，在我看来它并不小，甚至是“根本的”——如果我一方面以及首先阅读克洛索夫斯基的法文译本（我们目前拥有的唯一译本），另一方面阅读原著的文本，我首先发现两件事情。

这个译本令我们震惊，它极具挑战性，启人深思，尽管它有意无意地与海德格尔想要引人思考的内容相反。

我来读一下克洛索夫斯基译本的第一句话。我甚至要把它写

在黑板上：

“‘Niet sche’［伽利玛出版社的印刷工人在这里犯了一个印刷错误，尼采的名字Nietzsche左起和右起的四个字母中间留下了一个空距］——这位思想家的名字在此为他的思想的讼案（cause）命名。”随后的段落在一定程度上说明、论证了克洛索夫斯基选择用“讼案”（cause）翻译某个词的原因。我读一下：“讼案，有争议的情形［讼案：诉讼、司法辩论］，本身是一种争辩（ex-plication）［*Aus-einander-setzung*：连同，等等］，一方相对于另一方采取的立场。让我们的思想深入这一讼案，让我们为它做好准备——这就是眼下这个出版物的内容。”①

对于一个这样打开这本书——不了解德文文本——的人，他会这样读到第一句话：“‘Niet sche’——这位思想家的名字在此为他的思想的讼案命名”，一个这样的读者今天会说：“啊，这说法很时髦。”名字将是思想的原因（cause）。尼采的思想将是尼采的名字的结果。这是新颖而独特的。总的说来，不管怎样，这是一本关于尼采的名字和尼采名字与尼采思想之关系的著作。一个如此被告知或未被告知的人甚至会——考虑到名字被意外地分隔为二这一事实——料想着对这个能指的分隔，甚至能指的所有形式，乃至与斯拉夫（波兰语）词源相关的语义 206
要素（人们仓促地将其与尼采关于他的名字所说的东西联系起来，或者与他关于他思想中的消极性或毋宁说消极力量所说的

① M. Heidegger, *Nietzsche I*, *op. cit.*, p. 9; *Nietzsche 1*, *op. cit.*, p. 9; *GA* 6.1, p. xi.（着重号为雅克·德里达所加。）

东西联系起来）进行不知怎样的分析，此外，如果人们发散联想直至妄想，将之与他1887年的信中说的东西——两个城市的名字（威尼斯和尼斯），他只有在这两个城市才能够思考——联系起来，海德格尔恰恰在该书开头引用了这封信（1887年9月15日，写给彼得·加斯特），人们会说："啊，没错，他想要Nice（尼斯），想要nise，想要Nietzsche，强力的意志是尼采的意志。"显然，这只在法语中有效，一旦人们想起来，至少在城市的名字那里，威尼斯的原文是*Venedig*，尼斯的原文是*Nizza*时，这一妄想就寿终正寝了。

但如果这位法国读者接着往下读，他就会疑惑："'Nietsche'——这位思想家的名字在此为他的思想的cause命名"，这句话意味着什么呢。在法文中，随后的一段话把意思说得更清楚，它说得很好："不是在与结果的对立中理解cause，将之理解为因果性、运动的原因、机械的原因、目的因或思想的形式因，而是理解为*causa*（法律的辩论、司法的讼争、诸当事人［parties］——不要与名字的诸部分［parties］相混淆——的对立）。"注意，对于今天的法国读者来说，这个观点也可以是富有吸引力和令人兴奋的：名字作为一个思想的争议，尼采的名字作为尼采思想的争议或关键，尼采的名字作为争执，作为他的思想的争议性案件①，这种观点并不是很正统，当它借助新的疑难被追问时，便可以启人深思和富有成效。

但由于在译本中，海德格尔文本的下文似乎并没有真的沿着

① 空白处添加有"事情"。

这条道路继续，这位勇敢的1975年的法国读者由于太过了解或并不十分了解（这往往是一回事），决定仔细研究和查阅原文，看看克洛索夫斯基用“这位思想家的名字在此为他的思想的cause命名”翻译了哪个句子。

那么他看到了什么？

别的事情。另一件事情，是chose而不是cause。他读到德文，也即：“‘*Nietzsche*’ – *der Name des Denkers steht als Titel für die* Sache *seines Denkens*”。

“‘Niet sche’——这位思想家的名字命名了［以之作为标题］ 207
他的思想的事情（chose）。”

一般来说，人们在法文中用cause翻译*Ursache*；也是由于这一亲缘性，克洛索夫斯基允许自己用cause翻译*Sache*。但通常情况下，*Sache*的意思是“事情”（chose），不是可感或可用意义上的事物（*Ding*），而是被讨论的事情、事务，它是被提问的东西，作为讼争而出现。从*Sache*的这个意义（问题中的事情）来说，*causa*, cause（在诉讼案例、争论的事情的意义上），cause是一个很好的翻译。这样一来，它不仅提出了问题中的事情，也提出了事情的问题（*die Frage nach dem Ding*），特别是要知道如何调节cause的两个语义规定（在原因/结果对子中予以理解的cause和作为讼争对象的cause）之间的关系；以及如何调节cause和chose（作为*Ding*或作为*Sache*）之间的关系的问题。无论如何，随后当海德格尔接着说，“*die Sache, der Streitfall*”，事情、争议性案件本身乃是“一种争辩”（*ist in sich selbst Aus-einander-setzung*）时，用cause对应*Sache*的奇特译法得到了支持。[1]

事实依然是，当海德格尔说“这位思想家的名字命名了他的思想的事情”时，毫无疑问，他不是意指名字是“思想”之结果的原因，也不是意指（他的思想的）所有格在这里指示了**作为他的思想**的那个事情。他的意思是说——后面的一切都将证实这点——尼采的名字作为这本书的标题并不是一个个体的专名或签名者，而是一种思想的名字，一个单一的思想的名字；只有从这个问题中的事情——他的思想——出发，人们才会去阅读或倾听这个标题，也即这个名字。在海德格尔看来，尼采在这里无非仅指这个思想、他的思想。如果在第一句话中的这个所有格的句法上停留，人们必定会注意到这个令人惊讶的循环：正如克洛索夫斯基所可能表明的那样，名字作为他的思想的事情或讼案（cause），并不意味着名字在思想、尼采的思想、他的思想之前，就像原因（cause）在结果之前，甚至也不意味着他的思想的事情——即这个名字——在思想之前是不可规定的。相反（主体的所有格）：名字作为思想的事情意味着它属于思考名字的思想，以及只有从**他的**思想出发人们才会去理解、
208 倾听、阅读、聚集。只有通过思考这一思想，人们才思考主有词，因而思考专名。只有基于对签名人或名字承担者的思想的思想，他的思想（*seines Denkens*）的这个**他的**——因而这个专名——才具有意义。只有从他的思想出发，而不是通过或多或少精心编纂的传记作品，人们才知道尼采是谁，以及他的专名

① M. Heidegger, *Nietzsche I*, *op. cit.*, p. 9; *Nietzsche 1*, *op. cit.*, p. 9; GA 6.1, p. xi.

意味着什么。

在我看来，从这里出发，有两条道路。一条是以新的努力去探究这一专名的疑难，这要冒着看到这个名字在面具或假象中分裂或消散的危险，或者让这个名字仅仅在思想者的“生命”之外被构成，将（历史的、政治的等等）世界乃至永恒轮回的未来引向它。这条道路尤其会导致生命-或自传问题的复杂化，而不会以任何方式排除它，也不会排除所有今天定位为“精神分析”的问题。当我们一起阅读《瞧，这个人》[1]的某些片段时，我至少是试图去指明这条道路。

另一条道路将回到从思想的事情、从思想、从最终作为一个内容而被定义的思想自身出发去规定名字的本质，因而不关注独一无二的专名、传记、心理学，将它们作为众多的非本质的偏离。无疑，以警惕生物主义、心理主义乃至精神分析主义的方式，人们的矛头对准的是还原的经验主义，认为这种经验主义掩盖了作为思想而给出的东西。这就是海德格尔在这条另外的道路上所做的事情。但问题，其中一个问题在于知道，当我们诉诸某种异于形而上学的东西，并将尼采置于该形而上学完成的极限、顶峰时，是否这不是回到了一个传统哲学的或形而上学的姿态；传统的姿态最终在于使生命或专名之事与思想之事分离开来，或者无论如何能够意愿仅仅从后者通达前者。由此就有了**第一个后果**：海德格尔的课程一开始就以传 209

① 在打印稿中，“道路”这个词后面的那些词被划掉了，在行间替换为：“在《瞧，这个人》的某种解读中，我将宣称”。

统的方式将尼采的纯粹传统的传记与这个伟大哲学家在尽其所能的范围内所思考的问题、大问题分离开来。在这第一堂课的形式中（它符合学校里采用的旧有的教学模式），我们看到出现了这种分离。[①]海德格尔首先简要介绍了尼采的生平和著作，以供备考学生之用，然后他说，更糟糕的是选择传记主义（biographisme），并且将它与思想、他将要追问的伟大思想对立起来。论及这些课程或这本书的标题《尼采》的另一个方式是，它与尼采这个人或这个名字的最终承担者无关，而是有关于这个思想的伟大冒险，该思想贯穿了他并且从其贯穿出发规定了他。（阅读第16—17页）

首先，有必要简要谈一下最重要的事，有关尼采生平的最重要的东西、他的计划的缘起、他的预备性工作以及这些遗稿的出版情况。尼采于1844年出生在一个新教牧师的家庭中。在莱比锡学习古典哲学时，他发现了叔本华的重要著作《作为意志和表象的世界》。在莱比锡的最后一个学期（1868—1869年）的11月，他与理查德·瓦格纳建立了私交。除了希腊世界以外——它对尼采的整个一生都是决定性的，尽管在他清醒思考的最后岁月里，希腊世界施加的影响在某种程度上让位于（罗马的）拉丁世界——首先是叔本华和瓦格纳在他身上构成了活跃的精神力量。1869年春天，他

① 在打印稿中，这里有一个大的闭括号，并且空白处有如下指示：“到此为止”。

> 还未满25岁，就被聘任为巴塞尔大学古典语文学教授，这甚至发生在他取得学位之前。在那里，他与雅可布·布克哈特和神学家奥维贝克有所交往。布克哈特与尼采之间是否发展了真正的友谊，这个问题具有远超出纯粹传记学兴趣的重要性。但这不属于我们今天讨论的范围。尼采同样结识了巴赫奥芬，但这种关系从未超出同事间通常的谨慎程度。十年 210
> 后，尼采放弃了教授职位。又过了十年，1889年1月，尼采精神失常。他于1900年8月25日去世。
>
> 从巴塞尔时期起，尼采就摆脱了叔本华和瓦格纳的内在束缚。但从1880年代开始直到1883年，尼采才发现他自己，对一个思想家来说这意味着：他发现了他在存在者的总体性中的根本立场，并且由此，他发现了他的思想的决定性的原点。[①]

之后，海德格尔在处理他所称的“尼采的真正哲学”（*die eigentliche Philosophie Nietzsches*）时指出，它“没有获得最终的撰述，也没有作为著作发表”，[②]并且他批评了当时正在编辑的校勘全集版，指出了该版本由于声称的完备性（*Vollständigkeit*）原则而导致的局限性——它致力于出版所有内容，并且按照海德格尔的说法，它属于19世纪的事业模式，服从于传记主义或心理主义，后者是我们时代的倒错，是它的畸形形态。于是他批评这一

① M. Heidegger, *Nietzsche I*, *op. cit.*, p. 16-17; *Nietzsche 1*, *op. cit.*, p. 15-16; *GA* 6.1, p. 5-6.

② *Ibid.*, p. 18; *Nietzsche 1*, p. 17; *GA* 6.1, p. 6.

编辑事业，我引述原文，因为它“在传记说明和心理说明的风格中［进行］，并且它事无巨细地发掘‘生平’的所有‘资料’，包括尼采同时代人的观点，它构成了我们时代的心理－生物学贪婪的（*der psychologisch-biologischen Sucht unserer Zeit*）一个赘疣（*Ausgeburt*）”。[①]海德格尔继续说道：

> 只有在通向那部真正的“著作”（*des eigentlichen «Werkes»*）（1881—1889），并成功完成这项任务的情况下，它才会是有益的。不过，这一任务及其执行反驳了我们刚刚指明的这两个倾向，而它可以在不诉诸这类调查研究的情况
> 211 下实现。然而，只要我们没有在我们的探究中将尼采把握为西方形而上学的终结，只要我们没有提出存在真理这一完全别样的问题，我们就绝不会完成这项根本的任务［tâche essentielle，克洛索夫斯基对*dieses Eigentliche*的翻译］。[②]

提出存在之真理的问题（当然是在存在论之外提出该问题），确定尼采为西方形而上学的终结，这可能是之后通向尼采的名字或传记，尤其是通向他的文本全集的先决条件。为了要知道“尼采是谁”。

在探究这个方案的原则本身之前，为了对之保持警惕——正如我将要做的——我们有必要注意该原则的必要性，注意在

---

① M. Heidegger, *Nietzsche I*, p. 19; *Nietzsche 1*, p. 18; *GA* 6.1, p. 8.（雅克・德里达对译文有所改动。）

② *Ibid.*, p. 19; *Nietzsche 1*, p. 18-19; *GA* 6.1, p. 8.

一般情况下以及在方案予以实施的历史–政治的处境下，所有可以为它辩护的东西。首先是一般的辩护：的确，心理学家和传记作家的热忱（在它最经常被运用，在当时尤其被运用的风格中）围绕着一个思想的系统性内容、它的必要性或它内在的特征而贯注。这个传统的方案无须我强调。接下来是历史–政治的辩护：在写作和教授《尼采》的时期，海德格尔已经与纳粹主义保持距离，不管怎么说他已经辞去了校长的职位，并且在课上既没有说任何反对政权的话，也没有直接而公开地反对纳粹对尼采的利用（当然也没有公开赞成，而是采取同等的谨慎和模棱两可的沉默），但他公开批评了这个由政府赞助的版本——海德格尔最初参与了这个版本的编纂，当他发现这是一个篡改的版本，特别是有尼采的妹妹伊丽莎白·福斯特·尼采（如你们所知，她因为纳粹主义和反犹太主义倾向而臭名昭著）参与其中时，他退出了。而他在当时和事后都指出，事实是，他与这个编辑事业保持了距离，并且批评它的传记主义，他这样写道：

> 对于想要了解尼采生平的人来说，他妹妹伊丽莎白·福斯特·尼采的叙述——《弗里德里希·尼采的生平》（1895—1904）一直都是重要的。但与所有传记作品一样，对这个出版物，人 212
> 们也持极大的保留态度。我们在此不打算概述乃至讨论其他各种各样的对尼采的评论，因为它们无助于我们的课程任务。[①]

① M. Heidegger, *Nietzsche I*, p. 19; *Nietzsche 1*, p. 18-19; *GA* 6.1, p. 8.

还必须看到，海德格尔在这里以及其他地方最持久的目标，就是他所称的“生命哲学”，这种哲学也将尼采阐释为“生命哲学家”，当然，周围的纳粹主义也是攻击的目标。实际上海德格尔同样以及同时也批判古典的大学传统——前纳粹的传统，如果你们愿意这么说——这种传统使尼采成为一个“哲学家-诗人”或一个“生命哲学家”，人们“从德国哲学教授的高度”①指责他是一个缺乏严格性的哲学家，海德格尔既谴责这一传统，也谴责它的颠倒（也即纳粹），后者赞扬尼采作为生命哲学家以抽象的方式使生命哲学达致完成。在这两种情形中，“生命哲学家”或者被谴责，或者被称赞。而对海德格尔来说，生命哲学家乃是某种他从《存在与时间》开始就一直拒斥的荒谬事物。

首先必须了解这一心理-传记主义批判，以便之后理解海德格尔对“尼采的所谓生物主义”的批判，以及理解海德格尔将尼采从生物学家的阐释或生物主义的指责中解救出来的努力。我们刚刚在有关尼采之名的作品中看到过这一对传记主义的批评，如果你们愿意的话，这个批评可以作为对“尼采意味着什么？”这个问题的一个回答。这里再次看到它，这次回答的问题是“尼采是谁？”。这恰好位于第三章（“作为认识的权力意志”）第一个小节“尼采作为形而上学之完成（*Vollendung der Metaphysik*）的思想家”的开头（也是第一句话），第473页，译本第369页，我读一下：

① M. Heidegger, *Nietzsche I*, p. 15; *Nietzsche 1*, p. 13-14; *GA* 6.1, p. 3.

尼采是谁，以及首先：他将会是谁，——只要我们能 213
够思考那个在词语（*Wortgefüge*）权力意志的编排中被形塑（*geprägt*）[typée, forgée, imprimée] 的思想，我们就会知道答案。尼采是那个走过了通向“权力意志”的思想路径的思想家（*der den Gedanken-Gang zum “Willen zur Macht” gegangen ist*）。尼采是谁，——通过关于他的生平事迹（*Lebensgeschichte*）的历史叙述（*historischen Bericht*），或者通过他的著述内容的描绘（*Darstellung*），我们绝不会知道它的答案。尼采是谁，——只要我们只是借此理解个性、历史形象、心理学对象及其产物，我们就不愿也不必知道它的答案。

但说 [……] 的意思是 [……][①]

在这里，海德格尔打算提出异议并摒弃这种立场。在谈这个问题之前，我想指出一点，以避免使事情简单化，特别是避免使我在海德格尔的方法上提出的问题简单化或简便化。下面开始。

无论随后海德格尔怎样努力将尼采的名字或“尼采是谁？”的问题归结为西方形而上学的统一性，甚至归结为这一形而上学完成的顶峰上的极限处境的独特性，无论这一方法的传统终极特征是什么……都必须要认识到这一点。对一个作为思想家的主体提出“X是谁？”的问题是一件罕见的事情，对尼采来说也是如

① M. Heidegger, *Nietzsche I*, p. 369; *Nietzsche 1*, p. 473; *GA* 6.1, p. 425.（雅克·德里达对译文有所改动，此外他还强调了“路径”一词。）

此。如果人们通过“X是谁？”所理解的恰好是司空见惯的传记问题、作品背后的人的问题，并导致例如黑格尔生平或笛卡尔生平这类描述细心地与一种学述（doxographie）[1]分离或交织，那么这个问题就不是罕见的，它在今天就不是罕见的。但在另一个意义上探究“尼采是谁？”，就意味着不落入伟大思想家的传记范畴；或者，探究尼采的名字，把尼采的名字作为一部著作的标题——这部著作不打算纯粹或简单地通过讨论那个伟大的思想
214 而抹去专名——这就不是很常见，它就尚不常见。我相信，这是应该被强调的，尽管在我看来海德格尔回答该问题的方式在今天——我强调一遍：今天——可能引发了**其他**一些问题。

在摒弃心理-传记后，海德格尔就以假设的口吻提出这样的异议：“怎么解释有《瞧，这个人》这一预备出版的收束之作”，它作为尼采“最后的意愿”，要求我们关注他本人，等等。“其中难道不是［海德格尔模仿着某个天真的交谈者提出的异议，如此说道］有着谗妄的自我辩护或极度的自恋？”其中不是也有着“濒临疯狂的前兆？”对此海德格尔回答道：“《瞧，这个人》不是一部自传，它并非关乎尼采先生个人”，而是关乎“作为西方最后时刻的现时代（Temps modernes）的历史”。[2]这就是症结所在：人们可以轻易地向海德格尔承认，《瞧，这个人》既不是一部自传（在这些词的通常意义上），也不是尼采先生的历史。但是，当海德格尔不是改变自传的概念，而是使其保持不变，并

① 对过去哲学家的观点的概述。——译者

② M. Heidegger, *Nietzsche I*, p. 369; *Nietzsche 1*, p. 473; *GA* 6.1, p. 425-426.（雅克·德里达对译文有所改动。）

且只是将之与西方的命运——尼采不过是该命运的“承担者”（*Träger*）[1]——相对时，人们便可以探究他本人总体而言是否避开了经验的（心理-生物学的）传记和事关超出个体或若干经验个体的历史选择的重要思想之间的十分传统的对立。人们可能会探究这种海德格尔式的话语中有着怎样的旨趣，以及这样做代表着什么。

例如，值得注意的是，一方面，海德格尔想要通过这个方案将尼采从其依然模糊不清的独特命运中拯救出来，尼采思想这一被利用的命运与海德格尔所称的“他最内在的意愿”（*seinen innersten Willen*）[2]背道而驰。这涉及的是深入尼采最内在的意愿，以区别于乃至对立于尼采的经验形象的模棱两可和 215
表里不一，以及他的直接遗产（postérité）的模糊不清，我之所以强调直接，是因为海德格尔认为我们应该努力朝向的更遥远的未来有助于恢复这一内在意愿。而要想将尼采从这样的模棱两可中解救出来，他就要把对尼采的重要思想和独特性的整个阐释引向如下证明：这个思想并没有超出形而上学的完成，它仍是一个伟大的形而上学，而如果它开始超出，它就很难停留在该限度的最尖锐的顶峰，也就是说，它依然是完全模棱两可、完全“有歧义的”（*Zweideutigkeit*）。海德格尔与尼采的关系总是有着矛盾的双重性：在他拯救尼采时，他同时失去了他。在

① M. Heidegger, *Nietzsche I*, p. 369; *Nietzsche 1*, p. 474; *GA* 6.1, p. 426； 皮埃尔·克洛索夫斯基用“成员”（suppôt）翻译它。

② *Ibid.*, p. 370; *Nietzsche 1*, p. 474; *GA* 6.1, p. 426.（雅克·德里达对译文有所改动。）

他说尼采的思想是“独特的”时，他又尽可能地表明该思想重复了形而上学的最强有力的方案。他是以争夺，以将尼采从某种劫持（例如当时纳粹环境下的劫持）中抢夺出来的方式这样做，通过运用这样一些可以支持这种劫持的范畴，也即“重要的思想家”[①]与不重要的思想家、本真的思想家与非本真的思想家之间的对立，而重要的思想家是作为“被拣选的”、杰出的、被打上印记的思想家被定义的，我甚至会说被签署的（signé，*gezeichnet*），被什么签署呢？被人，被存在之真理的历史。对于这个历史他是完全被选定的，不过是被完成形而上学之终结的同样命运——我不再重复——所判定，〈他是〉未能最终做出决断的人，也即唯一的决断，存在者的主导地位和存在的支配权力之间的决断，他只能为这个决断做准备，但无法评估它的影响也无法支配它。

在我现在要读的这两到三页中，当海德格尔声称承认尼采思想的独特性和本质性时，我们要特别注意这一本质性和独特性的游戏，注意海德格尔的矛盾姿态，从尼采这种思想出发，可以通向尼采将会是谁的思考。我读一下译本第369页及以下、德文本第473页及以下的内容。（阅读《尼采》，第1卷，第369—372页）

216 尼采是重要思想家中的一个。通过“思想家”这个词，我指的是人群中被选定的那些人，他们命中注定只思考那独

① M. Heidegger, *Nietzsche I*, p. 370; *Nietzsche 1*, p. 475; *GA* 6.1, p. 427.

一无二的思想——它总是有关存在者之存在“的主题”。[①]这个思想既不需要任何颂扬，也不需要任何权势，以获得支配权力。相反，写作者和研究者“有”好些思想，甚至大量思想，也即一些适合于在特别受欢迎的“现实性”中转变自如的观念，人们也只是根据它们的可转变性估量它们。然而，思想家的每次独一无二的思想乃是在诸沉默的沉默中，以最难以察觉、最不起眼的方式，围绕着严肃的事情，围绕着一切存在者旋转。思想家是这种东西的创建者：这种东西绝不能借助形象而变得可感知，绝不能以历史的方式被叙述，绝不能以技术的方式被估量；它不需要权力就起到支配作用。思想家总是不公正的、片面的，他们尤其倾向于一个单一的角度，也即通过始自思想史起源时代的一个简单的词而被规定的角度。这个词来自西方最古老的思想家之一柯林斯的伯里安德（Périandre de Corinthe），人们把他视作“七贤”之一。他说，“去操心在其整体性中的存在者”（Μελέτα τὸ πᾶν）。

在这些思想家中，只是那些重要的思想家，其独一无二的思想乃是以为它做准备或实现它的方式趋向于一个最高的决断。“决断”这个棘手的且几乎被用烂的词，今天更经常用于一切早已被决定或被认为已经决定了的地方。不过，对“决断”这个词的惊人滥用仍然不会阻止我们赋予这个词内

① 在这个地方，译者皮埃尔·克洛索夫斯基遗漏了海德格尔文本中的一句话：“*Jeder Denker denkt nur einen einzigen Gedanken*”；“每个思想家只思考一个唯一的思想”。

涵，据此它意指最深刻的分离，以及由此，最极端的区分。而这一区分，就是一方面是存在者（étant，它在其总体性中包含了人和诸神、世界和大地），另一方面是存在（Être）的区分，存在的支配权力首先授予或拒绝每个存在者成为**存在者自身**，授予或拒绝这个或那个存在者以存在。

这个能够到来的最高决断，在任何情形中都成为基础、成为全部历史的理性的最高决断，发生在存在者的主导地位
217 和存在的支配权力之间。无论在其总体性中思考存在者的方式怎样，以及无论人们在什么时刻恰当地思考它，思想总是处于该决断的危险领域。它的发生和实现决不取决于一个人。相反，它固有的到来和解决（隐含在存在与存在者的区别中的）分歧的方式规定了人，以及以另一种方式规定了上帝。

尼采是一个重要的思想家，因为他以在决定性的意义上不逃避该决断的方式思考，以不评估决断的范围和支配能力的方式为它的到来做准备。

然而，思想家的另一个显著特征是：正是通过自己的认识，他认识到自己在何种程度无法认识本质性的东西。但这种无知的知识，作为无知，完全不应等同于，例如说，人们在科学中对认知的限度和认知的不充分的承认。人们由此认为人类的把握能力是有限的。通常的认识止于对仍有待认识之物的无知。但思想家的特殊之处开始于，他认识到那不适合于被认识的事物。科学研究者的探究只是为了获得实用的答案。思想家的探究是为了建立一种存在者总体性的**疑难**的

可疑问性（*Fragwürdigkeit*）[应该被质疑之物的特征][①]。科学研究者仅在已经被决定了的地带活动；也即存在着一种自然、一种历史、一种艺术；诸如此类的事物可以成为众多探究的对象。在思想家看来，根本不存在这样的东西；他处于决断当中，决断什么仅仅会存在，什么会是存在者。

与之前的所有西方思想家一样，尼采也处于一个决断当中。他和他们一起肯定了存在者相对于存在的优先地位，但并没有认识到这样的肯定中蕴含着什么。但同时，尼采是一位以无条件的、绝对的、决定性的方式肯定存在者的主导地位的西方思想家，并且由此他位于该决断的最尖锐的顶峰[②]（*die härteste Schärfe der Entscheidung*）。在尼采的权力意志的唯一思想所预见的现代阶段的完成中，这一点变得清晰 218
可见。[③]

接下来的论述将尼采定义为“西方最后的形而上学家”，[④]他思考不得不思考的东西，思考即使尼采之名消失也将持续统治的东西，这一论述公开地将“本真的”（*echt*）探究与“非本真的”（*unecht*）探究对立起来。[⑤]

---

① 方括号内的评论为法文版译者所加。

② 在打印稿中夹入的摘录影印页上，有一个箭头从“最尖锐的顶峰”指向语词空白处添加的“尖的山脊”。

③ M. Heidegger, *Nietzsche I*, *op. cit.*, p. 370-372; *Nietzsche 1*, *op. cit.*, p. 475-477; *GA* 6.1, p. 427-429. 在打印稿夹入的摘录影印页上，括号中的德文被标注在空白处。

④ *Ibid.*, p. 374; *Nietzsche 1*, p. 480; *GA* 6.1, p. 431.

⑤ *Ibid.*, p. 374-375; *Nietzsche 1*, p. 479-481; *GA* 6.1, p. 432.

为了理解海德格尔对尼采的生物学、尼采的“所谓生物主义”的阐释，有必要确立海德格尔对尼采传记（*biographein*）的阐释模式。这里也将涉及以最模糊的方式将思想的独特性从生平和作品的模棱两可中解救出来。我们刚刚认识到的传记和专名的界限，圈定了阐释的一般空间，在该空间内部，生物学的阐释被移除了。我之前并没有说，但现在是时候指出，在序言的第一句话“Niet sche”之前，甚至在本书开篇之前，有一个这次我不会忘记的题铭。不过这个题铭是海德格尔从《快乐的科学》中借用的，它以“生命”这个词开端，“生命”这个词恰好在标题中，是该书的第一个单词，位于传记（bio-graphie）和生物学（bio-logie）之间的全部决断之前。《快乐的科学》的文本说：“更神秘的（*geheimnisvoller*）生命（*Das Leben...*）——自伟大的解放者［*der grosse Befreier*：伟大的解放者，那个思想］降临到我身上那天起，那个思想允许我们在生命中看到一个认识的实验［字面义：那个生命能够（*dürfe*）作为认识（*des Erkennenden*）之实验的思想］。”[①]

在这个题铭中第一件有意思的事情就是，海德格尔没有完整引用这段话，他在不完整引用的同时，并不满足于在结尾前掐
219 断，而是在中间用省略号代替，表明自己跳过了一些文字。然而，如果我所引述的德文文本没错的话，在这些他跳过而我们将复位的词中，有一个词克洛索夫斯基奇怪地用另一个词代替了它，这个词就是*Schlechta*，这个词在很多方面都是可疑的，但

① M. Heidegger, *Nietzsche I*, *op. cit.*, p. 7; *Nietzsche 1*, p.7; *GA* 6.1, p. x.

这或许不是克洛索夫斯基替换语词的原因。以下就是《快乐的科学》第324条片段的文本。它被冠以“以生命为媒介”的标题，它这样开头：

> 不！（*Nein!*）生命并不使我失望［或幻灭：*enttäuscht*］！随着年月的增长，我毋宁发现它更真实［*wahrer*，克洛索夫斯基奇怪地用“更丰富”（plus riche）翻译这个词，而文本并没有给出这个意思。而“更真实”这个词是海德格尔用省略号略去的词语之一，正如他把形容词*begehrenswerther*（可欲的，值得被欲求的）放在省略号中略去，只保留第三个形容词（*geheimnissvoller*：神秘的），因而，我在这里恢复它］，随着年月的增长，我毋宁发现它更真实，［克洛索夫斯基说，更丰富］，更可欲〈和更神秘〉——自伟大的解放者降临到我身上那天起，那个思想允许我们在生命中看到一个认识的实验［实际上，是认识着的实验：*des Erkennenden*；海德格尔的题铭到此结束］，而不是在生命那里发现一个责任、一个不幸、一个欺骗！——至于认识本身：对于其他人来说，它是某种像休息之床的东西，或通向一张休息之床的道路，或一个消遣、一个娱乐——对我来说，认识则是一个危险和胜利的世界，在那里英雄般的情感也可以沉浸于它们的舞蹈和嬉戏。“生命作为认识的手段”［加着重号且放入了引号：«*Das Leben ein mittel der Erkenntniss*»：格言体］——依靠这个内心的原则，人们不仅可以勇敢地生活，也可以快乐地生活和快乐地微笑！但若不首先擅于战斗和胜利，谁能

懂得好好地微笑和好好地生活呢？[①]

220 生命作为认识的实验，作为认识的手段，这些表述十分含糊，实际上很难解释且十分神秘，就像标题“以生命为媒介”那样！把生命作为一个环境，无论在两者的中间场所的意义上，还是指一个有关认识实验且认识实验在其中安身的基本环境，该认识实验都位于生命当中，它依赖于生命，超出作为其目的的生命，它从它的目的出发定义生命，等等。[②]生命/认识的关系没有被真正定义，只是文本中的一个谜。但人们容易理解为什么海德格尔将它作为题铭。它预先使生物学家对尼采的简化解读变得复杂了，按照这种简化解读，人们在屈从于生物科学模式的意义上理解尼采，而不是在如下意义上理解尼采：［尼采的生命学说是］对生命，或作为最终目的的有生命者，或存在者总体性的规定，或作为生命的卓越存在者的颂扬。这一题铭的选择足以证明，生命问题或“所谓生物主义”的问题位于海德格尔的《尼采》的活跃的中心位置。

我想指出这个题铭中的第二件事情。我说过，“*das Leben*”（生命）是题铭中的第一个词，没错，这是尼采引文的第一个词。但这个引文之前有一小段海德格尔的话引出这个题铭，这是不常见的：“*Die sein Denken bestimmende Erfahrung nennt* Nietzsche［原文为斜体，这在法文译本中没有体现］selbst［...］”，翻译过来就

① Fr. Nietzsche, *Le Gai Savoir*, *op. cit.*, p. 204-205; *Die fröhliche Wissenschaft*, *KSA* 3, p. 552-553.（雅克·德里达对译文有所改动。）

② 打印稿中这句话不完整。

是：“尼采自己将这称为规定它思想的经验”。[①]于是人们可以评论：是尼采自己命名了（海德格尔说很好地命名了）什么规定着他的思想、他思想的经验；而正如海德格尔随后想要表明的，如果思想家的名字在这里命名了他的思想的事情，则整个题铭（海德格尔的话加上尼采的引文）意味着：尼采自我命名，他从人们可以命名的东西出发命名。通过说“尼采的名字指他的思想”，人们只是如他命名自己那样，如他在自指（autonymie）或自-指（auto-nomie）时自称的那样，命名了尼采，人们让自己的解读服从尼采的法则、他的循环的自指，人们忠于尼采所理解的人们阅读他、称呼他的方式，人们如他称呼自己、他理解人们称呼他的那样去称呼他，而他从被称为思考，并称为他的思想的东西出发称呼自己。我想知道海德格尔的句子的德文句法在何种程度上不可读：“*Die sein Denken bestimmende Erfahrung nennt* Nietzsche *selbst*”：规定他的思想的经验命名了尼采自己，斜体强调了名字的双重位置、双重游戏。 221

尼采如何称呼自己？无论如何，这是这一生命（*bios*）问题的关键所在，它位于所有传记或生物学规定之前。

对这个问题，海德格尔打算给出一个回答，一个，一个唯一的回答。我强调一个，强调唯一性。一个重要的（显然，一个明显成问题的概念）思想家，正因为他是贫乏的，他只思考唯一一件事情，他才是丰富的，通过主张这一点，海德格尔想要在目前这个解读所能达到的程度上暗示，尼采实际上只有一个名字，他

① M. Heidegger, *Nietzsche I*, *op. cit.*, p. 7; *Nietzsche 1*, *op. cit.*, p. 7; *GA* 6.1, p. x.

仅仅给予规定他思想的经验一个名字，因而他只有一个名字，他仅只一次称呼自己[1]。他的名字只出现一次，且他只有一个名字。它只出现一次，即使这个事件的场所有一个狭长的界限，由此出发人们可以分两方面看。这个独一无二思想的“仅只一次”，乃是西方形而上学统一性的最终的名字，它在这个名字中自我完成、自我聚集并且与自身相似。

但是，谁说人只能有一个名字？因而，或者首先，存在一个西方形而上学吗？如果这个名字的唯一性的预设（因而是那个西方形而上学的相似或聚集着的统一性的预设）乃是人们对独一无二的名字之欲望的结果呢？[2]并且如果尼采（在多个名字下面，毕
222 竟他连同克尔凯郭尔都是西方所有思想家中仅有的使其名字、同一性、签名和名字的面具增殖的人）所称呼的（不是仅仅一次自称），是这一诸名字的节日，这一诸名字的多样性，而后者扰乱了这个方案和这整个欲望呢？你们已经注意到，在我刚才阅读过的长段落中，海德格尔不惜代价地想将尼采从他的形象的含糊性中拯救出来。而如果这个拯救——这一拯救需要以什么名义进行，本身十分含糊——受到尼采的（复数的）名字的名义的质疑呢？

阅读海德格尔，阅读海德格尔对尼采的解读，可能更多不是去质疑这种阐释的内容，而是质疑这个预设——该预设本身也许属于某种类似形而上学的东西，由此这里有一个奇特的循环——据此预设，应该有一个单一的、聚集的阐释，它围绕着将一个单

---

① 空白处添加了一个词“事件”（*Ereignis*）。

② 此处打印稿空白处有一个插入标记，并且添加了几个词：“je me〈一个无法辨认的词〉独一无二的）”。

称文本统一起来的思想，并且最终在存在的唯一名字中，以及从一个签署人的父名出发，命名该思想经验。这一通过**名字**的价值而相互支持的统一性－独特性，也许就是有争议的事物、争议性案件（*Streitfall*）、斗争或争论（*Auseinandersetzung*）——这次是**诸尼采和马丁·海德格尔**或**那个**所谓的西方形而上学之间的争论，至少始自亚里士多德直到柏格森，这种形而上学就以这种或那种方式重复着：思考和言说就是思考和言说某个单称的事情，一个事情；而思考－言说[1]某个并非单一的事情（某个讼案），就等于没有思考－言说。

于是，这个意愿言说－思考的逻辑的聚集（*legein*），对于重要事物，对于重要思想家来说，乃是思考－言说单一者－唯一者，这个逻辑的聚集，如果说它受到诸尼采（复数词，它在集市或杂技演员的家族的名称下趋于相似，它带来言说的节日，尼采和海德格尔指向集市的节日，指向节日的马戏团或马戏团的节日，而不是圆圈的节日）的质疑……我在这里对照地阅读法文译本第15—16页，海德格尔对尼采的节日的论述：

> 这些通行的对尼采的评判是错误的。只有当与尼采的争 223
> 辩同时激活了对哲学基本问题领域的阐明时，这个错误才能被认出。但在此预先引用尼采的话还是恰当的，这句话可以回溯到他写作《权力意志》的时期。尼采说：“思考对于许多人来说是一个苦役——但对我来说，它是我幸福日子里的

① 雅克·德里达在打印稿上写道：“和不思考－言说”。

一个节日、一个狂欢。”（第十四章，第24页）

抽象思考是一个节日？实存的最高形式？的确如此。但我们应该立刻考虑到尼采看待节日本质的方式；他只可能从他对所有存在者事物的基本概念出发，从权力意志的基础出发，思考节日的本质。“节日包含着自豪、放肆、过度；对各种严肃和庸俗的嘲弄；以及通过动物的完满和完善实现的对自身的神圣肯定，——所有这些状态，基督徒都不能诚实地加以赞扬：节日是典型的异教。”（《权力意志》，第916条）这就是为什么——我们可以予以补充——基督教里绝没有思想的节日，也就是说，不存在基督教哲学。没有真正的哲学是能够从其他地方而不是从自身出发得到规定的。由于这个原因，也不会有异教的哲学，尤其是因为“异教”要素作为反基督教的要素，总是保留着某些基督教的成分。我们很难说希腊的思想家和诗人是“异教徒”。

节日要求长久而勤勉的准备。在这个学期的过程中，我们为这个节日做准备，尽管我们还没有通向它的庆祝，而只是预感到思考之节日的预庆（*Vorfeier*），也许我们将会经验什么是觉知（*Besinnung*），以及是什么刻画了位于本真追问的在家之存在的事实。①

于是这个（逻各斯的）逻辑的聚集意愿的是言说-思维，对

① M. Heidegger, *Nietzsche I*, *op. cit.*, p. 15-16; *Nietzsche 1*, *op. cit.*, p. 14-15; *GA* 6.1, p. 4.

于重要的思想家来说，这意味着一个单一－独一无二之物，唯一的独一无二的思想，这个聚集，如果被尼采的节日质疑，以碎片或复数的面具的形态被质疑，它实际上就避开了所有生物主义， 224
但与其说它避开了生物（bios-），不如说避开了主义（logisme）；而且，自传的风格，当它摧毁（sauter[①]，在这个词的所有意义上）名字和签名的统一性时，将使生物主义和对生物主义的海德格尔式批判都感到不安，因为后者——如我们将要看到的——以重要思想的名义运行。

因此，下一节课我们将讨论海德格尔对尼采的所谓生物主义的批判，以及海德格尔进行的这一含糊不清的拯救，该拯救给走钢丝的杂技演员（在细线上）系了一张安全网，但这是为了确保另一个人不冒任何风险、已经死亡地到达安全网。在《查拉图斯特拉如是说》中这一切都没有发生，它不是发生在巴塞尔或尼斯，而是发生在弗莱堡，在冬季学期的课程中，在1936—1940年间，而我们是在“本真追问中的在家之存在”（*Heimischsein im echten Fragen*）[②]中准备节日。

① 德里达这里强调了sauter（字面意思是“跳跃”），目的是将它与尼采的钢丝绳杂技的跳跃、坠落关联起来。——译者

② 雅克·德里达引述海德格尔的话，克洛索夫斯基将其翻译为：“在本真追问中在家存在的事实”（le fait d’être chez soi）; M. Heidegger, *Nietzsche I*, *op. cit.*, p. 16; *Nietzsche I*, p. 16; *GA* 6.1, p. 4.

［孙周兴译为“真正的追问的本色”，参见海德格尔：《尼采Ⅰ》，孙周兴译，商务印书馆2010年版，第7页。——译者］

225

第九讲[1]　论阐释

你们回顾这两个句子——也可以说抽取——两周前我由此出发着手解读了海德格尔的尼采，至少是解读了生死的问题和生物主义的问题。我再次简要引述它们。其中一个来自海德格尔对《权力意志》的摘录："我们的整个世界是无数有生命的存在的灰烬［灰烬和有生命的被强调］；尽管与总体相比，有生命者是那么微不足道，但事实仍然是，一切［*alles* 被强调］都已经转化为生命（*ist alles schon einmal in Leben umgesetzt*），并将继续如此。"（第十二章，第112页，海德格尔，第342页，译本第268页）海德格尔引用了这句话之后继续说："这似乎与《快乐的科学》（第109条）中所表达的思想相矛盾（*entgegenzustehen*）：'我们要提防，不要说死亡与生命相对。有生命者只是死亡之物的一个类别，一个十分罕见的类别。'"[2]

在跟随海德格尔对这两段话的阐释之前，在重建海德格尔所

① 打印稿上方的词语"论阐释"被圈了起来，接着是一个箭头，指向同样被圈起来的词语"混沌"，之后是"第二个问题：总体性（'尼采'）"。"总体性"这个词用双横线加以强调。这一讲的后续出版，参见"编者按"，上文第13页，注释③。

② M. Heidegger, *Nietzsche I*, *op. cit.*, p. 268; *Nietzsche 1*, *op. cit.*, p. 341-342; *GA* 6.1, p. 304-305.

记录的整体路线之前——我刚才只是有些粗暴地将这两段话摘取出来——我要就文本说两句话，这里不跟随海德格尔。

援引的第一个思想中宣告了一个——怎么说呢——有关总体性之价值的悖论，一个对人们在总体性范畴下所思考之物的可靠 226
性的根本的不尊重，对此我们不要忘记。我们不要忘记这点，在阅读海德格尔时更不要忘记这点：当海德格尔把尼采当作一个形而上学家，一个最后的形而上学家时，他是把形而上学定义为存在者总体性的思想，紧密系牢在存在者总体性思想中的思想——它封闭在存在与存在者的问题之中。然而，不论这些问题多么复杂，在阅读这一陈述时我们已经看到，当尼采说“尽管与总体相比，有生命者是那么微不足道，但一切都已经转化为生命，并将继续如此”时，他不相信任何总体性的思想：如果有生命者小于一个整体，而这个整体是一切，并且整个一切将转化为生命，如果有生命者因而比整体之所是更多或更少，如果因而必须同时谈到死亡，这难道不意味着这一生死的思想在任何情况下都不服从总体性、整体/非-整体关系的单义含义吗？由此，明显贯穿着这句话的永恒轮回思想就不是一个总体性的思想。针对他的解读中最确定、最多重复、最决定性的结论之一，海德格尔会怎么说？例如会这么说，我引述：

〈一方面，〉我们已经标画了轮回思想所属的领域，它相关于这样的领域：在其总体性中的存在者（*das Seiende im Ganzen*）作为统一性如此被限定［*feldmässig*：如同一个领域］，在那里有生命者和无生命者相互交织（*die in sich verschlungene Einheit des Lebendigen und Leblosen*)。另一方面，我们已经在其基本路线方面描绘了总体性存在者、有生命者和无生命者的统一性以何种方式在自身中被安排和构造：它的力的特征，以及由此，在无限中总体性的有限所予，也即“效应现象”[*Wirkungserscheinungen*，而不是译文所说的“现象及其效应”]的不可通约性，这就是它的构成机制（*Verfassung*）。①

我们后面将看到相对于形态（modalité），构成机制（consti-
227 tution）这个词的意义是什么：一旦海德格尔认为已经证明了权力意志是存在者（le *quid*, la *quidditas*, l'*essentia*②）的构成机制—他在其他地方阐明了这点——他就需要随后证明方式（*quo-modo*）、如何（comment）、形态、什么（*eo quod*）、作为存在的形态的永恒轮回，并且他将由此证明，这个以形而上学方式运作的话语是依据诸如本质（*quid*）和什么（*quod*）、本质（*essentia*）和实存（*existentia*）的对立而进行的（参阅第330页）；随后，如果权力意志在③存在者和存在④的构成机制中就是（同一页）永恒轮回的认识原则和实质原则，那么我们将拥有一个伟大的形而上学。⑤

① M. Heidegger, *Nietzsche I*, *op. cit.*, p. 278; *Nietzsche 1*, p. 355; *GA* 6.1, p. 317.

② 都指本质。——译者

③ “在”这个词在打印稿上被划掉了。

④ “存在”这个词在打印稿上被划掉了，在下方替换为两个或三个无法辨认的词。

⑤ 此处打印稿空白处有一个插入标记，注着“p. 2 bis”。T1的第2页和第3页之间插入了一页，只有一段文字。这一页的顶部写着“2 bis（增加）”。我们将这段文字插入在此。

我讲明白一些：为了分析他所称的尼采的“形而上学的基本立场”（*metaphysische Grundstellung*），〈海德格尔〉[1]就应该考虑尼采对存在者总体性问题的回答。这个回答是双重的：存在者的总体性是权力意志，存在者的总体性是永恒轮回。这两个回答之间具有怎样的关系，它们是可调解的、互补的、并置的，还是不可调解的？好吧，在这里，按照海德格尔的做法，使他在尼采的回答中认出形而上学的，不是他的回答或双重回答的内容，而是它们之间的关系，他正是在这种关系中认出了形而上学的方案。这种关系是怎样的？这是动词存在（être）的两种规定之间的关系：存在作为*quidditas*或*essentia*，存在作为实存的形态。人们正是因为没有认清这个方案，此前才一直在尼采的双重回答之谜面前徘徊，并且在永恒轮回和权力意志的关系问题上遭遇失败。权力意志回答存在者有关构成机制、本质结构方面的问题；永恒轮回回答存在者有关方式（*Weise*）、存在模态的问题，我们应该理解这两种回答的相互隶属关系，它们 228
构成了存在者的存在性（*Seiendheit des Seienden*）中的两个要素（*Momente*：因素）。借此，尼采的哲学似乎的确是形而上学的终结：它以自己的方式回到了希腊思想的开端（依据构成机制［*Verfassung*］和方式［*Weise*］回答存在者总体性的问题），并且它完成了这个圆环（*Ring*）。界限：锁闭（焊接？发生了什么？蛇？圆环？……）

---

① 雅克·德里达这里写的是“N”，用以指代“尼采”，但此处显然是指海德格尔。

因此现在，我们看到海德格尔将永恒轮回分析为——（我再次引用）——“在其总体性中的存在者的规定”。[①]

然而，如果海德格尔引述的这两个陈述中的第一个（“尽管与总体相比，有生命者是那么微不足道，但事实仍然是，一切都已经转化为生命，并将继续如此”），如果这个（永恒轮回的）陈述并不与总体性思想相契合，而是抵制总体性思想或抵制整体与非-整体的任何对立，那么仅仅因为这个原因就把尼采当作一个形而上学家，可能过于仓促，设若按照海德格尔的理解，形而上学家是指专注于存在者总体性的思想家。如果这样的存在者与总体性之间存在本质的联系，那么他甚至可能不再是一个关于存在者的思想家。另一方面，乃是生-死——它远不只是存在者的其中一个规定，远非在存在者的规定中折叠存在的问题——因而乃是生死，以生死的名义，使总体性的价值被剥夺了权力，因而根据永恒轮回，整体在这里将比自身更多和更少，这不是显而易见的吗？如果生死不再属于总体性思想，那它们是什么？

以上就是我们暂且提出的一个十分初步的问题。第二个评析也是初步的。海德格尔在引述我说过的两个思想的同时，至少是基于两者表面的矛盾而将它们放在一起。他在引述第一个思想时说：“这似乎与《快乐的科学》（第109条）所表达的相矛盾（*entgegenzustehen*）[似乎与之相对立]。”然

① M. Heidegger, *Nietzsche I*, *op. cit.*, p. 286; *Nietzsche 1*, *op. cit.*, p. 365; *GA* 6.1, p. 326.

而，即使这仅仅涉及一个佯装的或暂时的异议，它也在其原则本身当中被挫败和驳回：只要对立或矛盾不再是法则，或更准确地说，不再是禁止思想的法则。为什么对立或矛盾不再是禁止思想的法则？嗯，至少是因为生和死（它们是思考其余事物的基础）不是相对立的事物，或至少它们彼此不是对 229
立面，对立面不允许这样思考：“我们要提防，不要说死亡与生命相对（*entgegengesetzt*）。有生命者只是死亡之物的一个类别，一个十分罕见的类别。”同时，种属关系受总体性思想的支配，本身已经是扭曲的。依据通行含义，当一个与另一价值相对立的价值（例如与死相对立的生）处于对立属的种或更大总体的属、它的对立面的部分中，对立和并置就不再有效，相反这里是一种不可总体化的奇特包含，其中的逻辑不再是形而上学的逻辑，假如形而上学至少是以将在场存在者、存在者性（étantité）置于优先地位的方式致力于规定一个总体性，而不提出存在者性之存在的问题。而且，假如在“生死”这些词下面，在不可总体化和非对立的逻辑指引下的所有这些词下面，尼采想要摆脱的恰恰是这个总体性存在者的束缚呢？

第三个初步的评析：海德格尔从《快乐的科学》的一段长格言（第109条）中摘取了这最后一句话（“我们要提防［……］”），在这一章，他从这里或那里摘引两三句其他的句子，同时却弃置了很多东西，因而可能有很多空白需要我们反过来去填补。由此，我们对海德格尔的解读常常围绕对这句重要格言的阐释展开。

首先开始我的第一次阅读。（阅读《快乐的科学》，第125—126页）

我们要提防，不要以为世界是一个有生命的存在。它将延伸至何处？它要从哪里获得滋养？它如何生长和繁殖？此外我们大约知道什么是有机体：我们在地球表面感知到的、难以言说的无限衍生的、迟来的、罕见的和偶然的事物，我们应该将它们阐释为本质的、普遍的、永恒的事物吗，正如将一切命名为有机体的人们所做的那样？这让我感到厌恶。
230 我们要提防，不要一开始就相信这一切是一架机器：它肯定不是按照一个目标建造的，赋予它“机器”之名未免过于尊崇它了。我们要提防，不要绝对地并且在一切可想象的地方预设，存在某种如我们周围星辰的周而复始的运动般的完善形式；只要看看银河系，就足以使我们怀疑这一点，那里有许多更粗糙而矛盾的运动，以及永远处于直线坠落中的转瞬即逝的天体，或其他类似的事物。我们生活在其中的天体秩序是一个例外：它所规定的秩序和有限的持续时间再次使例外的例外，也即有机体的形成成为可能。与之相反，世界的总体特征永远是混沌，不是因为必然性的缺乏，而是因为秩序、条理、形式、美、智慧的缺乏，以及任何属于人类审美范畴的事物的缺乏。从我们的理性的视角看，不幸的打击才构成规则，例外并不服从于一个秘密的目的，钟表的总体性永远重复着它那绝不配旋律之名的调式，——最后，“不幸的打击”（coup malheureux）这个表达本身只是一个人化的

> 表达，它暗含了贬斥。然而我们怎么敢去贬斥或颂扬整体！
> 我们要提防，我们不要谴责它无情、无理性或它们的反面：
> 它不完善、不美、不高贵，它不想成为如此这般的任何东
> 西，它绝不渴望模仿人类！它完全不受我们的审美或道德判
> 断的影响！它尤其没有保存的本能和欲力：它不了解任何法
> 则。我们要提防，不要宣称自然中存在法则。那里只存在必
> 然性：没有命令，没有服从，也没有违犯。一旦你们知道那
> 里没有任何目的，你们也就知道那里没有任何偶然。因为只
> 有对于一个目的世界，*偶然*这个词才有意义。我们要提防，
> 不要说死亡与生命对立。有生命者只是死亡之物的一个类
> 别，一个十分罕见的类别。我们要提防，不要认为世界在永
> 恒地创造新事物。不存在永恒持续的实体；物质和爱利亚派
> 的神一样是一个错误。那么我们的谨慎和小心何时才有个头
> 呢？何时我们才能摆脱神的阴影的笼罩？何时我们才能完全
> 祛除自然的神性？何时我们才能以纯粹的、新发现的、新解 231
> 放的自然使我们人类*自然化*？[①]

我们现在来看看海德格尔如何努力地——在我看来，这是多么别扭啊——将这种思想视作形而上学（存在者的总体性）的乃至人化的思想，尽管表面看来，尼采的思想从未怀疑人化。这一切最终都是通过对《查拉图斯特拉如是说》中正午和瞬间的阐

① Fr. Nietzsche, *Le Gai Savoir*, *op. cit.*, p. 125-126; *Die fröhliche Wissenschaft*, *KSA* 3, p. 467-469.

释进行的。根据正午和瞬间的这种海德格尔式阐释，尼采在这里建立了一个闭环：在尼采的永恒轮回思想中尽管可以读到非人化（*Entmenschung*：毋宁说非人类学化［désanthropologisation］）的意愿，但尼采最终陷入了极端的人类学化（*Vermenschung*）。在这个闭环中，他（可能）依然没有在与“存在者的总体性是什么？”的关联中提出“人是什么？”的问题，换言之，他没有将他自己和他的问题从存在者总体性内部的形而上学立场中解放出来。“这个问题［知道存在者的总体性是什么以及人是什么］封闭着［海德格尔说，第365页，译本第285页］，它本身是一个更原始的问题，无论是尼采还是他之前的哲学家都从未展开或未能展开这个问题。”[①]

在这样一门简略纲要式的课程中，除了存在收集这种解读（我指的是海德格尔对尼采的解读）时可能面临的所有困难，还存在有关极限，有关海德格尔对于尼采的极限的游戏的根本困难。按照克洛索夫斯基的翻译，他把尼采放在边缘、顶峰上。这使得他在每个瞬间都与尼采玩着一种*fort/da*（去/来）的游戏，在形而上学之中丢弃它，在形而上学之外收回它，*fort/da*，也可以说在形而上学之外做出某种让步（这次是提高身价的*fort*［去］）或在形而上学之中收回它（*da*［来］）。可以说，他在每个瞬间都
232 这样做，此外，这个瞬间将起到这一极限的作用，正如我们站在一切东西的边缘处从两面看时所看到的，正如在《查拉图斯特拉

① M. Heidegger, *Nietzsche I*, *op. cit.*, p. 285; *Nietzsche 1*, *op. cit.*, p. 365; *GA* 6.1, p. 326.（雅克·德里达对译文有所改动。）

如是说》的方位（/拓比，*topos*）中有关永恒轮回所看到的（可以从两个角度看的柱廊）。然后，我刚才谈到*fort/da*的游戏：好吧，实际上一切都像游戏（赫拉克利特的*œon*［世界］中，儿童下棋的游戏），至于*fort*和*da*，我们看到在那里已经宣告了《超越快乐原则》中的某种情境，我们将在复活节后讨论它。而且，为了结束游戏的协议（protocoles），如果儿童与母亲这样的人玩*fort/da*的游戏（但我们可能得将这个方案复杂化），如果另一方面，人们揭示了尼采的母性欲望（正如我在其他地方尝试做的那样），最后，如果考虑一下生命逻辑在此所表明的东西，那么说尼采同时是尼采的母亲和父亲，也许不过是在说一件平常无奇的事情。大概就是这样。但令我感兴趣的是，这种平常无奇至少表明了*fort/da*、游戏、父亲/母亲关系的如此谜一般的图式并不是海德格尔的《尼采》所激活的宏大问题中的一个典范、一个特殊的例子、一个从属，而是同时包含了它们。此外，除了这里存在的普遍的和原则性的联系之外，我们还尝试在这些问题当中和在快乐原则之外指出：我们发现，至少以插曲的名义，弗洛伊德在《超越快乐原则》第三章以略带隐喻和公开的方式，顺带命名了同一者的永恒轮回。的确，这与宿命的官能症有关，例如有些人的友谊总是以朋友的背叛告终，或者有些人终其一生将别人举向高处，而后很快以不承认他们拥有任何权力的方式弃之如敝屣；又或者有一些恋人，他们对女性的情感姿态总是经历相同的阶段，走向相同的结果。于是弗洛伊德说这就是“同一者的永恒轮回”。[1]

好，这些预备的内容到此结束，我从海德格尔对永恒轮回
233 的阐释与生命问题相遇的地方开始这一解读。在那里，他考察了尼采1881年8月末出版的四个评注和永恒轮回草案的第一个纲要（译本第259页），永恒轮回是“著作的基本概念”，[2]如他在《瞧，这个人》中谈到〈《查拉图斯特拉如是说》〉时所说的那样。我读一下第一个草案，如海德格尔所引（第330页，译本第259页）（阅读第259页）[3]：

同一者的轮回

草案

一、基本谬误的吞食。

二、激情的吞食。

三、知识的吞食和弃绝着的知识的吞食（认识的激情）。

四、清白无辜者。作为实验的个体。生命的减负、贬降、衰弱——过渡。

五、新的重负：同一者的永恒轮回。我们的知识、迷途、习惯、生活方式对于所有将要来到者的无限重要性。我

---

① Sigmund Freud, *Au-delà du principe du plaisir*, dans *Essais de psychanalyse*, trad. fr. Samuel Jankélévitch, Paris, Payot, 1927, p. 29; *Jenseits der Lustprinzips*, *Gesammelte Werke*, 14, Londres, Imago, 1952, p. 21.（此后的*GW*均指弗洛伊德文集的这个版本，文集共18卷，于1940—1968年出版。）

② Fr. Nietzsche, *Ecce Homo*, *op. cit.*, p. 120; *Die fröhliche Wissenschaft*, *KSA* 6, p. 335.

③ 在打印稿中，页码后有一个标示：“第一卷”。

们在我们的余生做些什么呢，——我们这些在最根本的无知中耗费了大部分生命的人？我们讲授这个学说——这是我们将其吞食进我们自身的最有力方式。我们实现至福的方式，作为最伟大学说的教师。

写于1881年8月初，赛尔斯-马丽亚，海拔六千英尺以上，比所有人类事物高出甚多！①

海德格尔对此说了什么？注意，“吞食”（*Einverleibung*）在这里占据了中心位置，它不允许自身与讲授的活动分离（作为摄食的图式，等等），在那里讲授的模式与讲授的内容同等重要，他发现断裂的影响（我们的余生，等等）与过渡（*Übergang*）的影响相抵消：轮回的教义，尽管它是新的，但它依然保持为过渡的两个极端之间的紧张关系。但在海德格尔的两页简短评论中，234
他的解读本身依然十分含糊，在两种姿态之间悬而未定。或毋宁说，对尼采注释的独特性的考量在根本上被搁置了，特别是对于corporer（*Einverleibung*的*Leiben*），②对于这一奇特的“我们的余生”，以及对于这一讲授（它重视讲授的方法甚于讲授的内容）的考量，都被悬置了。不过，将整个草案规定为总体性存在者的基本立场（*Grundstellung*）的工作没有中断，它在作为形而上学

① 转引自：M. Heidegger, *Nietzsche I*, *op. cit.*, p. 259; *Nietzsche 1*, *op. cit.*, p. 330; *GA* 6.1, p. 294。

② 法语incorporer（吞食）的词根是corporer，该词的字面意思是吸纳进（in）身体；类似地，*Leiben*是德文*Einverleibung*（吞食）的词根，“吞食”的德文和法文的词根都指向躯体。——译者

立场的尼采思想的一般阐释中继续开展。换言之，如果你们愿意的话，可以说在这两页中有两类陈述：1）[1]承认这一切十分独特，我们并没有方案可以提炼（/消化，digérer）它。这些承认断裂和异质性的陈述在另一类传统化陈述的**周围**保持为悬而未决，并且把尼采归于这个行列：对存在者整体采取形而上学的立场，这种立场总的来说可以导致传统形而上学的讲授。显然，这种传统化的陈述随后将支配海德格尔的整个阐释机制。我说异质的陈述在同质的陈述**周围**悬而未决，还有这样一个原因：第一草案的评论包含有三段，[2]第一段和第三段承认了异质性，而中间的第二段重新回到了同质性并且将占据主导地位。

第一段承认了在生命中，在曾历［le vécu］和有待度过的余生之间的断裂、裂口（海德格尔谈到*Skizzierung*［概略化］、*Einschnitt*［缺口］），后者不以任何方式与曾历保持同质性。剩余者（le reste）并不相似。在海德格尔看来，另一个原创性是：吞食在这个草案中占据的位置，它意味着，在这个新的吞食中，有
235 关固有躯体所发生的事情应该首先对教师（*Lehrer*）产生影响，甚至仅仅对教师（enseignant），对新教师的躯体产生影响。当海德格尔将它翻译成“至福的新类型”（*Seligkeit*）[3]时，他多少将这种思想重新传统化了。说到传统化，我不是意指尼采和永恒轮回学说是完全非传统的，我相信它与传统具有深刻的关联，它是传

① 这个编号没有继续下去。

② 译者皮埃尔·克洛索夫斯基介绍了第三段，而这里的德文文本只有两段。

③ M. Heidegger, *Nietzsche I*, *op. cit.*, p. 260; *Nietzsche 1*, *op. cit.*, p. 331; *GA* 6.1, p. 295.

统的思想，但问题仍在于传统的新颖性和与传统的传统关系（在海德格尔看来是一回事……评论）。第三段（我暂且跳过第二段）也承认了草案的完全独特性，以及吞食的主题所处的中心位置。它承认我们并没有支配或处置该草案的“图式”。应当找到一个适合它“自身”（*eigene*）的图式，该图式在如下方面与这个完全独特的著作的草案相契合：在内容方面，在行动或不行动的模式、运转或不-运转的模式方面，在被讲授的思想不如讲授的方式重要、不如教师的躯体重要这一事实的方面，等等。“这个计划的纲要无非是《查拉图斯特拉如是说》的萌芽”，而且，海德格尔评注道，它并不是“关于‘轮回’思想理论而乏味的论著的预备性纲要”。[①]

然而，尽管认识到这些新奇的独特性，我们并没有任何接纳它们的图式，与此同时，海德格尔在第二段已经部署了最有力的图式之网，他将接受，也即首先挫败尼采或永恒轮回思想，根据这个图式，整个草案是一个有关存在者总体性的形而上学的基本立场，它把这个草案重新写入哲学史，因而重新回到过去的讲授，在那里讲授的内容比讲授的方式更重要，教师的躯体的位置不再具有奇异的独特性，甚至不再有第三段所承认的书面文本的形式。现在你们知道，正是这个图式之网，它像海德格尔的著作本身一样展开并支配了他的活动。下面是第二段：（阅读海德格尔，第260页，第2小节）

---

① M. Heidegger, *Nietzsche I*, *op. cit.*, p. 261; *Nietzsche 1*, *op. cit.*, p. 332; *GA* 6.1, p. 296.

236 通过《查拉图斯特拉如是说》，我们知道了思想的“吞食”问题是多么重要，正是在吞食了这个思想中最沉重的部分之后，查拉图斯特拉才得以康复。如果我们关注这个词语的含义，就会想到“吃”、进食、获取某种养料和消化它等事实。“被吞食者”构成增强、恢复身体——“corporer”——并使其稳定的东西，同时，它也是我们已经解决了的东西，是规定我们未来的东西，是我们从中汲取力量的汁液。思想的“吞食”在此意味着：以这样的方式思考永恒轮回的思想，使之成为对总体性中的存在者所预先采取的基本立场，并且由此贯穿式地主导每个具体的思想。只有当“轮回”的思想成为一切思想活动中的根本态度，思考这种思想的人才能最终以合乎其本质的方式占有它，将其吞食进他自身。[①]

于是海德格尔过渡到第二草案，这个草案在他看来似乎颠倒了主要思想的秩序而从永恒轮回开始。这次是有关“生命的游戏”（*das Spiel des Lebens*）。如下：

1. **最强大的认识**。

2. **意见**（*Meinungen*）和**谬误改造人并且赋予人欲力**（*Triebe*），**或者**：**被吞食的谬误**（*einverleibten Irrtümer*）

3. **必然性和无辜**。

---

① M. Heidegger, *Nietzsche I*, *op. cit.*, p. 260; *Nietzsche 1*, *op. cit.*, p. 331-332; *GA* 6.1, p. 295-296.

4. **生命的游戏**。[1]

再一次，海德格尔的解读活动不是在于将每个要素阐释为形而上学思想，而更多是根据形而上学秩序去规定这些要素之间的安排，以认出或勾勒出一个图式的安排，或者如果你们愿意的话，一个形而上学的安排。这是怎么做到的？他从第三点开始：必然性和无辜。他指出，必然性在这里是总体性存在者的必然 237
性，而不是任何别的必然性。如果说实际上必然性（例如在《快乐的科学》第109条片段中）是“作为混沌的世界整体”的必然性，我们现在知道，这个整体作为没有简单的总体化的死/生关系，也是对当下，因而是对存在者和总体性的抗拒——我们还会回到这点。因而，将混沌的必然性规定为存在者的总体性也许是不恰当的。但这只是这页评注中的一句话。海德格尔对“生命的游戏”感兴趣是为了指出这个说法让人想到——让人“立刻想起”赫拉克利特的话，根据这句话，尼采“**相信**”自己（海德格尔强调**相信**是因为在他看来，赫拉克利特的整个解释，特别是尼采的阐释，应该被重新审视）与赫拉克利特有着最亲缘的关系。这句话就是“Αἰὼν παῖς ἐστι παίζων, πεσσεύων· παιδὸς ἡ βασιληίη”：“*aiôn* 是一个玩游戏的儿童，玩着棋类游戏；最高权力在孩子那里［海德格尔将译文添加在括号里，作为对最后那句“παιδὸς ἡ βασιληίη”的直接评论］（*nämlich über das Seiende im Ganzen*）［也

---

① 转引自：M. Heidegger, *Nietzsche I*, *op. cit.*, p. 261; *Nietzsche 1*, *op. cit.*, p. 333; *GA* 6.1, p. 297。

即对于总体性存在者]。”[①]“总体性”这个词被引入用于评注“必然性和无辜”这两个词，凭借赫拉克利特残篇（它本身受到积极的阐释）的关联，海德格尔可以在接下来的段落将*aiôn*、总体性、无辜和生命等同起来；并且由于在这个棋类游戏中，对*aiôn*的解释将成为核心，因而这种解释表明，当下在其中占据了主导地位，这个扣被牢牢地系好了。我继续阅读，因为在这里我们必须追踪尤其是这个过程中的所有微小的进展和小的跳跃：海德格尔刚刚结束了他的插入语（“也即对于总体性存在者”），接下来他另起一段：

> 借此他暗指那渗透总体性存在者的无辜的统治（*Das Seiende im Ganzen ist durchherrscht von der Un-Schuld*）。总体性是*aiôn*。这个词很难在不扭曲其内容（*sachgerecht*）的情况下被翻译。它意指（*meint*）世界的总体性，但同时也作为时
> 238 间［当然，这里看起来像跳跃的东西有赖于海德格尔的其他文本，以证明关于*aiôn*的解释是合理的；但作为对词语“必然性和无辜”的直接解读而给出的评注，它是带有强烈攻击性的］，并且通过时间，将（总体性）与我们的“生命”关联起来，它意指生命的过程本身。人们习惯于这样规定*aiôn*的含义：*æon*指宇宙的时间，也即在物理学的可测量时间中运动的自然的时间。人们将这种物理的时间与我们所经历的

① M. Heidegger, *Nietzsche I*, *op. cit.*, p. 261; *Nietzsche 1*, *op. cit.*, p. 333; *GA* 6.1, p. 297.

时间（活过的时间）区分开来。但命名*aiôn*这个词的东西并不具有类似的区分。同样，如果我们以宇宙论的方式描述*kosmos*，则未免过于简化了这个观念。①

在此，我们将勾勒在海德格尔那里，特别是在这本书中持续起作用的一个姿态：宇宙论并不思考cosmos，cosmos并不是回到宇宙论。同样，思考*physis*并不是回到物理学，思考*bios*并不是回到生物学，思考科学所研究的存在者的普遍本质也并不是回到一般科学。要想理解这种阐释的真正关键是什么，把握这一区别是必不可少的。这里有着对科学、哲学、思想之关系的一个阐释。科学在对象或存在者之上开展工作，但它作为科学并不考察它，以规定它的本质。生物学家研究的是生物，但至于生物学的本质，至于"有生命者是什么？"这样的哲学问题，属于另一个逻辑，作为生物学家，他们并不探讨这些问题。只有当他能够假设有生命者的本质时，他才开始作为生物学家工作，而对有生命者的本质的规定，乃是哲学特有的提问或回答的结果。在这一区分（我们还会回到这一点）的基础上，海德格尔得以使尼采从"生物主义的"质疑中摆脱出来。通过规定有生命的存在者（étant-vivant）的本质，尼采与一般生物学的、科学的话语划清界限，以哲学的方式说话。

在我们所处的阶段，也即评论永恒轮回第二草案的时候，海

① M. Heidegger, *Nietzsche I*, *op. cit.*, p. 262; *Nietzsche 1*, p. 333-334; *GA* 6.1, p. 297.（雅克・德里达对译文有所改动。）

239 德格尔指出尼采以“多义”（*zweideutig*）[①]的方式使用“生命”这个词，它一方面指存在者的总体性，另一方面指我们在存在者总体性内部的“实存的”处境，在第一个草案中他似乎坚持这一实存的意义（在吞食这个学说之前我们的生命、我们的余生，等等），而在第二个草案中，则是形而上学的意义（关于存在者的总体性的立场）占据优先地位。因而它是一个在形而上学-实存系统中被表达的整体吗？海德格尔如此询问，同时怀疑这一形而上学和实存之间的区分——尽管他努力突出了这一区分——与理论内容或散文体内容（一方面）和诗歌内容（另一方面）之间的区分一样不能令人满意。他在之前草案的解读中做了这一区分。随后他继续解读另两个草案（同一个月），标题为“正午和永恒”（新生命的指示）和“对‘新生活方式的规划’”，[②]在这两个草案中，自然的非人化受到追问。我跳过上面这个解读，因为比起已建立的图式，它似乎没有带来什么新东西，只是瞬间（它作为正午和永恒之间的语义桥梁）在这里被标明为永恒在时间中被思考的迹象；时间的规定、时间的最高规定，对于处理在其总体性中的存在者和存在者深处的新生命来说，是精当的标题。对海德格尔自《存在与时间》以来的研究多少有些了解的人，可以在这里认出海德格尔形而上学分析的一个重要手段：从当下的时间隐含规定的特权地位出发，规定存在者的存在者性，对*aiôn*的暗指的重要性使我们能够从当下出发，将存在者的总体性构想为当下。

① M. Heidegger, *Nietzsche I*, *op. cit.*, p. 262; *Nietzsche 1*, p. 333-334; *GA* 6.1, p. 297.

② *Ibid.*, p. 263, 264; *Nietzsche 1*, p. 335, 337; *GA* 6.1, p. 298, 300.

通过反过来在永恒轮回的思想中确立瞬间的优先地位，尼采重复了形而上学的相同姿态，这个姿态构成了形而上学的本质。

很快，我们阅读到我们打算讨论的子章节，我引用过其中 240
关于有生命者和无生命者的两句话。这个子章节的标题是“这个思想的概要描述”（*Zusammenfassende Darstellung des Gedankens: Das Seiende im Ganzen als Leben, als Kraft; die Welt als Chaos*）①在批评了编订和后来标注的标题后——这些编订和标题从来不是无辜的——在认识到尼采在这些标注中借助科学的语言，参照了物理学、化学和生物学著作（这是无可争辩的事实）之后，海德格尔指出，“即便被尼采所肯定”，这一科学式的阐释是否可以作为对尼采哲学的“诸思想之思想”的阐释标准，仍有待考察。“当我们将尼采的哲学和我们与它的争辩，也即与西方哲学整体的争辩，构想为这个世纪和下一个世纪的事业，从此时起，[他说]这个问题就是必然的了。”②

很显然，关于科学，海德格尔不打算信任尼采本人在这里或那里对他的思想与科学的关系所可能采取的立场；为整个解读定调的，乃是对科学/哲学/思想之关系的海德格尔式阐释。

因此，海德格尔抛弃了对文本和草案的历时性视点，而是选择在我们感兴趣的问题上提出十点跨度不等的概述。③

---

① M. Heidegger, *Nietzsche I, op. cit.*, p. 266-278; *Nietzsche 1*, p. 339-356; *GA* 6.1, p. 302-318. 皮埃尔·克洛索夫斯基将标题的其余部分翻译为：“在其总体性中的存在，作为生命，作为力量；世界作为混沌”。

② *Ibid.*, p. 267; *Nietzsche 1*, p. 340; *GA* 6.1, p. 303.

③ 在打印稿中，这句话后面添加了一些词语：“→ER的空间，而不是ER本身”，这里ER=“永恒轮回”。

1）第一点涉及论有生命者和无生命者的两句话。这是最不清楚和最悬而不定的点。相反，正如我们所见，我们可以做的，是注意总体性范畴在这里的不恰当性——这将对整个事情产生灾难性的后果；而不是对尼采（当他谈到“世界的总体特征”［*Gesamtcharakter der Welt*］时）禁止在一个总体性思想中休息感
241 到惊讶，海德格尔将之归结为关于计算理性所不可通达之物的一个谜和一个搁置。他写道：“从这一切当中引出的唯一关键点是，通过作为唯一关系（*nach einer einzigen Hinsicht der Sachverhalt*）的无生命者和有生命者之关系的划界，问题的关键并没有被击中，世界比我们的计算理智［*Verstand*，而不是译者所说的理性］所愿意承认的更神秘莫测。”[①]

2）这份提纲中谈到的第二个特点：世界的恒常特征是力，尼采在若干年后称之为权力意志，对于这一点，海德格尔强调，没有任何物理学本身可以这样去思考（第269页），而且它既不属于静力学/动力学所引出的对立，也不属于从潜能（*dynamis*）中引出的意义。

3）力的有限性：尼采说，无限的力的观念与力的观念本身是不相容的。这一有限是一个必要的信念，是与设想的能力（可思性）相关联的持以为真，照海德格尔的看法，尼采和其他一般的哲学家都没有追问，可思性有什么权利成为关于存在者的本质的法庭。（这是很有争议的：尼采只是在某种程度上这样探究。）

---

① M. Heidegger, *Nietzsche I*, *op. cit.*, p. 269; *Nietzsche 1*, *op. cit.*, p. 343; *GA* 6.1, p. 306.（雅克·德里达对译文有所改动。）

4）力的内在有限性导致力的整体是被限定的，既不增加也不减少。

5）没有力的平衡："如果力曾达到过平衡，它将持续下去；因此平衡从未产生过（第103条）。"[①]因此生成没有诞生、进化或发展。

6）有限的力的结果并非无限或无数，而是（实际上）不可估量、难以计算。

7）尼采说，没有空洞的空间，空间只有从并不存在的空洞空间出发才诞生。一切都只是力。海德格尔纠正并批评了尼采的论证，后者稍显仓促地说空间只能诞生于空洞空间，而这是为了让空间产生而预设了空间。但海德格尔说，尽管存在这个矛盾， 242
尼采的意见还是有意义的，因为空间从世界的本质中诞生（*entsteht*），它可以很好地封闭在空洞中。[②]

8）从第八个评析开始，积极阐释的分量在我看来更重了。前面〈七点〉是十分中性的，几乎是重述或重复，更贴近尼采某些文本的字面含义。这在随后的三点中发生了改变，海德格尔对它们做了更多的引申发挥，尤其是第九点。它涉及时间尤其是混沌。这是十分重要的关键问题，因为正是在这一时间和混沌的阐释中，我们将能够决定，根据海德格尔的标准，尼采（是否）是一个形而上学家，也即是否是一个存在者的总体性的思想家：这个思想家不追问时间境域，不

① 转引自：M. Heidegger, *Nietzsche I*, *op. cit.*, p. 271; *Nietzsche 1*, *op. cit.*, p. 346; *GA* 6.1, p. 308。

② *Ibid.*, p. 272; *Nietzsche 1*, p. 347; *GA* 6.1, p. 310.

由此出发规定存在者［评论］，这个思想家在没有打破时间的流俗概念的情况下，在流俗的时间概念中并根据这一概念，思考存在者的总体性，把混沌变成存在者的汇聚的总体性，一个总体性的必然性。我相信在后面这些点上——特别是在有关混沌的问题上——我所称的海德格尔的尼采阐释事业的混乱将比在其他地方得到更好的分析。这正是我努力着手证明以收束本讲的内容。

第八点有关时间。在那里，海德格尔唯一一次（这可能是一个征兆）没有作细致区分，没有在想要失去的时候假装去拯救，没有在尽管存在悖理和幼稚的情况下，假装在尼采的这种或那种立场背后有某种大有深意的东西。这一次，他将尼采关于时间所说的一切拒斥为天真、拙劣和贫乏。他以毫不模棱两可或毫不含糊的方式提出，时间问题对尼采来说依然保持为“封闭的”。这个指责是简略的和一锤定音的。海德格尔回顾了尼采的若干命题：时间的（这次是）现实的特征（不同于空间，空间是想象的），以及由此导致的时间的无限性。“时间
243 ［第90条说］——一切在它之中挥洒力量——是无限的，也即力是永远相等、永远活动着的。”在海德格尔所引的另一个片段（第103条）中，尼采谈到“无限时间的流逝”和“实存的永恒沙漏”，以及“与事物的现实流逝相对应，必定有一个现实的时间”[①]（第十二章，第59页）。

① 转引自：M. Heidegger, *Nietzsche I*, *op. cit.*, p. 273; *Nietzsche 1*, *op. cit.*, p. 348; *GA* 6.1, p. 310。

毋庸置疑，尼采关于无限时间所说、想说、尝试说的内容，只能是永恒轮回学说中一个绝对必要的组成部分。因而不能既严肃对待永恒轮回学说，尝试将它作为一个伟大思想——它也是形而上学的思想——去拯救，同时又认为尼采关于时间的观点是贫乏的、几乎贫乏的。但海德格尔正是这样做的。这一次，他甚至没有试图使事情复杂化，就突然取消了它们：这一切都是贫乏的，没有涉及更深层的问题。他从一种十分简化的姿态出发，将最后这些片段与讨论“超道德意义上的真理与谎言”（1873年）的论文节选（甚至未试图加以阐释）并置起来，仅仅将其限定为“主观主义的”“表象主义的”“叔本华主义的”。

这段见下。（阅读并评论第273页T）

“与事物的现实流逝相对应，必定有一个现实的时间。”（第十二章，第59页）

尼采把这个无限的现实时间理解为“永恒”。他对空间和时间的反思，整体看来是十分贫乏的，他那些没有超出传统观念范围的有关时间的思想是零零散散的：可靠的证据是，时间的问题与形而上学的主导问题的展开密不可分，然而，这个问题最深层的起源对尼采来说依然是封闭的。在他早期一篇十分重要的论文《论超道德意义上的真理与谎言》（1873年夏）中，可以读到这句仍带有浓重叔本华主义印迹的话。

时间和空间的表象“我们在自身中生产，并且从我们出发，以蜘蛛织网的必然方式生产出来”（第十章，第202页）。

244 > 同样，时间是以主观的方式被表象的，甚至是“作为空间的特性”被规定的（《权力意志，第862页》[①]）。

我们可以在此尝试对海德格尔的这一取消[②]作全面的分析，这个分析也考虑了《尼采》的时间。也是在这个时候，与写作《存在与时间》接近的时期，海德格尔认为存在意义的问题应该在时间的先验境域中得到发展，并由此预设了对时间性的重新阐释——这种阐释反对整个形而上学的历史。我们知道，后来海德格尔没有反驳或批判这一做法，而是通过转移视域、还原时间问题的优先性、“颠倒”（让我们加快步伐）存在/时间的关系为时间和存在的关系，中断了这一姿态。因而尼采——我在这里快速讨论——通过将时间仅仅作为观念的产物，或者通过不停留于时间问题，以隐蔽的方式**或者**导致了对《存在与时间》的姿态的怀疑，**或者**预见了《存在与时间》的中断（这本书只发表了第一部），甚至预见了海德格尔后来在时间问题上的转变。对于海德格尔来说，有很多理由和动机结束解读，也可以仓促地说尼采关闭了这个问题或将这个问题保持为封闭。但这至少是我想向你们呈现的一个假设。可以肯定的是，海德格尔在这里无根据地作了仓促的判决。

9）第九点汇聚、试图汇聚其他所有点，它涉及的正是作为整个永恒世界的总体特征的混沌。混沌应该是汇聚了之前所规定的所有谓词的系统性概念。海德格尔首先将其命名为“在其总体

---

① M. Heidegger, *Nietzsche I*, *op. cit.*, p. 273; *Nietzsche 1*, *op. cit.*, p. 348; *GA* 6.1, p. 310-311.

② 指海德格尔将尼采排除在对原初时间的思考之外。——译者

性中的存在者的基本观念”。[①]它具有双重含义：指“不断生成”（*ständig Werdende* [*s*]）（伪-赫拉克利特），以及指没有人或神的法则的必然性、无意向性，等等，它不是紊乱或混杂，而是一个没有任何人类理性或神圣理性，没有任何目的、任何终点，没有任何下命令的意图的必然性。这实际上正是我们开头读过的《快 245
乐的科学》中的片段所讨论的内容，海德格尔回顾道，它以一个指令开头：“我们要提防”（*Hüten wir uns*）：我们要提防人化或神圣化混沌的必然性。[②]

现在我想快速地、十分概略地指明海德格尔的某些做法或某些做法的迹象，在我看来，在混沌这个决定性的问题中，这些做法是不合理的，或者——因为这里不再涉及准确或公平、正当——是可疑的：因为它们是削减的，也即衰弱的，因而不能衡量尼采文本的最强大力量，或至少是，它们削减这种力量以肯定海德格尔文本的最强大力量。因为这是我们正在见证的一个力的冲突，一个对抗的场景。以下是一些迹象：

1）海德格尔没有从他所说的作为*chainô*的混沌当中引出任何结论。（阅读并展开讨论第274页。）“混沌，χάος，χαίνω，意指半开、张开，它裂分为二。我们把对χάος（混沌）的理解与ἀλήθεια（真理）的本质的原初阐释紧密联系起来，将它们理解为自我开放之深渊。”[③]（参阅赫西俄德，《神谱》）张开应该禁止当下

① M. Heidegger, *Nietzsche I*, *op. cit.*, p. 273; *Nietzsche 1*, p. 349; *GA* 6.1, p. 311.

② 雅克·德里达宣告了十点，但止步于第九点。

③ 转引自：M. Heidegger, *Nietzsche I*, *op. cit.*, p. 274; *Nietzsche 1*, *op. cit.*, p. 350; *GA* 6.1, p. 312。

存在者的总体化。然而他将规定混沌为总体化。参阅尼采本人关于作为总体化的哲学所谈的内容[①]（《希腊悲剧时代的哲学》中的泰勒斯）。

2）当尼采说存在时，海德格尔以有些可笑的方式将它翻译在方括号中：“[它是存在者的总体性]”。阅读第274页：“‘归属于存在’——[它是在其总体性中的存在者][②]——个“自我保存感”！纯粹的荒唐！将‘快乐和不快的欲望’赋予原子！”[③]（第十二章，第101条）

246 不是“存在”在海德格尔的意义上被尼采说出来，而是存在（*Sein*）和存在整体（*Seiende im Ganze*）的区别可能在非形而上学的意义上被尼采怀疑。

3）海德格尔不惜代价地希望尼采“重新人化”其非人化的东西（因为总体性），他未加解释地将一些碎片并置起来，以呈现一个矛盾（阅读第276页，海德格尔）：

> “何时我们才能摆脱神的阴影的笼罩？何时我们才能完全祛除自然的神性？何时我们才能以纯粹的、新发现的、新解放的自然使我们人类**自然化**？”（《权力意志》，注释109）
>
> 不过，他同时还说：

---

① Friedrich Nietzsche, *La philosophie à l'époque tragique des Grecs, suivi de Sur l'avenir de nos établissements d'enseignement*, trad. Jean-Louis Backes, Michel Haar et Marc B. de Launay, Paris, Gallimard, coll. «Œuvres philosophiques complètes», 1975.

② 这些括号为海德格尔所加。

③ M. Heidegger, *Nietzsche I*, *op. cit.*, p. 274; *Nietzsche 1*, *op. cit.*, p. 350; *GA* 6.1, p. 313.

“‘人化’（humaliser）世界，意味着我们感觉自己是世界的主宰——”（《权力意志》，第614条；参阅第616条）

然而，想要通过诸如“自然主义”和“唯物主义”的无根据的标签定义尼采的作为混沌的世界的观念，或者根据这类命名预先打发掉这个观念，都是一个巨大的错误。“物质”（将一切事物还原为物质）和“爱利亚派的神”（也即将一切事物还原为非物质）一样是一个错误。关于尼采的混沌观念的主题，我们尤其要指出：只有一种气短无力的思想才会把这种存在者的非-神化的意愿阐释为无神状态（athéisation）的意愿，然而，真正的形而上学思想将在极端的非-神化——那里不再允许逃避，也不蒙蔽自身——中预见一条道路，我说，只有在这条道路上，才会遭遇诸神，如果在人类历史上这再次是可能的话。

从现在起我们要注意，自同一者的永恒轮回思想在尼采那里出现，他就强烈地趋向总体性存在者的非人化和非神化阐释。这种趋向并非如人们相信的那样，是尼采衰退中的“实证主义阶段”的最后回响，而是有其自身的和更深层的源头。这就是为什么尼采有可能从这种相反倾向，从与之前 247
的倾向明显不相容的趋向中被拉出来，因为在权力意志的学说中，他要求存在者的最高人化。①

① M. Heidegger, *Nietzsche I*, *op. cit.*, p. 276; *Nietzsche 1*, p. 352-353; *GA* 6.1, p. 314-315.

4）最后并且特别是，这个“否定神学”的指控，我们不乏恶意地用它去指责海德格尔，海德格尔则操纵它去反对尼采。它预设了混沌是作为不可言说的“世界的总体性”……（阅读并评论第276页〈译本〉〈海德格尔〉）：

> 在尼采的术语中，“混沌”这个词表达了一个防御性的观念，它意味着在总体性存在者的主题上没有什么东西可以得到表达。世界的总体性以某种根本的方式成为不可通达和不可言说的——成为一个ἄρρητον（不可表达）。关于宇宙的总体性，尼采此处所追求的是一种“否定神学”，它也试图以尽可能纯粹的方式把握绝对者，排除所有“相对的”规定，也即可能与人有关的规定。只不过尼采对宇宙的总体性的规定是一种基督教上帝不在场的否定神学。①

结论：是阐释的（解释学的）混沌，还是混沌的阐释？（阅读结尾并评论）

> 我们已经在第八点引出了尼采对宇宙总体性的一系列规定，并且在第九点把它们带回到一个基本规定：“世界的总体特征……永远是混沌”。现在是不是必须在其固有的意义上认为，我们必须废除之前给出的规定，仅仅合法地说，世界的规定是混沌？或者，这些规定就包含在“混沌”的观念

① *Ibid.*, p. 276-277; *Nietzsche 1*, p. 353; *GA* 6.1, p. 315.

中，因而伴随着这个观念及其对世界总体性的指涉，作为世界总体性的唯一规定，这些规定将依然是有效的？或者相反，依赖于混沌之本质的这些规定（力、有限、无限、生成、空间、时间），由于它们是存在的人化，使得它们瓦解了“混沌”的观念？在此情形中，我们甚至不应该提出什么规定，而只能说“虚无”。或者“虚无”是所有人化中最人性的？我们必须将我们的追问推进到底，以把握我们给自己规定的任务的独特类型，也即总体性存在者的规定的独特类型。[①] 248

由此就有了下一章：它专门讨论人化的主题。

① M. Heidegger, *Nietzsche I*, *op. cit.*, p. 277; *Nietzsche 1*, p. 353-354; *GA* 6.1, p. 316.

249 # 第十讲　分工的思想——和专名的蔓延

尼采的独一无二的名字，他的独一无二的思想，一个名字，一个思想。一件事情，一件事情，一个混沌，一。我们曾说过，按照海德格尔的看法，这个一是一个重要思想家的条件，是一个重要思想家的重要思想的条件（因为我们必须和海德格尔一起假设，而他对此毫不怀疑：有着一些重要的思想或思想家）。这意味着，我们已经隐约看到，当尼采说：我是两者，我知道两者（两者："*ich bin beides, ich kenne beides*"，①或者我是生，我是死，等等）时，他在那里谈到相对于他的思想的本质统一性-唯一性的某些非本质事物；或者，更严重的是，当海德格尔在尼采的主题上似乎在说两件事情时（例如，他既在形而上学之集大成的界限上，也在形而上学之超越的界限上），他说的是一件事，当他既承认我们并没有接受和阅读这个独一无二思想的图式，同时又把它引向作为存在者总体性思想的形而上学最强大、最古老、最集大成的图式时，他说的是一件事。

---

① Fr. Nietzsche, *Ecce Homo*, *op. cit.*, p. 17-18; *Ecce Homo*, *KSA* 6, p. 264.

海德格尔必须重提这个统一性-唯一性，不断地重新聚集它，就好像有某种东西不断地威胁它，威胁它如同威胁思想本身。思考和思考这个一（独一无二），乃是一回事，思考，在此意义上就是聚集一和思考一。

所有这些每次都通过命名、名称而进行，思想的名称和名称的思想。

在讨论了同一者的永恒轮回后，海德格尔开始论及权力意志 250
的主题，因而他必须回顾尼采思想的唯一性。永恒轮回的思想和权力意志的思想构成一个独一无二的思想。但是，这独一无二的思想如此根本地与名字和名称的思想联系在一起，与命名的行为或决定联系在一起，以至海德格尔的小节这样开始：

我们命名（*Wir nennen*）尼采的权力意志的思想为他独一无二的思想［*seinen* einzigen *Gedanken*，*einzigen*被强调］。因而可以说，尼采的另一个思想，同一者的永恒轮回的思想，必然被包含（*eingeschlossen*）在权力意志的思想中。这两者（*Beides*）——权力意志和永恒轮回——说［dit，或disent[①]: *sagt*］的是一回事［*dasselbe*（一回事）被强调］，思考的是总体性存在者的同一个基本特征。同一者永恒轮回的思想是权力意志思想的内在完成（*innere Vollendung*），而不是它的补充［从字面上，克洛索夫斯基说：〈不如说〉不是事后的完成——*nicht nachträgliche*］。这就是为什么在时间顺序上，尼采先于（*zeitlich früher*）权力意志思想而预先思考了同一者的永恒轮回［因而海德格尔的课程

① disent为动词“说”（dire）的第三人称复数，dit为第三人称单数。——译者

和著作也跟随了这一时间顺序……]。因为每个思想家都思考他独一无二的思想，当他第一次思考它时，可能是在它的完成（*Vollendung*）中，但还不是在它的展开（*Entfaltung*）中，也即这个思想还没有完全表现出它危险的影响，它依然不停地超越它［复核译文］。[①]

这种唯一性的价值——我们已经认识到它的重要性——必须与本真性、本真（*echt*, *eigentlich*, *Eigentlichkeit*）联系起来。我仅仅在海德格尔的思想中指出这种本质联系，我在这里指出它，是
251 因为我今年没有时间分析海德格尔其他文本（特别是《存在与时间》）中的这种联结，这些文本将此在的本真性描述为向死存在或本真的时间性，该本真性的价值在海德格尔的死亡思想中，以及在组织起生存论分析的所有概念对立中，扮演着（恰好）重要角色。我们本应直接处理这些其他文本，但因时间关系不得不放弃。

在之前的段落中（我们已经读过的前一个小节的结尾，该段以问题“尼采是谁？”或“首先，他会是谁？”开头），前面这段话恰恰使问题或阐释的本真性取决于与尼采思想的唯一性的关系。只是因为我们与尼采思想的独一无二联系起来，我们才本真地探问和阐释：

① M. Heidegger, *Nietzsche I*, *op. cit.*, p. 375-376; *Nietzsche 1*, *op. cit.*, p. 481-482; *GA* 6.1, p. 432-433.（雅克·德里达对译文有所改动。）

> 无论我们是用尼采“哲学”丰富我们的文化背景，还是忽视它，都是无关紧要的（*bedeutungslos*）。相反，对于一个本真的追问来说（*zum echten Fragen*），倘若我们只是想没有任何决断（*Entschiedenheit*）地“占有”（*beschäftigten*）尼采，那将是有害的（*Verhängnisvoll*），对于一个思考尼采的独一无二的思想的阐明（*Auseinandersetzung*）来说，这样的“占有”将是有害的。[①]

因而权力意志的思想是尼采的独一无二的思想，由此思想出发，我们才有机会进入尼采“是谁”和尼采“会是谁”的问题。因而我们必须思考权力意志的思想。就出版问题做出若干常规评论后，海德格尔解释了自己不建议解读名为《权力意志》的伪书的原因，而是建议从说明权力意志的法则和结构出发打开这本书。就是这第三部分，第三部分的概要，题为“新价值创建[②]的原则”（*Prinzip einer neuen Wertsetzung*）。子标题“重估一切价值的尝试”（*Versuch einer Umwertung aller Werte*）强调了这一价值之价值的重要性。海德格尔评论道，对尼采来说，价值意味着生命的条件，是生命之为生命的先决条件。有估价的地方就有生命。人们正是从估价的可能性或价值的立场出发思考生命。在这里，“生命”有时在一切有生命者、一般有生命特征的意义上被理解，有 252

① M. Heidegger, *Nietzsche I*, *op. cit.*, p. 375; *Nietzsche 1*, *op. cit.*, p. 481; *GA* 6.1, p. 432.（雅克·德里达对译文有所改动。）

② 在打印稿中，雅克·德里达在“创建”这个词上方打下了词语“位置”（position）。

时在“我们的生命”[①]、作为人的存在的生命的意义上被理解。

对尼采的所谓生物主义的第一个批评：根据海德格尔的说法，尼采并不是从生物学所说的东西出发思考生命的本质，例如从当时的活力论或达尔文主义，以及“自我保存”或“生命斗争”（*struggle for life*）[②]的学说出发。生命是从它的条件，也即承载、支持、促进和激活生命的东西出发被思考的。只有有价值的事物，或者毋宁是，海德格尔说，只有作为价值，才强化（克洛索夫斯基的翻译），才增强（*steigert*）生命和——海德格尔很快转换为——存在者的总体性。这就是价值的角色或价值的作用：确保作为增强（*Steigerung*）的生命，确保生命的提升。生命是增强，而价值是这一增强的条件，价值是作为价值增强的生命，等等。这种增强是生命的本质，因而单纯的生命保存的学说乃是非-生命、非-价值的学说。

但是当然，说生命的价值是生命增强的条件，这只有当人们知道什么在增强、什么是作为增强或趋于增强的生命时才有意义。必须从一个原则或一个基础出发，也即从生命的本质出发，才能懂得生命的增强和生命之作为价值的存在。这个基础，也即
253 事物在其本质中借以开端的东西，让海德格尔想到希腊人所说的“本原”（*archè*）和拉丁人所说的“原则”（*principium*）。[③]这个似乎捎带的注解，沿着一条隐藏的线索贯穿了（长长的）整

① M. Heidegger, *Nietzsche I*, *op. cit.*, p. 380; *Nietzsche 1*, *op. cit.*, p. 487-488; *GA* 6.1, p. 439.

② 同上；这句话在译本中是英文。

③ *Ibid.*, p. 383; *Nietzsche 1*, p. 491; *GA* 6.1, p. 441.

章，直到某种翻转或结点，它使“生命”的原则或这一生命本质的原则（作为自我增强的原则）成为原则的本质。我稍作解释：生命的原则在于建立在原则上，也即建立在开端-命令上，遵循同时意味着开端和命令（作为*principium*）的*archè*。[①]生命的本质在于命令的能力、强制的能力（下命令的能力，*Befehl*），另一方面，它同时也是在康德及其先验想象理论所释放的空间中的创作（*Dichten*，克洛索夫斯基译为诗化［poétifier］）能力，康德及其先验想象理论在理性的本质中认出了一个诗化的能力（它并不意味着是诗性的），这种图式论和先验想象的学说支撑和揭示了理性的整个现代规定（参阅法文译本第453页及以下）[②]，费希特、谢林、黑格尔，包括尼采，都是在其中发展出来的。

因而在我们探究的旅程行将结束时，关于生命原则的问题我们获得了如下回答：尽管尼采事实上将一切引回到生命、“生物学”，但他甚少以生物学、生物学家的方式思考，甚少从生物学的（动物或植物）生命出发思考，因而他是在拥有透视和视域之能力的能够命令和能够-诗化（*Befehls-und Dichtungshaften*）的方向（*Richtung*）上规定有生命者的本质，海德格尔将之翻译为自由的“能力”（capacité）。尼采由此出发，或者说由人的角度（透视、视域、命令、作品［*Dichtung*］、有生命者的表象）出发去思考有生命者。当然，这是以另一种方式将尼采从生物主义的

① 关于本原的开端和命令的双重原则，可参见德里达在《档案热病》（*Mal d'Archive:une impression freudienne*）中的分析。——译者

② M. Heidegger, *Nietzsche I*, *op. cit.*, p. 453-454; *Nietzsche 1*, p. 584-586; *GA* 6.1, p. 526.

指责中解放出来，以将他封闭在人类学或人文主义的形而上学限
254 度内，将他的原则概念指向亚里士多德–黑格尔传统，将他的作品（*Dichtung*）概念指向康德现代性的空间，并且认为他从未在根本上离开柏拉图主义。[①]这就是航向。

海德格尔从如下确信出发：生命的本质，也即存在者的总体性，对尼采来说，是权力意志。这种确信尤其建立在两个摘录上，其中一个是1888年的第693条，它说："如果存在的最内在本质是权力意志 [……]"，另一个则在此之前，是1885年的，〈它〉说："你们知道对我来说'世界'是什么吗？这个世界是权力意志——而不是任何别的什么东西！并且你们自己就是这个权力意志——而不是任何别的什么东西！"（第1067条）根据海德格尔的观点，"世界"在这里意指存在者的总体性，而且尼采正是常常将这个词类比于"生命"。于是，尼采将生命规定为权力意志。在其总体性中的存在者是"生命"，生命的本质是权力意志。随着这句话，这句警句、"格言"（*Spruch*）——生命是权力意志——西方形而上学终结了，而在它的开端有一句"晦涩的话"：在其总体性中的存在者是自然（*physis*）。这句话不是名叫尼采的人的"个人意见"（*Privatansicht*）。这个会说话的思想者，这句话的思想者和说话者（*Denker und Sager*）是"一个命运"（"我是命运"）。[②]这意味着，海德格尔的翻译（*Dies will sagen*）：思想家之成为思想家，正如西方所有本质的思想家之成为思想

① M. Heidegger, *Nietzsche I*, *op. cit.*, p. 477-479; *Nietzsche 1*, p. 615; *GA* 6.1, p. 554-556.

② *Ibid.*, p. 384; *Nietzsche 1*, p. 492; *GA* 6.1, p. 442.

家，就在于以“几乎非人的”[1]方式忠诚于西方最隐秘的历史，对于——围绕着这个词（*Wort*）——总体性存在来说（思维的和诗化的）斗争的历史。换言之，当尼采说“我，弗里德里希·尼采，我是命运”时，他命名了西方形而上学，他将是西方形而上学的一种强有力的自指，西方形而上学在重要思想家的名字中得到体现，而一个思想家只有在此范围内才是一个重要思想家。对于西方形而上学的命运来说，尼采是一个假名。思考这个假名是理解尼采的专名的唯一条件。

换言之[2]，我们需要从格言（*Spruch*）或词（*Wort*）出发，从 255
词或格言，从诗性的思维和言说的语言出发去理解专名，同时为言说存在者总体而斗争。一个名字只有从它被能够揭示存在者总体性本质的逻各斯，词或格言所授予、冻僵（transi）、承载（porté）时，才成为本质的。我说被承载：它涉及专名的意义（portée）、尼采名字的本质意义、只有我们才能通达的（自称的或所谓的）承载者的意义，这个意义是这个词——它不只是一个词、一个关键词、一个语言——的意义，是词或格言的意义，该词或格言阐明词的本质和语言的本质，而不是从后者那里获得启发，因为这个词或格言（在这里是*physis*）言说存在者的总体性，在其历史的唯一性中聚集它。尼采并不承载他的名字。作为经验之个体或主体的尼采并不承载他的名字，并且当尼采通过他的口

① M. Heidegger, *Nietzsche I*, *op. cit.*, p. 383; *Nietzsche 1*, p. 491-492; *GA* 6.1, p. 442.

② 页边空白处有一个补充：“专名的非同寻常的蔓延（对于世界的专名），存在者的总体性”。“蔓延”（contagion）这个词被圈了起来。

被言说，说“我是弗里德里希·尼采”或“我，弗里德里希·尼采，我是命运”时，是西方形而上学在言说、在承载名字和在说**我**。并非**我**作为主体，主体的价值或自我主义（egoïté）的价值本身就是西方形而上学历史的一个规定或一个特殊时代。很难说海德格尔这么做是抹去还是加强了尼采的名字。不应该歪曲这种做法，特别是不应该急着臆想尼采会拒绝或否认它。一方面，当然，它类似于那种传统哲学的（形而上学的）活动，该活动就在于以哲学的名义，以体系或比它们所代表的更体系化的整体的名义，将“思想家”的名字作为偶然的或经验的附带现象还原或抹去。另一方面，有着一个对专名在语言中的功能的强有力分析。如果专名不是仅仅陌异于语言，如果它根据原始的法则被铭写或与语言互通，此外，如果诸如语言的事物的本质只能从逻各斯（*logos*）、自然（*physis*）、存在（*ousia*）等独特的名字-思想出发而被宣告，那么名字就不只是概念的名字，它在有些地方也是使之成为专名的独特的奇异之物（它不可翻译），这一不可译取消
256 了专名和通名或概念之间的细微对立。因而就不再有对经验性的抹去或还原（价值本身源自西方形而上学），或不再有西方形而上学和专名（例如弗里德里希·尼采）之间的代表关系。然而，正如海德格尔和尼采所说，这是一场为了争夺语言、名字，为了诗化的支配权而展开的神秘斗争。我们必定能够说，让例如弗里德里希·尼采这样的人说：*physis*，或*physis*：弗里德里希·尼采：命运，等等。这将是说“这个世界是权力意志——而不是任何别的什么东西。并且你们自己就是这个权力意志”的一个方式，也是尼采式的方式。尽管海德格尔没有注意格言的第二部分

（你们自己就是这个权力意志），但我们可以引申他关于西方形而上学和“尼采个人”所说的东西（*eine Privatansicht der Person Nietzsche*），并且让一切都依赖于专名问题。权力意志是一个专名，自然（*physis*）是一个专名，等等，只要我们迁移和重构专名的模糊概念。因为时间的关系，我只概略地指出这点。[1]

一旦人们和尼采一起说，生命或总体性存在者是权力意志，人们就不再满足于从意志或强力的流行观念出发，例如从意志的心理学或强力的物理学出发去思考权力意志。由于权力意志是所有存在者的本质，人们必定随处都能发现它，在存在者的所有领域中发现它，如在自然、艺术、语言、历史、政治、科学中，以及在一般的认识中。

在（自然、艺术、历史、政治、科学或认识）这个系列中，科学和认识在海德格尔那里有着特权的地位。他特别关注它们，提出事实上“‘科学’不只是其他‘文化’活动之中的一个领域”[2]：它在西方人与存在者的关系中构成一个基本力量（*Grundmacht*）。

因而对尼采来说，什么是作为权力意志的认识？认识等于把 257
握真理，知识（*Erkenntnis*）就是*Erfassen des Wahren*，即把握真理。因而有必要思考作为权力意志的认识和真理之间的关系。

尼采在1884年的一个评注中说（海德格尔指出，尼采正是从这个时候开始“有意识地”[*bewusst*]构建权力意志的思想）：

---

① 打印稿空白处有这样的指示：“回到第16页”。

② M. Heidegger, *Nietzsche I*, *op. cit.*, p. 385; *Nietzsche 1*, *op. cit.*, p. 494; *GA* 6.1, P. 444.

“对真理的敬重（*Verehrung*）已经是幻觉的结果（*Folge*）。”[①]（第602条）又或者，1888年他说，“艺术比真理更有价值”[②]（第853条），又或者，他说，“真理是一种谬误，没有它某种有生命的物种就无法生存”[③]（第493条，1885年）。

不要过快地把结论引向虚无主义。虚无主义通过将真理与幻觉或谬误等价，对生命的增强来说是不详的（相对于具有更高价值的艺术而言），同时对有生命者来说是必要的，但是当它是真理的简单对立面（幻觉、谬误）时，就相互取消，或者在一个循环的荒谬中相互取消，循环兜圈子：为了知道什么是谬误，或什么是真理的幻觉，它还必须预设真理的价值，必须尝试深入理解这个思想的独特逻辑或力量。为了这样做，海德格尔再一次解释了自己为什么不信任遗著的出版安排之后，提出在尼采对作为权力意志的认识的阐释中做一次跳跃，并选择阅读第507条片段（1887年）。如下：阅读海德格尔的《尼采》，第1卷，第396—397页（v）。[④]

> 我们选择通过第507条片段来进行我们的考察（1887年春季—秋季）：
>
> “评价：‘我相信这或那是如此这般的’，作为‘真理’

① 转引自：M. Heidegger, *Nietzsche I*, *op. cit.*, p. 389; *Nietzsche 1*, p. 499; *GA* 6.1, P. 449。

② 转引自：*Ibid.*; *Nietzsche I*, p. 500; *GA* 6.1, P. 449。

③ 转引自：*Ibid.*, p. 395; *Nietzsche I*, p. 508; *GA* 6.1, P. 457。

④ 雅克·德里达也将这个字母写在了他准备引用的海德格尔文本段落的影印页上。

的本质。在这些评价中，保存和增长的条件得到表达。我们所有的认识器官和感觉器官只是为了满足我们保存和增长的 258 条件才得以发展。我们对理性及其范畴的信任，对辩证法的信任，以及我们因而赋予逻辑的价值，仅仅证明了它们对于生命的效用，它们得到了经验的证明：而不是证明了逻辑的'真理'。

必须有一定数量的信念：人们可以借此进行判断；对一切重要价值的不加怀疑——这是所有有生命者及其生命的先决条件。因而必定是某物应该存在，并且被持以为真，——而非某物是真的。'真实的世界和虚假的世界'——我把这个对立归结为价值的关系。我们已经把我们的保存条件设想为绝对意义上的存在的属性。我们需要稳定的信念才能繁荣，我们确保'真实世界'不再是一个变化着的、生成着的世界，而是一个存在着的世界。"①

由此出发，由海德格尔对尼采的引用出发，在到目前为止单纯的评论或释义工作之后，我们开始对海德格尔进行积极的解读，我们应当密切留意，以尝试在特定的地方或时刻发现海德格尔的决定性干预。这种干预发生在若干页、若干行，但我们并不局限于此，也不是不顾书的其余部分，事实上，这种干预回响或体现在海德格尔对尼采的整个阐释中。

① M. Heidegger, *Nietzsche I*, *op. cit.*, p. 386-397; *Nietzsche 1*, p. 509-510; *GA* 6.1, p. 458.

如其已经在这几页中所明确表述的，这个阐释的目的——和结论——是：尼采就真理所引入的颠覆依然是真理的传统规定，是支配整个形而上学的规定内部的一个次要修正，尼采并没有进一步追问这个规定，为了使他的陈述有意义和价值，他甚至需要这些规定。换言之，尼采所进行的迁移并不涉及一般的真理，也不探讨该真理的特殊规定，而是探讨这个真理的条件（生
259 命条件的评价，保持和增强）。尼采并没有动摇真理作为正确性（*Richtigkeit*，符合表述形式的不矛盾或者符合表象的内容，也即符合存在者）或作为相符或作为一致（*homoiosis*）的规定，这是海德格尔尽力想要得出的结论，并且他以有些僵化的坚定和坚决态度回到该结论，这首先让我们感到怀疑：倘若尼采的确没有触及这个根本的和传统的规定，那他触及了什么？而且为什么海德格尔在说这个真理概念“经受了特殊的和不可避免的篡改”[①]的同时，又说真理一旦被描述为“评价”，它就“转向（*abgedreht*）了一个完全不同的方向（强调：*in eine ganz andere Richtung abgedreht*）”[②]？此处有一些奇怪的东西，坦白说，我发现很难在这几页读到对整个解释至关重要的内容。

首先，为了缓慢且尽可能清晰地说明问题，海德格尔的这些阐述极力强调了尼采关于真理的话语从属于最僵化的柏拉图-亚里士多德式规定。最令人惊讶的是，一开始海德格尔在这第一段指出，在刚才所引的片段中，尼采把“真理”放在了引号中，海

① M. Heidegger, *Nietzsche I*, *op. cit.*, p. 399; *Nietzsche I*, p. 513; *GA* 6.1, p. 461.

② *Ibid.*, p. 401; *Nietzsche I*, p. 515-516; *GA* 6.1, p. 463-464.

德格尔不相信尼采想要改变这样的“引述”（人们所称的真理，传统，你们称之为真理的东西，等等）所指向的传统。海德格尔的解读是这样的：这里有引号是因为尼采提到了人们通常如何理解真理，他将为这种理解提供一个解释、一个病因学、一个阐释，但他不会改变这个传统的内容。差别虽然微妙，但总是存在。当有人对你们说：对于“我相信某事如此，这是‘真理’的本质”这一评价，你们如何理解？或者，其定义我并不触及，我任其原封不动的所谓“真理”，如海德格尔想要理解的，也即你们所说的，是一种“我相信，如此等等”类型的评价？又或者，借由说在引号中的“真理”是“我相信，如此等等”，猜测尼采对真理的定义作了更深层的改动，由此我影响了传统规定的内核 260
本身。然而海德格尔选择了第一个假说，他也需要选择第一个假说，虽然他想要承认在尼采这里有一个方向的改变——否则他不会对尼采感兴趣——而这个方向的改变应该重新定向一个自身未被触动的运动，如果你们愿意的话。下面首先是论述这些引号的段落（阅读海德格尔的《尼采》，第一卷，第397页W[①]）：

> 这个片段开始于“**价值判断**：‘我相信这或那是如此这般的’作为‘**真理**’的本质”。在这里，没有一个词、一个着重号、一个措辞不重要，它们像整个句子的编排一样重要。这个引言式的评注使卷帙浩繁的“知识论”变得多余，

① 雅克·德里达将这个字母写在海德格尔文本的影印页上，在他打算引用的段落旁边。

只要我们能具有如理解这样的话所要求的同等深刻的沉思的宁静和持久。

这涉及真理的本质规定。尼采把真理这个词放入引号中。简单来说这意味着：长久以来，也即在整个西方思想史上，真理就是这样被理解的，如尼采必定会理解的那样，人们没有意识到它的必然性和范围，甚至没有意识到它的原因。自柏拉图和亚里士多德以来，真理的规定不仅支配和渗透了整个西方思想，也普遍地支配和渗透了西方人的历史，直至他们的日常生活、他们习以为常的判断和表象，这种规定简要表述为：真理是表象的准确，——在这里表象意味着：通过感知并且在意指的意向中，通过回忆和筹划，通过希望和否认，**在自身面前拥有存在者**（*avoir-devant-soi*）和把**存在者带到自身面前**（*amener-devant-soi l'étant*）。表象走向存在者，与之趋同，并且再生产存在者。真理意味着：表象与**它所是的存在者**及其所是的方式的相符——［与它的本质和形态相符］。[①]

261 随着海德格尔回顾作为正确性、相符或一致的真理，这个主题随后在同一节的另外三页被有规律地重复和加强。如下：

1）"正确性因而被理解为对 *adaequatio* 和 ὁμοίωσις 的翻译。

① M. Heidegger, *Nietzsche I*, *op. cit.*, p. 397-398; *Nietzsche I*, *op. cit.*, p. 511; *GA* 6.1, p. 459-460. 方括号中的内容为法文译者所加。

对尼采自己来说，事先被接受且符合传统的是：真理是正确性。”[①]

2)（下一页）：“于是，在被阐明的命题中，真理被定义为评价（*Wertschätzung*），尼采实际上思考的无非是：真理是正确性。他似乎完全忘记了真理不过是幻觉这句话。”[②]

谁忘记了？海德格尔怎么能怀疑尼采忘记了它呢？这种怀疑的意义可能是什么？（解释学的一般问题：海德格尔并没有考虑普遍句法、模拟叙事、路径：他每次都相信。[③]）海德格尔刚刚分离了尼采的两个陈述：真理就是“我持以为真”“我相信”，等等；以及在一个判断中认出真理和持以为真，当尼采把说明这个判断当作他的目的时，海德格尔就指责他仅仅在这个传统形式下看待真理，在言说真理的时候反而忘记了：真理中的信念是可以被彻底质疑的。因为如果真理是评价，这不也是传统的真理吗？我重拾我的引述：

尼采实际上思考的无非是：真理是正确性。他似乎完全忘记了真理不过是幻觉这句话。甚至，尼采似乎与康德完全一致，康德在《纯粹理性批判》的一个段落中明确指出，真理之作为“认识与它的对象的符合（*Übereinstimmung*）”的

---

① M. Heidegger, *Nietzsche I*, *op. cit.*, p. 399; *Nietzsche I*, *op. cit.*, p. 512; *GA* 6.1, p. 461.（雅克·德里达对译文有所改动。）

② *Ibid.*, p. 400; *Nietzsche I*, p. 514; *GA* 6.1, p. 462.

③ 页边空白处有一个补充：“展开”。

说明，在这里是“被给予和被预设的”。

262 再往下：

> 康德在这种意义上说明真理的普遍本质，中世纪的神学家也是这样思考，亚里士多德和柏拉图同样如此。尼采不只是看起来与这个西方传统一致（*in Einklang zu stehen*），他事实上也与之一致（*steht im Einklang*）；仅仅是由于这个原因，他能够甚至必须与这个传统区别开来。[①]

人们会对这种逻辑或这种修辞感到惊讶：正是因为他与之一致，所以他与之不一致并且他必须不一致。实事求是地说，这种逻辑并非完全让人难以接受：分歧总是预设了一定程度的一致和对一致的否定。更有趣的是看海德格尔如何在他的解读中安排一致和不一致，从而一方面在一定程度上拯救尼采的原创性，另一方面又将他封闭在传统之中。一旦海德格尔坚持两者在根本上一致（*Einklang*），他就必须指出〈在〉尼采的真理作为幻觉的规定中，有着令人惊讶的（déconcertant，克洛索夫斯基的翻译）和奇特的（*befremdlich*）东西。（阅读第399页L［i］，直到“存在者”）

---

① M. Heidegger, *Nietzsche I*, *op. cit.*, p. 400; *Nietzsche I*, *op. cit.*, p. 514-515; *GA* 6.1, p. 462-463.

尼采自己坚持这个观念，他没有想要讨论这个观念的传统意义，也即真理是正确性。但是，如果是这样，尼采对真理本质的令人极为惊异的规定就呈现在一道独特的光线中。尼采的判定——真理是幻觉，真理是一种谬误——预设了这个最内在的传统定义，该定义因而并没有首先得到表达，并且在这里真理作为表象的正确性总是未被触动。只不过对尼采来说，这个真理概念经历了一个独特的和不可避免的——因而完全不是任意的——改变。第507条片段的第一个命题对这个必然的改变作了说明。这个片段在语法上不是以一个句子，而是以一个关键词开始的，该词以简单、锐利、完整 263
的方式指明了尼采相对于传统真理概念的位置，并且对尼采自己来说这是其思想路线的一个指示标。根据这个关键词，真理的本质是一种"评价"。评价意味着：从价值角度评估某物，以及将其作为价值去设定。然而价值（根据早先所引述的命题）的意思是：作为生命强化的透视条件。是生命本身，尤其是人，将事物评估为价值。真理作为评价，是那种由"生命"、人所完成的事物，并且它归属于人的存在。（为什么以及在何种程度——这有待追问。）尼采通过这些话清楚刻画了真理是怎样的评价："我相信这或那是如此这般的"。这个判断有一个"信念"的特征。但"信念"意味着什么？相信是指：视这或那以这种或那种方式存在着。"相信"并不意味着赞同某个人们没有亲眼看到的特别事物，未能亲眼将其感受为其所是的某物；相信在这里毋宁意味着：把某物，即某个与表象相照面的东西看作以这种或那种方式

存在着。相信，就是认**作**（tenir-*pour*），以及总是将之认作**存在着**。因此，相信在这里绝不意味着对一个难以理解、理性难以通达、被某个权威宣布为真的学说给予同意；不再是对一个许诺或预兆表示信赖。真理作为价值的评判，也即作为认作，以这种或那种方式认作存在着，处于与如此这般的存在者的本质联系中。真实者（vrai）就是被认作存在着，以这种或那种方式存在着，它被把握为存在着。**真实者是存在者**。[1]

评论“存在着”（étant）这个词。尼采是否把“存在”的形式作为幻觉的结果（不是生成，而是无存在的生成，因而不是存在者的总体性，等等）？（详细评论）

另一页标示了海德格尔的惊讶，第401页。（阅读第401—402页）

264 不过，问题依然是知道尼采为什么以别样的方式思考真理的本质，以及他的这种思考在何种意义上是别样的。关于作为信念的真理本质的关键词，无疑蕴含着他的未言明的设定：真理是正确性。然而他还是说了别的东西，而且对尼采来说，这是本质性的：这就是他为什么通过措词和强调提出自己的主张，并马上将它放在突出位置：

[1] M. Heidegger, *Nietzsche I*, *op. cit.*, p. 399-400; *Nietzsche I*, p. 512-514; *GA* 6.1, p. 461-462.

"评价……作为'真理'的本质"。这意味着：真理的本质作为正确性（如此这般的正确性）确切地说是一个评价。

正是在这种对正确性（真理的传统概念——它保持为毋庸置疑——的正确性）的本质的阐释中，有着尼采的决定性的形而上学洞见。这意味着正确性的本质无论如何都未得到澄清和激励，在这个意义上人们说：人能够以何种方式凭借在其意识中展开的、毕竟是主观的表象，指向外在于心灵的被给予的客体，人能够以何种方法克服主体与客体之间的鸿沟，使这样一种"指向……"成为可能。

相反，由于真理在此被刻画为评价，真理本质的规定转向了一个完全不同的方向。人们在尼采推进其思想步伐的方式当中认出了这点："在评价中，保存和增长的条件得到表达。"这个命题首先证明了我们在开头提到的对一般"价值"之本质的描绘：1）价值对于"生命"来说具有"条件"的特征；2）在"生命"中，"保存"并不是唯一重要的，生命的"增长"同样重要且尤其重要。在这里，"增长"这个词只是以另一种方式命名了"强化"。"增长"可以说被理解为纯粹的量的扩大，并且在此可以表明"强化"最终不过是数量上的增加——虽然不是以碎片堆积、一些加在另一些上的方式——因为增长这个词关联着有生命的存在者的充分成长，它依据特定的法则获得了自身的完全发展。

真理的本质在持以为真的意义上被规定为评价，甚至 265
一切"评价"都是保存和增长之条件（也即生命之条件）的"表达"。所有作为"价值"而这样被"评价"和"估量"的

> 东西，都构成类似的条件。尼采还不止于此。不仅“真理”就其本质而言被打发到“生命之条件”的领域中，那些把握真理的固有能力也从该领域出发，获得其独一无二的规定：“我们所有的认识器官和感觉器官只是为了满足我们保存和增长的条件才得以发展。”因此真理和把握真理的能力，不仅它们的运用和用途是服务于生命，而且它们的本质和发展模式，以及由此它们的实行，也基于“生命”而被利用，生命引领着它们。[①]

因此，只要我们没有思考尼采关于生命所思考的东西，关于这个一致/不一致我们就什么也没有说，什么也没有澄清。

……

（过了片刻。）

那么，对尼采来说，生命是什么？在海德格尔眼里，这个问题的答案又是什么？〈正是〉在这个问题冒出来的时候，在海德格尔把“生命”这个词放进引号的时候，以及在询问尼采如何以及从哪里出发思考“生命”（人们称之为“生命”的东西）的时候，海德格尔插入了他对生物主义和“尼采的所谓生物主义”（*Nietzsches angeblicher Biologismus*）的驳斥，他认为有必要这样做。[②]这个驳斥之所以出现在首要位置，是因为它对整个事业来说再次是利害攸关的；它必须巩固这个驳斥，建立起科学与哲学

① M. Heidegger, *Nietzsche I*, *op. cit.*, p. 401-402; *Nietzsche I*, p. 515-516; *GA* 6.1, p. 463-464.

② *Ibid.*, p. 402-410; *Nietzsche I*, p. 517-527; *GA* 6.1, p. 465-474.

之间、哲学与思（超出形而上学）之间的某种关系。在回到海德格尔的文本之前，我要立刻指出，在我看来是什么在这一点上支撑着海德格尔话语的图式（它既是一种巨大的力量、一种急迫的必要性，也是一种脆弱性）。由于这个图式在他那里到处起作用，由于它影响了海德格尔所有关于科学、技术和形而上学的论述，由于另一方面，在哲学和某种科学概念之间有一定的联系，因此 266
我们在这个主题上所冒险提出的观点不能局限于尼采–海德格尔的对抗关系（尽管表面如此），更不能局限于他们的这个或那个文本。

在最正式的形式中，这个图式见如下描述，并且我相信在海德格尔想要通过阅读尼采以更进一步或超出形而上学一步的时刻，这个图式（在那个时刻）对科学与哲学之关系的界定是最传统形而上学的（在我看来，该图式并没有完全取消形而上学，反而在某种意义上给了它不竭的力量①），甚至我会说是最黑格尔的。这个关系见如下描述，并且该关系假定科学——这是人们所称的科学，也即哲学所称的科学，人们跟随哲学所惯称的科学，甚至是科学家所称的科学——遵循哲学对科学所规定的东西，也即科学是一种关于一定类型的存在者的特定知识。诸科学是特殊的，占据了存在者（或对象，人们可以跟随康德或胡塞尔这么说，在这里，对象是作为存在者的一个规定）的一个特定类型。诸科学因而是区域性的，它们仅仅占据对象性或存在者的一个区域。但它们只能作为科学，作为存在者的一个类型的特

① “力量”这个词上方的行间添加了“资源”（ressource）一词。

定知识而开端，由此刻开始，它们所处理的存在者的意义或本质得到思考；除非人们了解和限定什么是物理学事物，以及什么是物理学的物理性，否则不可能有如此这般的物理学；除非人们能够认识如此这般的历史的历史性，除非人们至少拥有区分历史原则和非历史、超-历史原则的预见能力，否则不会有如此这般的历史学，等等。然而，如此这般的科学或科学家在他们固有的科学活动中无力——作为这样的事物，以及根据我所阐述的图式——去把握区域存在者（étant-régional）的意义，把握物理学的物理性、历史学的历史性等的意义。物理学没有告诉我
267 们什么是物理性，历史学或数学也没有告诉我们什么是历史性或对象的数学性。在这些物理学、数学或历史学所特有的科学工作开始的时候，科学家作为物理学家、数学家或历史学家行事，他必须确定存在者、实体区域或他在其中工作的对象性领域的意义是什么。科学家关心存在者或对象，但并不思考他的对象的被规定的存在者性或对象性——而这是它的有效性的条件——，更不用说存在者性或对象性。这是哲学（或形而上学）提出的问题：追问什么是物理的存在者，更进一步，什么是总体性的存在者。是它为区域科学分配和指派相应领域的意义。当然，科学家可能会提出特定领域的意义或诸领域的总体性方面的问题，但此时他们不是作为科学家提问，而是作为哲学家提问；两个类型的问题之间没有任何可能的含混或过渡，有的是绝对的跳跃。

这个十分强有力、十分经典的图式，这个我已经明显明朗化和简化的图式，它预设了什么？它显然预设了存在诸如科学这

样的事物，预设了所有“这些”科学是诸如“那个”科学的事物的一些种类，因而预设了存在科学的一般科学性（后者在这些区域科学中被同等地分配），预设了科学关心那些作为存在者的可规定之物，预设了存在者（甚至对象性的存在者）是在科学中活动的事物的一般形式。显然很难否认科学做了这样的事：谁敢说科学不关心是其所是的（因而是存在者的）事物？谁敢说科学不通过预期该领域的对象的意义来区分对象所属的领域？等等。此外，还可以进一步说，如果在科学之名下的问题或思维活动表现得不再关心作为存在者的可规定的存在者，它将不再是科学。

为了更图解式地把握这些事物，而不是仅仅作为手段，我们看到，这整个强有力的系统分类学预设了科学认识或科学真理有一个固有对象，而且这个对象以存在者的形式呈现。没有这个预设，整个图式都将瓦解。

现在我不想回到第五讲和第六讲关于知识和科学的地位转 268
变，关于从科学对象的文本化出发对象与指称关系的转变所讲的东西，我不想在这里回到这个问题，尽管这个问题的确存在，并且与我们今天讲的东西联系紧密，我只想指出以下事实：如果尼采称之为生命的东西，如果正是在他怀疑人们所称的“真实世界”作为存在者世界不过是被生命、为了生命而被设定的时候，他借助科学来谈论他称之为生命的东西，如果他怀疑“存在”（étant）的形式本身是“生命”的一个效应，如果因此存在者、存在者性和存在者性的存在只是“生命”的效应，而后者既不是一个存在者，也不是存在者的总体性，那么我刚刚描绘的哲学图式将不仅受到打击，甚至会成为尼采话语的主要批评对象、主要被告。这并不必然意味着尼采屈服于生物主义，错误在于这个“-主义”，它从作为区域机构的科学（心理主义、社会学主义、历史主义、物理主义、生物主义）出发，审查整个存在者，一旦能够指控它的这个司法法典本身遭到解构，这个错误便不再适用。这个法典预设了区域和任务的分配、领地和工作的划分、区域之间的可靠界限，以及进行质疑或构建之权力的秩序和等级。它预设了当生物学家从事生物学时，他在从事生物学，当社会学家从事社会学时，他是社会学的社会学家；而哲学家作为最高法庭，他认识领地的总体性和诸对象的特殊性。但是如果——正如我们现在看到的——“生物学家”不只是一个生物学家，如果他在所谓的生物学家的工作中必须从事历史、语言学、语义学、化学、物理学、制度科学乃至文学的工作呢？如果数学家是唯一能够谈论数学的基础或非基础、数学的认识论或历史的人呢？如果存在者不再是一种普遍形式呢？该普遍形式在专业领域中流通，从而一统百科和分派任务，禁止人们打破劳动分工的原则和在那
269 里看守着的哲学秩序，哲学家在那里主持劳动分工，他实际上是唯一逃避劳动分工的人，而他同时服务于所有与这个劳动分工相关的事情。

这里的悖论——以及海德格尔工作的旨趣——一方面在于解构了支持这一图式的形而上学本体论，另一方面尼采又成为解构的对象，而不是把这个解构活动的功劳归于尼采。海德格尔把尼采从生物主义中解救出来，只是为了让他成为一个伟大的形而上学家，甚至是为了使“生物主义”成为形而上学的结果。这说明了——通过这个引述我将结束我的预备和概要问题，以进入论尼

采的所谓生物主义那一节——为什么他发现自己提出的阐释“令人惊讶”（*befremdlich*，再一次）。我阅读该小节的中间部分（译本第409页，海德格尔原著第526页）。

> 无论接下来的断言看起来［听起来：*klingen*］多么令人惊讶（*befremdlich*），它的真理都可以借助充分的反思（*Besinnung*）得以建立：当尼采思考存在者总体性，并且预先把存在思考为“生命”，以及特别将人规定为“猛兽”［*Raubtier*，猛禽，猎食野兽］时，他的思考并不是生物学的，而是以**形而上学的**方式建立了这个表面是生物学的世界的图像。[①]

人们如何会产生这种陌异感（*befremdlichkeit*）？

海德格尔没有否认尼采的思想是十分“生物学的”，甚至是生物学化的。如果说*bios*意指生命、生命的过程，在希腊语中更接近传记维度而非生物学维度，海德格尔说，那么相比之下，生物学很明显意指“植物和动物意义上的生命学说”[②]（平庸的定义，海德格尔对此似乎并不关心），也很明显的是，当诸如尼采这样的思想家特别谈到“驯养和选育”（*Zucht und Züchtung*）人类，谈到“猛禽”或“巡游、渴望猎食和胜利的美丽金毛野兽” 270

① M. Heidegger, *Nietzsche I*, *op. cit.*, p. 409; *Nietzsche I*, *op. cit.*, p. 526; *GA* 6.1, p. 473.（雅克·德里达对译文有所改动。）

② *Ibid.*, p. 402; *Nietzsche I*, p. 517; *GA* 6.1, p. 465.

（*blonde Bestie*）[1]时，他就给出了各种生物主义的信号。海德格尔以这种方式收集了尼采的严格来说是生物学家的思想标记，或至少是生物学的、生物学化的思想标记，他的“生命的形而上学”[2]的标记，其中包括本讲开篇涉及的文本，也即《权力意志》的那个片段，在那里尼采说“存在”没有其他的表现，除了“活着——某种死的东西如何能存在呢？”，对此我不再加以评论。

然而，尽管有着所有这些标记，海德格尔却想表明尼采的这个“生物学家的”阐释是洞察尼采思想的一个主要障碍（*Haupthindernis*）。虽然海德格尔在其思路延及的这个时刻将生物主义和生命的形而上学——作为两类同样妨碍洞察尼采思想的悖谬或障碍——联系起来，但我相信我们最终可以说，他将尼采从生物主义中拯救出来，只是为了将他禁锢在生命的形而上学当中。

让我们来看一看这个事情。

如果“生物学”意指（*heisst*）生命的科学或学说，或更确切地说（海德格尔说），意指活生生（*Lebendigen*：参见黑格尔和雅可布）的科学或学说，它便涵盖了与一般生命领域相关的所有现象、过程和法则，包括植物、动物、人。植物学和动物学、解剖学、生理学和心理学属于生物学领域，有时隶属于一般生物学。从一般生物学出发，所有生物学都预设了有生命者的本质的预备概念，该概念定义了领域、范围、区域的统一性。然而——

---

① 转引自：M. Heidegger, *Nietzsche I*, *op. cit.*, p. 402-403; *Nietzsche I*, p. 517; *GA* 6.1, p. 465。

② *Ibid.*, p. 404; *Nietzsche I*, p. 519; *GA* 6.1, p. 467.

这是决定了海德格尔整个解读的论证，我刚才说过，它是典型的形而上学论证，是这类哲学的宪章——这个科学在其中起作用的本质领域（*Wesenbereich*），这个领域的本质性，在任何情况下都绝不可能由科学提出或建立。

> 生物学在其中起作用的这些现象［海德格尔的说法］的本质领域（*Wesensbereich*）绝不可能由作为科学的生物学本身提出或建立（*gesetzt und begründet*）；生物学总是将（诸现象的）这个本质领域预设（*vorausgesetzt*）为已经建立的；它原样地接受它以肯定它。所有科学都是如此。 271

海德格尔继续道：

> 事实上，所有科学都建立在与存在者领域有关的命题之上，科学研究都处身于、活动于它之内。关于存在者［是其所是者］之主题的这些命题（*Sätze*）——它们标划和设定一个领域——乃是形而上学的命题。它们不仅无法通过这样或那样的科学概念和证据证明自己，而且完全无法借助这些科学概念和证据而被思考。①

因此这不仅适用于生物学，这样的生物学不能决定什么是有

① M. Heidegger, *Nietzsche I, op. cit.*, p. 404-405; *Nietzsche I*, p. 520; *GA* 6.1, p. 468.

生命者，而只有形而上学家才关注和忙于思考和界定生命，即使他事实上是一个同时从事着生物学的个体。这也适用于所有科学（海德格尔给出了更多的例子），它们重复了科学与形而上学之关系的一般结构。

这个关系在根本上是绝对外在的和异质的关系。这些问题的类型没有任何连续性，即使它们是在一个研究和话语的表面相同的过程中由同一个个体提出来的。海德格尔说，从科学问题到形而上学问题有一个跳跃。两者之间的通道（*Übergang*）不是相互的过渡或转换，而是一个跳跃。因此形而上学从外部，从绝对的外部给科学指派研究领域，并且将科学的一般领域分配、组织、划分为特定领域，确定那些在权利上不可逾越的根本性边界。当然，海德格尔会反对，他事实上明确地反对这样的表达，他明确
272 指出这不是一个大管制（*Massregelung*），不是处在哲学裁判权下的科学规章。相反，正是出于对科学尊严的尊重——这种科学承认一种更高层次的隐秘知识（也即形而上学知识）——人们才提到与形而上学的关系，后者既不是支配（技术或科学）的关系，也不是与科学并置的关系。而且显然，仅（科学和形而上学）这两种类型之间的异质性本身，就将禁止两者之间存在这样的协调关系。

然而情形依然是，这个论证类型（不是支配的类型，因为所有其他的部分也很关键，因为不存在连续的接触或过渡，等等）是证明了所有等级体系，包括那些最暴力的等级体系的典型论证。

它是一种斗争，其社会的、历史的赌注是十分具体的。海德

格尔想要直面“危险”和“逾越这些领域的违犯”，[1]就好像邪恶源自这种非法入侵、这种逾越（*Überschreitung*），由于该入侵和逾越，一门科学不再了解自身的限度，无论是作为特定科学的限度，还是作为一般科学的限度。我想提请你们注意所有这些——如何称呼它呢——内涵（connotations）（但它们不是内涵，相反，它们是本质性的命题，后者建立了在其他地方呈现为内涵的价值），这些内涵铭写在海德格尔对科学的自负或科学主义的揭露、预防、担忧的段落中：海德格尔在其中谈到科学的自负或毋宁说科学主义，以及它在现代性中逾越的傲慢，这个现代性不再能够追问自身的形而上学的起源和归属。见下（阅读并评论：译本第407页，德文本第523—524页）：

> 然而，科学在其活动中获得的可靠性越高，它们就越顽固地避免对自身的领域作形而上学的沉思，其领域中常常不被察觉的逾越和由此带来的混乱所造成的危险也就越大。而
> 一旦出现这样的观点，即关于现实主题的形而上学命题和概 273
> 念能够建立在“科学认识”的基础上——但实际上这些科学认识只是由于如此这般的比科学更严格、更高贵且以不同方式构成的现实知识才得以成为可能——理智的混乱就会达到无以复加的地步。一个“以科学方式建立的世界概念”的观念是这一理智混乱的典型怪胎，它在19世纪最后三分之

① M. Heidegger, *Nietzsche I*, *op. cit.*, p. 407; *Nietzsche I*, p. 523; *GA* 6.1, p. 471.（雅克·德里达对译文有所改动。）

> 一的时期表现得越来越明显，并且在一知半解的文化（demi-culture）和大众科学领域获得了令人惊讶的成功。[1]

当尼采谈到生命，当他把存在者总体性（根据海德格尔的看法）规定为生命时，根据定义，他的概念并不是从被称为生物学的区域科学中借来的。他的做法既不属于作为一个区域的帝国主义的溢出或逾越的生物主义，也不属于作为科学的天真的生物主义，这种科学的天真忽略了它的形而上学基础并且相信自己能够为自身奠定基础。尼采以形而上学的方式将生命及其条件思考为存在者的总体性。在这一点上，他将自存在作为自然（*physis*）的最初规定以来依然保留着的东西带到了它的最高实现。

仅凭这一点足可以认为，自西方形而上学开端以来，一门例如生物学的区域科学尽管与作为存在之名的自然（*physis*）有着特殊的亲缘关系，但形而上学与区域科学之关系的这个逻辑恰恰在这一点上变得复杂了。但我不想在这里强调，这些我们先前关于有生命者已经定义的图式无法成为另一门传统意义上的科学的对象，也即科学哲学的对象。这就是为什么海德格尔在所有这些文本中强烈抨击了这种科学甚至是生命哲学的傲慢。

我们在此将有些任意地、无可辩护地丢下海德格尔。我打算在这条道路上追随一个更加复杂和精细的分析，由此进一步讨论
274 混沌（尼采没有“在其原初的希腊文意义上”[2]思考这个词，根据

---

① M. Heidegger, *Nietzsche I*, *op. cit.*; *Nietzsche I*, p. 523-524; *GA* 6.1, p. 471.

② *Ibid.*, p. 436; *Nietzsche I*, p. 562; *GA* 6.1, p. 506.（雅克·德里达对译文有所改动。）

海德格尔的看法：决定性的：相关于存在者的总体性，等等）和第三章的所有这些主题。我最初的意图是和你们一起阅读海德格尔其他的论向死存在、此在的生存论分析之类的文本。但令人高兴的是，我的解读原则（尽管有一些复杂）本身至少已经概要地向你们阐明了，我相信，在复活节之后的几节课里，更为可取的是踏上已经宣告过的第三环节的旅程：尼采和《超越快乐原则》的弗洛伊德。

275

第十一讲① 云梯攻城②——魔鬼本人

从这个研讨班的第一讲开始——可能你们还记得，如果不记得，也许你们已经核实过结论——我就为研讨班的标题做过说明，并提出了另一种逻辑命题：将生死问题与位置（*Setzung*）、位置性问题、对立逻辑（对立或并置）的问题联系起来。我在此不再重复。我还用一句话宣称，超越（au-delà）的逻辑，超越的步伐的逻辑不是对立的关系，而是与它所跨越的事物或与它以违犯的方式所摆脱的事物处于另一种关系。这适用于《超越善恶》和《超越快乐原则》。在对这本书进行讨论以进入宣告过的第三环节之际，我需要明确指出，我将要进行的有选择性的、有筛选的解读，目的在于从根本上表明这个文本的非位置、非正题的结构；表明——与如此之多的解读相反——停留于一个论点，停留于科学或哲学类型的结论，停留于一般理论结论的本质不可能性（这个不可能性使文本趋向一个虚构类型——我并不是说文

① 打印稿标题上方和右边有一个补充：“图片，第5、19页”。关于这一讲的后续出版，参见“编者按”，上文第14页，注释②。

② “云梯攻城”（l’Escalade）是日内瓦市的一个民间节日，是为了纪念1602年12月11日至12日夜间萨瓦军队试图攀登该市城墙失败。从那时起，日内瓦人就在这一天庆祝他们的独立。后面在这一讲中，雅克·德里达将援引卢梭对登城节期间上演的一些魔鬼戏剧的观点。

学——的偏离），我们将尝试在它与一般理论论点，与理论可判 276
定性和生死逻辑的关系中这样追问这种不可能性，因为这一悬置的无限偏离相关于生死、死亡的神秘欲力（如你们所知，该欲力出现在《超越快乐原则》中）而发生，这显然不是偶然的。我们会在三四堂课里抵达这个问题吗？当然不能。为了节省时间并使我的意图更加明确，我首先请你们参考我过去和不久前发表的一些文章，特别是《弗洛伊德与书写舞台》(《书写与差异》)、《真理邮递员》(《诗学》第21期）和《丧钟》里关于拜物教的几个段落。①

另外要预先说明的是：这三个回旋环节的轨迹为了重新出发，每次都将重新回到尼采。在当下的情形中这最容易不过了。我将简略讨论这个主题。为了缩短时间，我将回顾例如对儿童和游戏的讨论（我们将在《超越快乐原则》中发现它们）。我将再次回顾弗洛伊德在一个令人惊讶的不否认（dénégatif）的运动中对他与尼采（还包括与哲学）的关系所说的话。我在其他地方引用过它们，②但我会十分快速地加以回顾。弗洛伊德在《自述》(《我的生平和精神分析》）第74页说道："尼采，另一个哲学家，

① Jacques Derrida, «Freud et la scène de l'écriture», 收录于：*L'Écriture et la Différence*, Paris, Seuil, coll. «Tel Quel», 1967, p. 293-240 (rééd. coll «Points/Essais», 2014); «Le facteur de la vérité», *Poétique*, no 21, 1975, p. 96-147；再刊于：*La Carte postale, de Socrate à Freud et au-delà*, Aubier-Flammarion, 1980, p. 439-524 (rééd., Paris, Flammarion, coll. «La philosophie en effet», 2002, p. 441-524)；*Glas*, *op. cit.*, p. 232-236ai。

② 在《思辨——论"弗洛伊德"》(收录于：*La Carte postale*, *op. cit.*）中，雅克·德里达重拾和详述了《超越快乐原则》的解读，一个注释（第281页，注释5）指明了："例如在痛泉（*Qual Quelle*）中（*Marges — de la philosophie*, 1972, p. 363）"。

他的直觉和观点常常以最令人惊讶的方式与精神分析艰难[①]取得的成果相吻合，在很长一段时间里，正是由于这个原因，我回避（*gemieden*）了他；我更关心不受成见影响，而不是观点由谁第一个提出。”[②]回避的重要性，“回避”这个词，因为接近而回避就
277 更有趣了（除了我们可以很容易说的关于避免我们想要或说要回避的事情的不可能性之外），更有趣的是它出现在同一段的前面，这次是关于一般哲学的主题。他关于自己对哲学的回避所谈的东西将直接把我们引向《超越快乐原则》，我们很快就会看到为什么。[③]总之，在《自述》中，在我刚刚阅读的内容的前几行，他谈到自己所称的最后的“思辨”作品（这个时期的作品恰恰围绕着《超越快乐原则》的出版，在1919—1920年前后），特别是谈到“思辨”这个词，在这个解读过程中我们将对此保持密切关注。

> 这个尝试［它涉及元心理学］依然是一个残缺的雕塑，我在写了以下几篇论文（《欲力与欲力的命运》《压抑》《无意识》《哀悼与抑郁》等）[④]之后中断了它。我这样做自有我的道理，因为确定理论锚点的时刻还没有到来。在我最后的思辨作品中，我已经着手在病理学事实分析的基础上解析我

① 这个词被圈了起来。

② Sigmund Freud, *Ma vie et la psychanalyse*, suivi de P*sychanalyse et médecine*, trad. fr. Marie Bonaparte, Paris, Gallimard, coll. «Les Essais, no 37», 1949, p. 74; *Selbstdarstellung*, *GW* 14, p. 86.（雅克·德里达对译文有所改动。）

③ 打印稿页边空白处有一个补充，可能是圈起来的数字“1”。

④ 空白处有一个标记“TR”。

们的精神机制，我将它分解为自我（*moi*）、本我（*ça*）和超我（*surmoi*）(《自我与本我》, 1922年）。超我是俄狄浦斯情结的遗产和人类伦理要求的体现。

我不想使人们产生这样的印象，以为我在工作的最后阶段放弃了对病人的观察，而完全投身思辨[①]。相反，我与分析材料依然保持着密切联系，从未中断临床的或技术的特殊课题的工作。在远离观察的同时，我也小心地避免与严格意义上的哲学发生牵连。自身能力的不足也使我很容易放弃这么做。我总是与费希纳（G. Th. Fechner）的观点很亲近，并且在一些重要问题上从这位思想家的观念中获得支持。精神 278
分析与叔本华的哲学之间有着广泛的一致——叔本华不仅捍卫情感的首要地位和性的特殊重要性，甚至窥见了压抑的机制——这种相似并没有促使我去了解他的学说。我是很晚才阅读叔本华的。尼采，另一位哲学家［……］。[②]

在弗洛伊德关于《超越快乐原则》的报告中，有关于这一段的一些评析。

1）首先是叔本华。他是两个哲学家中的一个，另一个是尼采，弗洛伊德感觉和尼采很亲近，但精神分析、精神分析理论完

① “思辨”这个词被圈了起来。

② S. Freud, *Ma vie et la psychanalyse*, *op. cit.*, p.74; *GW* 14, p. 85-86.（着重号为雅克·德里达所加。）

全没有受惠于他。[①]这种债务的不亏欠——反复被强调——并不妨碍他努力回避哲学家们和哲学。[②]他抗拒哲学，我们后面将回到这一抗拒，后者有时采取否认的形式。眼下，我讨论弗洛伊德对叔本华的参照（它是否定的或不否认的），该参照位于《超越快乐原则》的中心位置（正如对尼采的参照），与《超越快乐原则》最重要的命题（我不说论题）之一联系在一起。欲力生命的二元论正是在此时得到了承认，尤其是在第六章。弗洛伊德写道（注意表述的形式和语态）：

> 让我们在欲力生命这个典型的二元论概念上稍作停留。根据黑林（E. Hering）的理论，两组对立的进程［对立的方向：*entgegengesetzter Richtung*］在有生命的实体中持续地展开着：建构（construction，同化）的进程和解构（destruction，去同化）（*ab-bauend*）的进程。[③]

279 对于这个词（*ab-bauend*），法国的海德格尔卫道者最近想用

---

① 空白处添加了词语“伪币”，下面有标记“↔”。这个暗示在《思辨——论“弗洛伊德”》中得到说明：“和尼采一样，完全没有受惠于叔本华。因此，精神分析理论不亏欠他什么。它只继承了概念的外表，就像伪币，就像没有价值保证的发行票据。”（收录于：*La Carte postale*, *op. cit.*, p. 284）

② 空白处添加了一个词，可能是“属性”（propriété）。

③ Sigmund Freud, *Au-delà du principe du plaisir*, dans *Essais de paychanalyse*, trad. Fr. Samuel Jankélévitch, Paris, Payot, 1927, p. 63; *Jenseits des Lustprinzips*, *Gesammelte Werke (GW)*, 13, Londres, Imago, 1952, p. 53. 在打印稿中，德文词*ab-bauend*被圈了起来，另有一条线与页边空白处的一个标记“在黑板上”相连，后者也被圈了起来。

解－建构（dé-construction）加以翻译，以显得仿佛一切都在掌握之中，仿佛他们已经走在队伍的前面：的确，他们并不拥有事后发现的垄断权，也不拥有在这个词在总－已经（toujours-déjà）的形式中重新占有的垄断权，除了拥有解构（déconstruction）这个概念，因为另一方面，也许我们可以说，我们看到“解构”这个词在马克思的文本中从天而降；而且我们可以看到——在这里更明显一些——在《德意志意识形态》中，“*aufgelöst werden können*”[①]这个表达之前的通常的和忠实的翻译是解决（résolu）或溶解（dissous），在期刊《辩证法》[②]的最近几期中却未加辩护或说明地突然翻译为“可以被解构”（peuvent être déconstruites），在这种操作中，理论的智慧并没有战胜混淆的诡计，因为在“解构”这个词的占有之后，这整个句子表明这个词依然是未起作用的；我读一下这个新译本，它在《德法年鉴》中——我希望——是标志性的：

> 它［这个新历史唯物主义概念］并不根据观念来解释实践，而是依据物质实践来说明观念的形式，并且由此达到这个结论：所有这些意识的形式和产物，不是通过理智的批判通过向“自身意识”的还原，或者通过转化为“亡魂”“幽灵”“顽念”等，就可以被解构［也就是对“*aufgelöst werden*

---

① 字面意思是“可以得到解决”。——译者

② 打印稿标题后面接着一个插入标记，页边空白处注明：“10–11，第68页”。此处涉及乔治·拉比卡（Georges Labica）的论文：«Histoire/idéologie», *Dialectiques*, n°s 10-11, automne 1975, p. 67-92。雅克·德里达所指的段落在第68页。

können”的翻译］[①]，而是必须通过对唯心主义谬论所由以产生的现实社会关系的实际颠覆（subversion pratique）［这是
280 对“*durch den praktischen Umsturz*”的翻译：替换了通常的译法翻转（renversement）——即社会出版社的译法——“颠覆”的译法更时髦、更现代，它亲近左翼思想，并且避开了“翻转”的棘手问题，而且，作为十分狡猾因而有些粗劣的诡计，人们认为解构仍过于理论化，且不等于“实践的颠覆”，借此在解读上避重就轻］。[②]

然后注释里若无其事地参引了社会出版社，甚至没有如严谨的学术工作所做的那样做出明确说明：译文略有改动。

在对这个富于战斗性的热忱（所有富于战斗性的热忱）表达敬意后，我在中断的地方重拾弗洛伊德的文本[③]：

根据黑林的理论，两组对立的进程在有生命的实体中持续地展开着：建构（同化）的进程和解-构［*ab-bauend*：去同化］的进程。我们应该从生命过程的这两个方向出发去识别我们这两个欲力（*Triebregungen*）运动（生欲和死欲）的活动吗？但有其他一些事情是我们不能视而不见的：［在那

---

① 打印稿空白处添加了三个字，可能是“梦之前”（devant le rêve）。

② K. Marx et Fr. Engels, *L’Idéologie allemande*, *op. cit.*, p. 70; K. Marx et Fr. Engels, *Deutsche Ideologie*, *op. cit.*, p. 38.

③ 页边空白处添加了四个词，可能是：“添加/解构/非对立……”（*ajout/*déconstruction/ pas opposition…）。

还有一个防御的运动：我们应该、我们想要回避和隐藏一些我们不得不承认的东西。它是什么？］也即，我们没注意到，我们进入了叔本华哲学的庇护港，根据叔本华的哲学，死亡是［引用］"*das eigentliche Resultat*，生命的固有结果和生命的目的（*Zweck*）"，而性欲力是生存意志（*Willens zum Leben*）的具体化(*Verkörperung*)。[①]

沿着这条路线"鼓起勇气再向前迈出一步"。[②]（追随《超越快乐原则》中的步伐……）

死亡作为生命的"固有结果"，因而作为生命的目的，这不 281
仅是叔本华的宣告，这个宣告至少是与我们曾试图阐释的尼采的宣告相一致，即使不是字面上相契合。尼采把生命看作死亡的一种十分罕见的类型（《快乐的科学》，第109条），看作死亡的"特殊情形"和"服务于其他事物的手段"(《权力意志》)，这个并非生命的他物必然部分地与死亡有关，与保存本能的（最终）缺失有关，等等。对这些我不再赘述。因而，叔本华的"庇护港"在这一普遍性层次和这一距离上也是尼采的庇护港。这是第一点。

2）第二个评析。尽管没有提到尼采的名字，但我在前一讲中[③]已经指出，被置于引号的"同一者的永恒轮回"的表达出现在《超越快乐原则》的第三章，在其中一段中，弗洛伊德为了

---

① S. Freud, *Au-delà...*, *op. cit.*, p. 63; *Jenseits...*, *GW* 13, p. 53.（雅克·德里达对译文有所改动。）

② 同上。

③ 参阅上文第231页。

证明精神生命中存在着不可抗拒的再生产、重复的倾向，并且这种倾向不再考虑快乐原则[①]，甚至将自己置于快乐之上，他谈到了命运的神经官能症，以及它们可能具有的恶魔性质。恶魔或魔鬼的形象在《超越快乐原则》中扮演了重要角色，我们将追随这一路径、这一步伐。这个文本有一个魔鬼般的步伐，不停原地踏步、假装行走、向前迈步，却从未取得进展。我会说，瘸腿的魔鬼，如果我参照如下事实：每当考虑到与快乐原则相对立的事物，弗洛伊德就谈到“恶魔的”，而且这篇文章最后是文学作品的一段引文，指出“圣经说，跛行不是罪恶”。由于这个魔鬼的形象是《超越快乐原则》与几乎同时期的文章《怪怖》（Das Unheimliche）之间过渡的特点之一——你们知道连接这两个文本的所有理论联系——因而我想要在这里添加《给达朗贝尔的信》中的一个小小的注释（我是最近偶然看到的），作为
282 解读《超越快乐原则》的说明。我尚不清楚借此注释我们能做什么，但无论如何，清楚的是对魔鬼在舞台上亲身显现的暗指，在舞台上魔鬼仅仅以演员或角色的方式被代表（représenté），不清楚的是除它的表现以外的魔鬼的这一亲身显现，不清楚的是除它的代表以外的这一可以说是原始魔鬼的显现，不清楚的是除它的代表以外的这一被代表事物本身的显现——这一显现可

① 雅克·德里达在这里常常用“PP”代表“快乐原则”，用“PR”代表“现实原则”，引用弗洛伊德书名的时候除外。我们猜测他是这样缩写的，直到在这一讲的结尾处，他明显是在玩关于“Pèpé”（爷爷）和“Père”（父亲）的同音异义游戏，此后，他继续采用了这种做法，《思辨——论“弗洛伊德”》从中汲取了大量分析来源。

能扰乱了（戏剧性的）表现的抚慰人的秩序，但不是通过抹去或削减它，而是相反，通过放大加倍[①]效应、无原型的双重效应（其中的确存在魔鬼化）。卢梭说，原型什么也不抚慰，相反它造成恐怖，弗洛伊德无疑会说“阴森恐怖”（*Unheimlichkeit*）。存在着两种重复的逻辑之一（因为存在着两种重复的逻辑，两者都在起作用，在相互争执，我会说，超越了快乐的原则），存在着两种重复的或再生产的逻辑之一，我们必须在两者之间运动。以下是卢梭的文本（加尼埃出版社版第220页，注释4。这个注释注解的是“魔鬼”一词）：

> 我年轻时看过一场《云梯攻城》的悲剧演出，里面的
> 魔鬼实际上是演员之一。人们告诉我说，这个剧作之前上
> 演过一次，这个角色走上舞台时变成了两个，好像原型嫉
> 妒有人胆敢假冒它，这时所有人在恐惧中一哄而散，演出
> 于是**结束**。这个故事是滑稽可笑的，发生在巴黎比发生在
> 日内瓦更显得滑稽可笑；然而，我们可以假设，在这个双
> 重显现中我们将发现戏剧化和真正令人惊恐的效果。我只
> 想到一个更简单但更恐怖的场景，从墙上伸出一只手，在
> 巴尔塔萨的宴席上写下无人认识的文字。单单是这个想法
> 就令人毛骨悚然。在我看来，我们的歌剧诗人远没有这种 283
> 卓越的虚构能力，为了制造恐怖效果，他们搞出各种没有
> 效果的浮夸装饰。在舞台之上，不必将一切都呈现在眼前，

① 打印稿页边空白处添加了一个词“幽灵”（revenant）。

只需要刺激想象就可以了。[①]

3）关于《自述》中那个段落的第三个评析。这一（对叔本华的、尼采的、哲学的）回避，这样的回避，在我看来，不应该解释得过于简单。一方面，如果有如此迫切的对哲学和对弗洛伊德所称的“我们应该密切关注‘思辨’”[②]的回避，如果有如此迫切的回避，当然就会有诱惑、趋向、渴望。弗洛伊德认识到了这一点，因为他后来注意到，在最近那些年的工作（包括《超越快乐原则》）中，他“放任了那个被长期抑制的思辨倾向”。[③]如果我们相信这一点的话，就应该承认存在着1）研究哲学的力有未逮；2）对思辨的趋向；3）对哲学的回避；4）对他称之为思辨（因而它既不是哲学，也不是单纯科学或传统临床的实验）的不回避。因此，我们必须设法确定，在或多或少有其动机的回避或否认行为之外，这个思辨是否没有在例如《超越快乐原则》中达到一种奇点（/特殊性，singularité），这个奇点我甚至会犹豫是否应该称之为理论或理论状态（你们会明白缘何如此），并且它同时区别于纯粹先天的或经验的哲学和传统科学的逻辑。

好了，我在这里中断这些预备性的评析。当然，我们可以

---

① Jean-Jacques Rousseau, «Lettre à M. d'Alembert» , 收录于：*Du contrat social, ou principes du droit politique, suivi d'autres textes*, Paris, Garnier Frères, 1962, p. 220, note 4。（着重号为雅克·德里达所加。）打印稿空白处有一个补充：“谁是弗洛伊德的魔鬼？”

② 在打印稿上，这个词被圈了起来。

③ Sigmund Freud, *Ma vie...*, *op. cit.*, p. 71; *Selbstdarstellung*, *op. cit.*, *GW* 14, p. 84.

无限地延伸它们，尤其是从《自述》出发，从精神分析中关于死亡问题的新立场与弗洛伊德的自传视角的联系出发。这一联系实际上是将他所称的毕生第二阶段的工作（那些属于《超越快乐原则》的工作）与他自己的传记的节奏联系起来，特别是与［他说的］“重病”[1]对他死亡将近所发出的警告联系起来（他 284
1925年这样写道，但这个病几年前就开始了）。因而我们可以再一次不无根据地——尽管是在不太寻常的风格中——将弗洛伊德所处理的生死问题与他的自-传或自我-书写或自我-死亡书写问题交织起来。时间关系，我在这里就不做探讨了。考虑到时间有限，对《超越快乐原则》的“内在”解读在我看来更为紧迫。以上涉及传记问题。至于生物学和生物主义的问题——它比其他学科更好地延续了在这个最后的环节中我们迄今说过的内容——在这个文本的简单阅读中，你们很快会看到这个问题将被重塑和被规定。

我们现在不做其他预备，尽可能如实地开启我们的阅读。

第一章的第一页包含了1）对分析理论的现状和成就的回顾。分析理论是存在的，它在此处以述行的方式被陈述。第一页包括了2）对哲学所采取的无立场、中立或冷漠的立场，3）第一页在“思辨”这个词下包含或毋宁说暗含了既不属于哲学或形而上学，也不属于实验科学的反思概念，虽然它属于精神分析的、精神分析经验的反思概念。文章的第一句、前两句话就已经很难了。我

① Sigmund Freud, *Ma vie...*, *op. cit.*, p. 69; *Jenseits...*, *GW* 14, p. 82.

读一下并重新翻译它们：

> 在精神分析理论中［是已经建成的理论，有二十年的历史和成就，形成了一个建制，因而可以说“我们”］，我们“毫不迟疑”（*unbedenklich*）［不犹豫、没有迟疑、没有反思］地假定精神活动的过程是自动［在法文翻译中这个词被漏掉了］受“快乐原则”［*Lustprinzip*，人们传统上是用principe de plaisir来翻译它，这是恰当的，但不要忘记，*Lust*也意味
285 着“享乐”（jouissance）和“欲望”（désir），色情的欲望，拉普朗什在《精神分析中的生与死》[①]中谈到过这个主题，这本书在很多方面对我们都是有用的］支配的，也即，我们相信，这个过程每次都被一个不愉快［充满不快：*unlustvolle Spannung*］的压力所驱动，并且它遵循了这样一个方向：它的最终结果与不愉快的压力的削减相一致，因而与不快（*Unlust*）的回避（*Vermeidung*）或快乐的生产相一致。[②]

注意，这个回顾既不是一个肯定，也不是一个质疑。我会说，它绝不会成为肯定的、简单的质疑或怀疑。然而，弗洛伊德将分析理论的这个状态表述为一个可能不谨慎的假定（我们毫不迟疑［*unbedenklich*］、不假思索、没有保留、没有怀疑地假定快

① Jean Laplanche, *Vie et mort en psychanalyse*, Paris, Flammarion, «Nouvelle Bibliothèque Scientifique», 1970.

② S. Freud, *Au-delà*..., *op. cit.*, p. 11; *Jenseits*..., *GW* 13, p. 3.（雅克·德里达加以强调并给出翻译。）

乐原则的权威)，表述为对快乐原则权威的可能过于自信的假定，以及表述为一个关于这个快乐原则由什么构成的信念，“我们相信”：当他说快乐原则时，“*das heisst*”，也就是说寻求压力的减轻，他明确说，“我们相信”。这个“我们相信”不仅使这条法则的情形，也即这个关系或量之间的比例关系悬而未决，而且更深层地，如我们将看到的，它还使快乐的定性的本质悬而未决：对快乐的寻求、对快乐的偏爱、快乐对不快的替代、快乐依赖于压力减少这一事实，这一切预设了人们知道快乐是什么，但并没有告诉我们快乐是什么。快乐和不快的终极意义是哲学稍后将要讨论的。

这个快乐原则的定义，弗洛伊德称之为经济的。它是从经济的角度出发的——这里也即本质上是定量的——并且元心理学是对这些心理过程的一个描述，而这个描述既考虑经济学的观点，也考虑拓比学和动力学的观点(涉及欲力力量及其关系)。

有鉴于此，弗洛伊德表明了由善意地独立于所有快乐哲学 286
而带来的漠不关心。他说，我们不在意，我们完全没有兴趣去知道，在谈到快乐原则时，我们是否接近甚至依附于一个被历史圣化的哲学体系。我们不追求优先权或原创性。我们只是构建思辨的假说，用以说明或描述我们每天观察到的事实。并且弗洛伊德补充说，如果哲学愿意告诉精神分析快乐或不快的感觉的意义(*Bedeutung*)是什么——这个问题对我们来说如此重要——精神分析将十分感激哲学。这一切意味着什么?

首先关于思辨。这个思辨不是哲学的思辨。它是一些思辨的假说，它们不是先天形成的，既不是在纯粹的先天中，也不是在描述性的先天中形成。这个思辨并非起源于哲学，而且实际上对哲学也没什么期待[①]（因为当弗洛伊德说，如果哲学告诉他快乐或不快意指什么，他会毫不吝惜地感激哲学，但有些讽刺的是，这暗示着哲学家即使在谈论快乐时——正如你们所知，不只一个人这么做过——也不知道他在谈论什么，不说他谈论的是什么，而是假定我们都知道它是什么，但这个假设是独断的，我们后面会看到其根源所在，也即存在着无意识的快乐，一种在不快的经验——哲学所暗指的、有意识的经验——中被给予的快乐）。因此这个思辨陌异于哲学或形而上学，它并不是诸如黑格尔式的思辨。但这个思辨显然更不是经验性的描述，甚至也不是通过归纳可观察到的事实提炼出的规律的知识。我们从未称之为思辨。然而，它也不是先于所谓经验内容的纯粹*先天*的理论。那么，思辨的概念是什么？为什么在涉及生死
287 问题、快乐-不快和重复的问题时，它必须是思辨的呢？[②]正是这个问题一直或隐或显地引导我们，我想把它和这个文本的独特结构联系起来，后者不符合任何哲学文本或科学文本的模式，更不符合已知的文学、诗学或神话模式。

在第一章（很短的导论章节）的结尾，弗洛伊德在提出最初的一系列忧虑乃至可能的异议之后，非常奇怪地肯定了对快乐原则之权威的信念的价值。然而，尽管这个最初的肯定表明实际

① 打印稿上这个句子并不完整。

② 页边空白处添加了一些词语："先于思辨的〈两到三个无法辨认的词〉和〈一个无法辨认的词〉的思辨"。第二个批注出现在页底："为什么〈弗洛伊德〉如此〈一个无法辨认的词〉方式被思辨吸引？"，后面接着一个箭头。

上没有什么东西受到动摇，但弗洛伊德由此谈到了“新的提问方式”（*neue Fragestellungen*）[1]的必要性，不只是新的材料带来的新问题，不只是问题的新内容，还有新的问题域、新的提问方式。我马上进入第一章结尾，也即讨论第一个僵止不动的停顿的地方，此处的行文尽管在某种瘫痪中回到了原点，没有使快乐原则受到动摇，但弗洛伊德宣告了新的提问方式的必要性。在重读第一章的间隙之前，我引述这个结尾，以提请你们注意这个步伐的奇特结构。

> ［对外部危险的］反应可以在快乐原则的影响下进行；或者直接受快乐原则影响，或者受到现实原则的修改［事实上，第一章将表明，现实原则并非如人们相信的那样与快乐原则相违背；而是修改它，使它发生延异（différance），拼写是一个a］。因而似乎没有必要假定对快乐原则的进一步限制，但心理对外部危险的反应的研究可以为我们处理问题提供新的材料和新的提问方式。[2]

我现在回到虽简短但已颇为复杂的第一章。 288

第一个时刻。我们已经认识到这个快乐-不快的感觉，总体来说，无论是心理学家、哲学家还是精神分析学家，还没有任何人谈到过它，这种称为*Lust/Unlust*的感觉是最隐晦和最难以把握

① S. Freud, *Au-delà...*, *op. cit.*, p. 16; *Jenseits...*, *GW* 13, p. 8.

② *Ibid.*, p. 16; *GW* 13, p. 8（雅克・德里达对译文有所改动。）.

的，但我们不应该“回避”（再一次用到这个词）它，弗洛伊德甚至说，最好尝试建立一个最开放、最“模糊”（*lockerste*）的假设。这个最宽松的假设是什么？必须非常重视弗洛伊德这里的修辞术。这个修辞术，也即这个场景、这些姿态、这些运动，这个步伐的筛选的、选择的、主动的策略，它并没有受到使人安心的科学或哲学观念的支配。例如在这里，弗洛伊德承认，他对什么是快乐-不快一无所知，并且不得不选择最模糊的假说或假设，于是他决定，“我们决定”（*Wir haben uns entschlossen*），根据经济的观点建立一个初步的关系。因此[①]，它是两种量之间的关系，一方面，它是我们并不认识其本质的事物的量（更不认识它的更加神秘的外观和性质，因为弗洛伊德将表明存在这样一些神经症的快乐，它们在不快的经验中被感到、经验到，存在这样一些作为不快而被经历的快乐），因而在两种量之间的关系中，一方面是快乐或不快的量，另一方面是能量的量，也即精神生活所包含的不受约束的能量（*nicht gebundenen*）——弗洛伊德在括号中指出了这点。随着诉诸（受约束或不受约束的）能量观念，我们将涉及弗洛伊德在第四章谈到的《超越快乐原则》中最困难的问题之一，这个自由或受约束的观念参照了布罗伊尔（Breuer）所建立的区分，两个能量观念都在《癔症研究》（1895年）中使用过，特别是在对癔症患者的转变的解释中使用过。在援引布罗伊尔时，弗洛伊德回顾到，布罗伊尔在紧张的或隐匿的能量和自由

① 这里的页边空白处有一个插入标记，后面添加了两个或三个单词：“（≠本质〈一个或两个无法辨认的单词〉”。

循环的能量之间做出了区分。但他十分谨慎地指出，在我们现有 289
的认识状况下，最好避免在这个主题上做出任何明确的断言。事实上，布罗伊尔和弗洛伊德的共同来源，是赫尔姆霍兹从关于卡诺-克劳修斯（Carnot-Clausius）能量退化定理的反思出发，在自由能量和受约束能量之间做出的区分。赫尔姆霍兹区分两种能量：一种可以在不同工作形式中自由转换，另一种只能以热量的形式呈现。恒定的内能是自由能和受约束能量的总和，前者趋于减少，后者则趋于增加。在我刚才引述的著作中，拉普朗什认为弗洛伊德实际上是以“不恭敬”的态度（拉普朗什的表述[①]），过于随意地解释了赫尔姆霍兹和布罗伊尔的表述，将自由一词解释为自由流动，而非可被自由运用。

让我们至少暂时地将这个借自能量学模式的棘手问题放在一边。一旦考虑这个借用，在弗洛伊德提出的关系中，“能量学”术语的引入本身就变得十分复杂了。弗洛伊德提出的关系原则是这样的：不快对应于（自由）能量数量的增加，快乐则对应于能量数量的减少。但这个关系——弗洛伊德立刻指出了它的复杂性——不是两个力（感觉的力量和它们所关涉的能量变化的力量）之间的“简单关联”（*einfaches Verhältnis*），也不是一个直接的比例关系。从这个最开放、最初步的假说起，这个关系中的复杂性和间接迂回就已经向思辨预示了一个十分不同寻常的领域。此外，在这个关系的建立中，有了对时间的考量的要求，一个决定性的要求。弗洛伊德说，“决定性的要素”（*das entscheidende*

① Jean Laplanche, *Vie et mort en psychanalyse*, *op. cit*, p. 205.

Moment）[1]可能是“在时间中”，在被规定的时间中增加或减少的度量。

在我刚才援引的《自述》里的一个段落中，[2]在叔本华和尼采
290 的名字之前，紧挨着的是费希纳的名字，这次弗洛伊德没有宣称要回避：“我总是与费希纳的观点很亲近，并且在一些重要问题上从这位思想家的观念中获得支持。”在这里，弗洛伊德很快召唤费希纳，以巩固这个假说。1873年，他曾提出一个心理-物理定律，即任何心理-物理运动在接近完全稳定时都伴随着快乐，而在接近完全不稳定时都伴随着不快。这两个极点或这两个限度是讨论快乐或不快的仅有的两个定性的阈限。在弗洛伊德对费希纳的长长的引述中，有一个事情他没有提到，并且在我看来，他之后也不会用到，就是对两个阈限[3]之间的某种“感性上漠不关心”（*ästhetische Indifferenz*）[4]的过渡的承认，对此我们或许还要再讨论。无论如何，考虑到心理机制是费希纳原理的一个“特殊情形”，弗洛伊德很快得出结论说，快乐原则是从恒常原则中推导出来的，而迫使我们采纳快乐原则的那些事实反过来又揭示了恒常原则本身，换句话说，心理机制寻求将其兴奋量保持在尽可能低的水平，或至少保持在一个恒常的水平。

这就是快乐的原则，它的权威得到了很好的确立和确认。我

① S. Freud, *Au-delà...*, *op. cit.*, p. 12; *Jenseits...*, *GW* 13, p. 4.

② 参见上文第277—278页。

③ 在打印稿中，“阈限”（seuils）这个词被划掉了，行间添加了一个词“限度”（limites）。

④ S. Freud, *Au-delà...*, *op. cit.*, p. 13; *Jenseits...*, *GW* 13, p. 5. 塞缪尔·扬科列维奇（Samuel Jankélévitch）翻译为“indifférence esthésique”。

经常使用“权威”这个词，其中的原因后面就清楚了。[1]

弗洛伊德随后在这里提出了、假装提出了第一个异议。如果情况是这样的，如果快乐原则是占绝对支配地位的，那么不快——这种不快的经验无可争议是存在的——是从哪里来的？不快的经验告诉我们，我们在遭受痛苦。

（过了片刻。）这是确定无疑的吗？对此我们知道什么？这意味着什么？如果受苦的经验此外也产生快乐呢？等等。眼下我们暂且搁置这些问题。弗洛伊德假装提出通常意义上的异议。如果快乐原则拥有最高权力，那么不快的经验从何而来？——这种经 291
验似乎明显违背了快乐原则的最高权力。第一个回答如下：它是快乐原则，也就是说它是一种倾向。原则就是倾向，它在组织一切。然而费希纳承认，它可能遭遇外在的障碍，后者阻碍快乐原则的实现，但这并不质疑快乐以及对快乐的欲望是一种倾向，是组织心理过程的倾向。该障碍是“常规的和有规律的”，弗洛伊德说，它在外在世界当中有其根源。当对快乐原则的简单、直接和鲁莽的肯定将有机体置于危险当中——在有些情况下快乐可能导致死亡——“自我保存的欲力”（*Selbsterhaltungstriebe des Ichs*）将迫使快乐原则不是消失而是短暂地让位于现实原则。这不是对快乐的放弃，只是一种延迟的迂回（*Aufschub*），一种满足的延异。弗洛伊德在这里谈论的是追求快乐的“漫长绕道”（*auf dem langen Umwege*）。[2]在这种情况下，快乐原则短暂地服从于事实上服务于

① 空白处添加了一个词“统治”（*Herrschaft*）。

② S. Freud, *Au-delà...*, *op. cit.*, p. 14; *Jenseits...*, *GW* 13, p. 6.（雅克·德里达对译文有所改动。）

它的现实原则。它作为主人，小心地服从于一个奴隶，服从于它的奴隶的与现实打交道的工作[①]。因此，在快乐原则和现实原则之间，并不存在人们有时以为存在的对立。这是同一个原则的不同运用或不同表现，绝对的主人是快乐原则。

但延迟的绕道的逻辑本身在这里没有得到弗洛伊德的追问，且这个逻辑可以——有可能，作为假说——说明弗洛伊德这个文本的无止境的绕道，这个绕道（*Umweg*）的逻辑意味着什么？

由于纯粹的快乐和纯粹的现实是理想的极限，也是破坏性的和致命的，是作为理想的极限，可以说，两个极限之间的绕道或
292 延异的关系是心理过程（作为生命过程）的起效。它是两者共有的——但有差异的——根。但一个起效必定是不纯粹的，它在结构上注定妥协。[②]由此，通过某个端点我们已经将这个结构把握为无非是三元项（快乐原则、现实原则、延异），它们无非是一个，因为现实原则和绕道仅仅是快乐原则的效应或修正，我们通过某个端点将这个结构把握为一个三元项，它是死亡，极而言之，一个不可对立的死亡，在对立的意义上死亡并不区别于快乐原则、现实原则或转移的延异，而是铭刻在这个结构运作本身之中。不过弗洛伊德没有这么说，他既没有在这里也没有在其他地方以这种形式说。这是我（对这个文本和其他一些文本的）解读的假设：分离快乐原则和它的显现，后者实际上是它的他者（例如说是死亡欲力），一个没有对立、最终非对立的他异性结构，这将使死

① 这里有一个插入标记，后面跟着一个词，如果我们参照《思辨——论“弗洛伊德”》（*La Carte postale*, *op. cit.*, p. 301）中的相应段落，它可能是“副长官”。

② 这里的打印稿空白处有一个插入标记，添加了词语“投机的交易”。

亡对快乐的非内在性的隶属更持续、更内在、更自然，而对对立、位置、论题的逻辑来说也更不可接受。从这个延异出发，我们无法建立一个论题。而我的“假设”是——注意我现在在何种意义上[①]使用这个词——就其强加给弗洛伊德的意义而言，思辨的结构在这一逻辑中有其位置和必然性。

那么，死亡如何位于这个结构的端点，位于它的所有端点（三项交织为一）？好吧，每当这个结构的诸项、诸伪-项或诸伪足之一走到自身的端点，获得自身的纯粹性，都不与其他两项协商妥协，也即不通过第三方的中介与另一项协商妥协，那么它就是死亡。如果现实原则是自治的且独立运行的，它就与所有快乐和欲望（*Lust*）、所有与自身的关系、这整个自身-触发（auto- 293
affection）或自体-性爱（auto-érotisme）相隔绝，而没有现实原则，快乐或欲望就不再出现[②]。而死亡，死亡同样系于这两个端点，也即系于如下事实：现实原则在没有快乐的情况下独立运行，没有在结构上从事快乐原则所委派的服务，它将通过快乐的经济的热忱为死亡服务。这已经是快乐，如果快乐在其审慎中过于警惕、过于自我保护、过于自我积累，它将窒息而死。

但相反（如果可以这么说的话，因为这第二个假说不是第一个的反面），如果我们将这个妥协（它是绕道——某种纯粹的延

① 这里空白处有一个插入标记，添加了几个词：“论题〈无法辨认的词〉死亡（行为）/延异的判决”。参阅：J. Derrida, *La Carte postale*, *op. cit.*, p. 305：“这个论题将是延异的死刑判决”。

② 打印稿空白处添加了几个词，其中第一个词做了强调：“损害/致命的/诡计/玩具”。参阅：J. Derrida, *La Carte postale*, *op. cit.*, p. 305：“[……]乃是死亡，致命的损害结束了计算的诡计”。

异[①])贯彻到底，这也是死亡：不会有任何快乐。死亡既铭刻在延异中，也铭刻在现实原则中，后者无非是死亡的另一个名字，正如快乐和现实只是它的另一个名字。

最后，相反（如果可以这么说的话，因为这第三个假说并不与之前的那个或那些假说相反），如果快乐原则立刻起作用，不顾外部世界的障碍或一般的危险，甚或遵循回到最低兴奋水平的趋势规律，这也是死亡。在我们现在所位于的弗洛伊德的这个文本阶段，弗洛伊德唯一明确预见的假说就是这个。这就是说，"性欲力"的特性如果存在的话，它恰恰是这种狂野、不可驯化或较少驯化（"难以驯化"[*schwerer erziehbaren Sexualtriebe*]）的特点，这使它们具有不服从于现实原则而只服从快乐原则的倾向，但如果现实原则无非是快乐原则，这意味着什么呢？回答只能是，性是抵制与自身的联系、抵制它的自我保存、抵制自我保护的力量。它们处于危险中，它们自发地暴露或被暴露在危
294 险之中，它们是暴露，但不是对立于现实原则（现实原则不是它们的他者、对立面），而是以某种方式颠倒或反对作为他者的自身。它们通过破坏障碍或栅栏而暴露于死亡的威胁之下，而这个障碍或栅栏不过是它们自身的改变，正如PR（现实原则）是被改动的PP（快乐原则）（可以说正如Père［父亲］是被改动的Pépé［爷爷］）[②]。这是一个原则，或者更确切地说，是一些十分普

① "纯粹"这个词被了圈起来，并且空白处有一个补充，可能是："纯粹的延异（différance pure）≠ 完全的延异（pure différance）"。

② 在打印稿中，括号里的句子做了强调，并且空白处添加了一个词，可能是"评论"。

遍的原则的运行，它随后可以被改动，发生分化。这是弗洛伊德在第一章的一些文字中提到的改动之一。他刚才谈到PR的绕道，接着他说："PP随后在很长时间里保持着极难被'驯化'的性欲力的工作方式，并且，它［PP］常常或者从这些性欲力出发，或者在它自身之中［……］克服PR，以对整个有机体造成最大伤害。"①

到目前为止，我们才刚刚开始，这些法则和这个合一或三合一（延异的同一者）结构的逻辑，这些法则和这个逻辑——它们已经十分复杂了——在某种程度上，在不借助被称为压抑（*refoulement*）的特殊结构实例的情况下就得到了解释。

压抑——或某种实际上与压抑同样难以捉摸的事物——的干预是否可以通过我们刚刚提到的这个结构得到解释，作为这个结构的一个效应？或者说，该结构以结构的、总体的方式改造、影响了压抑，甚至有可能构成了它？

这个问题的意义②，我们显然不应该夸大，因为总的来说精神分析这样的事物有不可还原的特性，这个特性（如果它被证明）不应该在任何其他地方得到体现，既不能在人们所称的广义的经验中，也不能在传统意义上的科学或哲学中。它也不在作为科学或客观知识的科学中，因为这里涉及的是效果的定性评价，295
也即主观的评价，在这里一个类似于主体的东西不可还原地参与进来。它不〈在〉哲学中，不〈在〉经验的哲学概念或日常概念

① S. Freud, *Au-delà...*, *op. cit.*, p. 14; *Jenseits...*, *GW* 13, p. 6.（雅克·德里达对译文有所改动。）

② 这个句子不完整。

中，因为此时我们或者预设关于什么是快乐的知识或前-知识，或者暗示某种诸如快乐的事物的终极标准，它是快乐的有意识的或感知的经验，也即一个不是如此这般被经历的快乐是无意义的，在不快经验中的快乐在这里或者被视为一种不值得考虑的语义上的荒谬，或者被视为一种臆想的思辨的疯狂，它甚至不允许话语进行组织或交流。任何谈论主体、主观效应的哲学，本质上都将是现象学。然而在这里，思辨的可能性本身既不是哲学的，也不是现象学的，因而也不是传统意义上的科学的（对于哲学或科学来说，这是个魔鬼），而是开启了另一门科学或另一个虚构，由于这种思辨的可能性承认快乐可以被经历为不快——该思辨的可能性在这里找到了它的资源，假定了某种类似于压抑的东西。只有在这个思辨的假说中，具有这种特性的压抑本身才是可以想象的；可以说，如果在这个意义上理解思辨的概念，就只能以思辨的方式书写压抑。①

那么，作为总结，让我们看看对压抑的仰赖是如何从第一章开始起作用的，压抑完全是从精神分析所获得的假说中发展出来的，也就是从一种从未质疑PP最高权威的分析理论中发展出来的。

弗洛伊德指出，PR的替代或毋宁说接力只说明了我们的不

① 打印稿空白处添加了几个词，第一个词是“延异”，接着是：“（科学/哲学/概念）这并不意味着一切欲望〈一个无法辨认的词〉压〈抑〉〈一个无法辨认的词〉”。我们也许可以在这里看到雅克·德里达在《思辨——论“弗洛伊德”》中的这个地方所添加内容的轮廓：“因为它——并且只有它——基本能够产生思辨的概念和压抑的概念。延异的书写既不属于科学，也不属于哲学（在它们传统的界限内）。”（*La Carte postale*, *op. cit.*, p. 308）

快经验中的一小部分，而且还是其中较不强烈的部分。因而存 296
在着不快之卸除、解放、解脱（*Unlustentbindung*：解放，如同分娩的解放：不快的分娩［加以评论］）的“另一个源头”（*eine andere Quelle*）[①]，在自我的构造中，在人格的综合中，某些欲力或欲力部分在它们的目的（*Ziel*）或倾向方面表现得与其他欲力不相容（但关于这个不相容性，这是一个弗洛伊德在这里没有论及的问题），被恰好称为压抑的过程所排除——它们没有参与自我的综合——保持在心理构造的一个十分返古的水平上，并且很少得到满足。但是，由于这些欲力是通过直接、间接或替代的方式（通过绕道［*Umwegen*］或替代满足［*Ersatzbefriedigung*］）获得满足的，所以被自我感受为不快（通过自我而不是通过组织［organisme］，如翻译所表述的）。在这里，压抑连同它所建立和讯问的拓比的分化、法庭的结构化，动摇了一切哲学隐含的经典逻辑，并使快乐可以被自我感受为不快，正如弗洛伊德随后马上说道：“压抑将快乐的可能性转换为不快乐的源泉，这个过程的细节和独特之处，还没有得到很好的理解或清楚的揭示［描述：*darstellbar*］，但可以肯定所有神经官能症的不快都是不能这样被经历的快乐。”[②]德文的表述没有法文译文那么悖谬和令人惊讶。弗洛伊德说：“*Lust, die nicht als solche empfunden werden kann*”。扬科列维奇〈的〉译文说的是：“du plaisir qui n’est pas éprouvé comme tel”。但他们说的实际上是一回事，也即

① S. Freud, *Au-delà...*, *op. cit.*, p. 14; *Jenseits...*, *GW* 13, p. 6.
② *Ibid.*, p. 15; *Jenseits...*, *GW* 13, p. 7.（雅克·德里达对译文有所改动。）

存在着作为不快而被经历的快乐，我偏爱法文译文，虽然它没有忠实于原文的字面意思。但它忠实于压抑的悖谬，后者意味着可能存在着快乐，存在着作为不快被经历的快乐的可能性，因
297 而经验、如此这般的经验不再是尺度，不再是某些事物的标准，这些事物迄今作为本质上定性的，作为经验的一个价值而被给出。显然，如果我们保留“不能这样被经历”，悖谬就不那么明显：毋宁说它是未取得成功的快乐的可能性，而不是没有这样被亲历的现实快乐。然而我们将会看到，这第二种可能性更符合弗洛伊德的激进倾向，在这里它还不是这个逻辑的终点。实际上，与这里的情形一样，快乐和不快的经验在不同的情况下有着不同的表现，在这里是作为快乐而被亲历，在那里则是作为不快而被亲历，拓比的分化引入了一个系统连贯性和传统理性的要素。它不是被亲历为不快的快乐，也不是相反。而我们将看到，构成《超越快乐原则》体系所不可或缺的原生自恋和受虐狂难题，应该走到这个悖谬的尽头，而不是满足于这个拓比的便利。

在我们现在所处的位置——我们今天就停留于此（第一章的结尾）——不仅PP的权威没有被否认，而且弗洛伊德宣称，不快的其他来源还有待审查，这些来源与之前的一样，都没有削弱这个权威。接下来的两章延续了这一研究，直到第四章（这次宣称是“纯粹的思辨”），他才设想了一种心理装置的功能，这一功能不与PP对立，比寻求快乐而避免不快的**倾向**（倾向/功能［加以评论］）更独立且更原始：它将如何导致人们接受“服务于”激

起PP[①]的欲力的假设？[②]它如何与弗洛伊德在《超越快乐原则》之前和之后如此众多的断言相协调，而且据此，“我们的无意识同样难以接近我们的死亡观念，同样渴望杀死异邦人，同样与所爱之人分隔（爱恨交织），就像原始时代的人们那样”，又或者（阅 298
读《目前对战争和死亡的思考》[1915年]，第259页）：

> 无意识如何表现死亡问题？与原始人十分相似。在这个关系中，如同在许多其他关系中，原始人以在我们的无意识中的方式继续存在。与原始人相似，我们的无意识不相信我们有可能会死，它自认为是不朽的。我们称之为“无意识”的东西，也即我们灵魂中最深层的、由本能构成的部分，一般来说，对负面的东西一无所知，它忽略负面（这些对立面在这里获得和解，消散于其中），由此，也忽略死亡，因为我们只能将死亡归于负面内容。[③]

又或者《抑制、症状与焦虑》，第53页：

> 但无意识不能为我们的生命毁灭概念充实任何内容。我们可以说，肠道内容的分离和断奶期经历的失去母亲乳房的

① 空白处有一根长线条引向几个词语的补充，前面的词语似乎是：“弗〈洛伊德〉遗憾/纯粹/思辨/qu'il〈若干无法辨认的词〉”。

② S. Freud, «Considérations actuelles sur la guerre et sur la mort», dans *Essais de psychanalyse*, *op. cit.*, p. 263; «Zeitgemässes über Krieg und Tod», *GW* 10, p. 354.（雅克·德里达对译文有所改动。）

③ *Ibid.*, p. 259; *Jenseits...*, *GW* 10, p. 350.

日常经验，为阉割提供了一些线索，但我们从未经历过类似于死亡的事情，死亡也没有像在昏迷的情形中那样留下任何可以指认的痕迹。这就是为什么我坚定地认为，死亡焦虑必须理解为阉割焦虑的一种类比，而且自我对之有所反应的处境被保护性的超我——被命运的力量——所抛弃，这使自我无所防护地暴露在所有危险面前。①

我们还会回到这里。②

① Sigmund Freud, *Inhibition, symptôme et angoisse*, trad. fr. Michel Tort, Paris, PUF, 1965, p. 53; *Hemmung, Symptom und Angst*, *GW* 14, p. 160.

② 在本讲最后一页，底部有数字“192”。

第十二讲[1]　弗洛伊德的遗产[2]

在《超越快乐原则》第一章的结尾，没有任何东西挑战、违背PP的权威。因而弗洛伊德提出，有必要确立新的“问题位置”，新的问题域。然而，如果我们尝试关注“思辨”的原始形态，关注这个文本的独特步伐——该文本的形式以没有前进的方式迈步，既没有提出什么，也没有阻止什么（我不再回到这点）——那么我们将对下一章，即第二章的讨论感到更加吃惊：这一章内容十分丰富，包含着丰富而崭新的内容，并且显然向前迈出了几步，但它没有获得寸进，没有在我们所处理的问题，也即在PP的权威问题上做出一个决断或取得一个成果。我说人们会感到更加吃惊，是因为这一章可能是《超越快乐原则》最著名的章节之一，在精神分析的普及领域以及或许超出科普领域的地方，人们将其视为最重要的文章或最重要的文章之一，特别是由于线轴的故事和儿童的*fort/da*（去/来）的故事。与在科普领域中一样，人们立刻将强迫重复（*Wiederholungszwang*）与死亡欲

---

① 关于这一讲的后续出版，参见“编者按”，上文第14页，注释②。

② 在本讲第一页的顶部，除了充当标题的短语外，还有几个不同颜色的批注：“走开”（*Fortsein*）、“自我-生物-死亡-异-书写”（Auto-bio-thanato- etero-graphique）、“走开”（*fortsein*）。页边空白处有一个单独的词：“热情”（zèle）。

力联系起来，事实上，在线轴场景中存在着强迫重复，人们相信可以将这个故事与死亡欲力的证明重新联结在一起。人们这么认
300 为是因为忘记了或没有读到这一点：弗洛伊德丝毫没有在他的证明中提到*fort/da*的故事，并且他声称能够再次从PP出发去解释这个故事。

如果[①]我们首先提取这章的框架和论证模式，就会发现它在自我重复（因为不仅有必要在弗洛伊德给出的内容、例子、分析或描述的材料中，而且有必要已经或仍然在弗洛伊德的风格、步-伐中认出重复的过程[②]），因而就会发现，在这里最明显地重复着的，是弗洛伊德拒斥、搁置、否认一切仿佛质疑PP之物的姿态，并且他每次都发现，PP没有充分展开，应该走得更远，寻找更多东西，等等。因此，首先从论证框架的角度考虑，我注意到弗洛伊德在讨论了创伤性神经官能症的例子之后写道："因此，我提出把含糊晦涩的创伤性神经官能症问题放在一边。"[③]因为在详尽讨论了线轴的*fort/da*和儿童游戏之后，弗洛伊德总结道，"对这类个案的分析并不能得出任何决定性的结论［字面意思，任何有把握的决断：*keine sichere Entscheidung*］"，[④]在对这个主题进行第二轮讨论后，弗洛伊德这样总结道："对儿童游戏的

① 一条线将这段的开头和页边空白处的添加连接起来，添加内容只有几个词是可辨认的："À〈一个无法辨认的字〉，线轴的*fort/da*不是PP的〈三个或四个无法辨认的字〉"。

② 打印稿空白处添加了一个词"*Fort*"。

③ S. Freud, *Au-delà*..., *op. cit*., p. 19; *Jenseits*..., *GW* 13, p. 11.

④ *Ibid*., p. 21; *Jenseits*..., *GW* 13, p. 13.（雅克·德里达对译文有所改动。）

更冗长的研究无益于结束我们在两个概念之间的犹豫不决。”[1]最后，这一章的最后一些话提到游戏和艺术的模仿，以及受经济观点引导的美学，弗洛伊德总结道：“但考虑到我们所追求的目标，它们［这些情形和处境］没有得出什么结果［没有给出什么东西，*leisten sie nichts*］，因为它们预设了〈快乐〉的存在和主导地位［支配，*Herrschaft*：我强调……］，并且没有证明有超出PP的倾向在起作用，也即没有比PP更原始（*ursprünglicher*）且独立于它的倾向在起作用。”[2]留意这个支配、强制和独立的用语；基于各种原因，它将对我们越来越无关紧要。 301

这是这一章的结论。我们在探究的道路上并未往前迈出一步。它在自我重复。然而在这个重复的原地踏步中，重复坚持着，并且如果这些特定的重复，这些内容或种类、重复或再生产的这些规定不足以废黜PP［发音是PéPé］，至少这个形式-重复、重复性、再-生产性会开始坚持、起作用，就像在沉默中工作，多少接近于弗洛伊德在该书结尾所说的（差不多在最后一页）：死亡欲力似乎在沉默中工作，通过让主人也即PP亲自为它们服务的方式，完成着一项隐蔽的、不被察觉的工作。我想说的是，在这个形式中——不应再仅仅称之为形式，因为不再有内容，不再有论题——在弗洛伊德文本的步伐中，甚至在死亡欲力本身被讨论之前，事情就这样规定好了。因而这个证明（dé-monstration）（我不是在滥用肤浅的文字游戏）以不展

① S. Freud, *Au-delà...*, *op. cit.*, p. 22; *Jenseits...*, *GW* 13, p. 14.（雅克·德里达对译文有所改动。）

② *Ibid.*, p. 23; *Jenseits...*, *GW* 13, p. 15.（雅克·德里达对译文有所改动。）

示、不得出明显结论、没有论题的方式进行论证；这个证明改变、转变它的过程，而不是给出新的结论；这个证明自我折叠，或者折叠成它的话语形式和它的文本的语态形式本身，惯用话语的框架和规范的形式本身，这个证明是弗洛伊德的文本——步伐，而非他的意义或所指，这就是他似乎想要说的东西。

现在让我们简要回顾一下第二章的表层内容。

在前一章结尾提到的新材料中，那些似乎抵制解析式说明的东西，就包括创伤性神经官能症，即所谓的创伤，刚刚结束的战争就是很好的例子。用神经系统的器质性损伤进行说明显
302 得并不充分。同样的综合征（主观上的痛苦，如忧郁、运动症状、精神功能的衰弱）似乎与任何机械暴力无关。于是弗洛伊德区分了恐惧（*Furcht*）和焦虑（angoisse），前者是由一个**确定的**危险对象的在场引起的，后者相关于一个未知的、不确定的危险——并且，作为对危险的准备，焦虑毋宁是抵抗创伤病症的防护装置，且与压抑相关联：它或是压抑的结果；或是如弗洛伊德稍后在《抑制、症状和焦虑》中谈到小汉斯时所说，产生了压抑，因而并非如他之前所说，是压抑产生了焦虑（在恐怖症中，焦虑的结果不是源自压抑过程，而是源自压抑本身）——，因而弗洛伊德区分了在已知危险面前的恐惧、在不确定危险面前的焦虑，以及用于保护焦虑并造成了创伤病症的恐怖（*Schreck*），因为它是由**未知**危险引发的，是由人们未做准备的危险引发的。

然而，在创伤性神经官能症的情形中，可以观察到什么？

在导致所谓创伤性神经官能症的恐怖的情形中呢？例如，可以观察到，梦——弗洛伊德说，这是探究深层心理过程的最可靠方法——梦具有再现创伤事件的倾向。正如弗洛伊德和布罗伊尔早在1893年关于癔症所说的，他们“主要遭受回忆（réminiscence）的折磨”，[①] 尽管这里涉及的不是回忆（souvenirs）而是梦的再造。弗洛伊德这里的立场产生了奇特的逆转：既然承认，或假如承认梦的主导倾向是欲望的实现，就无法理解梦为何再造强烈不快的情景。他说，或者我们应该承认，在这些情形中梦的功能经历了一个巨大的改变，使它改变了它的目标，又或者存在受虐狂的倾向。在这个地方，弗洛伊德丢下或搁置了这两个假说（梦的功能发生改变的假说和受虐狂倾向的假说），但后面他重拾了这个问题：在第四章，他承认有些梦是梦作为欲望的实现这一 303
规则的例外。在第六章，他不仅承认有受虐狂的参与，而且与之前的受虐狂定义相反，他甚至承认原初的、原始的受虐狂的可能性。

但是眼下，他搁置了这两个假说，或毋宁说不是搁置它们，而是弃置它们——原因是从论述过程的角度来看，它们在修辞上显得模糊不清。“我提议［他以断然的方式说，我提出建议：*Ich mache nun den Vorschlag*］放弃创伤性神经官能症的含混难解的主题，转而研究心理装置在一种正常的和早期活动中的工作方式。我指的是儿童游戏。”[②] 为这一做法辩护的理由是：首先回到常态，

① S. Freud, *Au-delà...*, *op. cit.*, p. 18; *Jenseits...*, *GW* 13, p. 10.

② *Ibid.*, p. 19; *Jenseits...*, *GW* 13, p. 11. 打印稿空白处有如下补充：“他急于过渡到那里，好像心烦意乱，但既然这不会给他带来任何好处，为何如此呢？”

深入探讨正常过程（在受约束的或自由的能量问题有可能建立一个更受欢迎、更适合的理论空间后，我们再重拾创伤性神经官能症的问题；以及，当法庭问题、自恋和自我等问题得到更详细的阐述时，我们再重拾受虐狂的问题）。那么，现在让我们尽可能深入地探究常态，看看这里是否有某种东西最终逃脱了PP的权威。我们尤其要研究那种恰恰更原始、更早期和初期的常态，也即儿童时期的常态。原始的、其典范是儿童的常态行为，是否有可能在PP的蘖枝中遵循了PP？选择儿童做例子，是由于常态的原创性，选择儿童游戏做例子，是因为这是属于儿童的常态行为或典型行为，而且可能也因为PP在这里似乎从PR中摆脱了出来，表现出纯粹的主导性。

随后这个著名的、极为著名的分析又怎样呢？

首先是这样：在这本书中，这是第一次出现自传的甚至家庭
304 的片段。这不是趣闻轶事，也不是无关紧要的。关于这段经历，弗洛伊德不仅是感兴趣的见证者，而且在家庭中有自己的位置（尽管他在文本中没有直接说明这一点），他是这个孩子的……祖父（PP）。他从这个他不仅在场而且参与其中的经验当中有选择地保留了一些要素，如他〈-自己〉所说，保留了一些特征，它们与经济视角有关，通过有些游戏的但并非毫无根据的方式，人们可以通过私人领域（*oikos*）、家-家庭（domestico-familial）甚至家-丧葬（domestico-funéraire）的视角翻译该经济视角，你们会明白其中的原因。我首先阅读这一段，它证实了经济视角的选择性：

这些理论［与儿童游戏有关，但仍不充分的］努力揭示那些主导儿童游戏的动机，并没有将经济的视角放在第一位，也没有考虑对快乐的追求。我没有专注于考察所有这些现象，而是利用偶然得到的一个机会［自传事件的幸运[①]］，研究了一个18个月大的男孩在他自己发明（*selbstgeschaffene Spiel*）［评论］的第一个［评论］游戏中的活动。所获内容比仓促的观察要多一些，因为我和这个孩子及其父母在一个家里生活了好几个星期，过了好长一段时间之后，才猜出他那神秘而又不断重复的行为的意义。[②]

弗洛伊德在这里强调了这个重复（“*das andauernd wiederholte Tun*”）。关键在于这个重复，在快乐与不快、一个快乐与一个不快之间的重复，它逐渐将我们引向一个比PP更原始且独立于它的欲力的假说。

然而——请收回外祖父在这里关于他的外孙、他的外孙中的老大恩斯特所重复说的话；以适合于名叫恩斯特的年长外孙的全部认真（《认真的重要性》，王尔德会说），请收回他关于他的外孙所说的话（我们将很快看到细节）；通过如此认真地玩弄他自 305
己在说和在写《超越快乐原则》时所做的事情，通过如此认真地书写超越，请收回他关于外孙所做之事所说的话。他——外孙但也是外祖父——强迫性地重复一项没有任何进展的活动，这项活

① 在打印稿中，一个箭头从“幸运”开始，连接到下一段的开头。

② S. Freud, *Au-delà...*, *op. cit.*, p. 18; *Jenseits...*, *GW* 13, p. 10.（雅克·德里达对译文有所改动。）

动推开或假装推开快乐、快乐的对象、代表母亲的线轴（或者，我们将看到，推开那个代表父亲的对象，也即弗洛伊德的女婿），为了不知疲倦地重新带回它，或者，同样，假装推开PP，为了不停地重新带回它，并且得出结论：他保留了它的所有权威。[①]人们可以将对*fort/da*的描述和对弗洛伊德书写超越的严肃思辨游戏的描述重叠起来，甚至包括细节。在对恩斯特的严肃游戏的描述中，在外祖父弗洛伊德对年长外孙的描述中，我们可以看到的不是一个能够推论出强迫重复或死亡欲力或PP之限度的理论论证——你们知道他并没有这么做——我们可以看到的是弗洛伊德的一个自传，不是[②]一个书写他的生平的自传，而是对他自己的写作、他自己书写作品（尤其是《超越快乐原则》）的方式的一个活生生的描述，这个线轴故事施加在所有读者身上的魔力可能不只是它的论证价值，弗洛伊德在《超越快乐原则》中构建的嵌套式重复的价值，弗洛伊德写法的这个嵌套式重复的价值与PP和死亡欲力之关系之间有着结构模仿的关系，后者不是与前者对立，而是以原初嵌套的方式向起源之起源深入挖掘。

关于这个自我-传记-深不可测的（auto-biographie-abyssale）结构，当我们开始阅读关于他女儿索菲的儿子恩斯特的*fort/da*的
306 描述时（索菲的死亡很快出现在页底和事后所写的一个奇怪脚注

① 此处的页边空白处有一个插入标记，添加了两个词："总是在那吗？""那"这个词用双横线做了强调。

② 此处的空白处有一个插入标记，添加了一个词，可能是"仅仅"的缩写。参阅《思辨——论"弗洛伊德"》中的相应段落："不仅仅是一个自传［……］。"（*La Carte postale*, *op. cit.*, p. 324）

中），还有其他事情，很多其他事情要说，但我暂且放在一边。

在对儿童游戏的描述中，弗洛伊德强调这个孩子很平常，基本上是很标准的：他并没有特别早熟，与周围世界特别是与他的母亲有很好的关系，他听话，夜间不哭（尤其是当母亲不在时他也不哭）。但是——他有一个令人讨厌的习惯，而最有意思的就是看弗洛伊德怎样突然解释这个令人讨厌的习惯："我理解这是一个游戏"。不过这里我最好是边读边评论。如下：

> 这个孩子在智力上没有表现出任何早熟之处；18个月大，只能讲少数几句人们可以听懂的话，以及发出一些身边人可以理解的声音。但他与父母以及家中唯一的保姆关系很好，人们称赞他性格"乖巧"［随和、懂事、得体（*anständig*）］。他夜间不打扰父母，认真服从不能触碰某些东西和进入某些房间的禁令，尤其是［最重要的是，*vor allem anderen*］，当他母亲离开几小时的时候他从来不哭，尽管他十分依恋他母亲，他母亲不仅亲自哺育他，而且在没有外人帮助的情况下独自抚养和照料他。[①]

我暂时中断对这幅景象的解读，没有阴影，没有"但是"；不过这个"但是"很快会出现。这个孩子的优点——他的正常、安静、不害怕、不哭泣等，以及当他所爱的母亲不在时支撑他的

① S. Freud, *Au-delà*..., *op. cit.*, p. 19-20; *Jenseits*..., *GW* 13, p. 11-12.（雅克·德里达对译文有所改动。）

力量——预示了所有这些都得到很好的支持、构造和支配：通过一套规则和补偿的系统，通过很快将在“坏习惯”形式下出现的一种经济——这个“坏习惯”使这个“乖孩子”（*Dieses brave Kind*）为保持“好习惯”所付出的代价得以忍受。自然，在对这
307 个孩子看似平常的描述中，弗洛伊德十分积极地选择和安排了对接下来的场景布置和场景解读有帮助的要素，也即与好乳房对应的原始常态，推开好乳房体现出的明显的支配倾向，这个经济原则使得乳房离开的不快经验要求、将要求其他替补的快乐补偿它，以及好习惯从坏习惯那里得到补偿，等等。这个坏习惯是什么？我继续阅读这个最著名的段落。我的阅读将包括页底脚注，本章两个脚注中的第一个，在我看来，这两个脚注——再一次——是最关键的。

> 但这个乖孩子（*Dieses brave Kind*）有时表现出一些令人讨厌的习惯，他将手里的各种小东西远远抛到房间的角落、床底下，等等，使得*Zusammensuchen*［收集，为了收集的寻找］他的玩具（*seines Spielzeugs*）不是一件容易的工作（*oft keine leichte Arbeit war*）。①

我已经指出这项工作——对父母来说，但也是对将自己交托给父母、期待着父母的孩子来说——是收集的工作，努力收集的

① S. Freud, *Au-delà..., op. cit.*, p. 20; *Jenseits...*, *GW* 13, p. 12.（雅克·德里达对译文有所改动。）

工作：*Zusammensuchen*。弗洛伊德将其称为工作、困难的工作。相形之下，他把将所有东西丢远的撒落称为游戏——它还不是线轴的游戏，在后面这个例子中，孩子自己一个人扔远和收回，他拿着线而不需要父母。在线轴之前，不仅有各种各样的物体组成整个*Spielzeug*（他的玩具），而且还有代理的复多性：一个孩子在丢弃、撒落，而父母在拾取、收集、放置和整理。注意“玩具”这个表达（“收拾他的玩具不是一件容易的工作［……］”）；它是一个集体：这是一个整体，一个可分散的多样性的整体，它需要通过父母的工作收集起来。它是一个[1]游戏装置的集体的统 308
一性，在这个词的全部意义上，它意指可以拆散、改变位置和分开-分散。不要忘了，用来指代作为整体的用具的词语是*Zeug*，它的意思是工具、用具、玩意儿，根据法文或英文中同样的语义过渡，它还指男性、阳具。当然弗洛伊德没有这么说，但不难这样去解读这个场景：通过撒落这些东西、他的玩具，孩子丢远的不只是他的母亲（正如弗洛伊德后来所说）甚至父亲，也是并且首先是——在与母亲的乳房的替代关系上——他自己的阳具，以及他自己（我们将在我刚才谈到的第一个注释中看到这点）：他在一个被称为游戏的运动中抛弃和撒落的对象，是他自己、乳

① 在打印稿T1版本第8页背面，有一个包含若干涂改的四行注释：“我不会这样开启在所有其他词上的帷幕〈无法辨认的词〉（帷幕、布景、帷帘、帘幕、处女膜、雨伞）〈我在别处〉今天〈三个无法辨认的词〉这件事〈六个或七个被涂掉的无法辨认的词〉”。参阅《思辨——论“弗洛伊德”》的相应段落：“我不会自己拉开在所有其他东西，词语和事物（帷幕、布景、帘幕、帷帘、处女膜、雨伞等等）上的这个帷幕，我留给你们做，我已经这样做了很长时间了。我们可以尝试根据相同的法则，将所有这些组织联系起来，让一些在另一些上面。”（*La Carte postale*, *op. cit.*, p. 330）

房、母亲、阳具等等，他与它们游戏，而父母的工作是将它们作为一个整体重建起来。我继续我的翻译。

> 在将所有这些东西扔远时，他以感兴趣和满足的神情发出拖长的“哦、哦、哦、哦”声，根据母亲和旁观者［也即他母亲的父亲，他的外祖父］的一致判断[①]，这不是一个感叹词，而是意味着“fort”［离开］。我终于意识到这是一个游戏（*dass das ein Spiel sei*），孩子只是在利用他的玩具［*seine Spielsachen*：和刚才的评论相同］玩让它们“走开”（*mit ihnen «Fortsein» zu spielen*）的游戏。[②]

309 弗洛伊德这里的看似无足轻重的介入，值得我们稍作停留。[③]他说：“我终于意识到这是一个游戏。”但他称之为游戏，而不是工作，工作就在于收集？好吧，悖谬的是，这个游戏就在于不玩他的玩具（“他并不使用”——他并不利用：*benütze*，他不与工具、他的玩具、他的玩物、*Spielsachen* 打交道），而是为了玩让它们走开（*Fortsein*）：因此，这里的游戏就在于他不玩他的玩具，而是利用它的另一个功能，也即“走开”[④]。为什么走开，为了谁走开呢，这是我们将要呈现的。我继续：

---

① 这个词被圈了起来，页边空白处有一个相关联的问号。

② S. Freud, *Au-delà...*, *op. cit.*, p. 20; *Jenseits...*, *GW* 13, p. 12.（雅克·德里达对译文有所改动。）

③ 此处的页边空白处有一个插入标记，接着添加了若干词：“O. A.（语言？）/（详述）”。

④ 打印稿页边空白处添加了一行字：“这有什么用？”

> 孩子有一个木制的线轴（*Holzspule*），上面缠着线（*Bindfaden*）。他没有一次想到（*Es fiel ihm nie ein*）例如说在身后拖着这个线轴，也即和它玩拉车的游戏，而是十分敏捷地丢开缠着线的线轴，丢到他那罩着帷帘的小床的边缘，于是线轴就消失了，他便发出意味深长（*bedeutungsvolles*）的“哦、哦、哦、哦”声，并从床边取回缠着线的线轴，然后以一声欢快的“Da”欢迎线轴的出现（*Erscheinen*）。这是个完整的游戏（*das komplette Spiel*），包含着消失和再现（*Verschwinden und Wiederkommen*）[①]，但人们从中只看到第一个行为，作为游戏不知疲倦地重复着（*wiederholt*）的行为，而更大的快乐是与第二个行为联系在一起的。[②]

关于这个词有一个注释，我马上会读到。我给出关于这段几点评析。

1）弗洛伊德[③]似乎很惊讶这个孩子从未有过拖着线轴玩拉车游戏的想法。弗洛伊德的问题是：为什么他没有玩在身后拉车的 310
游戏，后者才是常见的。这是弗洛伊德的问题，他显然更偏爱玩

---

① 空白处有一个似乎是缩写的标记，可能是“l. P.”。

② S. Freud, *Au-delà...*, *op. cit.*, p. 20; *Jenseits...*, *GW* 13, p. 12-13.（雅克·德里达对译文有所改动。）在《思辨——论“弗洛伊德”》中，当德里达重述这段引文时，他提到了塞缪尔·扬科列维奇的表述：“越过他的床的边缘”，而不是像他在这里做的，翻译为“越过边缘，他的床的边缘”。参阅：J. Derrida, *La Carte postale*, *op. cit.*, p. 334，以及下文第334页注释①。

③ 页边空白处有两种不同颜色的添加，第一个是“完整的/返回（*Wiederkommen*）”，第二个是“弗〈洛伊德〉想玩/与〈几个无法辨认的词〉”。

拉车的游戏，并且惊讶于这个想法从未出现在恩斯特的脑海中。玩拉车的游戏，就是从不抛掷事物，而是一直让它保持相同的距离，让它和自己同时移动。这也是只在转身的时候才看它，请各位特别注意，这也是从不将它放置在面前，就像欧律狄刻或精神分析家那样，倾听它而不是自然地看着它。弗洛伊德认为恩斯特的选择很奇怪，但必须承认，如果考虑到所有这些都发生在床上，并且只是发生在有帷帘的床上，那么弗洛伊德的愿望同样有些奇怪。我们会奇怪恩斯特如何能够在有帷帘的床上玩身后拖着线轴拉车的游戏。为了在床上有线轴——或车辆、机器——在身后，他必须脑子里有想法。[①]请各位遵循弗洛伊德的思路。因此，令人惊讶的不是恩斯特从未有过这些想法，而是外祖父把这些想法看作是最自然的。

因为毕竟，这张床不是一张沙发。目前还不是。

2）弗洛伊德所称的完整游戏，因而是有着两个阶段的游戏：消失、重现、不在场/在场、更多的重复、轮回、重现的重（re-）。并且他坚持如下事实，即快乐、最大量的快乐，是由重-现，也即第二阶段所引发的。这使我们一方面可以预见，这个活动作为整

① 在《思辨——论“弗洛伊德”》中，接着他对译文的修订（参见上文第309页注释④），雅克·德里达用下面这段代替了评论：“不是在地上（*am Boden*）玩，[恩斯特] 喜欢在床上玩，与床上的东西玩，而且还是在床上。不是在他所在的床上，因为与文本和译文常常让人以为的相反（要想想为什么如此），孩子在扔线轴时似乎不在床上。他从外面将之扔出，越过床边，越过围绕着边缘（*Rand*）的帘幕或帷幕，在另一头，可能仍在床单上。无论如何，他是“在床外”（*zog* [...] *aus dem Bett heraus*）将车拉出来以便拉回来：*da*。因此，床是*fort*，它或许与所有欲望对立；但可能对（祖）父来说还不够*fort*，后者希望恩斯特在不占据床的情况下更严肃地在地上（*am Boden*）玩。”（*La Carte postale*, *op. cit.*, p. 336）

体，将服从于PP的权威，而PP远不只是被重复所挫败，而是也追 311
求某种显现的重复、在场的重复、再-现的重复、重复的重复，如我们将看到的，被掌控、可掌控、证实和肯定象征的掌控，因此我们似乎已经能够说不仅是PP的掌控得到肯定，而且它包含着掌控，由一般掌控（*Herrschaft*）构成。因而我们也许已经可以预见，它将不会与PP矛盾，不会与之对立，而是以嵌套的方式从一个比它更原始并且独立于它的原型出发，爆破它、挖掘它，这个更原始的独立者，在死亡欲力或强迫重复的名称下，将不是另一个主人或一个反-掌控，而是一个异于掌控的事物，一个非-掌控，这个非-掌控将不处于辩证的关系当中（例如主奴关系，连同赴死，如黑格尔所说，真正的主人，等等。）

我说PP作为一般掌控，因为在我们所处的节点，当弗洛伊德说“完整的游戏”时，他所处理的不是这个或那个对象，不是线轴或作为替代品的东西：它相关于一般对象的消失-重-现，正是这个消失-重现，正是对象之在场-不在场对子的重复，构成了完整的游戏，并且带来了更大的快乐。确乎如此，它涉及的甚至不再是作为对象的一般对象，也即作为在自身之前或之后被规定的某物，而是作为自身的、趋于极限的对象，是自身、自身的对象、它自己的线轴、它的面容等的消失-重现，也即它作为法语所说的“线轴”的可见性，在细线（*Bindfaden*）尽头的它自己的线轴的可见性（人们握着他自己的线）。这一点得到了证实[1]，

① 此处的页边空白处有一个添加：“O. A.（语言）和〈无法辨认的词〉（语言）”。

3）因而，在注释中［这一点得到了证实］[1]。“最大的快乐”这个表达为此提供了端倪。我读一下这条注释，它表明儿童玩*fort/da*不仅仅是与一个对象，与线轴在玩，而且是与**他的**线轴，与在或不在镜子中的作为对象的自己玩。我读一下：

> 后来的观察证实了这个解释。有一天，当母亲离开不在（*abwesend*）几个小时后回到家里，她受到了欢呼声的欢
> 312 迎：宝贝，哦、哦、哦、哦［在弗洛伊德的转译中，总是四声“哦”］，最初大人很难理解这个欢呼。但是不久人们发现，在母亲不在的很长一段时间里，小孩发现了一种让自己消失的方法（*sich selbst verschwinden zu lassen*）。他在一面很大的几乎接近地板（*Standspiegel*）的镜子中发现（*entdeckt*）了自己的镜像，只要蹲下就可以使镜像“离开”（*fort*）。[2]

这是给谁看的？

因此，这个小孩在母亲不在时尽力让自己消失，让自己“*fort*”。这里有着双重的享乐：他从像母亲一样的消失当中认出了母亲，并且以让自己回来的方式让母亲回来，因为这里的这个[3]享乐系于他让之消失的事实，与这个事实结对联结，这是一

[1] 括号里的内容为中译者据句意所加。——译者

[2] S. Freud, *Au-delà...*, *op. cit.*, p. 20, note 1; *Jenseits...*, *GW* 13, p. 13, note 1.（雅克·德里达对译文有所改动。）

[3] 在打印稿上，这里有一个箭头，指向添加的几个词，它们可能是：“在SP旁边”。

个象征地支配自己的方式，游戏着他的死亡或他的不在场，但他在愿意的时候也让自己重现，让她重现，仿佛他的母亲系在线的另一端。在母亲不在场-在场的情况下，他自发地表现自己的在场-不在场，等等。我不再赘述。①

我们在这里以这第一个注释标记一个停顿。

因为一切才刚开始。

如果*fort/da*的严肃游戏是不在场-再现的游戏，或者是自身的不在场-被再-现的游戏，是扮演他自己的对象的游戏——以他自己的对象，以他自己来进行——那么这里就有着我刚刚提出的两者之间的深不可测的类比：一方面是弗洛伊德所分析、书写、描述、探究的事物（对象），也即《超越快乐原则》的内容，另一方面是书写、姿态、书写场景、那在此肯定自身的深不可测的嵌入物（rapporté）。通过书写这件事，弗洛伊德进行书写，以及书写他所书写的；通过描述这件事，他描述他所描述的，他描述他所描述的东西和他进行描述这一事实。正如恩斯特，他通过提醒自己某个对象（母亲、阳具或任何东西），在镜子中回想自己，同样地，弗洛伊德通过描述或回想这个或那个，回想自己；他的文本也是如此。而且*fort/da* 313
的场景——无论其示范的内容是什么——以绝对形式的或绝对普遍的方式，总是预先描述它自己的描述。*fort/da*的书写总是一个*fort/da*，且有必要在这个嵌套中寻找PP和死亡欲力。以

① 在打印稿中，该段的结尾处有一个补充，我们只能辨认出这些词："大投机者〈两个或三个无法辨认的词〉"。

一种绝对形式的和绝对普遍的方式，我说：实际上，一旦这些对象能够以象征的方式被替代，就可以看到场景的形式结构的显现，其中涉及的不再只是推远，以让这个或那个不在场，随后再拉近，通过让其在场而重新占有这个或那个，而是远离者的推远，以及呈现和在场的再-现：不再是不在场的/在场的，而是在场的不在场和在场，远处的推远和近处的接近性，推远它本身并不远，同样，对象或靠近的主体的接近性，某种接近的东西的接近性，也并不近。*fort*离得再远，也不比*da*更近。*fort*也不比不在这里的*da*更在那里：参见海德格尔和布朗肖。我就此打住。

因此，不仅弗洛伊德像恩斯特在镜子中那样唤起自己，而且他的书写、他的思辨活动本身也在镜子中被唤起，从思辨的角度来看，思辨性并不像人们经常相信的那样，只是重新占有，*da*也不是。

他唤起自己，这意味着什么？当然，他描述他所做的事情，也许不是特意这么做，但我在此所描述的一切，在其必然性中，首先不是回指向一个有意识的、深思熟虑的计算：正是因此它才是有趣的和必要的。弗洛伊德和他的外孙一样没有计算。

他唤起**自身**。谁和什么？唤起的是谁，当然是他，但我们无法在不知道什么、不知道他唤起的东西是什么的情况下知道他是谁。他唤起（那）他不能自我唤起的东西。这就是自传再次必须介入的地方。广泛地。这个文本是自传的，并且异于迄今所能谈论的东西。[①]它是自传的，这并不意味着我们知道自传是什么，我们在此给出一个例子。这并不意味着，一旦它讲述了作者 314
的生平，它就没有如人们口中的科学真理、哲学真理那样的超越的（au-delà）价值。不，我们所处的领域的情况恰恰相反，在这里正如人们所说，主体在文本中的烙印也是文本的贴切和有效性的条件，因而它超出了所谓的经验主体性的价值（它不是传统意义上的真理）——假设，只要他说、写和用另一个对象替代这个对象，某个这样的东西就存在了。但在这里——如其他地方一样——自传体不是一个预先的空间，弗洛伊德在其中讲述一个故事，发生在他生活中的那些故事。它所讲述的是自传，这里所讨论的*fort/da*是一个特殊的自传体故事，它也描绘、讲述了一般的自传是什么，它对我们说：所有自传（auto-bio-graphie）都是一个*fort/da*，例如，恩斯特的、他外祖父的和《超越快乐原则》这本书（等等）的*fort/da*。[②]

我会说——时间关系，我简略地说——超越的逻辑，“超越”这个词（超越［*jenseits*］一般）的逻辑，是*fort/da*的逻辑，因为接近性（proximité）以嵌套的方式疏远（*Entfernung*[③]）。死亡欲力在那里，在PP中，进行着*fort/da*的活动。[④]

但为了表达得更具体，我现在必须明确这个*fort/da*的自传的

① 页边空白处添加了几个词，它们可能是：“不是弗〈洛伊德〉的自我-分析、自-传，他不是其作者”。

② 页边空白处添加了“自我-死亡-书写”一词。

③ 海德格尔的术语，原指“距离”和“消除”，海德格尔用作“消除距离”，中译“去远”。——译者

④ 打印稿上的一个添加似乎将这个句子改为：“有关一个*fort/da*”。

典范内容。

弗洛伊德唤起自身。首先不起眼地，他唤起自身，他回忆——有意识的记忆——一个他所讲述的记忆。一个场景发生在另一个、另两个场景当中，有关他的女儿和外孙（别忘了，是年纪较大的那个：第一个外孙）。[①] 但在这个他多次自称其“观察者”的场景中，他是一个有着特别利害关系的、介入的、在场的观察者。事情几乎是发生在他的家里。在过渡到我之前指出的
315 更大的形式普遍性之前，关于讲述、回顾发生在主体恩斯特身上的事情，关于他回忆、他回顾发生在他身上的事，我们能以怎样的名义说？以多个名义，至少是三个，而它们本质上无非是一个。

1）恩斯特首先唤起的——如果可以这么说的话——是他的母亲，也即弗洛伊德的女儿索菲。在他这样做的时候，弗洛伊德能够认同他，在他那里唤起自己的女儿，或是根据对外孙的认同（很常见——我们很快就会有更多证据——同时在弗洛伊德那里特别突出），[②]或是通过记住索菲是孩子的母亲。我说：在事情发生的时刻。特别是在弗洛伊德想写下她和唤起她的时刻。此处必然涉及我之前谈到的第二个注释。这个注释是事后写的，它提醒我们索菲死了，孩子所唤起的母亲不久后死了。我先读一下注释：“当孩子五岁九个月时，他的母亲去世了。现在她真的‘离开’（fort）了（哦——哦——哦）[这回是三个“哦”]，孩子丝

① 空白处添加了三个词，它们可能是：“但发生在他身上”。

② 打印稿空白处添加有：“结合 *F. S*”。

毫没有表现出悲伤。确实（*Allerdings*），在此期间，另一个孩子出生了，这引起了他强烈的嫉妒。”①

两个孩子在争夺母亲时的嫉妒：这里的这个评析比注释的召唤更有趣（从弗洛伊德自传的视角，特别是从他与女儿索菲的关系的视角），在正文文本中，它发生在弗洛伊德设想如下假说的时候，该假说是：玩具的抛掷（jet），甚至抛弃（rejet），可能也意味着敌意，例如对他们想要推远的父亲的敌意。此时弗洛伊德——总是对*fort/da*的阐释不满意和犹豫不定（第21页，补偿，主动性/被动性）——尝试给出另一个解释，后者也被他悬置了②。我读一下：

> 但我还可以尝试给出另一个解释（*Deutung*）。把一个东西丢远，使它“fort”，这可以满足一种对他母亲实施报复的冲动，并且具有类似于下述的含义：“是的，你走吧，我不需要你了；我亲自打发你走。”还是这个孩子，这个我在他一岁半时观察过他游戏的孩子，他在两岁半时有一个习惯，他会把自己不满意的玩具扔在地上，同时说：“去打仗吧（*Geh in K(r)ieg*）。”当时人们曾告诉他，他父亲不在家，因为去打仗了；此外，他丝毫没有表现出想见到父亲的愿望［除了他的 316

① S. Freud, *Au-delà...*, *op. cit.*, p. 22, note 1; *Jenseits...*, *GW* 13, p. 14, note 1.（雅克·德里达对译文有所改动。）

② 空白处添加了一些仅部分可辨读的文字：“第二部分/整个游戏的 ½/〈八到九个无法辨认的词〉/7岁/七天”，接着是“抛弃（西格蒙德）”并且被圈了起来，数字“4 + 3/ 哦哦哦”。

PP，我们还能说什么？]，但有非常明显的迹象表明，他不希望他对母亲的独占（*Alleinbesitz*）受到打扰。[①]

由于弗洛伊德认同他的外孙（一般来说，如果儿子成为他父亲的父亲，认出外孙/外祖父就是最容易的事；特别是，我们很快会看到其中的原因），所以这可能也是弗洛伊德的情形，弗洛伊德一般来说也是如此（你们知道他的“俄狄浦斯”的自传叙事）。

因而，索菲在此期间去世而弗洛伊德（哀悼的工作，有待研读“哀悼与抑郁”）可能有着怀念她的愿望。

人们不会忘记在最平常的心理-传记风格中，将死亡欲力的问题、《超越快乐原则》与弗洛伊德女儿之死联系起来——你们会发现琼斯在著作中就是这样做的。索菲死于1920年，《超越快乐原则》出版的同一年。弗洛伊德知道我们会将这两件事联系起来。在6月份，弗洛伊德在维也纳精神分析协会上宣读了《超越快乐原则》的概要。文章是在假期之前完成的，弗洛伊德后来要求埃丁根作证，在索菲身体还很健康的时候，文章就已经完成了一半。[②]“关于这篇文章的主题，许多人［他说］会提出问题。”[③]关于这个奇怪的作证的要求和弗洛伊德的这个坚持，

① S. Freud, *Au-delà...*, *op. cit.*, p. 21-22; *Jenseits...*, *GW* 13, p. 14.（雅克·德里达对译文有所改动。）

② 这句话在打印稿中被划去了。

③ Ernest Jones, *La Vie et l'œuvre de Sigmund Freud*, t. III, trad. fr. Liliane Flournoy, Paris, PUF, 1969, p. 45; *The Life and Work of Sigmund Freud*, t. III, Londres, Hogarth, 1953, p. 40.

提到这一点的琼斯并非没有考虑到，如果这不是内在否认的话。 317
无论实际情形如何，就算人们关于日期可以这么说，但事实是弗洛伊德至少借此（即通过他的要求和异议）承认了自传的线索在这里是有意义的，而这才是令我们感兴趣的地方。没有这个意义，这个引线的意义，这个异议本身就是无用的和荒谬的。弗洛伊德甚至不需要写信告诉埃丁根他在这个问题上具有“公正的意识”。又过了一些时候，在1923年到1924年，弗洛伊德的传记作者维特斯（《西格蒙德·弗洛伊德：他的品格、教学和学派》，纽约，1924年）[1]将索菲的死与死亡欲力的理论联系起来。弗洛伊德写信给他说（1923年12月18日）：

> 这在我看来总是很有趣。在任何关于他人的分析研究中，我当然会强调一个姑娘［一个姑娘的……］的死亡与《超越快乐原则》的概念之间的联系。《超越快乐原则》写于1919年，当时我的女儿年轻且朝气蓬勃。她去世是在1920年。1919年12月，我把分卷的手稿给了柏林的朋友［埃丁根和亚伯拉罕］，以听取他们的意见，只不过关于原生动物的死亡和不死的部分尚付诸阙如。可能性并不总是意味着真理。[2]

① Fritz Wittels, *Sigmund Freud: His Personality, His Teaching, and His School*, trad. angl. Eden et Cedar Paul, New York, Dodd, Mead, 1924.

② E. Jones, *La Vie et l'œuvre...*, t. III, *op. cit.* , p. 45; *The Life and Work...*, t. III, *op. cit.*, p. 40-41.

但这里的真理是什么？对于建立在真理概念上的*fort/da*来说，真理在哪里？

2）我曾说，通过回忆他的女儿或他的外孙，弗洛伊德至少回顾了三件事情。因此，第二，认同在任何意义上（在*fort/da*中）都是对外孙的认同，是结构性的认同（在弗洛伊德的情形中它通过特权而得到例示），正如之后的事件所表明的，这件事肯定了自传（auto-bio-graphie）在整个*fort/da*中是一个自我-死亡-书写（auto-thanato-graphie），也就是说，也是一个异质-
318 书写（étéro-graphie）[①]。1923年6月，在他给维特斯写（我刚刚提到的）那封信的那年，发生了什么？一方面，他的口腔癌显露出恶性和致命的特征。1918年，他认为自己快要死了（正如他一直相信的，将死于1918年2月，你们知道），而这会让他的母亲很痛苦。他写道："我的母亲快八十三岁了，她身体不是很好。我有时候告诉自己，在她去世以后，我会感到更自由一点，因为我很害怕有一天人们不得不向她宣布我的死讯。"[②]还有战争，对他的儿子们战死的恐惧——这些你们都很清楚，我不再重述。那么，1923年发生了什么？他知道疾病不会放过他，他写道，"哀悼的工作［关于谁的？］在深处展开"。然而在同一年，发生了一件事，这件事听起来就像弗洛伊德的死亡本身，并且他也是这么感觉的。当时他谈到自杀，请求多伊奇帮助他

① 打印稿原文如此。雅克·德里达后面两次都采用了相同的拼写。

② E. Jones, *La Vie et l'œuvre...*, t. II, trad. fr. Anne Berman, Paris, PUF, 1972, p. 209; *The Life and Work...*, *op. cit.*, t. II, p. 196.

“体面地在世界上消失”，[1]他担心自己的死会让母亲无法承受，等等。这次，这个事件是他的外孙、索菲的另一个儿子、恩斯特的弟弟的死亡（海纳勒，海因茨-鲁道夫）。弗洛伊德爱他胜过所有人，认为他有着自己从未见过的聪慧。“他的扁桃体手术大约与弗洛伊德的第一次口腔手术同时进行。”（参见琼斯）手术后第一次见面时，他问他的外祖父：“我已经可以吃我的面包皮了。你也是吗？”[2]他在四岁半时死于粟粒性结核。这是人们唯一一次看到弗洛伊德哭泣。他告诉琼斯，这次丧亲对他的影响不同于其他所有事情，它杀死了他身上的某种东西。两年后，他告诉玛丽·波拿巴（Marie Bonaparte），这次死亡事件后，他再也无法寄情于任何人或任何事。这次打击对他的影响超过了他自己的癌症；他一生中第一次深陷抑郁。据琼斯讲述，三年后，在弗洛伊德的大儿子去世时，弗洛伊德写信告诉宾斯旺格，海纳勒在自己心里占据了儿孙们的位置。我对这一声明不再作 319
评论，它证实了我试图表达的大部分内容。特别是，他像经历自己的死亡一样经历了这次亲人的死，这一点在他写给宾斯万格的一句话中也有所体现，这句话标明了他在外孙身上死去了。“这是我在威胁我自己生命的危险面前从容若定——人们称之为勇敢——的秘密。”[3]

fort/da，是对他自己作为家族谱系（等）的、遗产的庞大舞

① E. Jones, *La Vie et l'œuvre...*, t. III, *op. cit.*, p. 103; *The Life and Work...*, t. III, *op. cit.*, p. 91.

② *Ibid.*, p. 102; t. III, p. 90.

③ *Ibid.*, p. 104; *The Life and Work...*, t. III, p. 91-92.

台的哀悼的工作。3）在这个认同、吸收、吞食的工作中，在外孙或外孙的弟弟与自身的关系中，第三条线[①]——如果还可以这么说——是尤里乌斯的故事。尤里乌斯是弗洛伊德的弟弟——就像海因茨与恩斯特的情形——他在八个月大时夭折，当时弗洛伊德十九个月大，正是恩斯特玩*fort/da*的年龄。

> 直到尤里乌斯出生［琼斯说］，小西格蒙德都是爱和母乳的唯一占有者，这段经验告诉他，儿童身上的嫉妒有多么强烈。在给弗里斯的一封信（1897年）中，他承认他对自己的竞争者怀有负面的感情，并补充说，弟弟的死、他的愿望的实现，在他心中激起了一种负罪感，这种情感倾向一直伴随着他。[②]

如果这种负罪感转移到将这个死亡（也即恩斯特的小弟弟的死亡）经历为自己的死亡的人身上，你们可以发现支撑这个场景的整个认同网络同时是哀伤的、危险的、嫉妒的和无限内疚的。遗产和嫉妒并不从属于*fort/da*结构的意外或对它的篡改，它们构成了它，并且本质上是它的组成部分，这是我想提示的观点。而遗产和嫉妒不仅构成了*fort/da*，也构成了作为自我-生物-死亡-异质-书写的（auto-bio-thanato-étéro-graphique）书写场景的*fort/*

① E. Jones, *La Vie et l'œuvre...*, t. III, *op. cit.*, p. 104; *The Life and Work...*, t. III, p. 92.

② 在打印稿中，“第三”这个词被划掉，行间上方有一处添加：“有〈无法辨认的词〉”。

da；书写场景并不是讲述一个事件，一个人们称为自我生物死亡异质书写的（autobiothanatoétérographique）的*fort/da*的内容，这个内容已经是一个书写场景，在结构上是一个书写场景。[①] 320

① E. Jones, *La Vie et l'œuvre...*, t. I, trad. fr. Anne Berman, Paris, PUF, 1958, p. 8; *The Life and Work...*, t. I, *op. cit.*, p. 7-8.

321 # 第十三讲[①] 绕道的步伐：论题、假说、假肢

超越PP的前进步伐在该书前两章受到阻碍，现在在第三章似乎变得可能。但这个进展并非遵循知识、论题或证明的秩序。后一种性质的进展，我之前说过，并且今天还将证实，在这本书中完全不会有。但在第三章当中，直到接受一个假说之前，都存在着进展。弗洛伊德最终认为这个假说还不是死亡欲力，而是强迫重复。他将这个假说作为假说加以考察，并且思考**在这个假说中**，它将发挥什么功能。功能（fonction）这个词在这里十分重要，而且正如我们马上会看到的，倾向（tendance）与功能之间的区别也十分重要。

因而，在第三章的结尾，假说被接受下来，我在其中读到了结论。弗洛伊德刚刚将这个假说命名为强迫重复的假设（*Annahme*），它比它要侵蚀的PP更原始、更基础、更冲动（*triebhafter*），他写道：

---

① 关于这一讲的后续出版，参见“编者按”，上文第14页，注释②。

但是，如果这样一种强迫重复存在于心灵当中，我们很想知道［译文很准确、很好地译出了它的内涵：“我们会很好奇想知道”，事实上，弗洛伊德将回到这个好奇心以及这样的事实：所有这些都是出于好奇心而被说、写、估量，试图“去看一看”，他还会回到这点］，它对应于什么功能，在什 322
么条件下可以呈现（entrer en scène）［*hervortreten*：应该强调 *hervortreten* 的字面义，而不是压倒它，就像法文译本那样译为“显示”（manifester），因为强迫重复的活动能够在没有这个条件或没有死亡欲力显示自身、亲自呈现的情况下发生］，以及它与目前为止在精神生活的兴奋过程中我们承认其支配地位［主导地位：*Herrschaft*］的快乐原则有什么关系。[①]

这个假设——作为暂时的假设——是如何在这一章里被接受的？

正如我之前所说，为了节省时间，我不分析这一章，你们可能已经读过它了。我仅仅以非常代数法的方式指出我应该或想要强调的进展点。

1）正是在纯粹阐释的精神分析遭遇失败，在被病人有意识采取的解释（*Deutung*）不产生任何治疗效果的时候，正是在这个解释性精神分析的实践或治疗的失败迫使人们寻求另一种手段，寻求情境的一次真实转变的时候，弗洛伊德所称的移情

① S. Freud, *Au-delà...*, *op. cit.*, p. 31; *Jenseits...*, *GW* 13, 22.（雅克·德里达对译文有所改动。）

（*Übertragung*）才出现〈并且〉这个问题才活跃起来。正是通过移情，人们试图消解病人的“抵抗”（*Widerstände*），后者不能被解释（*Deutung*）的意识完全把握。但移情本身就是一种抵抗。正是在“移情的神经官能症”——它接替之前的神经官能症——的分析过程中，人们见证了这个再生产的倾向（*Reproduktion*，我们从这个研讨班一开始就关注再生产的问题，这里是以一种新的方式讨论它——重温它［*wiedererleben*］）。我留给你们阅读或重读弗洛伊德关于压抑主题——不是通过无意识，而是通过自我（它包含了无意识的要素）施加的压抑——所说的内容。

2）我想[①]评论一系列用以说明强迫重复的例子，强迫重复
323 在这里得到了揭示（重新体验不愉快事件的倾向：一切都集中在“自恋伤疤”上——弗洛伊德在这里谈到了“他自己的观察”，而不只是马尔西诺夫斯基的观察[②]——新婴儿出生所激起的嫉妒的“自恋伤疤”，[③]所有嫉妒的模型和不忠的一般经验，一切发生得就好像这个自恋伤疤不是所有例子中的一个；参阅我们上节课所讲的内容[④]）。

3）我想[⑤]强调恶魔（*démonique*）[⑥]这个词和它的价值，它出现在本章，也多次出现在其他地方。我们在不只一个方面对它的

① 空白处添加有：“自〈恋〉伤〈口〉”。

② 指精神分析家约翰内斯·马尔西诺夫斯基（Johannes [Jaroslaw] Marcinowski, 1868—1935）。

③ S. Freud, *Au-delà...*, *op. cit.*, p. 27; *Jenseits...*, *GW* 13, 19.

④ 参见上文第319—320页。

⑤ 空白处添加了“魔鬼”。

⑥ 原文可能漏了一个字母，应为démoniaque。——译者

价值感兴趣（与 *das Unheimliche*［阴森恐怖/怪怖］、无原型的复制逻辑有关联，与所谓虚构的文学和诸如此类的文学工作者有本质关联，与这个文本中神话和文学的位置有本质关联），它是：

我想提醒你们注意的第四点[1]，是对一部文学作品的细致参照，这部作品比其他作品（参阅《怪怖》[2]）更能支持强迫重复的假设，这部作品就是塔索的《被解放的耶路撒冷》，书中唐克雷蒂在不知情的情况下杀死了穿着敌方骑士铠甲因而未被认出的恋人克洛林达，当她的灵魂躲到一棵树里，唐克雷蒂一剑将树劈为两半，第二次杀死了她。树流着血，发出克洛林达的声音，抱怨她的爱人再一次伤害了她。我喜欢仔细阅读弗洛伊德对这首诗的讲述。[3]唐克雷蒂每次杀死一个人（一套盔甲或一棵树）都不知道他所做的事情，等等。甚至在弗洛伊德承认强迫重复假说（它比PP更原始）的时候，他也强调它与PP的研究极其紧密地联系在一起，很难加以区分。

就是这样。我很快离开第三章。假说一经接受，思辨就获 324
得充分的发挥空间。它就这样施展开来，获得解放。当我这么说时，我也意指它必然在讨论解锁和松解，而且，强迫重复和死亡欲力的假说-思辨，无法在不参照解锁本身、解锁的原则本身（也即原发过程的自由的、被解锁的、被解放的能量的原则）[4]的

---

① 空白处有一个添加："〈无法辨认的词〉文〈学〉的嵌入物被嵌入"。

② Sigmund Freud, « Das Unheimliche », *GW* 12, p. 229-268.

③ 参见：S. Freud, *Au-delà...*, *op. cit.*, p. 29-30; *Jenseits...*, *GW* 13, 21。

④ 空白处添加了一个词"去-窄构"（dé-stricturation）。参阅《思辨——论"弗洛伊德"》中的相应段落："它的解除束缚的话语是一个解锁、解脱、松解的协议。去-窄构的。"（*La Carte postale*, *op. cit.*, p. 365）

情况下获得解放。

因而，被解锁的思辨，作为解锁，超出了PP，在PP当中，我们会看到，起主导作用的是结、锁链、束缚和被束缚的结构。

我们应该通读第四章中的一小段，这一段标志了《超越快乐原则》的章节的重新开端、被解放的开端。

> 现在接下来是思辨（*Spekulation*），一个思辨［第二次］常常走得很远（*weitausholende*），并且每个人都可以根据自己的态度重视它或抛弃它［以某种方式，它并不试图让人信服一个真理，甚至不摒除每个人固有的权能和贯注，乃至每个人的联想。这个思辨的话语差不多拥有在精神分析或“文学”领域中被给出的价值或地位：你们做你们愿意做或可以做的事情，这与我无关[①]，这里没有法则，尤其没有科学的法则。然而，由于缺乏论题是科学和文学的固有特征—科学或文学中没有论题——我们也非常接近如此这般的科学和文学的特性］，每个人都可以重视它或抛弃它。在更宽泛的意义上，一个研究者利用一个观念，想看看——出于好奇（*aus Neugierde*）——它会通向什么地方。[②]

325 第四章的整个第一部分是一种拓扑学，对它的引入是必不可少的，正如对地图、场所整体（在此处是心理装置）的了解

① 空白处有一个添加：“但这与你们有关”。

② S. Freud, *Au-delà...*, *op. cit.*, p. 32; *Jenseits...*, *GW* 13, 23（雅克·德里达对译文有改动）.

是（将是）必不可少的，但这个场所确切地定义了一个斗争的领域，我几乎可以说是一个前线，一个致命的前线的结构，同时在战略-军事意义上和生理或生理认知学（总是线轴）意义上，这是一个PP可以置于其上的前线，根据弗洛伊德“丧失战斗力”（*ausser Kraft*）[①]的形象，这是PP的权威、支配、主导地位（最大的力量）遭遇、首先遇到挫败的前线。因而这是支配、PP的支配（*Herrschaft*）遭遇失败的地方。我为什么称之为前线？

如果——像我习惯做的那样——我从厘清第一部分（它承认一个拓比[②]）的修辞和论证的脉络开始，我注意到，在这个长达七页的论述过程中，再一次（根据那……的步伐），这个拓比的描述并没有到达它的终点，也即PP的限度。实际上，在译本第39页，原书第29页，这一章开头七页之后，弗洛伊德做了一个尚不充分的临时总结：“我有这样的感觉［他说］，通过之前的考虑，我们更加理解了PP的支配地位；但我们还没有对反对它的那些情形做出说明。*Gehen wir darum einen Schritt weiter*：那就让我们再向前迈出一步。”[③]

因此，这一拓扑学描述是怎样的？——它对理解PP来说不可或缺，但仍不足以说明它的失败。我快速地回顾一下。在元心理学的术语中，意识是一个系统（*Bw*，法文简写为C），它提供

① *Ibid.*, p. 39; *Jenseits...*, *GW* 13, 29.

② 关于topique一词，参阅克洛德·勒冈的解释：“当他使用拓比这个术语来表示‘精神的地点或方位’时，这更可能是由于他意指大脑定位的拓扑学。”（Claude Le Guen, *Dictionnaire freudien*, Paris, PUF, 2008, p. 856）——译者

③ S. Freud, *Au-delà...*, *op. cit.*, p. 38-39; *Jenseits...*, *GW* 13, 29.（雅克·德里达对译文有所改动。）

了来自外部的刺激感知或来自内部的快乐/不快的感觉。因而感知-意识系统（P<erception>-C<onscience>，德文简写为*W.Bw*）
326 在空间中有一个位置（*räumliche Stellung*）和界限。这种界限必定介于内和外之间，它转向外部世界，然而同时又接受内部的感觉。弗洛伊德指出，这并没有带来任何新的东西，并且它与大脑解剖学相关联（我们离前线［/前额，front］不远），大脑解剖学理论将意识定位于中枢器官的外层、外围，定“位”（*Sitz*）于大脑皮层。

在这个感知-意识系统中，必定有某种不同于感知-意识的东西，与在其他系统中一样，它必须有持存的痕迹（*Dauerspuren*）和回忆的余留（*Erinnerungsreste*）。此外我们知道，在所有系统当中以及在一般情况下，这些痕迹中最强烈和最持久的是这样一些痕迹：它们来自从未进入意识的过程。意识系统当中不可能有持存的痕迹，否则意识系统接收印象的能力很快会受到限制；因而必定是——这个描述的图式为整个神奇书写本难题提供了定向，我应该将你们引向这里①——系统C中的刺激过程并没有保留任何持存的痕迹，痕迹只能保留在另一个系统当中；以及，如弗洛伊德所说，意识应该诞生于记忆痕迹止步的地方，更准确地说，止于记忆痕迹（*Erinnerungsspur*）的位置（*an Stelle*）。因此，这种感知-意识系统的独创性在于，不同于所有其他系统，它永远不会被刺激它的东西永久地改变，因为它暴露于外部世

① 参见：J. Derrida, «Freud et la scène de l'écriture», *L'Écriture et la Différence*, *op. cit.*, p. 293-340，其中谈到弗洛伊德的文本《魔法块上的注解》（Note sur le bloc magique, 1925）。

界。如果从如下假说出发（早在二十多年前，自《纲要》[①]起，他就建立了这个假说），即一个可持续的痕迹预设了一条被开辟的道路（*Bahnung*［通路］）和一个被克服的抵抗，就应该总结说，在感知－意识系统中没有任何痕迹，因为没有任何抵抗。这里就涉及对布罗伊尔在心理系统中所作区分的最初参照（我们已经谈到过[②]）：受束缚的贯注能量（*gebunden*）〈和〉自由的贯注能量。 327
这里，在感知－意识系统中，没有痕迹也没有抵抗，因而能量的自由循环没有障碍、紧张和压力。但弗洛伊德中断了这个论证：他说，在当前"思辨"的状况下（再次借用了这个词），毋宁让事情保持为不确定，尽管我们已经觉察到在意识的产生、感知－意识系统的位置和刺激过程的特殊特征之间存在的某种关系。

从这里开始，依然是在构成第四章第一部分的拓比描述中，弗洛伊德的话语变得越来越模糊和简略。他自己知道这点，他承认："我知道这些说法看起来含糊不清（*dunkel klingen*），但我必须将自己限定在这样的指示上。"[③]这个有生命的"囊泡"（bulle）（或不如说"球"，如人们翻译的，德文是*Bläschen*）形象（我们稍后回到这个隐喻问题）和皮质层必须警惕来自外部世界的刺激暴力，以减缓、过滤它们，限制其能量的数量，提供信息，就像触角在接受信息后立刻缩回。（我再次提请你们关注这一点，关

① 即：Sigmund Freud, *Esquisse d'une psychologie scientifique*; *Entwurf einer Psychologie GW*, Nachtragsband, p. 387-477(1895)。

② 参见上文第288页。

③ S. Freud, *Au-delà...*, *op. cit.*, p. 37; *Jenseits...*, *GW* 13, p. 28.（雅克·德里达对译文有所改动。）

注这个段落，后者展开了对康德感性学［esthétique］的批判，这种感性学停留在与感知－意识系统相关联的时间的抽象表象上，然而无意识心理过程将是“无时间性的”［*zeitlos*］[1]（在引号中），人们不能将时间范畴运用于其上，也是基于此，我提请你们注意神奇书写本的难题。[2]）因而，这个有生命的囊泡保护自己免受外部的入侵，但在另一条战线上却没有保护自己的手段，因为它处于内外的界限上。它没有保护自己免受来自内部因素（也即诸如快乐或不快的感受）影响的手段。因而无论如何，来自内部的感受要比来自外部的刺激更有优势。但随之而来的是，有机体的姿
328 态被引向有能力去反对任何可能增加不快的内在刺激，这个不快是有机体的主要敌人，在它面前我们是最脆弱的。于是弗洛伊德在此处重新肯定了：在囊泡——感知－意识系统——的拓比描述的地方，一切都接受PP的控制。而且他甚至在这里看到一个有关**投射**的病理现象的说明，这种投射就在于，为了在这里应用一个总是更容易、更有效的保护系统，它处理内部起源的刺激就好像它来自外部一样。

因此，到这里为止，PP的权威依然是无可争议的。所有这些拓扑结构都是为了让它统治这个领地，统治感知意识心理系统的领域。第一部分的结尾：因此我们必须再向前迈出一步。

有生命的囊泡的拓扑学至少规定了创伤症的定义：在边界、前线上，当防护的屏障被打破，当整个防御组织、整个能

① 指永恒的、不受时间影响的。——译者

② 参见上文第326页注释①。

量经济被打败、被破坏时，创伤症就产生了。然而弗洛伊德说，在这个时刻，PP首先“失效”（*ausser Kraft gesetzt*）。在溢出心理机制的大量刺激的灌入、涌入（*Überschwemmung*：液体突然泛滥的意象）面前，领导这些活动的PP不再掌控形势。在恐慌中，它表面上不再寻求快乐，而是将兴奋的量与兴奋的驾驭（*bewältigen*）捆缚（*binden*）起来。为了做到这一点，心理机制就会在被入侵的区域进行一种反-贯注，一个能量的反负载（*Gegenbesetzung*），这是以其他区域的心理贫乏为代价的。这些能量-军事的隐喻（作为力量的转移：撤走这条战线的力量，匆忙地把它们派去堵住另一条被攻破的战线），弗洛伊德称之为“*Vorbilder*”（模型、原型、典范），并且说它们是支持元心理学的必要条件。在如下时刻，借助这些隐喻显得更加必不可少：当弗洛伊德提出这样的法则，即一个系统比它固有的负载更能够“捆缚”、联结或集中能量，在休息状态，这些负载是巨大的，在这个时刻，在他谈到约束、缠绕和反贯注的反缠绕的量的时刻，他不知道——他断言我们不知道它是 329
什么——如此被联结或解除联结的东西是什么。他说，对于在心理过程的要素中兴奋过程的性质，我们一无所知。这个内容，兴奋过程的这个性质，是一个X，一个“巨大的X”，他说。它显然位于这个X、这个事物的位置上：X带来了“Vorbilder”、模型、形象、隐喻，无论它们是从哪个领域借用过来。

弗洛伊德因而在这里回到了——他在第一章中搁下了它——创伤症的例子，甚至回到了与古老而朴素的休克理论相距不远的创伤症解释，他自己承认这一点。只是在这里，休克不再作为分子或组织结构的直接损伤，而是作为在这个新拓扑学中被描述的保护屏障的破裂——当机制不再准备（例如通过焦虑）约束涌入的能量数量时。基于创伤的一定强度、负载的过度不平衡和过度的超载，PP不再能够正常运转。例如，梦并没有带来幻觉、欲望的幻觉实现，而是再造创伤情境。

> 我们应该假定（*annehmen*）［于是弗洛伊德说］，这些梦致力于另一项任务，在这里，这个任务的实现［解决］应该在快乐原则能够肯定其统治之前进行。［……］它们为我们开启［提供］了一个把握心理机制之功能的视角，它不与快乐原则对立［*ohne dem Lustprinzip zu widersprechen*：不与之矛盾］，而是显得独立于追求快乐或逃避不快的目标，并且比它更原始。①

这是梦作为欲望实现的法则的第一个例外。只有在PP肯定了它的统治之后这个法则才能支配梦的运行。因而这个统治仿佛是一个结果，是历史的、某种历史的或某种原始起源的结果，一
330 个相对延迟的结果，一个在事先不属于它的领地上的已成定局的胜利。这里的胜利是约束对解放的胜利，联结对反联结的胜利，甚或是反-缠绕对绝对溃散的胜利。②

---

① S. Freud, *Au-delà...*, *op. cit.*, p. 42; *Jenseits...*, *GW* 13, p. 32.（雅克·德里达对译文有所改动。）

② 词语“溃散”（la débandade）在打印稿中被划去了，在行间上方，雅克·德里达可能写道：放弃（l'abande）。这句话末尾有一个添加，可能是：“或者溃散”。关于这一系列术语，参见：J. Derrida, *Glas*, *op. cit.*, 例如以下几页：p. 18bi, 30b, 77bi, 97ai et 151b。

这个假说作为假说，是在创伤性神经官能症的例子和前线在外部入侵之下土崩瓦解的基础上获得的。第五章扩展了假说的范围，考虑了那些内部起源的兴奋，它们来自欲力及其代表，也即精神分析的那些最重要但（弗洛伊德指出）也最模糊的对象。第一个重要的断言——这里我们进入了文本最建设性和最丰富的阶段——：来自内在源头（欲力及代表）的神经过程的特征是它们不被**束缚**。弗洛伊德在这里依靠的是精神分析迄今取得的成果——关于梦，关于移情、转移和凝缩的过程——以表明如果它发生在系统中，或者发生在意识或前-意识的材料上，它就将失效，将给出错误的结果，等等。对于这个无意识过程，他提醒说，他曾给予（参阅《梦的解析》[1]）其原发过程（*Primärvorgang*）的名称。因此，原发过程对应于一个自由的、不受束缚的、非紧张的负载，继发过程对应于一个约束、一个能量的锁链。因而，心理机制的上层任务就在于约束、束缚来自内部的冲动兴奋。而且在我看来最重要的是，只有在这一束缚、约束能够起作用、获得成功的范围内，以及只有从此时开始，只有在原发过程被约束、被制服的时刻，PP（或是其被篡改的形式，PR）才能够肯定它的支配地位（*Herrschaft*）。这并不意味着在这个时刻之前，没有任何支配或约束兴奋的努力，只是说在不考虑PP和在PP之前，心理机制试图部分地（含糊的语言）约束它的兴奋。但它并不与PP对立。在遭遇失败的情况 331

---

① Sigmund Freud, *L'Interprétation des rêves*, trad. fr. Ignace Meyerson, Paris, PUF, 1967; *Die Traumdeutung*, *GW* 2 et 3.

下，就会发生“类似于”外源性创伤症和创伤性神经官能症的紊乱。

这里的模糊性在于如下事实：在PP的可靠的、被肯定的支配之前，已经有着约束和支配的倾向，这预示了PP，有时候还与之携手合作。在纯粹原发过程（一个“神话”，《梦的解析》中说）和纯粹继发过程之间有一个区域。这种悬而未定内置于重复概念，整个文本都回旋着这个重复的逻辑。我很概略地指明这个摇摆：有时，重复以传统的方式重复着先于它的事物，重复在后面来到，在异于重复的原型之后来到，因而它是继发的、派生的。有时，根据重复的一个非传统的逻辑，重复是原初的，并且通过无限制的增殖诱发了解构——不仅是对重复的整个哲学的或本体论的解构，首先也是（在这里，我们回到了我一开始谈到这本书时所说的话①）对整个心理构造的解构，对所有支持欲力及其代表、确保PP支配下的心理组织的整体性的解构。第二，作为结果，有时重复与支配合作，因而与PP合作；有时，它比PP更为原初，侵蚀它、威胁它，甚至，如我们将要看到的，寻求一种不受约束的快乐，就像一个囊泡对另一个囊泡，对一个极端的不快。

我们只有考虑到这两个重复的逻辑——它们不再彼此对立，正如它们并不简单地彼此重复（或者即使它们彼此重复，也是通过重复这种寓居于整个重复结构当中的双重性）——只有考虑到重复的这一双重缠绕（没有被弗洛伊德主题化），才能理解紧接

① 参见上文“第十一讲”的开头，第275页及以下。

下来的文本。

他说，强迫重复——在儿童身上，以及在分析治疗的早期阶段——具有欲力的特征（并不必然与PP对立），但当它看起来与PP相对立时，它也带有**魔鬼**的特征。因而有时重复服务于快乐并 332
确保了统治，有时则相反。弗洛伊德回到了儿童游戏的例子：它的正常地重复的特征增强了统治，给出这种与认同，与对相同者、同一者（我会说观念化，参阅胡塞尔）的承认相联系的快乐。在儿童的情形中，重复产生快乐，而在成年人身上，弗洛伊德指出，新奇性是快乐的条件（讲故事的例子：有趣的是，孩子不会对故事的重复感到厌烦……）。但是，当成年人（例如在分析中，以及在移情的形式下）强迫性地重现儿童的情形，他就超出了PP（*hinaussetzt*）。他表现出儿童的行为方式，并且表明被压抑的和来自其早期心理经验的记忆痕迹以无约束的方式存在，也即处于解锁的状态，与继发过程不相容。强迫重复，它是——在移情中，在移情的神经官能症中——分析的第一条件，如果它使移情的了结和对分析师的脱离变得困难，就可能成为一个障碍。这里有某种魔鬼般的东西，并且我们之所以害怕分析，往往是因为我们在这里感到了这一与魔鬼的关系，感觉最好让它沉睡。①

在这里你们会注意到，死亡问题并没有得到讨论。这种重复的双重逻辑，连同它与快乐的悬而未定的关系（那么，快乐是什么？），并不要求人们谈论死亡。

---

① 空白处添加了几个词，其中两个词可能是每次都作为“运动”（mouvement）的缩写，这几个词是：“mvt entretient le mvt”（运动维持运动）。

当弗洛伊德探究欲力与重复之间的关系时，他提出了一个关于所有欲力的性质本身，甚至可能是关于所有有机生命的一般本质的假说。这个特征（*Charakter*）铭刻在所有欲力当中，并且可能铭刻在所有有机生命当中，它在我们迄今追溯的所有情形中都有其显露的痕迹（*Spur*）。这种特征是什么？“因而一个欲力（*Trieb*）就是［弗洛伊德说］一个寓居在有机体内部的旨在恢复先前状态的推动力（*Drang*）——在来自外部的干扰力量的影响下，有生命者不得不放弃该先前状态——它是一种灵活性，或
333 者，如果愿意这么说的话，它是有机生命的惰性的体现。”[①]这个外部——它扰乱这一倾向，以某种方式产生了不只是重复和倒退的整个生命进化史——就是世界，是地球和太阳的系统，等等。我跳过弗洛伊德论证的段落，他在其中说他不怕因为这种沉思之“深奥的”甚至“神秘的”特征而受到指责；我跳到后面对*Umweg*（步伐中的绕道）的规定。从第一章开始，我们就已经在PP与PR的关系中遇到了*Umweg*的这个意义。这里，*Umweg*最普遍的意义、最大的影响超出并给出了它普遍的基础（一个超出第一章的基础）：*Umweg*不仅致力于快乐或保存（服务于PP的PR）的延异或延迟，也致力于死亡或返回无机状态的绕道。因此，第一章的*Umweg*只是绝对的或无条件的*Umweg*的内部和次级的改动，它服务于普遍的*Umweg*，服务于总是重新引向死亡的绕道步伐。此前我正是基于差异的这个双重规定，为“延异”这个词分

① S. Freud, *Au-delà...*, *op. cit.*, p. 48; *Jenseits...*, *GW* 13, p. 38.（雅克·德里达对译文有所改动。）空白处有一个插入标记，添加了：“延迟/力量=书写”。后面这两个词被圈了起来。

派了一个“a”。[①]

但这一切显然并非是不言而喻的。生命的终点，它的目标和终结，乃是朝向无机物的一个轮回，因而生命和生命的进化只是无机物朝向自身、朝向无机物的一个绕道，一个走向死亡的路程。因而死亡（生命所朝向的终点）被铭写为生命的一个内在法则，而不是生命的一个意外（参阅替补性法则、雅可布的分析，等等）。生命是死亡的一个意外，因为生命“基于内在的原因”（*aus inneren Gründen*）[②]而死亡（种属的关系、尼采，参阅之前的引述）[③]。我之所以说问题并不简单，是因为弗洛伊德必须 334
解释他在所有有生命者中认出的保存欲力，并且保存欲力也导致对重复过程的依赖。如果朝向死亡的倾向如此内在和普遍，为什么会有保存的绕道呢？面对这种矛盾的危险，弗洛伊德的对策和回答是什么？1）将保存的欲力或在其保存形式中的绕道视作一个**局部的**过程、局部的欲力（*Partialtriebe*），以及2）参照内外之间必不可少的明确区分，他将保存的局部欲力的意义、必要性或目的性规定为这样的运动：趋向于确保朝向死亡的道路符合**本己的**、内部的可能性。换言之，趋向于符合自身之死的死亡。有机体自我保存、自我珍惜（等等）、自我看护，不是为了防止死亡，而是为了防止不是它自己的死亡。它警惕（由此绕道，或绕

① 参见：J. Derrida, «La différance», *Marges – de la philosophie*, *op. cit.*, p. 1-29。

② *Ibid.*, p. 50; *GW* 13, p. 49.

③ 此处的空白处有一个插入标记，接着是以下词语：“这里：/生命=/意外/死亡=/内在/〈别处：运动？〉/不规定死亡”。下面还有一些不同颜色的补充：“生命转旁/〈无法辨认的词〉”，“局部？”，“本义=生死”，〈一个无法辨认的词〉。

道的步伐，或步伐的绕道）有什么东西会夺去它的死亡，会从外面让它走向死亡。自身的欲力，作为内在的欲力，在这里将比并不相互对立的生命与死亡更强大。正是在这个地方——此时弗洛伊德说：“情形依然是（*Es erübrigt, dass*），有机体只意愿以自己的方式死亡”——，在这个地方应该将（时间有限，我不展开）海德格尔关于向死存在（“*Sein zum Tode*”）所说的内容（它们位于主体、意识、个体等形而上学的所有范畴之内，必定与它自身、自身的死亡有关联）作为它的本真性（*Eigentlichkeit*）的条件，与弗洛伊德关于死欲、死亡目标（*Todesziel*）、向死亡的绕道（*Umwege zum Tode*）以及“有机体自己的死亡道路”（*eigenen Todesweg des Organismus*）[1]字面义所说的内容对接起来。它超越了所有对立，完全是一个死亡的经济学，一个固有（*oikos*[2]）的法则，因为它主导着绕道，并且寻求它的固有事件（*Ereignis*）、它的所有权，而不是生和/或死。绕道的延长或缩短将服务于作为固有的它自身、自身-触发的经济法则。它必须首先自身-触发于它自己的死亡，让死亡作为生命的自身-触发，或者让生命作为死亡的自身-触发。整个延异置身于这个自我（*auto*）的欲望，
335 因为它全然区别于它自己。[3]

当弗洛伊德定义这些生命保存的欲力、生命的这些守护者为死亡的哨兵或死亡的随从（*Trabanten*）时，这种守护的

---

[1] S. Freud, *Au-delà...*, *op. cit.*, p. 51; *Jenseits...*, *GW* 13, p. 41.

[2] 希腊语*oikos*原义为房子、家。——译者

[3] 空白处有两个添加，第一个可能是：“此-在”（*Da-sein*），第二个是：“非专名”。

价值（你们知道海德格尔是如何讨论它们的）就在它所有的多义或多重隐喻性中汇聚了："生命的这些守护者［生命的哨兵，*Lebenswächter*，它们看护生命，守卫、守护它，注视，在它前方和旁边为它放哨，生命的哨兵就是这些欲力］以原初的方式（*ursprünglich*）是死亡的随从（*Trabanten des Todes*）。"[①] 随从，作为一个多少模糊地和隐秘地服从于绝对权力的代理人，或者作为其领地服从于另一个更强大革命力量的肉身。守护生命者处于看护死亡者的领地中，因为它既看护死亡，又遭受死亡的威胁。它守护死亡，因为人们在这里必须拯救自己的死亡，拯救有生命者以自己的方式和节奏展开的死亡。它必须总是守护死亡或守护生命，这是这一奇异的警戒的句法或逻辑。在生命的守护者、生命的哨兵中，这一符号的变化正成为，或毋宁说已经成为、不得不成为它所要成为的，也即死亡的随从，这个符号的变化，这个摇摆不定在《怪怖》中表现得更为明显。在这一奇特逻辑的帮助下，弗洛伊德在接下来的一章中谈到了性征或性的差异，后者为了以延迟的方式来到生命史当中，从一开始就存在，并表现为一种活动，一种反对（*Gegenarbeit*）自我保存欲力之"游戏"的工作。

在第五章"驱动时刻"（*treibende Moment*）的结尾，弗洛伊德引用了歌德的《浮士德》（第一部）：梅菲斯特说："奋力向前，

① S. Freud, *Au-delà...*, *op. cit.*, p. 51; *Jenseits...*, *GW* 13, p. 41.（雅克·德里达对译文有所改动。）

永不停息”(*ungebändigt immer vorwärts dringt*)。[1]

336 这一次，在第五章结尾，我们可以认为假说得到了证实：的确存在一个对PP的超越，它在强迫重复、死亡欲力的逻辑中被证明。

然而，再一次——正如我之前宣称的——弗洛伊德表示不满意。第六章开头就说明了这一点。还没有满意的结果。弗洛伊德说，前一章的结论没有让我们满意，不会让我们满意(«*wird uns* [...] *nicht befriedigen*»)。[2]在我们所处的节点上，不满集中体现在如下假说形式中：两组欲力，〈一方面〉自我的欲力，它服从退行和致死的重复的逻辑[3]，从生命的第一次呼吸起就力图返回无生命状态；以及另一方面，性的欲力，它在复制原始状态的同时，试图通过两个生殖细胞的融合来遗传生命，使之永生不死，赋予它一种永生的外观。

于是弗洛伊德从他所说的科学的视角出发，质疑构成前一章的主要原理的东西，也即质疑内在的价值，质疑死亡之作为生命的内在、本己的必然性的价值。而且他自问，如果这个从死到生的内在性的价值只是慰藉人的信念的对象，如果这是注定让我们“能够忍受生存的重负”(“*um die Schwere des Daseins zu ertragen*”)[4]的幻象呢，正如人们或如诗人所说的：这个内在于

---

① S. Freud, *Au-delà...*, *op. cit.*, p. 54-55; *Jenseits...*, *GW* 13, p. 45. 塞缪尔·扬科列维奇的翻译是：“不断向前推动，总是向前”(pousse sans répit en avant, toujours en avant)。

② *Ibid.*, p. 56; *Jenseits...*, *GW* 13, p. 46.

③ 页边空白处添加了词语“保存”。

④ S. Freud, *Au-delà...*, *op. cit.*, p. 57; *Jenseits...*, *GW* 13, p. 47.

生命和创造的死亡是否只是一首诗，只是诗人安慰我们的事实？弗洛伊德说，将死亡作为生命内在价值的信念不是原始的，看看原始人（这次作为原始性之标志的，不是儿童，而是“原始”文化）：他们很少相信自然死亡，而总是将死亡归咎于敌人的挑衅。[①]

这便是通过当时的遗传学实现的生物学家的绕道，弗洛伊德说这是在他女儿去世时（或无论如何去世之初）唯一没有写出来 337
的部分。以雅可布的著作和我们所特别强调的内容的眼光，从内在或非内在死亡的视角，从性征（延迟的或不延迟的）、原生动物[②]（永生的或非永生的，等等）的视角阅读这几页，将是十分有趣的。我们会看到，从他们的理论图式来看，他们惊人地属于同时代人，而且那些自1920年以来的科学成果（或者说，经验发现）的新内容，如果可以这么说的话，丝毫没有改变这些难题的位置、问题类型（回答或没有回答的）中的理论要素。最令弗洛伊德感兴趣的遗传模型（我说“模型”是为了重新回到我们之前疑难的线索，因为弗洛伊德在这里说的是“出乎意料的相似”[③]：*unerwartete Analogie*，法文翻译的词也〈有关〉令人惊讶或出奇的相似、类似［*auffälige Ähnlichkeit*］，[④]又或者“意味深长的吻

① 此处的页边空白处有五六个无法辨认的词。下方有如下标记：“第19页”，用线圈了起来。参阅德里达《思辨——论“弗洛伊德”》中的相应段落（*La Carte postale*, *op. cit.*, p. 386）。

② 也即单细胞生物。——译者

③ S. Freud, *Au-delà...*, *op. cit.*, p. 58; *Jenseits...*, *GW* 13, p. 48.

④ *Ibid.*, p. 65; *Jenseits...*, *GW* 13, p. 46.

合”[*bedeutsame Übereinstimmung*]),[1] 是魏斯曼的模型(1906—1914[2],见注释),它在有生命实体的形态上区分了躯体(*soma*),生殖和遗传实体的抽象躯体(它总是注定要死的),以及不死的生殖原生质。在指出这个类比的种种限制之后(魏斯曼将这种二元性保留给多细胞生物,仅对它们来说,死亡才是自然的,而原生动物“几乎是不死的”[3]),弗洛伊德认为,这个类比总是有效的,至少在他的区分死亡欲力/生命欲力的二元论图式中是有效的。正是在这点上他谈到了——我在一开始的时候提到过——叔本华哲学的庇护港,据此死亡是生命和性欲力、生命意志的吞食的“真正结果”(*das eigentliche Resultat*)。

338 弗洛伊德在对这个科学类比感到满意的同时,依然不满足于它的步伐,他再一次提出,要有勇气(*Versuchen wir kühn*)“向前再迈出一步”(*einen Schritt weiter zu gehen*)。[4]

弗洛伊德在运用生物学模型时,使之稍稍转向一个政治-精神分析的隐喻:建立细胞的重要联合,以维持作为细胞之国家的有机体生命:尽管有这个或那个国民的死亡,但作为细胞国家的有机体生命仍能继续存活。这是自然的契约,借此交配服务于其

---

① *Ibid*., p. 59; *Jenseits*..., *GW* 13, p. 49. 页边空白处添加了词语“同情”,接着是两个无法辨认的词,且被划掉了。

② 弗洛伊德提到的奥格斯特·魏斯曼(August Weismann)的研究实际上始于1882年、1884年和1892年。雅克·德里达提到的1906年和1914年的日期很可能源自《超越快乐原则》下一页的注释,弗洛伊德在其中提到了哈特曼(Hartmann,1906)和利普舒茨(Lipschütz,1914)的作品。

③ S. Freud, *Au-delà*..., *op. cit*., p. 59; *Jenseits*..., *GW* 13, p. 49.

④ S. Freud, *Au-delà*..., *op. cit*., p. 63; *Jenseits*..., *GW* 13, p. 53. 在打印稿中,该引文后面有一个添加:“总是步伐”。

他细胞的繁殖和更新。于是人们可以将力比多的精神分析理论迁移到这些生物-政治细胞身上，并进行比较（*übertragen*）①，说这两种在每个细胞中都存在的欲力，通过作用于其他细胞并维持它们的生命，通过必要时将其推到自我牺牲的地步，在一定程度上抵消了它们的死亡欲力。某些细胞的利他英雄主义突然类似于1914年战争的第二等级，当然，是奥地利这边的，它们易患创伤性神经官能症，与这些被放置在最前线的细胞相对的，是其他细胞、那些"自恋的"细胞，后者保存着它们所有的力比多，不愿将它们的任何部分转移到别的对象上，它们可能是为了一个建设性活动（例如艺术或科学）而保存着它们的力比多。并且在这点上弗洛伊德没有排除恶性肿瘤——它们是以突然失控的方式自我发展起来的细胞——是这种意义上的"自恋的"细胞，它们撤退和躲避在前线之下，当然，这个假说应该是出自弗洛伊德之口。

弗洛伊德说，在前一个让我们依然"毫无进展"②的向前迈步（借助魏斯曼模型的前进步伐）之后两页的位置，这个自恋的概念现在使我们得以再次"向前迈出一步"。这一新的步伐是通过精神分析发现一种以自我为中心的力比多，自我成为一个性对 339
象，甚至是最重要的性对象。弗洛伊德在这里指的是关于/对于自恋的引入（1914年）。如果存在这样的力比多，（致死的）自我欲力和保存或生殖的性欲力之间的对立就会失效，或无论如何不

① 打印稿空白处添加了两个词，似乎是"分析运动"。

② S. Freud, *Au-delà...*, *op. cit.*, p. 65; *Jenseits...*, *GW* 13, p. 54.

再具有定性的价值，而最多只有拓比的价值。这一新的发现，其风险是一元论的、荣格式的：所有欲力都是性-力比多的欲力。在这里，弗洛伊德原则上对一元论持抵制态度。他说："我们的观念从一开始就是二元论的，今天更是如此。"①然而，在目前的研究状况下，他承认不可能证明非力比多欲力的存在。存在死亡欲力的唯一证据是很早就被发现的施虐狂要素，然而精神疾病并不了解此刻摆在我们面前的困难，虐待狂的组成部分将是一种从自我当中脱离以朝向对象的死亡欲力，而受虐狂作为虐待狂的补充组成部分，将虐待狂带回自我，从而以退行的方式在自我中发现一种原初的致死倾向。这个假说通过弗洛伊德最近对受虐狂所作的修正而变得更加锐利，他现在认为受虐狂可能是原初的，而他之前对此表示否定。②

在保存本能的活动中（例如在原生动物当中），在找到对趋向内在紧张的降低、不变③、消除〈之〉法则（也即涅槃原则）的说明，以及由此找到相信存在死亡欲力的主要原因——它尚未得到证明——的新努力之后，在提到性征的可能延迟的和"偶然"的特征之后（这个偶然由于它所产生的好处而在后来被固定下来），因而在提到生命欲力的延迟、次级、派生特征之后，弗洛伊德重复了某种相对的失败：尽管性征是延迟的、偶然的和次级的，但它只有在某种前-性征的欲力先于它、潜在地激活它和规

① *Ibid.*, p. 67; *Jenseits...*, *GW* 13, p. 57.（雅克·德里达对译文有所改动。）

② 空白处有一个补充："依然 /（fort/da）/7 年？ /〈一百年？〉"。

③ 从这里开始到本讲结束，我们的记录均基于原始记录的复印本（T2），其中最后五页在档案中未找到。T2 的这些页几乎没有添加任何内容。

定它的情况下才能突然到来，尤其是才能随之被固定下来。毫无 340
疑问，生命的欲力总是与死亡的欲力不可分割地联结着。我们现在有——这是唯一的进步——一个包含两个未知数的假说。我们从一开始就没有取得丝毫进展。

正是在这里，在这个瘫痪的位置，弗洛伊德诉诸了《会饮篇》的著名神话——我避免评论它，因为它太为人熟知了。我只是想强调它出现在思辨未能成为科学或哲学的时候，它止步于这个界限，这个地方不仅超越这样或那样的界限，而且超越作为两个对立项之间的前线、作为两个同一性（例如生/死）之间的区别的界限观念本身。关于《超越快乐原则》这个段落的文本步-伐，还需要强调，弗洛伊德也放弃了诉诸神话（这个神话在柏拉图的文本中也扮演了类似的角色），并且似乎再一次屈服了："*Ich glaube, es ist hier die Stelle, abzubrechen*"[①]：我想这里是中断的地方、切割的地方、结束讨论的地方，等等。

然而他在后面很快补充的内容——作为对正发生的、刚刚发生的事情，也即他的论述和他的文章的地位的一个"批判性评论"，一个"批判性反思"（他用的词是"*kritische Besinnung*"）——倒数第二章的这个附言才是最有趣的。弗洛伊德把自己放上了舞台。他尝试定义他的位置——甚或他的无位置，他的缺席，某种相关于这里所发生之事、这个论述、这些假说、这些前进、后退、错误的步伐、错误的出路等的无立场。因而他所说的——自身在舞台的上场或退场——对我们很重要，这

① S. Freud, *Au-delà...*, *op. cit.*, p. 74; *Jenseits...*, *GW* 13, p. 63.

并不意味着我们相信它或不相信它，而是在如下意义上对我们很重要：我们认为，这个文本（《超越快乐原则》）的地位的问题，以及这里所持的论述，弗洛伊德的位置，他与作为科学、实
341 践、神话、哲学、文学、思辨（等）的精神分析的关系问题，这个文本或其场景的性质、事件和地位的问题，这个问题是在先的，是所有建立在所谓论题（我们想在这里找到论题，而我曾试图表明，我们很难找到它们）的主题上的争论的先决条件。就我所知，这些问题从未被提出，它们从未令参与到围绕该文本和（他们相信那里存在的）论点的争论中的人们感到不安，特别是1920年至今身处精神分析运动内部的人们——他们围绕这段文本以及相信自己所持有的论点展开了激烈争论：一些人严肃地对待它们，并将他们的整个论述建立在《超越快乐原则》的严肃性上（其中最引人注目的例子是拉康），而另一些人，他们在这位大师的这个神秘主义的路径或不大严肃的游戏面前程度不一地耸耸肩膀。但无论对哪一方来说，写作场景——以及文本——的独特性以及它对精神分析语境的意义都没有成为他们追问的对象。人们顶多满足于注意到围绕着弗洛伊德文章的神话装饰。这就是为什么我要强调我所称的文本的（自我生物异质死亡书写的）步-伐，尤其是强调弗洛伊德在倒数第二章附言中所说的内容。

他说了什么？他说：人们可能会问，我在多大程度上相信我刚才提出的这些假说。对此我将回答——他将回答什么？回答的句法是奇怪的：我不相信，也不说服别人相信。这就是他的回答。他既没有说他相信，也没有说他不相信。而且尤其

是[①]——对于一个相信证明真理的科学家来说，或对于一个提出论题的哲学家来说，甚至对于一个总是寻求赞同，寻求鼓动和感染他人的效果的诗人乃至牧师来说，这个步伐都是奇怪的。在这里，与他人的关系——这种关系当然也是存在的——是完全不同的：就好像人们试图通过一个自为的游戏，以自恋的方式触及他人。因而，他既不相信这些假说，也不试图让别人相信。但他也没有说他不相信这些假说。更明确地说（“*Richtiger*”，他说）：“我 342
不知道我在何种程度上相信它（*Ich weiss nicht, wie weit ich an sie glaube*）”。[②]

这里所采取的这种悬置的态度，悬搁（*épochè*）的态度——正如在现象学中，这里我们必须超越实际的界限或超越禁令和口号——这个保留判断、结论、论题（正如在现象学当中）的悬搁，也被弗洛伊德规定为情感的悬置，伴随了所有信念（*Überzeugung*）、所有信仰（*Glaube*）、所有确信和信念的情感时刻/要素的悬置。然而，如果说结论的情感是悬置的，很难说研究的情感也是缺席的，即使它是出于好奇而想要了解。一旦悬置了结论的情感（确信或信念），“我们便可以（弗洛伊德说）专注于［沉浸于，强烈的用词，*sich hingeben*］思想的道路、思考的过程（*Gedankengang*），沿着这条道路寻根究底，无论出于纯粹的科学好奇心，或毋宁说（*wenn man will*），就像没有［通过书面协议］将自己出卖给恶魔（*sich darum nicht dem Teufel selbst*

① 打印稿中这句话不完整。

② S. Freud, *Au-delà...*, *op. cit.*, p. 74; *Jenseits...*, *GW* 13, p. 64.（雅克·德里达对译文有所改动。）

verschreibt）[1]的恶魔辩护人（*advocatus diaboli*）”。这里，魔鬼再一次出现，这值得我们注意。这看起来是很奇怪的：基于单纯的好奇心，甚至是基于科学的好奇心的悬置步伐，被比作一个魔鬼般的活动，或更准确地说，因为这一切在魔鬼辩护人的审判中是更恶魔般的、加倍的。为什么好奇心会站在魔鬼这边？科学或精神分析中的魔鬼是怎么回事呢？此外，需要注意，魔鬼的辩护人不是魔鬼，它比魔鬼更狡猾。它代表魔鬼的到庭，它假装站在魔鬼这一边，但它不是魔鬼，而且也不相信魔鬼。无论如何，即使它相信魔鬼，它也可以被安排在魔鬼一边或〈为了〉把魔鬼放在自己这边而不站到魔鬼那边去，不把自己献给、出卖、允诺给魔鬼，不与魔鬼签订卖身契。没有与魔鬼的书面约定（*nicht*
343 *dem Teufel sich verschreiben*）。作为对照，这里需要关注的不只是所有精神分析的魔鬼，尤其还要关注画家克里斯托夫·海茨曼（Christoph Haitzmann）与之签有红色和黑色（血和墨水）的双重契约的那个魔鬼，弗洛伊德在《17世纪的附魔神经官能症》[2]中讨论了这个有着双重乳房、双重签名的魔鬼。

在这个附言（在此我把它留给它的恶魔的补充）中，作为对正在进行的行动的批判性反思的一部分，我们还可以提到最后一页中论及的两个主要原因。

---

① S. Freud, *Au-delà...*, *op. cit.*, p. 74; *Jenseits...*, *GW* 13, p. 64.（雅克·德里达对译文有所改动。）

② Sigmund Freud, «Une névrose démoniaque au xviie siècle», trad. fr. Marie Bonaparte et Eric Marty, dans *Essais de psychanalyse appliquée*, Paris, coll. «Les Essais, n° 61», 1933, p. 211-251 (rééd., 1971); «Eine Teufelsneurose im siebzehnten Jahrhundert», *GW* 13, p. 317-353.

1）一方面是我在其他地方多次提到的，有关弗洛伊德使用的语言的隐喻性。他说，这篇文章中所体现的精神分析话语的局限尤其在于一个事实，即我们被迫用科学的术语工作，这并没有立即赋予精神分析学以科学的价值，而是让它背负起整个“隐喻语言”（*Bildersprache*）和束缚着科学——这里尤其是指心理学和所谓的深度心理学——的整个形象语言的重担。眼下，我们需要这些形象，不只是为了谈论这些心理过程，更是为了再现（评论）它们。弗洛伊德的希望：不是转向一种特有的语言，而是转向另一门科学，心理-化学，转向另一个（更熟悉因而也更简单的）形象系统（评论）。

这就走向了使我们服从于特定科学的修辞学。

2）第二个原因，第二个限制，是生物学模型的限制，因而是精神分析中临时的生物学派的限制。这里的麻烦在于，生物学是一门有着无限可能性的科学，人们常常突然会有非同寻常的发现，因此，我们从中借来的任何东西都有可能过时，从而在转瞬之间摧毁我们假说的大厦。就像一个纸牌屋，法文译本有趣的一点是，它再次强调了这个思辨的游戏特征。[1]德文文本中没有 344
纸牌屋，用的是“*künstlicher Bau von Hypothesen*”，这也很有趣，它指被生物学新发现刮倒（“*umgeblasen wird*”[2]）的假说的人为的、艺术的构造。

在所有这些危险、这些不确定、这些悬而未决面前，弗洛

① S. Freud, *Au-delà...*, *op. cit.*, p. 76.

② S. Freud, *Jenseits...*, *GW* 13, p. 65.

伊德打算同时服从于命运和他的欲望。这一章的最后几句话听起来像是对所有这种形式的令人沮丧的异议的回应，比如“随便你们吧，这让我快乐，超越快乐就是我的快乐，我喜欢死亡欲力的假设，我对它感兴趣”。我将这些话翻译如下：“但如果是这样的话，人们可能会问，做这样的工作有什么好处，被记录在这部分的这类工作的意义何在，为什么要将它们公之于众呢？好吧，我无法否认，这里的某些类比（*Analogien*），其中的联系和关联，在我看来是值得关注的（*mir der Beachtung würdig erschienen sind*）。”[①]这是这一章的最后几句话，可以说是它的附言。它们本应是这本书的最后几句话。

然而，事实上它们并不是。还有一章，第七章，最后一章。这是最短的一章，它看起来像是整本书的附言。首先是因为当它开始的时候，一切看起来像是结束了，其次是因为它由于简短而仿佛戛然而止。它似乎要比已经很短的第一章更短。如果再关注一下章节的组成，就会发现引人注目的是，章节在不断变长：先是五页，然后是两个七页，然后是两个十几页，然后是二十页，突然在最后一章，只有三页。它们形成了一个自由的、可拆分的附录，一个游戏的附录，一个附言的补充，因为它看起来在内容上没有为文章的整体增添任何东西，因而显得更可拆分。这是另一个*fort/da*的举动，它毫无意义，是彗星尾部的平衡，更可拆分，甚至无用，因为它一开始就（再一次）说，一切都还悬而未

① S. Freud, *Au-delà...*, *op. cit.*, p. 76；*Jenseits...*, *GW* 13, p. 66.（雅克·德里达对译文有所改动。）

决（“*noch ungelöst*”），强迫重复和PP的支配之间的关系问题依 345
然悬而未决，通过引用跛行不是罪恶的诗句，以及强调必须放弃没有定论的道路的好处，弗洛伊德以跛脚的方式收束了全书。就好像这短而无用的一章是一种萎缩的肢体或畸形的足，它的存在本身就会引起结构的失衡。

那么，这个跛足或萎缩的肢体难道没有任何意义吗？弗洛伊德难道没有借此有所前进？在第五章中，我把弗洛伊德在生物领域中给出的重复或再生产强迫的例子留到了最后：我说，它是代具（/假肢，prothèse），是有生命者用另一个可长久使用的肢体替代失去的肢体的操作：“同样［弗洛伊德写道］再造的能力广泛地伸展到动物系列中，它能够以另一个新的完全相似的构造（*Neubildung*）替代［*ersetzt, Ersatz*：代具］失去的那个器官。”①

因而，是代具。弗洛伊德开始知道、预感到谈论代具或者总是把代具挂在嘴边意味着什么。我这么说不是因为他的雪茄，而是因为那些极度自恋的细胞，它们必须不断被越来越豪华的塑料宫殿所取代，直至死亡，而PP无法与之相较。但关于代具的讨论总是早就已经开始了。

因而，最后一章的这个小代具没有带来任何东西吗？它没有取得任何进展吗？一点都没有？可能不是。我们将在下一次，在下一讲的第一部分逐字逐句地阅读它，以开启讨论，这个讨论将延续并结束整个研讨班。

① S. Freud, *Au-delà...*, *op. cit.*,p. 49; *Jenseits...*, *GW* 13, p. 39.（雅克·德里达对译文有所改动。）

347

第十四讲[1]　束紧

我不再回到关于《超越快乐原则》第七章（最后一章）的独特性所讲的话。在所有这些令人疲惫的危机、犹疑不决、来来回回、更多的步伐和步伐的更多——它们刻画了书写场景之步伐——之后，我简单回顾一下最后一小章的开头，它带有附记，附记后的附记的特征，按照弗洛伊德的用词，一切都还悬而未决，“*noch ungelöst*”。

它是怎样的悬而未决（irrésolution），怎样的无-解（in-solution），怎样的无力-清偿（in-solvabilité）？我强调无力清偿。

“无力清偿”或“无解”，这些词可能不仅在要解决、很难解决的——并且可能最终难以解决或无力清偿的——理论问题中回响，也在思辨的词汇系列中回响，在这里，它们指示某种思辨（/投机，spéculer）的投资，直至不再能够偿还或承担这些无力清偿的债务，直至承担再也没有人能胜任的任务，使所有的债务（首先是理论家，他对债务的承诺超出了他的能力）无力清偿，使思

---

① 本讲第一页打印稿中有一些注释，T1与T2之间略有不同。在T1上，这些词是“束紧”和“窄构/锁”。在T2上，除了T1上的这些单词，还有“支配蓝图的快乐原则”（Principe du plaisir régnait sur le plan）——其中du和sur都圈了起来——以及“束紧”。关于本讲的后续出版，参见“编者按”，上文第14页注释②。

辨者（/投机商）破产，同时死亡欲力或强迫重复将它驱入、吸入PP的深渊，并在它的脚步下总是增加一个深渊的替补，由此，解决问题的承诺、契约成为一个债务[1]，甚至成为一种永远不会 348
被赦免的罪责，一种永远不可能和解的罪责。撰写《超越快乐原则》的那个理论家-精神分析学家永远不会被原谅。罪行、错误、暴力发生了。一项不可偿还的债务被签订了。无力偿还可能是因为那受到强制和违犯的东西是一个经济（不是普遍的经济学），一个这样的经济：在那里，等价和货币的原则，因而符号（能指与所指）的原则，受到强迫，遭到破坏——这里正是思辨（/投机）——它同时使债务无力清偿和无效。

"无力清偿"和"悬而未决"，这些词可能也根据可以称为力比多（libi*n*dinale[2]）经济的准则而回响，也即联系（束缚［*bind*］，双重束缚［*double bind*］，缠绕［*bande*］，反缠绕，德文的*binden*［捆缚］）的准则，我们已经看到，概念或隐喻在这个文本中以及在这个疑难中扮演着重要角色。因而，是约束的问题，能量约束的问题，能或不能解决的约束、赦免，也即消解、被拆解、溶解（*gelöst*）的问题，或者我们可能会看到，它被缚住，被拆解的重新自缚，等等。

但是你们知道，这三个解［*lösen*］的写入（松解、解决、解脱、分离，或问题的解决、债务的清偿、抵押的撤回，等等），在我们所阅读的文本中不断关联着，我们也把它们作为一个（自

[1] 打印稿此处的页边空白处有一个插入标记，以及一个添加："契约/誓言"。

[2] 原文是在libidinale中间添加一个n而生造的词，目的是将力比多与*bind*关联起来。——译者

我生物异质死亡书写的[①]）叙事加以阅读，该叙事在附言的时刻还不知道它的解决，不知道继续支配这个场景的约束的结束，这个约束总是处于被PP的典范和本质支配的形式下。这个弗洛伊德没有了结的约束，是约束本身，是约束的原则，该原则与PP的权威、统治关联。现在会发生什么？我们会知道结局吗？

当然不。但什么也不会发生吗？当然也不。

349 在开始最后的旅程（简短的、被删减的，仿佛戛然而止）的时刻（这一章的第一段），我们只剩下一个假说——正如我们关于思路所说的——并且所谓的悬而未决本身从属于这个假说。论证有着如下形式：即使这是真的（即使在我们的假说中……[②]），我们所寻求的本质依然——将依然——有待解答。

那么，这个以“如果”（“*Wenn*”）开头，以“未解决”（*Unlösigkeit*）的确认——如果不是不可解决（*Unlösigbarkeit*）——结尾的第一段说了什么？“如果欲力的确有着想要恢复先前状态的共同特征，那么在心理生活中，如此多的过程独立于快乐原则而发生，就不应使我们感到惊讶。”在这里，推理的中间步骤是：如果我们的假说是有道理的，我们不应对有如此多的心理过程独立于PP而感到惊讶。此外，我们不是很清楚为什么——事情很快会重新被

① 雅克·德里达似乎想在这篇文章的行间空白处添加一些文字，并把它们放在这个新词之前，但是，如箭头所示，他后来决定把它们放在后面。我们可以在这里读到“inter-”，但由于打印稿上的一个墨迹，接下来的文字无法辨读。

② 在打印稿的页边空白处，在手写的标示“第8页”之前，有一句打印的句子：“我们给自己的假说是：悬而未决、投机（/思辨）、无底的债务、没完没了的松解或约束，整个这个悬而未决不只是在理论这一侧（评论），也在事情本身这一侧，如果在约束、松解（等）它们的书写场景中的确有这个悬而未决的话。”参见下文第358页注释①。

提起——人们不会感到惊讶，因为快乐也被定义为紧张的降低和解除。无论如何在眼下，弗洛伊德说，我们不应惊讶于与PP的独立关系。但真正的困难在于，这个独立的观念是很不确定的。独立不是一个关系，毋宁说它实际上是一个非-关系。而且说这样的过程独立于PP，这对于与PP的关系什么也没有说。这个关系依然保持为*ungelöst*（未解决）。*ungelöst*也刻画了欲力重复过程与PP之关系的非-关系或不确定。

> 但在快乐原则还没有行使它的权力（*Macht*）的地方，这一切［弗洛伊德说］［这些重复欲力的表现］并不必然与快乐原则对立（*im Gegensatz zu ihm zu stehen*），而且我们的职责［我们的任务：*Aufgabe*］，也即规定（*bestimmen*）欲力 350
> 重复过程与快乐原则统治之关系的任务，依然悬而未决。①

PP的支配（*Herrschaft*）是一个权能、一个力量、一个帝国、一个统治。它支配着所谓心理的领域——称之为领域是准确的。由于它支配着心理生活——有意识的和无意识的——因此它支配着任何有生命的主体性，这种统治的意义没有区域的限制。我想说的是，我们在这里并不是在隐喻的意义上谈论统治（maîtrise）。也许相反，是在人们在此称为PP（通过假说）的事物对（心理的，因而是有生命的，有意识和无意识的）主体的统治的基础上，可

① S. Freud, *Au-delà...*, *op. cit.*, p. 78; *Jenseits...*, *GW 13*, p. 67.（强调为雅克·德里达所加，并且他对译文有所改动。）

能是从这一对主体的统治出发，某种统治，例如统治的日常意义（在技术、鉴定、政治或意识之间的斗争的意义上），之后才可以通过形象和派生的方式被定义。所有这些统治都预设了一个主体或一个意识；如果在这个主体或这个意识上，首先是这个（PP的）统治起支配作用，那么为了寻找统治的某种本义，必须首先参照它。问题在于它是否是本义。以及我们在这个领域是否有获得某种本义的能力手段。我们很快将在定义了PP的结构的征调过程中证实它。但尤其是，我们上次已经认识到，我们处于一个领域中，在这里本义的研究，诸法则的法则，无法则的法则，超出了所有对立，尤其是生与死的对立，它本身处于深渊中；而且，死亡欲力、自我-毁灭的欲力必定是自我-毁灭，是死于来自内部的它固有的死；如果本义也作为自我死亡书写而产生，它就完全脱离了自己，导致我们在说本义、本义的法则、经济等的时候，不再清楚地知道我们所说的内容。

我刚才在这里说的统治的形象以及应该在这里实行的意义
351 颠倒的形象，本义的转义（局部或非局部）的形象，可以且应该适用于所有观念、所有概念、所有形象，无论它们是否直接依赖于它们。例如在这一章的关键位置起作用的那些概念，首先是服务的概念（*Dienste*，例如当弗洛伊德说这样一些过程服务于PP，或反过来，PP**服务于**［*im Dienste*］死亡欲力时[1]），或者也包括倾向的价值和功能的价值。**机能**（*fonctionnement*），确切地

① “然而，似乎恰恰是快乐原则服务于死亡本能。”（S. Freud, *Au-delà...*, *op. cit.*, p. 78; *Jenseits...*, *GW 13*, p. 67.）

说，机能（fonction）的观念应该更严格地重新加以评估：人们
可能一开始就把功能视为一个技术的、机械的形象（机械的规律
性），然后将之迁移到心理-生物学领域中。而且你们知道，今
天功能主义的词汇有着几乎不受限制的范围，它最经常地以教条
的、前批判的方式被使用。（心理）功能的概念在这一章中扮演
着非常决定性的角色。弗洛伊德将之与倾向区分开来。从心理机
制的“隐喻”（如果你们愿意这么说的话）出发，弗洛伊德回顾
了最重要（关键：*wichtigsten*），特别是最古老、最原初（换言
之，几乎是先天性的、本质的、不可分割的）的功能（*Funktion*）
之一，这个功能就是捆缚（*Binden*），就是扎紧——结构，如
我所说的——约束、束缚、缚紧、缚住的活动，但捆的是什么
呢？嗯，它与这个约束的功能，也即与欲力的力量、欲力的兴
奋（这个X，在它被扎紧和被代表所代现之前，我们不知道它是
什么）同样原初。这个如此早发、如此关键的功能因而就在于约
束和替代，因为约束立刻就是替代、代替（*ersetzen*，放置一个
代具）。在描述这同一个活动、同一个功能的相同表述中，弗洛
伊德说，这个功能就在于“约束”（*binden*）原发过程和“代替”[1]
（*ersetzen*）原发过程，通过继发过程（转移，因而统治的替代），352
它在欲力生命中占据统治地位（*herrschenden*）。这个替代将自由
流动的贯注（/投资）能量转换为固定贯注的能量（使人振奋紧
张的：紧张性的价值，它经常性地与约束效应相关联，因而同

---

① 这个词被圈了起来，空白处有一个添加：“窄构=/替补的脱离”。这些词以若干线条做了强调，并且有一个箭头指向页面底部。

时暗含了弹性和压力，十分合理地加强了用束紧［*bander*］翻译 *binden* 的做法）[①]。这个早发的和关键的功能——在心理机制中十分普遍——这个捆缚（*binden*）的功能有可能伴随或不伴随不快乐，此时弗洛伊德说，这对他而言无关紧要。重要的是，这个功能并不与PP相对立，而是相反。而由于我们一方面阅读弗洛伊德，另一方面通过相类的术语阅读黑格尔，例如黑格尔的主奴辩证法，嗯，因而我们注意到这句话被弗洛伊德用来表明捆缚的功能并不与PP相悖，而是相反。[②]他说："但是PP并不由此失效"，*aufgehoben*[③]：我们几乎可以说解除了它的功能。[④]并且他接着说：转变（*Umsetzung*），由约束、捆缚引起的转移-替代，毋宁是在服务于（"*im Dienste des Lustprinzips*"）[⑤]PP的情况下出现、发生（*geschieht*）。约束为PP工作。那么，捆缚是如何服务于PP呢？这里有两个谓词、两个描述性要素和两个时间。约束（*Bindung*）是一个PP之实行的"准备活动"（*vorbereitender Akt*），因此它还不是PP，它为PP的统治准备好场所。它引入（*einleitet*）主人，并且随后，在这相同的功能的第二个时间、第二个阶段，它确保、肯定，按照译文的表达，"加固"了PP的统治。"约束

① 在"束紧"（bander）这个词上方添加了一个词"Porte-bande"。关于雅克·德里达在《丧钟》中对"bande""bander""contre-bande"等词的使用，参见上文第330页注释①。

② 这里指约束的功能与快乐原则之间存在主奴辩证关系。——译者

③ S. Freud, *Au-delà...*, *op. cit.*, p. 78; *Jenseits...*, *GW* 13, p. 67.（雅克·德里达对译文有所改动。）

④ 空白处有一个添加："海德格尔？ /参阅《同一与差异》"。

⑤ S. Freud, *Au-delà...*, *op. cit.*, p. 78; *Jenseits...*, *GW* 13, p. 67.（雅克·德里达对译文有所改动。）

（*Bindung*）是一个准备活动，它引入和加固（*einleitet und sichert*）了PP。”[①]

刚刚被命名的*Aufhebung*（扬弃）抛弃且因此开启了这样的问题：在PP这次*aufgehoben*（它还没有失效）的假说中，这 353 种接替是否将是惯常黑格尔式的，后者除了单纯的挫败或废除外还意味着很多东西。这里再一次不是一个特殊的翻译问题或修辞问题，甚至也不是自黑格尔以来（又或许在他之前）翻译*Aufhebung*的困难的其中一个例子！[②]如果PP是心理机制的一个关键的、早发的和普遍的功能，那么我刚才所说的统治的概念在这里便适用于接替的概念：从“Aufhebung”这个词我们所理解的东西出发，我们将无法理解伴随着PP发生了什么。不如说，对*Aufhebung*的整个解释反过来受到我们对PP的功能和心理机制，尤其是对约束（*Bindung*）的看法的规定。

如果约束（*Bindung*）的功能并没有伴随着快乐或不快，如果它为PP的权威做准备，那么这个准备（préparation）的pré-（先-）位于何处，它意指什么？如果功能总是有着超出且先于

① S. Freud, *Au-delà...*, *op. cit.*, p. 78; *Jenseits...*, *GW* 13, p. 67.（雅克・德里达对译文有所改动。）

② 这个感叹号被圈了起来，它又通过箭头与页边空白处添加的几个词连接起来：“南希/（*auflösen aufheben*”［溶解］，接着是一个箭头和一个指示：“第46页〈一个无法辨认的词〉”。关于对让-吕克・南希的指涉，参见：J. Derrida, *La Carte postale*, *op. cit.*, p. 422, note 2：“关于整个疑难，我认为今天有必要读一读让-吕克・南希令人钦佩的著作《思辨的评论（黑格尔的妙语）》（Jean-Luc Nancy, *La Remarque spéculative* [*un bon mot de Hegel*], éd. Galilée, 1973）。黑格尔的*Aufheben*与*Auflösen*之间的关系正是在该书中得到很好的分析（第45页及以下）。”关于黑格尔的‘*Aufhebung*’的翻译，德里达在1967年提出了‘la relève’（接替/换防）；参见：J. Derrida, *Marges – de la philosophie*, *op. cit.*, p. 102。

PP的普遍性，那该如何理解功能与PP之间的关系？[①]弗洛伊德完善了他之前提出的（我顺便提到过）倾向与功能（*Tendenz/Funktion*）之间的区别。服务（*Dienst*）的关系正是倾向与功能之间的关系。存在一个绝对普遍的功能，一个心理机制功能的原则，该原则使心理机制保持为冷静（*erregungslos*）、冷漠、不兴奋，或至少使兴奋维持在一个稳定的和尽可能低（蛰伏……）的水平。[②]这种减少兴奋的普遍功能将属于这一更普
354 遍的推动有生命者回到无机世界憩息的努力（*Streben*），属于这个最普遍的推动力。于是，这个目的性，这个回到最小兴奋，回到无机、无-运动的目的性，将是最普遍的功能。那么，PP不是一个功能，而是服务于（*Dienst*）这个功能的一个倾向（*Tendenz*）。

功能（涅槃）

↑

PP

↑

约束的功能

例如，弗洛伊德说，我们能达到的最强烈的快乐、性的快乐，必定与最高程度的兴奋的解决/消解、溶解相吻合（*Erlöschen*,

① 空白处有一个添加："SAS"，接着是"CAPS"或"CARS"，这两个缩写词被圈了起来。

② 页边空白处有一个添加："为〈了〉〈翻〉译进行释义"。

同样激进的词，“*ungelöst*”，我们刚才评论过）：于是人们说，我们所阅读的文本或场景的悬而未决，是*Bindung*（约束、捆绑）的悬而未决，这个*Bindung*变得紧张、悬而未决、走向绝境、没有结论、没有解决、没有采取行动且没有性高潮，总是处于极限的场景，在最高紧张的界线上，在超出PP的极限上，也即它不再通过超出（passer au-delà），通过超出的最好手段是通过那（par là），快乐的超出是快乐的终结。当人们想要无止境的快乐时，也将是快乐的终结，人们获取快乐并不是为了不失去它，并不是为了在“解决”中超出。好吧，我就此打住。

因此，快乐是一种服务于这种返回无生命功能的倾向。别忘了，这种功能[①]也是一个旅程的功能：这是一个返回的旅程，因而它是对自身的过程和进步的取消。PP因此将是服务于这种功能的一个倾向。它为返回的旅程服务。为什么追求快乐？嗯，是为了回到无生命，回到产生这种兴奋降低的解除（/卸载， 355
décharge）[②]。它上升，而这是为了再次下降，它承载是为了卸载。因此，*Bindung*的功能将是为这一倾向的运行做准备的一个功能，并且自身服务于普遍的功能。“欲力兴奋的约束（*Bindung*）将总是一种预备的功能（*vorbereitende Funktion*），它应该为在卸载（*Abfuhrlust*）的快乐之中的最终解决（*endgültige Erledigung*）准

① 这里开始是对T2的编号7的页码的誊录，因为在T1中这页缺失了。

② décharge在精神分析领域的通行译法为“卸载”，为了突出该词与“dé-”（解-）的语义关联，我们也译为“解除”。——译者

备好［*zurichten*, apprêter, préparer］兴奋。”[①]

快乐、快乐的倾向、PP的统治因而处于不快的两个界限之间，处于两个机能、两个功能、两个本身无快乐的功能之间，处于约束（*Bindung*）和解除、准备和结束、欲望（如果你们愿意的话）和它的最终完成之间。不是在快乐之前，也不是在快乐之后。因而，其步伐如此难以迈出的快乐原则在支配着什么，在什么时间支配着？在这两个限度之间，快乐难道不是一个主人吗，那里唯一的活动总是仅仅在自我限制的同时，发生在自身的限度之内？

我们的困难还没有结束。快乐的概念和场所显得越来越捉摸不透。我们一开始就问，人们知道快乐是什么吗？哲学家、日常语言乃至弗洛伊德不是一直在用这个词吗？就好像人们知道在两个界限——消解了过渡的此地（en-deçà）与超越（au-delà）——之间那个奇怪的、不可捉摸的界限是什么。

不是快乐，但同样，如果快乐不停地自我限制、对付自身、为了自我准备而自我收缩、自我生产、自我消解、消失、复活，为了自我生产而自我限制、自我消解、消失，服务于作为倾向的普遍功能，也正是因此存在的只有快乐。这是如何可能的？

接下来的一段将谜题或悖论带向了顶点，因为在我看来情
356 况似乎是这样的：快乐原则是[②]快乐[③]的一种敌人，是一种反－快乐、反缠绕的缠绕，它通过限制快乐而使快乐成为可能，通过限

① S. Freud, *Au-delà...*, *op. cit.*, p. 79; *Jenseits...*, *GW* 13, p. 68.（雅克·德里达对译文有所改动。）

② T2的第7页的誊写在这里结束。

③ 这里的空白处有一个添加：“苏格拉底”，并用线圈了起来。

制和阻碍快乐的可能性而使之成为可能。我称之为窄构的绷紧运动为了再生产而限制，为了使之有力而虚弱，等等。一切发生在量的差异当中。是窄构的经济而不是普遍的经济。弗洛伊德实际上说了什么？

他说，本质上PP随着快乐量可能的减少而增加（占据统治）。弗洛伊德指出，原发过程通过两个特征与继发过程区别开来：一方面，原发过程当然是较早的、更原初的（它们甚至是唯一原初的），另一方面，与继发过程相比，它们能够产生更强烈、强烈得多（“*weit intensivere Empfindungen*”）的感觉。在快乐和不快乐这两个方向上都要强烈得多。如果现在约束是通过继发过程而对原发过程的暴力替代，以确保PP的统治，就可以得出一个十分悖谬的结果，弗洛伊德谨慎地称之为一个“实际上并不简单的结果”（*im Grunde nicht einfachen Ergebnis*）[1]，也即正是通过限制强度的能力、限制快乐的可能强度——也包括不快乐——PP奠定了它的统治。它的统治来自衰弱，来自强度的丧失，来自力量的减少——不快和快乐都是如此。人们不能支配（因而，削弱）一个而不支配（因而，削弱）另一个。快乐原则如果要确保它的统治，那么它首先是在快乐上确保它。[2]该原则是快乐的君主，在那里快乐是被征服、被束缚、被约束、

① S. Freud, *Au-delà...*, *op. cit.*, p. 79; *Jenseits...*, *GW* 13, p. 68.（雅克·德里达对译文有所改动。）

② 这个词在打印稿中被圈起来加以强调。这里的空白处还有一个添加：“在两个剧场上游戏”。

被削弱的主体。[1]快乐以确保自身统治的方式输了这场游戏。但它不是每次都以赢的方式输吗？它每次都在如下意义上赢：如我刚才建议的，它在到那之前就已经在那，它自我准备，为了自我解除（/卸载）、自我实现而自我限制，它为了自我生产而自我拒
357 斥，它超越自己和占据一切。（黑格尔式的扬弃。）但它每次都在如下意义上输：如果它不服从约束，如果它不在继发过程中自我束缚，以及不服从PP，那么它得到解放的强度将是可怕的。[2]死亡的威胁：更多的快乐原则，因而就有更多的修正现实原则的延异。约束——束缚着的窄构——因而通过限制它而产生快乐。它在两个无限之间游戏。它对快乐的限制所带来的快乐的增值（/剩余价值，la plus-value）进行赌博和投机，这种增值不是采取突然增加的趋势，而是一种调节，一个趋于恒定的趋势。这种投机、支配，也即PP，不是主人、主体、作者。在这里，乃是快乐或毋宁说是欲望在窄构的效应上投机，试图通过约束或让自己受约束，通过恰恰给PP的支配让路，因而通过限制快乐的数量，在尽可能最优的条件下增加快乐。正是这个X（带来快乐或不快的兴奋）进行投机，它是计算它的扬弃的陷阱的投机组织：它为了自我增加而限制自己，但如果它限制自己，它就不自我增加，如果它绝对地限制自己，它就消失；然而反之——如果我们也可以说——如果它不限制自己，例如说，如果它完全解放了那尽可能接近原发过程（理论的虚构）的东西，因而，如果它完全不限

① 这个词前面的行间处添加了“半”（semi）。
② 空白处有一个添加，可能是“丧〈钟〉”和“窄构”。

制自己，它就绝对地限制了自己（绝对的解除、死亡，等等）。

在这种不可能的逻辑中，可能最终存在着悬而未决。这个（在解决［solution］，也即无-约束、无-窄构[①]，和无-解决，也即约束、窄构、*Bindung*之间的）悬而未决是投机的窄构。它并不位于研究者或精神分析理论家这一侧，不位于自我追问强迫重复与PP之关系的弗洛伊德这一侧。至少它〈不〉在这一侧是因 358
为它首先在"事情本身"这一侧，但"事情本身"不是一件事情（chose），而是这种讼案（*causa*），是欲望的这个不可解决的窄构的诉讼。我们给自己的假说是：悬而未决、投机（/思辨）、无底的债务、没完没了的解放或约束，整个这个悬而未决不只是在理论这一侧（评论），也在事情本身这一侧，如果在约束、松解（等）它们的书写场景中的确有这个悬而未决的话。[②]在这个诉讼中，不再有快乐与不快、生与死、此地与超越之间的对立。我们刚才看到了窄构的逻辑（它是非辩证法的、非对立的，但它实际上产生辩证或对立的效应，产生主人-奴隶类型，被奴隶束缚，也即被自己束缚的主人，他因为害怕死亡而将死，等等。）[③]如何在某种意义上没有缺乏，没有否定性，没有至少是对

---

① 这句话的行间有两处添加：词语"锁"写在"无-窄构"以及下一行的"窄构"上方。空白处添加了《丧钟》。对于"窄构"（stricture）和"拉紧"（striction）的新词义的运用，参见：J. Derrida, *Glas*, *op. cit.*, p. 115a, 125bi, 162bi, 169bi, 207bi, 227b, 272a et 276-277bi。

② 此处的页边空白处有一个插入标记，可以读到被圈起来的"第2页空白处"。这指向了打印稿第2页空白处写入的前一个句子，在"第8页"的指示之下；参见上文第349页注释①。

③ 空白处有一个添加："无阉割/无步伐"。

立的否定性，没有作为缺乏的欲望，没有“没有”，如果你们愿意的话。如果你们愿意这么说的话，有的只是自己限制自己的快乐，或自己限制自己的痛苦，伴随着所有力、强度的差异，例如说，它在这样的系统、这样的整体（它不是一个主体，一个个体，更不是一个“我”）中，能够使一种强有力的窄构（它是宽泛的概念，涵盖了所有压抑——原发的或继发的——和抑制的概念）引发比另一个系统，另一个不那么强大的窄构“更多”的快乐和痛苦。而且，窄构的力量——自我约束的能力——也与它所约束的**的东西**有关，与可约束的量[①]有关。这意味着，与其他东西相比，那些十分自由的系统能够——我甚至会说应该——被略微地色情化、享乐化。但一旦这里的窄构不再直接且仅仅与性快感和性征的秩序相关联，我们还能在此说色情化或享乐化吗？弗洛
359 伊德这里邀请我们思考的，是[②]在性征的沉默工作中的性征的超越。快乐原则的工作服务于性征，但它也服务于非-性征。它的支配并不比非性带有更多性的特点。应该在普遍的支配上展开一个与我上周关于固有、固有之价值的主题所勾勒的类似的运动，它超越了生/死对立，只要有生命者想以固有的方式死亡，以其固有的和本己的方式死亡。与窄构相关联，将会有支配的价值，它既不是生，也不是死，也不是意识（黑格尔，或意识之间的斗争），等等，也不是性的或非性的。支配位于哪里，在另一个意义上，支配的欲望在哪里？我想进一步展开这个问题，特别是通

① 打印稿中这个词被划去，行间手写的添加将之修改为“力量”（puissance）。

② 在“是”之后行间添加了“联结”（à lier）。页边空白处增加了三个或四个字，其中两个字可能是“秘密”（en secret）。

过重拾在描述外孙的*fort/da*过程中出现的概念和词语的线索来这么做。它就是*Bemächtigungstrieb*的概念：支配的欲力、权力的欲力、掌控的欲力，“掌控”更好，因为它标志着①与他者的更好的关系（甚至是在掌控自身，通过自身掌控欲力时）②。这个词和概念在弗洛伊德的作品中从未占据突出地位，但它出现得非常早（从1905年的《性学三论》开始），之后断断续续地出现过。为了节省时间，我建议你们参阅拉普朗什和彭塔利斯③关于这个概念的主要参考文献及该概念之演进的文章，《超越快乐原则》正是其中一个重要里程碑，这尤其体现在我上周读到的关于施虐狂的段落中。看看他在第58页④关于力比多的口腔组织所说的话：在*Liebesbemächtigung*（爱的掌控）⑤中，力比多的口腔组织倾向于 360
破坏对象；而在此之后，在所谓的生殖器阶段，当生殖成为爱的主要对象时，虐待狂倾向就会力求攫取（*bewältigen*：通过力量或暴力支配、控制）性对象，并且在性行为所要求的范围内支配它。拉普朗什和彭塔利斯将“*Bewältigung*”（克服）的词语或概念与*Bemächtigung*（掌握）联结起来，我认为他们这么做是有道理的。有必要将这个概念的逻辑系统化，如你们所见，它远远超

① 这里的铅笔线引向了页边空白处添加的三个无法辨认的词，它们被圈了起来，最后一个词可能是“*eigen*”。

② 这里有一个箭头指向页边空白处的添加，它们可能是：“支配/欲力的/自身〈无法辨认的词〉”。

③ Jean Laplanche et Jean-Bertrand Pontalis, «Fantasme originaire, fantasme des origines, origine du fantasme», *Les Temps modernes*, n° 215, 1964, p. 1133-1168 (rééd., Paris, coll. «Pluriel», Fayard, 2010).

④ 打印稿上有一个插入标记，行间有一个标示“译本第68页”。

⑤ S. Freud, *Au-delà*..., *op. cit.*, p. 68; *Jenseits*..., *GW* 13, 58.

出了各种传统的概念对立。很明显，这里也是应该追问它与尼采的权力意志的交流的一个地方。

思辨之所以必然是这样悬而未决的，是因为它总是在两个剧场（tableaux）上游戏，缠绕反对缠绕，为了赢而输并且为了输而赢，它行走不佳不足为奇，它不良于行，而它不良于行是为了行进，为了走得更好。良好的跛行。[①]收束该章的跛行的暗指，也应该理解为对弗洛伊德的理论步伐（显明意义）的说明，以及对“事情”的形式本身的说明。在我将阅读以尽快结束的最后一页中，我强调（如果有时间的话）另外三个原因：

1）它以对诗人的引述作结[②]（不是传统理论的缝合，而是引文的书写场景：已经评论过）。不是论题，而是代具移植，等等。

361 2）死亡欲力的隐秘、沉默的工作并不反对、驳斥PP，没有表态反对PP，它们是主人的主人[③]；

3）负载的绝对量或它的改变的问题，“紧张感”（*Spannungsempfindung*）是否与绝对量、贯注水平，或时间中的变化、在快乐或不快的系列中贯注数量的修改、改变（*Änderung*）相关联的

① 打印稿上有一个插入标记，空白处的添加可能是：“重读《查拉图斯特拉如是说》/跛行”。在更下面，可以读到：“不是罪恶”。在两个不同颜色的添加中，“《丧钟》”这个词被圈了起来。

② 在打印稿中，一个长箭头将这段的开头与页底的添加连起来，后者可能是：“引文是〈跛行？〉之后跛脚的”。

③ “主人”这个词被圈了起来，页边空白处有两个添加：“他人的恐惧”和“有权力”。

问题。这个问题十分重要。我将以这个问题作结。我首先阅读最后一页。[①]（阅读第80—81页。）

这里需要着手进行一系列新的研究。我们的意识从内部不仅给我们带来快乐和不快的感觉，也带来特殊的紧张感，这种紧张感反过来可以是愉悦的或不愉悦的。后面这些感觉允许我们在受约束和不受约束的能量过程之间做出区分吗？或者紧张感与绝对量有关，可能与负载的水平有关，而一般所谓的快乐和不快的感觉与一个时间单位内承受的负载量的变化有关？此外，一个引人注目且值得指出的事实是，生命的本能体现了与我们内在感受的更紧密的联系，它总是表现为和平的破坏者，是持续紧张的不可穷尽的源泉，在那里紧张的解除伴随着快乐的感觉，而死的本能似乎以沉默的方式起作用，隐秘地、不为人知地完成它的工作。现在，似乎恰恰是快乐原则服务于死的本能；此外它还警惕来自外部的刺激，外部刺激对两类本能来说都是危险的；但快乐原则更特别的任务是避免内部兴奋可能的强度增加，这些内部刺激使生存的任务更加难以完成。与这个主题相关的许多问题由此产生，对此我们还无法给出回答。恰当的做法是耐心等待新 362
的研究手段和新的研究机会。而一旦我们意识到它不能带来任何好的结果，我也必须准备放弃我们一段时间以来遵循的道路。只有那些要求科学取代他们已经抛弃的信条的信徒，

① 这最后一段旁边的空白处添加了一个词，“被创建”。

才会对一个科学家继续发展甚至改变他的想法持消极态度。对于我们科学认识进步的缓慢，我们可以寻求一位诗人的安慰：

Was man nicht erfliegen kann, muss man erhinken

. . . .

Die Schrift sagt, es ist keine Sünde zu hinken».

（我们不能飞翔而至的目标，则应跛行而至……《圣经》说跛行不是罪恶

——吕克特［Rückert］,《哈利利的麦加人》［*Makamen des Hariri*］）①

因此我回到负载的绝对价值问题，以及弄清楚紧张（因而，紧张性、约束、锁链、窄构）的情感是否与负载的绝对量相联结或与负载时间的变化（这个时间中的变化是快乐/不快经验的源头）相联结的问题。在这个假说中，概念或最高价值将是某种节奏（*rhythmos*）的概念或最高价值，后者应当完全摆脱所有哲学。②我在其他地方试图给出这样的建议（〈在〉DS③和《丧钟》有关弗洛伊德的部分④）。我将满足于在这个假说这里结束，并且假

① S. Freud, *Au-delà...*, *op. cit.*, p. 80-81; *Jenseits...*, *GW* 13, p. 68-69；括号内的索引位于页底脚注中。

② 打印稿空白处添加了一个词，似乎是“走开”（*Fortsein*）。

③ 可能是指雅克·德里达的《双重讨论》（La double séance），收录于：*La dissémination*, Paris, Seuil, coll. «Tel Quel», 1972, p. 199-317。

④ 参见：J. Derrida, *Glas*, *op. cit.*, p. 174bi。

装了结我的债务和契约[①]，扣上暂时返回尼采的圆环，如我曾宣告的，尼采在《权力意志》第2卷中写道（时间关系，我没找原文 363
而是选择阅读译本，第370—371页，第84—85页）：（阅读《权力意志》第2卷，片段552—553—554[②]和超越[③]）

550

我的第一个解决办法：观看最高和最好事物沉沦的悲剧性快乐（因为与整体相比，人们认为它太过受限）；但这只是感受最高“善”的一种神秘方式。

我的第二个解决办法：最高的善和最高的恶是同一的。

1884—1885（xiv, 第二部分，§ 168, 段落7-8）[④]

552

如果我们问自己这个疯狂而大胆的问题，即在世界上是快乐还是痛苦占据上风，我们就会发现自己完全处于哲学的业余层次；我们最好把这个问题留给忧郁的诗人和女人。可能在附近的一颗星球上，有如此多的幸福和快乐，仅此就足以抵消十倍的“人类处境的全部苦难”；我们对此知道什

---

① 此处有一个插入标记，空白处添加有“承诺/誓言”。

② 在打印稿中，数字“550”添加在“552”上面。

③ 打印稿最后一页的底部有若干注解：“回到尼采（回顾标题/研讨班）/阉割/〈四个无法辨认的词〉/〈无法辨认的词〉无时间/控制杆—数量/〈两个无法辨认的词〉”。

④ Fr. Nietzsche, *La Volonté de puissance*, II, *op. cit.*, p. 370; *Der Wille zur Macht*, *KSA* 11, 27 [67], p. 292.

么？另一方面，我们想要成为基督沉思和洞见的继承者，不是去谴责生命本身；如果我们不再知道以道德的方式运用它，为了“灵魂的拯救”，我们至少应该保留它的美学价值，无论我们作为艺术家还是作为观众。如果我们消除它的痛苦，那么世界在这个词的所有意义上——是非审美的；快乐可能只是痛苦的一个形式和一个韵律模式！我想说，可能痛苦源于生存的本质本身。

ix 1885–vi 1886 (xiii, § 227)①

553

364 我们在多大程度上习惯了生活在一种**惬意**的感觉中，我们就在这个事实当中意识到，痛苦的感受要比任何孤立的快乐**强烈得多**。

A.1883 (xiii, § 665)②

554

快乐是在连续轻微疼痛及其相对**程度**上的一种节奏，一种由强度的快速变化引起的兴奋，就像刺激神经或肌肉，只不过伴随着总体上升的曲线；在这里紧张和放松都是必要的。一个挠痒痒。

痛苦是一种阻碍的感觉；但由于力量仅仅通过阻碍才意

① Fr. Nietzsche, *La Volonté de puissance*, II, *op. cit.*, p. 370-371; *KSA* 11, 39 [16], p. 626.

② *Ibid.*, p. 371; *KSA* 10, 7 [83], p. 271.

识到自己，因而痛苦是所有活动的不可缺少的部分（所有活动被指向某种它应该克服的东西）。权力意志因而渴望遇到障碍，遇到痛苦。在整个有机生命深处有一种受苦的意志。（反对“幸福”作为“目的”。）

iii–xii 1884 (xiii § 661)[1]

① Fr. Nietzsche, *La Volonté de puissance*, II, *op. cit.*; *KSA* 11, 26 [275], p. 222.

图书在版编目（CIP）数据

雅克·德里达研讨班论生死：巴黎高师：1975—1976 /（法）雅克·德里达著；（法）帕斯卡-安娜·布勒，（法）佩吉·卡姆夫编；黄旺译．—北京：商务印书馆，2024
ISBN 978-7-100-23194-7

Ⅰ.①雅… Ⅱ.①雅… ②帕… ③佩… ④黄… Ⅲ.①德里达（Derrida, Jacques 1930-2004）—哲学思想—研究 Ⅳ.① B565.59

中国国家版本馆 CIP 数据核字（2023）第 213385 号

雅克·德里达研讨班
论 生 死
巴黎高师（1975—1976）
〔法〕帕斯卡-安娜·布勒　佩吉·卡姆夫　编
黄 旺 译

商 务 印 书 馆 出 版
（北京王府井大街 36 号　邮政编码 100710）
商 务 印 书 馆 发 行
北 京 通 州 皇 家 印 刷 厂 印 刷
ISBN 978-7-100-23194-7

2024 年 2 月第 1 版　　开本 880×1230　1/32
2024 年 2 月北京第 1 次印刷　　印张 $14^3/_8$

定价：68.00 元